图本

国图书史十讲

ISTORY OF CHINESE BOOKS

肖东发 杨虎 著

國家圖書館出版社

图书在版编目（CIP）数据

中国图书史十讲 / 肖东发, 杨虎著.—北京：国家图书馆出版社，2015.5（2019.9重印）
ISBN 978-7-5013-5551-8

Ⅰ.①中… Ⅱ.①肖…②杨… Ⅲ.①图书史－中国 Ⅳ.①G256.1

中国版本图书馆CIP数据核字（2015）第040395号

书　　名　中国图书史十讲

著　　者　肖东发　杨虎　著
责任编辑　王燕来
装帧设计　九雅工作室

出　　版　国家图书馆出版社（100034　北京市西城区文津街7号）
（原书目文献出版社　北京图书馆出版社）
发　　行　（010）66114536　66126153　66151313　66175620
66121706（传真）　66126156（门市部）
E-mail　nlcpress@ nlc. cn（邮购）
Website　www.nlcpress.com→投稿中心
经　　销　新华书店
印　　装　天津画中画印刷有限公司
版　　次　2015年5月第1版　2019 年 9月第 2 次印刷

开　　本　710×1000（毫米）　1/16
印　　张　27.5
字　　数　300 千字

书　　号　ISBN 978-7-5013-5551-8
定　　价　68.00元

前　言

一个人所从事的本职工作能够与他的兴趣爱好和谐统一，这是很幸福的事情。我到过许多国家、地区、城乡，最爱找寻并游览的就是各式各样的书店。所有关于图书和出版的书我都喜欢收集阅读，我也愿意写关于图书和出版的书。不仅因为这是我的专业，也是我的终身爱好。

我在北大读书、评书、写书、教书已经四十余年，始终与书为伍。本科读的是图书馆学系，给我讲“中国书史”和“古籍整理”课的是王重民和郑如斯老师。1979年报考研究生的指导教师是刘国钧教授，研究方向是“中国书史”。硕士论文的题目是《建阳余氏刻书考略》，指导教师有郑如斯、张荣起和中科院图书馆的崔建英。登上北大讲坛以后，曾开设“中国书史”“中文工具书”“年鉴学研究”“版本学”“中国图书出版史”“出版经营管理”等多门课程。这些课程均与图书相关，是典型的“治书之学”。千百年来，图书不仅传承着人类的知识与文明，它本身也是一件件凝聚人类智慧的艺术品。中国图书，更是这些艺术品中的精品。从竹木简牍到缣帛宣纸，从刻画抄写到雕版活字,从卷轴经折到包背线装，图书文化的发展，像是人类社会的一枚枚标签，标记着历史，折射着人类文明的异彩纷呈。图书史因此也成了人类文化的一面镜子。四十多年来研究至今，其乐无穷，竟有“乐以忘忧，不知老之将至”之感。职是之故，有学生曾说我“杏坛托命平生志，书海寄情半世缘”。

我始终认为图书和出版史是永远也研究不完的重要课题。中国是世界上图书出版印刷事业最先发达的国家，要写一部《世界图书出版印刷史》，第一卷就应该是中国卷，因为中国的图书文化在世界图书出版印刷文化史上占着举足轻重、无与伦比的地位和分量。之所以如此，就是因为中国图书历史悠久、一脉相承，载体众多、装帧考究、类型丰富，治书之学的成果举世罕见，而且还最先发明造纸术和雕版印刷、活字印刷、套版印刷等技术，对人类文明的发展做出了杰出贡献。研究愈深愈久，就愈觉其中学问之广博无涯，就愈为中国的图书文化而自豪。

2005年之前，我已经编写出列入国家规划、以朝代为序的高等院校重点教材《中国编辑出版史(上下册)》，也写出以源流、系统、流布等专题为纲的学术专著《中国图书出版印刷史论》，但总想编一本雅俗共赏、图文并茂、带有普及色彩的《中国图书文化史》，以便让更多的读者了解我国璀璨而骄傲的图书文化。2005年，在原广西师范大学出版社谢茂松副总编和原北京大学出版社诸葛蔚东副编审的帮助下，这一愿望终于实现。我和我的硕士研究生杨虎在我原有书稿《中国图书》（新华出版社1991年版）的基础上，根据新的研究成果和出版要求，增加篇幅，调整体例，插配图表，订正疏漏，最终以《插图本中国图书史》为名，由广西师范大学出版社出版。

难得的是2006年元月，在我应邀到台湾南华大学出版事业管理研究所给该所研究生讲授“中国图书出版史”期间，与凤仪知识产业股份有限公司签下在台湾出版本书繁体字本的合同，并于当年如期出版。经过我的另外一名学生王璇在繁简体转换、加工、排版、印刷、校对等环节的一番努力，插图本的设计更加新颖，纸墨更为精良，黑白图片都改为彩色插图，从封面到各篇节页，内容与形式联系更加紧密，感觉更为厚重。

该书出版后在海峡两岸都受到了各界的好评。有的读者评价说：该书“代表了我国图书史研究的最新成果，对弘扬中华民族优秀传统文化，提高民族自信心、自豪感，开创未来，继续攀登文化高峰，繁荣出版事业，都会产生积极的影响，称得上是一部内容形式俱佳的精品”。过誉之词，让我们倍感责任重大。

转眼之间，十年的时间又一晃而过。十年之间，我在图书出版史方面的研究一直没有停步，先后主持完成了《中国出版通史》《藏书中国丛书》《中国出版图史》《中外出版史》等图书的编著工作。尤其是2009年为了准备德国法兰克福中国主宾国书展活动，作为长期从事中国出版历史研究的专业人员，我有幸参与了其中的两项工作：一是与中国新闻出版总署、中国图书进出口总公司合作，作为专家组主要成员承担了这次法兰克福书展中国主宾国主题馆的脚本设计任务；二是与外文出版社合作，编写了全景式介绍中国出版历史和现状的著作：《从甲骨文到E-publications——跨越三千年的中国出版》，该书获得多项奖励，被评为“中国最美的图书”，为中国图书出版文化“走出去”贡献了自己的绵薄之力。值得一提的是，在这十年之间，杨虎也成长为一名北大的年轻骨干教师，并以中国图书出版史为主要研究方向，跟随我攻读博士学位，积极参与了相关的课题研究和上述图书编著工作，已经成为我的一名得力助手。而他最初研究兴趣的形成，则在一定程度上要归因于十年前的《插图本中国图书史》的编撰工作。

党的十八大报告强调：今天的中国要“建设优秀传统文化传承体系,弘扬中华优秀传统文化”，作为传统文化的重要基础内容之一，中国图书史理应得到必要的重视和广泛的了解。2014年9月9日，习近平同志在北京师范大学看望教师学生时提出：“我很不赞成把古代经典诗词和散文从课本中去掉，‘去中国化’是很悲哀的。应该把这些经典嵌在学生脑子里，成为中华民族文化的基因。”在新时期听到党和国家领导人能有如此高瞻远瞩的见解和眼光，我们甚感欣慰。十年间，我们在图书出版史的研究中，时刻注意积累新资料，并及时吸收最新的研究成果，为《插图本中国图书史》的修订工作做准备。今年，在国家图书馆出版社两任总编徐蜀和贾贵荣及王燕来编辑的建议和支持下，我们经过修订并由出版社重新排版设计，向广大读者推出全新的《中国图书史十讲》。该书的结构和内容并不复杂，总体讲述的是中国图书的十个特点。最后，还探讨了一个十分有意义的话题：哪些经典图书最能代表中国文化？并列出了我们拟定的《中华传统文化名著100种》。书中所介绍的内容和探讨的问题，算是对习近平同志观点的一种呼应，当然更是北大学者履行文化传承与创新之责的分内之事。

真心希望该书的修订再版，能够在研究、传播和弘扬中国传统文化方面有所助益！

肖东发

2015年元旦于京西燕园

目　录

前言………………………………………………………… 1

绪论………………………………………………………… 1

第一讲　中国古代图书的起源与流变

——历史悠久　一脉相承…………………………… 29

第二讲　中国古代图书的载体形式

——载体众多　贡献杰出…………………………… 67

第三讲　中国古代图书的印刷技术

——发明印刷　偏重雕版…………………………… 107

第四讲　中国古代图书的装帧艺术

——装帧考究　形成制度…………………………… 151

第五讲　中国古代图书的印刷出版系统

——三大系统　流通出版…………………………… 185

第六讲　中国古代图书的特有类型

——类型丰富　源流不断…………………………… 229

第七讲　中国古代图书中的鸿篇巨制

——官修私撰　巨帙鸿篇…………………………… 265

第八讲　中国古代图书的厄运与典藏

——屡遭厄运　有聚有散…………………………… 297

第九讲　中国古代的书目之学

——辨章学术　部次条别…………………………… 331

第十讲　中国古代的治书之学
——版本辨伪　校勘辑佚…… 357
结　语　最能体现中国文化的图书…… 395
附文一　国学入门书要目及其读法…… 408
附文二　中华传统文化名著100种 …… 425

参考文献…… 429
部分图片来源…… 431

绪 论

夫经籍也者，机神之妙旨，圣哲之能事，所以经天地，纬阴阳，正纪纲，弘道德，显仁足以利物，藏用足以独善。学之者将殖焉，不学者将落焉。大业崇之，则成钦明之德；匹夫克念，则有王公之重。其王者之所以树风声，流显号，美教化，移风俗，何莫由乎斯道。

——唐·魏徵：《隋书·经籍志》

试验（1）：我们所有的机器和工具，连同我们所有的主观知识，包括我们关于机器和工具以及怎样使用它们的主观知识都被毁坏了；然而，图书馆和我们从中学习的能力依然存在。显然，在遭受重大损失之后，我们的世界会再次运转。

试验（2）：像上面一样，机器和工具被毁坏了，并且我们的主观知识，包括我们关于机器和工具以及如何使用它们的主观知识也被毁坏了；但这一次是所有的图书馆也都被毁坏了，以至于我们从书籍中学习的能力也没有用了。

——［英］卡尔·波普尔：《世界1、2、3》

书籍——这是一代对另一代在精神上的遗训，这是行将就木的老人对刚刚开始独立生活的年轻人的忠告，这是行将下岗的人对前来接替他的人的命令。人类的全部生活，会在书本上有条不紊地留下印记：即使种族、人群、国家消失了，书籍将永存下去。书籍是和人类一起成长起来的，一切震撼智慧世界的学说，一切打动心灵的热情都在书籍里结晶形成……书籍——它是未来的纲领，因此，我们要尊敬书籍！

——［俄］赫尔岑：《1837年在维亚特卡公共图书馆开幕式上的讲话》

图书，作为知识的载体，是文化的基本要素，自然受到人们的重视与崇奉。中国古代的图书是中华民族五千年古老文化的结晶，对我们民族的发展产生过深远的影响。因而，古代图书是研究中国文化不可缺少的专题。

中国古代的图书不仅有自己独特的内容，而且还有悠久的历史。众多的形态、完整的体系、多舛的命运，形成了许多与别国图书不同的特色。我国早在春秋时期就曾较大规模地开展了对图书的著述、收集、整理、分类、编目、校勘等活动，可谓“官有其守，世有其学”。后来又逐渐形成了文献学、目录学、版本学、校勘学、考据学、辑佚学、辨伪学等名目繁多的治书之学。本书的一个重要任务就是探讨、归纳中国古代图书的特点，用通俗的语言介绍这些与治书之学有关的基本知识，使读者在阅读本书之后，能够对中国的图书有一个较为全面深入的了解，并能产生一些兴趣。

一、图书的概念及构成要素

（一）图书的概念

图书是以传播知识为目的，用文字或其他信息符号记录于一定形式的材料之上的著作物。图书是人类社会实践的产物，是一种特定的不断发展着的知识传播工具。

“图书”一词最早出现于《史记·萧相国世家》。公元前206年，刘邦军队攻入咸阳，“诸将皆争走金帛财物之府分之，何独先入收秦丞相御史律令图书藏之。沛公为汉王，以何

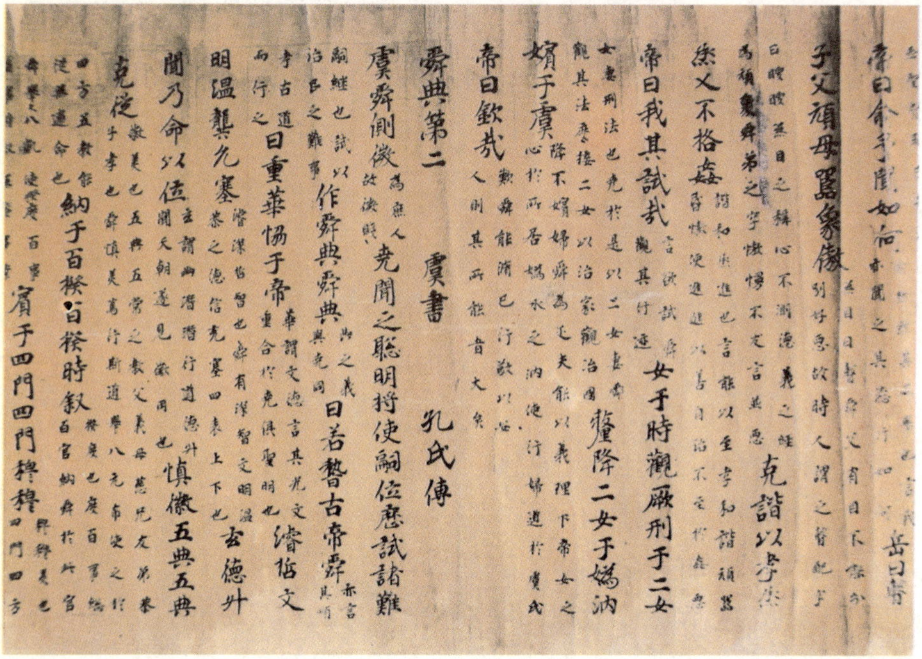

唐写本《尚书》，《尚书》意为“上古之书”，是我国最早的一部史书

为丞相……汉王所以具知天下厄塞，户口多少，强弱之处，民所疾苦者，以何具得秦图书也”。这里所说的图书既有书籍又有地图、档案等文献。它和我们今天所说的图书是有区别的。

进一步探求“图书”一词的渊源，可追溯到《周易·系辞上传》记载的“河出图，洛出书”这个典故上来，它反映了图画和文字的密切关系。根据传说：伏羲氏时，有龙马从黄河出现，背负“河图”，有神龟从洛水出现，背负“洛书”。始祖伏羲即根据这种“图”和“书”画成八卦，创始了炎黄文化，因此古时常把龙马、神龟与图、书结合一起的图画来象征我们文化的古老源头。虽然是神话传说，但却说明了这样一个事实：文字起源于图画。图画和文字确实是紧密相连的。古人称各种文字形态为“书体”，写字的方法为“书法”，“书”字还被作为动词，当“写”讲，如“罄竹难书”“奋笔疾书”“大书特书”等等。以后，“书”便进一步被引申为一切文字记录。如“书信”“文书”“刑书”“诏书”“盟书”等等。随着历史的发展，人们对于图书的认识也在不断地发生变化。到了今天，人们已经不再把一切文字记录都称作“书”了。例如文书、书信、诏书、盟书，虽然都带有“书”字，但已不包括在图书的范围之内。

古文记载，其内容多是记事性质的，如甲骨卜辞、青铜器铭文等，都是属于这一类的，其作用主要是为帮助记忆，以便需要时检查参考，其性质相当于后世的档案。以后人们从实践中认识到，这些记录的材料可以改变成总结经验、传授知识的工具，于是便出现了专为传授知识、供人阅读的著作。这样，图书一词便取得了较新而又较窄的意义。到后来，凡不以传播经验、传授知识、供人阅读为目的的文字记录就不算图书。随着生产力的发展和社会的进步，人们开始有意识地运用文字来宣传思想，传播知识，同时也逐步地形成了一套书籍制度，而处理日常事务的文件又形成了一套文书制度。于是，图书与档

利簋（西周时期）上有武王克商的记载，但它不能称为图书

案就逐渐被区分开了。

在我国古代，人们曾对图书下过不同的定义。例如：从图书的内容方面出发的就有："百氏六家，总曰书也"。从图书形式上出发的则认为："著于竹帛谓之书"。显然，这些定义是时代的产物，是就当时的实际情况而言的，不可能对以后的发展作全面的概括。但上述定义已经正确地揭示了当时书籍的内容和形式特征，并且把"书"看作是一种特指概念，把它与原始的文字记录区别开来。经过了长达数千年演变，作为图书内容的知识范围扩大了，记述和表达的方法增多了，使用的物质载体和生产制作的方法发生了多次的变化，因而也就产生了图书的各种类型、著作方式、载体、书籍制度以及各种生产方式。所有这些，便促使人们对图书有了较系统而明确的概念。

直到今天，图书仍有广义和狭义之分。在实际生活中，我们常常会遇到这样一些有趣的现象。对于"图书馆"和"图书情报工作"等概念来说，"图书"是广义的，泛指各种类型的读物，既包括甲骨文、金石拓片、手抄卷轴，又包括当代出版的书刊、报纸，甚至包括声像资料、缩微胶片（卷）、机读目录、数字出版物等新技术产品；而在图书馆和情报所的实际工作中，人们又要把图书同期刊、报纸、科技报告、技术标准、视听资料、缩微制品、数字出版物等既相提并论，又有所区别。在前者与后者有所区别的时候，图书所包括的范围就大大缩小了，这是狭义的"图书"。

本书所讨论的图书是广义的，而且侧重于中国古代的文献典籍。

（二）构成图书的要素

从竹木简牍到今天的各类图书，不管其形式和内容如何变化，只要认真地加以考察和分析，就可以看出它们都具有下面这样几个要素：

1. 要有被传播的知识信息。传播知识信息是图书的基本职能，知识信息是构成图书的基本因素。图书的内容是伴随着人类对自然与自身认识的不断深化而发展的。整个人类思想文化的发展史都可以在图书的内容中得到反映。随着人类社会实践的进步，图书的内容也逐渐从简单到复杂，从低级到高级，从零散到系统。例如，世界各民族所留存下来的远古时期的文献，大都属于简单的“记事”“记言”之类的资料，而后来的鸿篇巨制的杰作却是社会文明充分发展的产物。农业、天文学、医学等知识的文字记载，几乎是从人类刚刚走向文明时期起就开始出现的，而文摘索引之类的二、三次文献只有在科学技术高度发达、各种知识急剧增长的情况下才能得到充分的发展。另一方面，随着社会生活领域的扩大，图书所具有的传播知识的目的性也越来越明确，其社会意义也越来越重要。我们

明崇祯十二年（1639）刊本《北西厢秘本》插图：窥简

可以按照图书内容在人类社会生活中的作用，将它传播的知识信息划分为：

①情报性知识信息。它需要快速地更新和传递，并且有较强的针对性。

②教育性知识信息。它既要求及时更新，又要有一定的稳定性，需要反复传递，传播面也比较广。

③娱乐性知识信息。它的传播范围大小与时间长短，取决于社会时尚的变化，情况较为复杂。

2．要有记录知识的文字、图像信号。人类很早就把有声的语言作为传送与交流知识的工具，但语言的传播要受到空间与时间的限制。人们也曾先后使用了结绳、契刻等方法来帮助记忆。但这一方法只能助记，不能直接表达复杂的事物，而且在传播上也受限制。只有使用图画和文字，才能较精确地代表事物及其相互关系，为人们共同理解与接受，因而才能跨越空

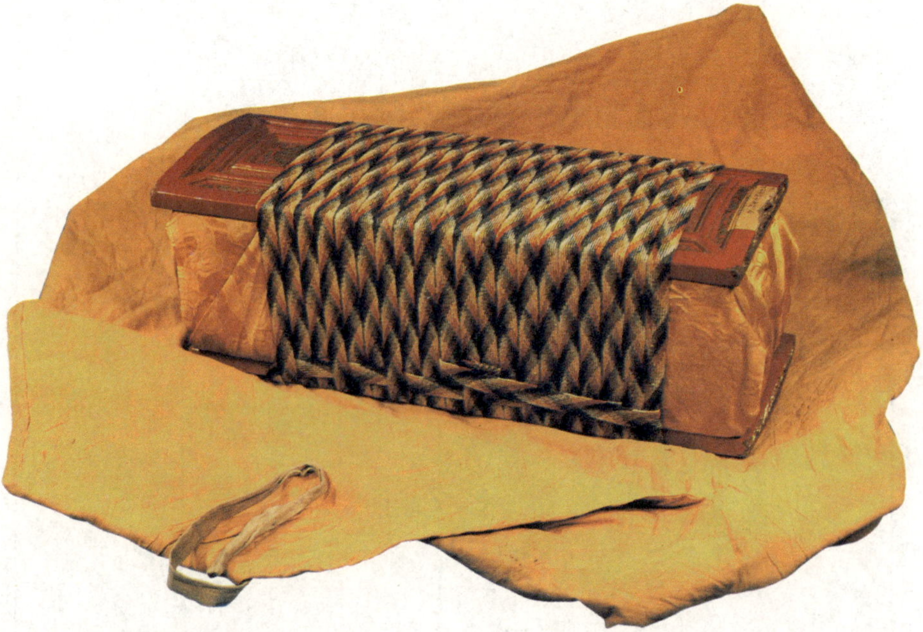

古书梵夹装外观

间与时间的限制来传播知识。

3. 要有记载文字、图像信号的物质载体。光是有了文字和图像，而没有载录它的物质，也是无法成书的，因而人类就选择和创造了种种文字、图像的物质载体。由于文字、图像是平面显示的符号，所以图书的物质载体也都是平面的书写材料。从我国古代书史来看，最初是在甲骨、青铜等器物上记录文字，同时也把文字写到经过整治的竹木材料上，或写在丝帛上，接着又创造出自然界原来没有的重要产品——纸张。纸张薄而轻便，便于书写和印刷，原材料来源广泛，价格低廉。因而逐渐成为人类生产图书的重要原料。

4. 图书的生产技术和工艺也是产生图书的基本条件。图书的生产技术包括两方面的含义：既包括刻画、抄写、印刷、用光电技术录入等记录复制方式，又包括收集、整理、编辑、撰写、注释、缩写、翻译等著述方式。它们的共同之处，都是精神内容的物化过程。

5. 要有必要的装帧形式。图书材料在所具有的形态上的规定性也是图书的必要因素之一，它也有一个生成发展过程。早期的原始文字记录没有固定的形制。我国最早的书籍制度是编简成册的简牍制。汉代发明造纸术后，图书的装帧形式就逐渐由简册式发展到卷轴式。后来以抄写为手段的复制方式，又被我国人民发明的印刷技术所取代，于是装帧形式又由卷轴式发展为册页式。图书生产技术上的进步，使图书大量生产成为可能。

以上五项要素，其重要程度呈现递减趋势，又缺一不可。因为内容远比形式重要，内容又须依附于一定的形式得到较好的体现。

二、图书对文化的作用

图书对于文化的作用可以从记录文化、积累文化、传播文化三方面来分析：

（一）图书是记录文化信息最直接的工具

据人类学家研究，在没有文字之前，人们表达思想、传递信息十分困难。最初只能靠声音和动作来表达感情、交流意识。在这“有声无言”的阶段，人与其他动物并没有很大的区别。经过长期进化，人们可以利用口中发出的不同声音来表达感情。由声音发展到语言，是人类社会的一大进步，人与人之间可以相互对话，沟通思想，交流经验。但由于文字尚未出现，此时还处在“有言无文”时期，仍有诸多不便。用语言传递信息，只能限于一时一地，距离稍远就不便传达，时间稍久，亦不便记忆，这就使人类在文化交流上具有很大局限性。

为了进一步使感情、信息得到交流传播，人们开始把自己的经验和知识，用简练的、便于记忆的语言编写成歌谣、口诀

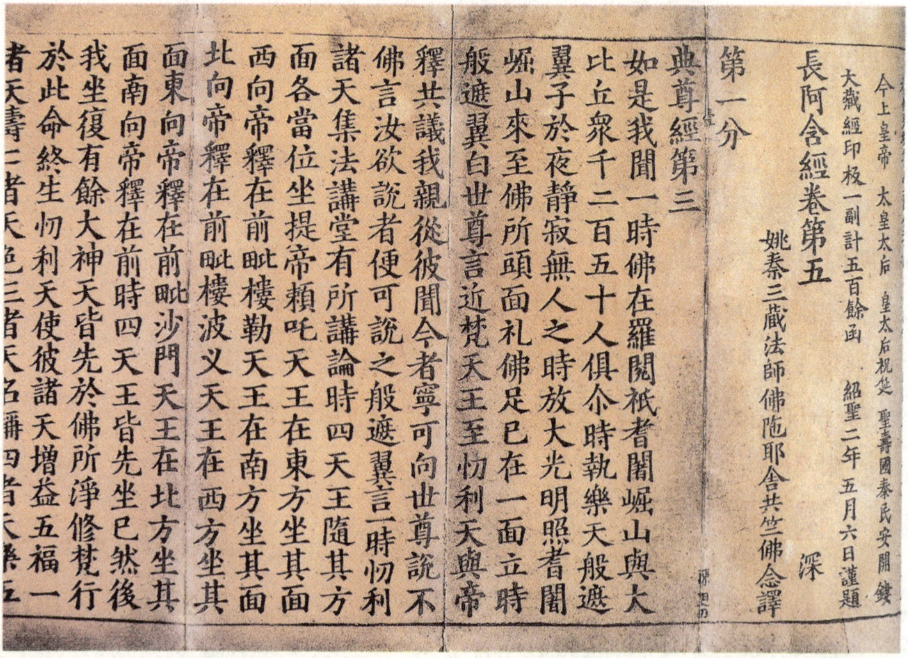
今上皇帝 太皇太后 皇太后祝延 聖壽國泰民安開鏤
大藏經印板一副計五百餘函 紹聖二年五月六日謹題
長阿含經卷第五 深
姚秦三藏法師佛陁耶舍共竺佛念譯
第一分
典尊經第三
如是我聞一時佛在羅閱祇耆闍崛山與大
比丘衆千二百五十人俱尒時執樂天般遮
翼子於夜静寂無人之時放大光明照耆闍
崛山來至佛所頭面礼佛足已在一面立時
般遮翼白世尊言近梵天王至忉利天與帝
釋共議我親從彼聞今者寧可向世尊說不
佛言汝欲說者便可說之般遮翼言一時忉利
諸天集法講堂有所講論時四天王隨其方
面各當位坐提帝賴吒天王在東方坐其面
西向帝釋在前毗樓勒天王在南方坐其面
北向帝釋在前毗樓波义天王在西方坐其
面東向帝釋在前毗沙門天王在北方坐其
面南向帝釋在前時四天王皆先坐已然後
我坐復有餘大神天皆先於佛所淨修梵行
於此命終生忉利天使彼諸天增益五福一
者天壽二者天色三者天名稱四者天樂五

北宋刊印的《崇宁万寿大藏》

和故事，以此相告，代代相传，这就是所谓的“传说”。中外许多远古的历史和知识，就是靠传说才传之于后人的。如我国上古时期，关于“黄帝”“炎帝”“有巢氏”“伏羲氏”“神农”“女娲”的故事；外国的《奥德赛》《伊利亚特》等荷马史诗，都是依靠口耳相传的方式得以流传下来的。利用“传说”来传播信息文化，靠的是人的自然记忆。而人的记忆力总是有限的，一件事经过若干人口传之后，往往会被遗漏或增加某些内容，甚至完全走了样。因此，“传说”虽然为后人保存了古代的知识，但这种知识既零散，又真伪参半。

有了文字，就能比较全面、真实地记录和反映人类的知识文化，而且能克服时间和空间上的障碍和局限，特别是人们用文字把要传播的知识文化记录在一定形式的载体之上。这就是人们通常说的图书文献。有了图书文献，容纳、提供的文化信息更为丰富、更为系统、更为精确、更为翔实，传递知识交流思想的功能也更加完备。

（二）图书文献是积累文化的重要手段

从人类文化发展的垂直继承关系上来分析，有了图书文献，人们就不需事必躬亲，事事从头做起，而可以极其有效地继承前人的知识、经验、认识、技能，从已有的认识和成果出发去创造新的认识和成果。许多科学家、发明家用一生或者数十年的精力研究得出的定理公式，我们可以在很短的时间内就能掌握并运用，避免了他们所经历的无数次失败。这就是人类社会所以能加速发展的原因。时代的进步就是建立在前人经验的基础之上的。前人不断积累，后人得以继承和借鉴，一个重要因素，就是由于有了图书文献。

（三）图书是传播文化的媒介

从横向的交流关系来分析，民族文化的形式，中外文化的冲击、碰撞与交流融合，都离不开图书。无论是历史，还是科学技术飞速发展的今天，人们总要吸收别人的经验，取长补短，扩大视野，建设、丰富本民族文化科学。也可以说文字记录文化和积累文化的作用都是为传播和交流文化服务的，这一点更为重要。

图书也可以理解为是文化的表现形式。各种思想、意识、经验、理论、科学等要想物质化、有形化和社会化，都有赖于图书。

图书的形式也是不断变化的，有刻画记录、抄写记录、印刷记录、磁性记录、光电记录等。记录手段的变化反映了技术的发展，也是文化发展的要求。

图书不仅具有文化信息传递的意义，而且其本身也还有科学和美学的价值。和文化的其他部类一样，图书本身也有一个从无到有，从幼稚到成熟的经过，这一历程已构成文化史中一条重要的支脉，这一支脉正是本书所要介绍的内容。

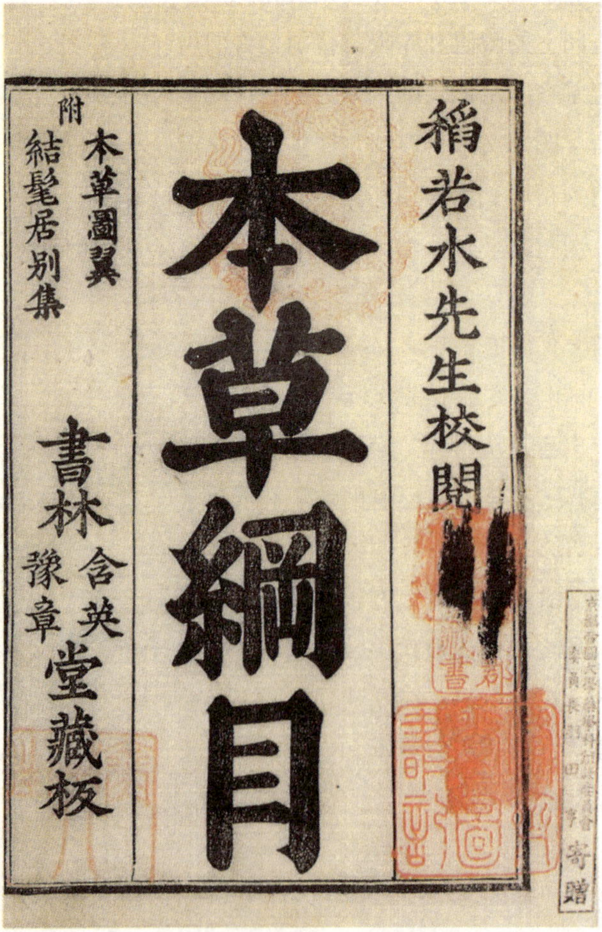

17世纪末18世纪初日本刊印的《本草纲目》

三、中国古代图书及其特点

中国古代图书即中国古籍，又简称古书。狭义的古书一般是指1911年以前手抄或印刷的各种图书。广义的古书等同于古典文献，除了各种图书以外，同时还包括文书、卷册、碑铭、拓本等。本书所谓“中国古代图书”的概念是狭义的。中国的古代图书源远流长，浩如烟海，文化遗产极为丰富。从今人王余光统计的历代著作统计表中，就可见中国古代图书之一斑（表1：中国历代著作统计表）。中国古代图书虽屡遭水火战乱之灾，损失很多，但流传至今的仍旧不少，现存古籍总数当不少于10万种。中国古代图书集中反映了中国历史上灿烂辉煌的文化，是人类智慧的凝聚，知识的结晶。

表1：中国历代著作统计表①

朝代	年数	总著作部数	总著作卷数	平均每百年著作部数	增长率
西汉及西汉以前（公元25年前）	747	1033	13029	138	
东汉（25—220）	195	1100	2900	564	309%
魏晋南北朝隋（220—618）	398	10654	70304	2679	375%
唐五代（618—960）	342	10806	185074	3160	18%
宋（960—1368）	319	11519	124919	3611	14%
西夏辽金元（906—1368）	462	5970	52891	1292	-64%
明（1368—1644）	276	14024	218029	5081	293%

①王余光：《中国文献史》（第一卷），第49页，武汉大学出版社1993年版。

清（1616—1911）	295	126649	1700000	42932	745%
民国抗战以前（1912—1937）	25	71680	91378	286720	568%

中国的古代图书是世界上各种书籍中最有民族性和独具特色的典籍。它可以归纳为如下十个特点：

1. 中国是文字典籍出现最早的国家之一，而且一脉相承，从未中断。

翻开人类社会发展史，中华民族文化源远流长，在世界文明史上占有重要的地位。中国是著名的四大文明古国之一。其他三个文明古国其文字和图书的起源虽与中国的汉字典籍不相上下，都在5000—6000年前诞生，但它们的命运却不相同，不论是古埃及的象形文字，古巴比伦的楔形文字，还是古印度的梵文都没有延续下来，早在一二千年前就不再使用了。基本上都成了死文字，只有考古学家、历史学家和古文字专家才能研读。

刻有文字的甲骨

而我们中国的文字如果从山东大汶口陶器上的原始文字算起，距今也有5000多年的历史。近年来还在西安发现了距今5000多年的甲骨文，比原来在河南安阳小屯发现的殷墟甲骨要早1200多年。甲骨文可以证明：从公元前21世纪的夏朝开始，中国的每一个朝代的每一位王位继承人都有可以查的出来的记录。现存古代史书可以证明，从公元前841年（周朝共和元年）起，中国人有了每一年都能查的出来的记录。从公元前722年（周平王四十九年）起，中国人有了每一个月都能查的出来的记录。上下五千年，中国的典籍由涓涓细流汇成汪洋大海。固然，现在通行的文字与古代的甲骨文、金石文及大小篆字在形体上有所不同，但这些古今文字是一脉相通的，稍加辨识，便可认读。

2. 中国是载体材料众多、最先发明造纸术的国家。

自从文字发明以后，图书的载体材料就成为图书发展的主要矛盾，各国先民都对此进行过多种探索。人们曾把文字写在泥版上砖石上，如两河流域巴比伦人的泥版书；写在植物茎叶上，如埃及的莎草纸、印度的贝叶经；写在动物的皮上，如欧洲羊皮书、犊皮书；刻在金属上，如金书、铅书等。这些材料基本上都属于自然物的简单加工，有的过于笨重，有的过于昂

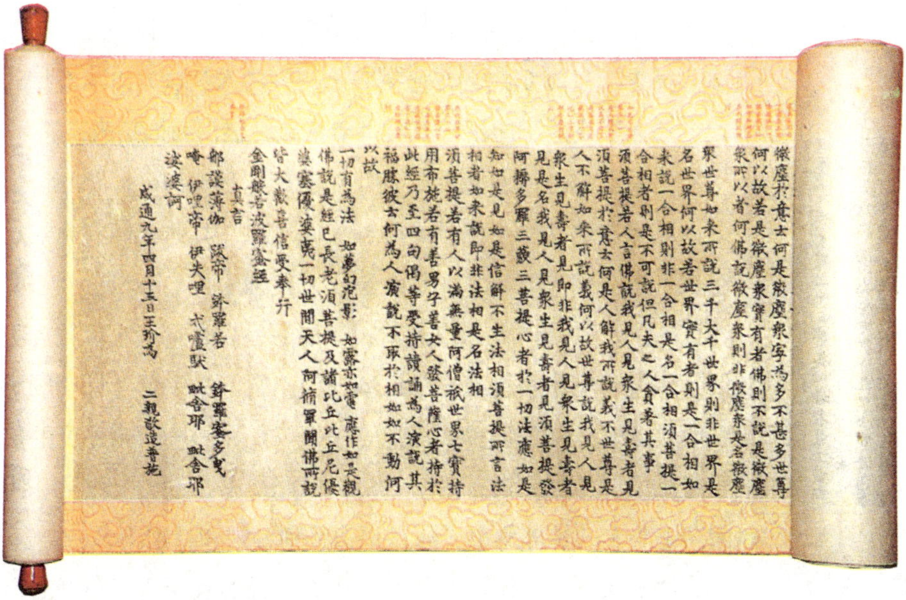

唐咸通九年（868）印本《金刚经》，是现知世界上最早的刻印有确切日期的雕版印刷品

贵，有的极易损坏，不便保存，大都不便流通。

我们的祖先也经历了同样的历程，先是把文字刻在龟甲和兽骨上，刻铸在青铜器上，后来甚至把整部的儒家经典，数千部的佛经镌刻在上万块石碑上。流通较广的当数刮削过的竹片和木板，因其取材广泛，价廉易得，整治方便，可以连缀成册，使用了很长的时间。与此同时还把文字写在丝织品上，称为帛书。帛书具有体积小、分量轻、携带方便、容量大等优点，只是价格昂贵，但却诱发了人们发明既有竹木之廉又有缣帛之便的一种新型图书载体——纸张。中国人发明造纸术不再是一种自然物质，而是一项具有划时代意义的重大发明。纸具有一切文字载体材料的优点，并且克服了各种的不便，是一种最理想的书写材料，这是中国人对世界文明的杰出贡献。

3．中国是最先发明印刷术，包括雕版印刷、活字印刷和套版印刷三种技术的国家。

在文字载体材料的矛盾随着造纸术的发明而得到解决的同时，图书复制生产技术逐渐上升为主要矛盾。手工抄写，不仅费时费工，而且极易出错，严重阻碍了图书的传播流通。经过多方探索，反复实践，在捶拓和印章等技术的启发下，我国古代劳动人民发明了印刷术，对世界文化又做出新的贡献。

古代印刷术可分雕版、活字、套印三种类型。

雕版印刷起源于佛教寺院和民间坊肆。具体时间有东汉、东晋、南北朝（北齐）、隋、唐、五代和宋代七种说法。前三种证据不足，后两种已被文献实物推翻，只有隋唐之际较为可信。唐代印刷品实物与文献记载较为丰富。从中可考见印刷术发明轨迹。一条是以单幅佛像——密宗经咒——图文并茂的佛经为脉络的寺院刻书；另一条是以民间历书、字书、小学、阴阳杂书为主的坊肆刻书。而且很快传到韩国和日本。

活字发明于北宋庆历年间。布衣毕昇的胶泥活字印书法，在沈括《梦溪笔谈》中有详细记述。南宋周必大、元初杨古、清代翟金生均用泥活字印过书。元代王祯发明木活字，明代用来印家谱、邸报。清代金简印《武英殿聚珍版丛书》。明代锡山华氏和安氏用金属活字印书，成果显著，最大部头的铜活字印本为清雍正年间印的10040卷的《古今图书集成》。

套版印刷的发明时间过去认为是元代，现据1974年山西应县木塔所出的辽代印刷品彩印《释迦牟尼像》可知为宋辽时期。明代饾版、拱花技术发展较精，除吴兴闵氏和凌氏外，颜继祖的《萝轩变古笺谱》、胡正言《十竹斋画谱》《笺谱》，以及清代李渔的《芥子园画谱》都十分出色。

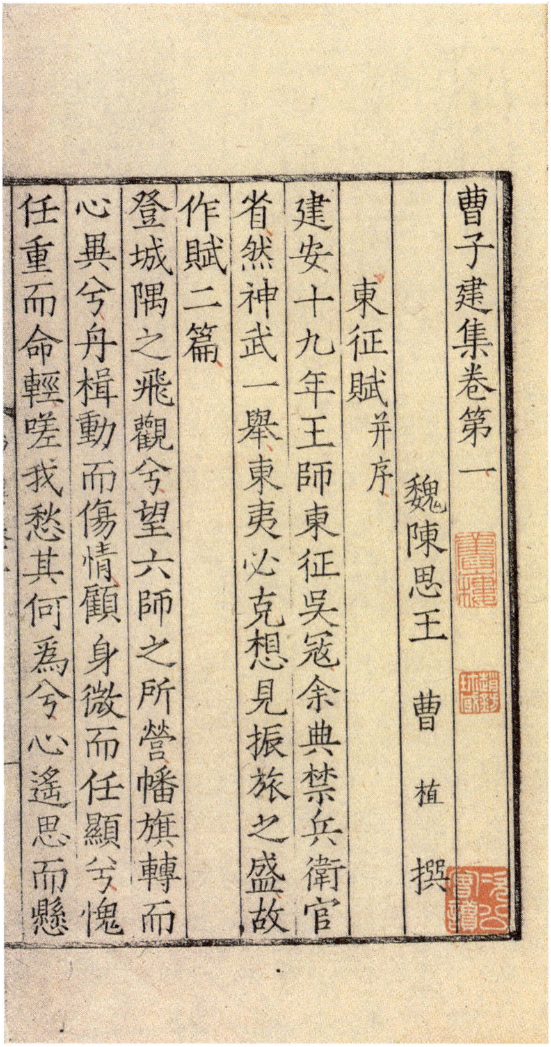
曹子建集卷第一
魏陳思王 曹植撰
東征賦并序
建安十九年王師東征吳寇余典禁兵衛官省然神武一舉東夷必克想見振旅之盛故作賦二篇
登城隅之飛觀兮望六師之所營幡旗轉而心異兮舟楫動而傷情顧身微而任顯兮愧任重而命輕嗟我愁其何爲兮心遙思而懸

明代铜活字印本《曹子建集》

4. 中国书籍既注意实用，又注意美观，讲究装帧设计，很早就形成了固定的书籍制度，而且不断发展演变。

纵观中国图书形制的发展，可以由汉、唐为界划分为三个时期：汉代造纸术发明以前为竹简帛书并行时期，通行的是简牍制度；汉以后至唐为纸写本时期，通行的是卷轴制度；唐代印刷术发明以后为印本书时期，后逐渐过渡到册页制度。卷轴

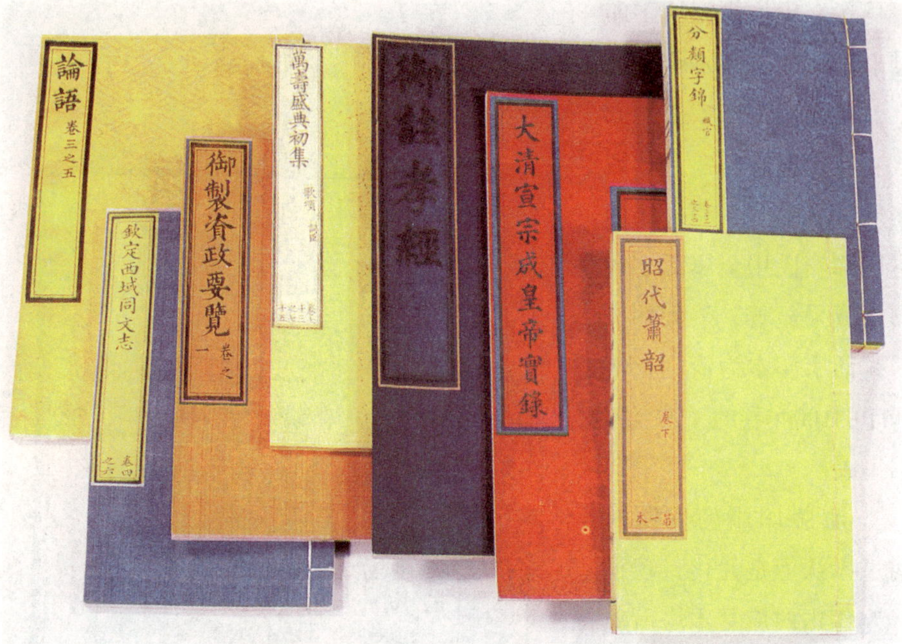

清内府刊印的几种不同装帧形式的图书

制向册页制过渡有经折装、旋风装、龙鳞装等形式，其后还有蝴蝶装、包背装和线装；若细分还有包角装、金镶玉等多种名目。古书的版式有天头、地脚、象鼻、鱼尾、边栏、界行、版心、中缝等，一部分还要分出首、脑、口、耳、眼、鼻、脊、尾、心、角、根等部位。至于纸墨行款也有很多讲究，古籍用纸就其原料而言，可分麻纸、树皮纸、竹纸、草纸四大类。仅树皮纸又分楮树皮纸、藤树皮纸、桑树皮纸、清檀皮纸，举凡棉纸、开化纸、开化榜纸均属此类，特别是白棉纸中的宣纸，更是纸中极品。

印刷术发明后，图书的形式进一步趋向统一，版式标准化，字体规范化，工序程式化，结构日趋丰满，有序跋、卷端、字体、牌记、刻工、避讳等，刻书机构、作者职官、衔名、尊号、称谓、郡望、藏书印记及题跋、批语等都是版本鉴定的重要依据。

5. 中国是出版印刷发行事业最先发达的国家。

图书的价值与作用就在于其能传播知识、传递信息，所以自它诞生之日起就有流通利用的问题。早在春秋之际，公私藏书就已对贵族和有阅读能力的人开放，活跃了当时的学术思想。汉代国家藏书控制较严，私藏流通率较高，故培养了一批经学家。纸发明以后，图书更为普及，西汉末出现了槐市和书肆，并有了一批以抄书为业的佣书或经生。

张骞出使西域后，我国与外国图书交流增多。魏晋南北朝时，多次送书与百济、新罗、日本、扶南（柬埔寨）。唐代与印度、尼泊尔、斯里兰卡、阿拉伯、东罗马都有图书文化交流。

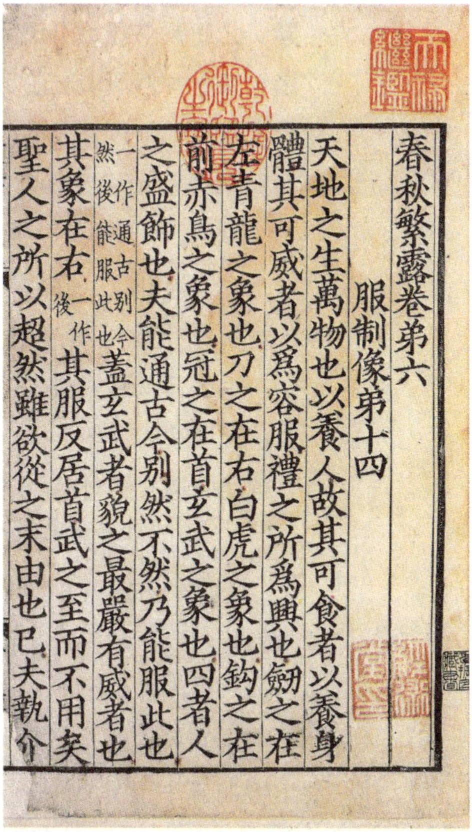
春秋繁露卷第六
服制像第十四
天地之生萬物也以養人故其可食者以養身體其可威者以爲容服禮之所爲興也劍之在左青龍之象也刀之在右白虎之象也鈎之在前赤鳥之象也冠之在首玄武之象也四者人之盛飾也夫能通古今別然不然乃能服此也一作通古今別然後能服此也蓋玄武者貌之最嚴有威者也其象在右一作後其服反居首武之至而不用矣聖人之所以超然雖欲從之末由也已夫執介

宋嘉定间江右计台刻本《春秋繁露》

印刷术发展后，图书流通更加便利。中国古代的刻书出版事业可分官刻、私刻、坊刻三大系统，兼有寺院、书院两个旁支。

官刻即政府刻书，又分中央与地方两个方面。中央官刻始于五代冯道奏请刻儒经。前期以国子监刻书为主，后期转到以内府为主。两宋有各院、监司。元代有兴文署。明代有司礼监、经厂本、各部院本。清代以武英殿为多。

地方官刻，宋代遍及全国。以公使库本最著名。明代除各地布政使司、按察司外，藩王府本别具一格。清代前期地方政府刻书极少，后期各地官书局曾兴盛一时。

私刻即私人出资刻书，也称家刻，始于五代杜审知、毋昭裔。宋代文人豪绅以藏书刻书为风，如陆游之子陆子遹、岳飞之孙岳珂等。汲古阁主毛晋是我国古代最大的私人刻书家，40年刻书600种。清代乾嘉学派以考据、校勘、辑佚见长，多刻丛书。

坊刻即民间以刻书卖书为业者，起源最早，子承父业，世代相沿。我国有许多刻书数百年的世家，仅福建建阳就有余、刘、蔡、郑、陈、虞、熊等诸族。他们刻书内容面向民间，形式多变，适合民众需要，为传播保存文化立下不朽功绩。有的民间刻书家集撰著、编辑、印刷、出版、发行诸工序为一身，如熊宗立、余象斗等，形成各自的经营特色。由于书市生意兴隆，公私藏书开始出现借阅流通。宋辽西夏金元时，政府虽然屡颁禁令，但图书交流从未停止。公私藏书在编史修志办书院等文化活动中也发挥了重要作用。明嘉靖后，耶稣会士东来，西籍翻译活动展开，利玛窦、汤若望等与中国士大夫合作译书。同时，图书大量向外输出。清代后期又有马礼逊等传教士译书，政府开设了同文馆、上海江南制造局译书处。至清末又出现了商务印书馆等私营出版机构，形成了民间译书高潮。

大多数藏书家藏重于用，明清之时也有少量开明之士，如曹溶《流通古书约》提出流通古书的理论和办法。到了近代，古代藏书楼开始向现代图书馆过渡。

6. 中国是世界上拥有典籍最多、图书类型最丰富的国家。

中国的古籍就数量而言，有人估计约25万种以上。还有人根据各朝公家藏书目录《艺文志》和《经籍志》，参考其他书目，对中国古代图书品种及卷数进行了统计。统计结果表明，从西汉到清代有18万种，236.7万卷。到了现代，仅上海图书馆编的《中国丛书综录》一部工具书就著录了保存至今的古籍38891种。仅据《中国丛书综录》《中国地方志联合目录》

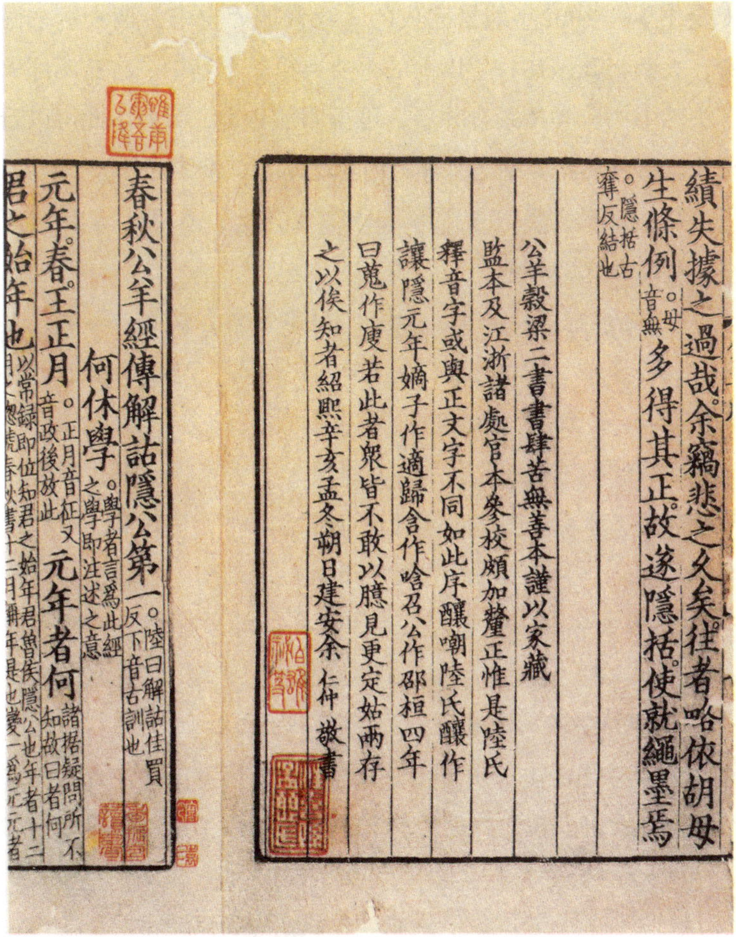

宋绍熙间余仁仲万卷堂刻本《春秋公羊经传解诂》，后有牌记，为坊刻之代表

《中国历代年谱总录》《历代医学书目提要》和相关的佛藏、道藏目录等几部书目，删去重复就可以统计出我国保存至今的古籍，也在10万种左右。

中国典籍不仅数量多，门类也较复杂。汉代刘向刘歆父子首创六分法。南北朝以后，我国古籍分成经、史、子、集四大部类。中国典籍浩如烟海，门类繁多，上至天文，下至地理，包罗甚广。清乾隆四十六年十二月（1782年1月）编成的《四库全书》与2002年编纂完成的《续修四库全书》两大丛书配套，大致将我国1911年以前的重要典籍荟萃其中。将这两部大部头丛书的分类体系合并后，可得四部49类，我们由此可以看出我国古代典籍类型之多样，内容之丰富，洵为洋洋大观：

1. 经部10类：易，书，诗，礼，乐，春秋，孝经，四书，群经总议，小学。

2. 史部16类：正史，编年，纪事本末，别史，杂史，史评，诏令奏议，传记，地理，职官，政书，时令，金石，目录，史抄，载记。

3. 子部15类：儒家，道家，兵家，法家，农家，医家，天文算法，术数，艺术，谱录，杂家，类书，小说家，宗教，西学译著。

4. 集部8类：楚辞，别集，总集，诗文评，词，曲，戏剧，小说。

中国有许多其他国家没有的图书类型，如：方志，是以地方为主的区域性、综合性、资料性的著述。英国学者李约瑟考察全球古书发现，国外只有《不列颠》和《耶路撒冷城》等

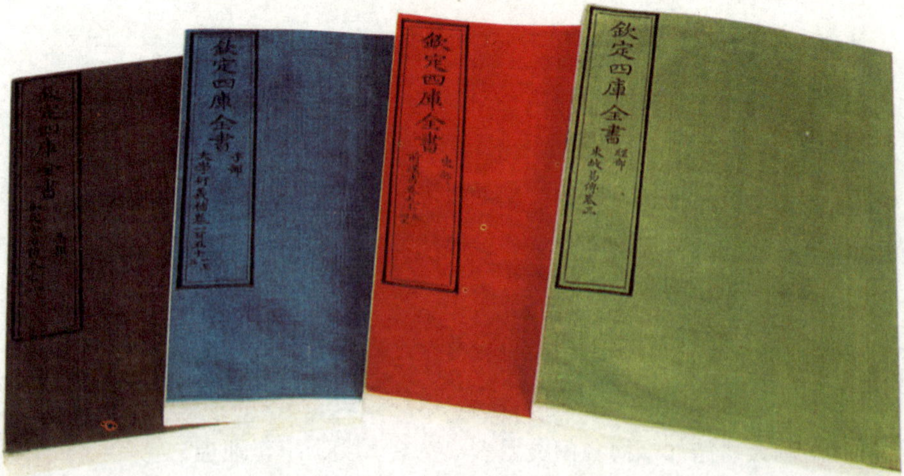

《四库全书》

三、五部书带有方志意味，其他则很少见。而我国现存旧方志就有8500多种，目前各地还在编修新方志。

7．中国古代编纂了许多可称得上世界之最的巨帙大书。

巨型类书和丛书的编纂是古代中国博大文化事业的重要组成部分，直接显示了中国古代文献的宏富、图书事业的兴旺发达。中国最早的一部类书是三国时魏文帝曹丕令儒臣编撰的《皇览》，规模宏富，有800多万字。唐代有《北堂书钞》《艺文类聚》《初学记》《白氏六帖》四大类书，保存至今。宋代又有《太平御览》《册府元龟》《文苑英华》《玉海》《太平广记》等类书。进入明代，明成祖朱棣令解缙、姚广孝等编纂的《永乐大典》，引书8000多种，堪称世界上最早、最大的百科全书，计22877卷、11095册，37000万字。

清代康熙年间官修私撰了数十部大类书，影响最大、体例最完备的当属由陈梦雷主编的《古今图书集成》，此书贯通古今、会同经史，天文地理皆有所记。全书6汇编，32典，6109部，10040卷，16000万字，是现存最大最完整的古代百科全书，被外国称为“康熙百科全书”。

另一个大部头著作，是清乾隆年间官修的《四库全书》。收书3461种，79309卷，计99700万字，实为世界之最。

8．中国的图书屡遭厄运，损失惨重，因此也在典籍保护方面积累了不少经验。

隋代牛弘有图书“五厄”之说：一为秦始皇焚书，二为西汉末年赤眉入关，三为董卓移都，四为刘石乱华，五为周师入郢，梁元帝自焚。明代胡应麟又续上“五厄”：隋大业十四年（618）江都焚书为一，安禄山入关为二，黄巢入长安为三，靖康之难为四，南宋末伯颜南下、军入临安为五。实际远不止此。明代以后，近人祝文白又续上“五厄”：一为李自成之陷北京，二为钱氏绛云楼之烈焰，三为清高宗之焚书，四为咸丰朝之内忧外患，五为民国中日之战役。

我国现存最早的私家藏书楼——天一阁外景

浙江湖州嘉业堂藏书楼

古代公私藏书的官吏和专家为保护典籍做出了不朽的贡献。春秋时的老子为公藏职官——柱下史，有人称其为最早的图书馆长。“学富五车”的惠施也是早期私人藏书家。

现存最早的皇家档案馆——明嘉靖年间所建的皇史宬，至今保持“金匮石室”的传统，并有防火、防水、防盗、防虫、防晒等许多保护图书的措施。

现存最早的私人藏书楼——宁波范钦天一阁，也为明嘉靖年间所建，有许多保护图书的手段和定制，而且直接影响到清代乾隆时为藏《四库全书》所建的七阁。除七阁外，清代故宫、圆明园中还各有十余处藏书楼。

历代藏书家和藏书楼不胜枚举，清末四大藏书楼为：常熟瞿氏铁琴铜剑楼、聊城杨氏海源阁、湖州陆氏皕宋楼、杭州丁氏八千卷楼。可惜他们的家藏，有的毁于兵火，有的流散海外，保存下来，实属不易。

9. 中国是最早有目录和建立了目录学科体系的国家。

我国第一部综合性分类目录是西汉末年刘向编的《别录》及其子刘歆完成的《七略》，这是世界上最早的分类目录。刘向父子的成果独具匠心，有极丰富的内容。《七略》除总序辑略外，还有六艺略、诸子略、诗赋略、数术略、兵书略、方技略，条理清晰、井然有序。略以下分38个小类，系统完整，轻重平衡，创造性地运用互著别裁等方法，反映了当时在辑佚、校勘、编辑、整理、分类编目诸方面已有较高的学术水平。

南朝刘宋时，王俭编《七志》加道、佛二经，实为九志，体系依《七略》，又不同于《七略》。梁人阮孝绪编《七录》，内篇为五（经典、纪传、子兵、文采、技术五章），外编为二（道录、佛录）。

三国时魏人郑默编《中经》，

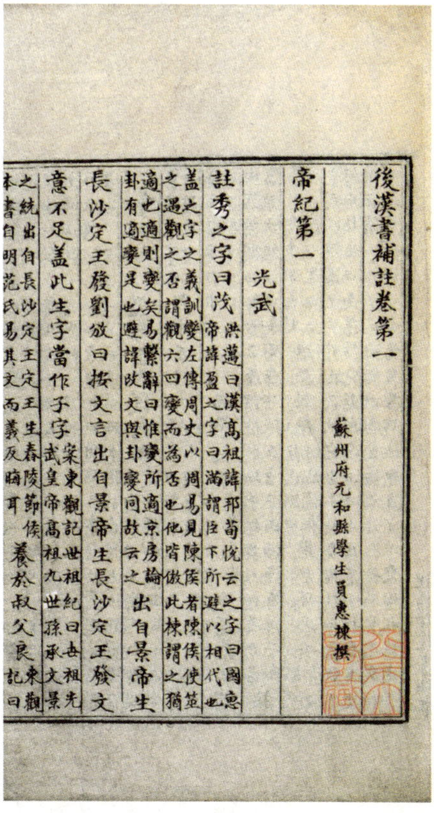
後漢書補註卷第一
蘇州府元和縣學生員惠棟撰
帝紀第一
光武
註秀之字曰茂 洪邁曰漢高祖諱邦荀悅云之字曰國惠帝諱盈之字曰滿謂臣下所避以相代也蓋之字之義訓變左傳周史以周易見陳侯者陳侯使筮之遇觀之否謂觀六四變而為否也他皆倣此棟謂之猶適也適則變矣易繫辭曰惟變所適京房論卦有適變是也避諱改文與卦變同故云之 出自景帝生
長沙定王發劉攽曰按文言出自景帝生長沙定王發文
意不足蓋此生字當作子字 案東觀記世祖紀曰世祖光武皇帝高祖九世孫承文景之統出自長沙定王生春陵節侯 養於叔父良東觀記曰本書自明范氏易其文而義反晦耳

清惠栋手稿本《后汉书补注》

西晋人荀勖据之编《中经新簿》，始创图书四分法。又经东晋李充的调整，至《隋书·经籍志》已有按经、史、子、集排列类名及细目的系统书目。

清代乾隆年间官修《四库全书》，四分法已臻完善，类目更加分明。四分法沿用近2000年，至今整理古籍仍沿用经过改编的四库分类体系。但该体系有以尊崇儒道，褒贬得失为宗旨，以阐圣学，明王道者为主，不以百家杂学为重的一面，也应有分析批判。

南宋郑樵在《通志·校雠略》中突破四分法，总古今有无之书，分为十二大类，有所创新，并提出较系统的分类理论，做出了突出贡献。

我国目录学推崇的是“辨章学术，考镜源流”的传统，使每一部书目几乎都是一部学术史。在种类上，有官修目录、私藏目录、史志目录、专科目录、特种目录等，每类均有其特点、源流及价值。特种目录又可细分为个人著述目录、地方文献目录、丛书目录、禁书目录、刻书目录、版本目录、善本目录、举要目录、解题目录、辨伪目录等。仅清代的版本目录就有钱曾的《读书敏求记》、黄丕烈《士礼居藏书题跋记》、张金吾《爱日精庐藏书志》、顾广圻《思适斋集》及邵懿辰《四库简明目录标注》、莫友芝《郘亭知见传本目录》、杨守敬《日本访书志》等。

10. 中国的版本、校勘、辨伪、辑佚等治书之学发达，硕果累累。

前人留存下来的文化遗产中，由于各方面原因，夹杂着大量真伪难分的典籍。要正确地利用它们，就需要认真地考辨，这种学问叫辨伪。有些古籍虽然已经亡佚，但却有零篇断句，或较完整的章节“隐”于其他书籍之中，要把这些篇章、语句搜辑起来，恢复古书部分原貌，这种学问叫辑佚。一部书由于多次传抄、印刷，形成不同的本子，要想得到正确无误的书籍，就要讲究鉴定各种不同的版本，这种学问叫版本鉴定。

一部书在流传过程中，往往有脱、缺、讹、衍等现象，即非本来面目。误用这些资料，就要致谬，故研究学问不但要有版本知识，还要作校勘工作，又称校雠。

这几门学问都是围绕图书展开的，故统称治书之学，是我国传统学术中的重要门类和内容。治书之学大体始于汉，兴于宋，到清代达到鼎盛。乾嘉时期涌现一大批版本校勘名家。如黄丕烈、孙星衍、惠栋、全祖望、沈廷芳、戴震、钱大昕、王念孙、阮元、顾广圻、鲍廷博、罗士琳、吴骞等，他们在古代文献的辑佚、整理、校勘上做出了杰出贡献。

第一讲
中国古代图书的起源与流变
——历史悠久　一脉相承

中国“历史作家”层出不穷，继续不断，实在是任何民族所比不上的。其他亚细亚人民虽然也有远古的传说，但没有真正的“历史”。印度的《四吠陀经》并非历史。阿拉伯的传说虽然极古，但是没有关于一个国家和它的发展。这一种国家只有中国才有，而且它曾经特殊地出现。中国的传说可以上溯到基督降生前3000年；中国的典籍《书经》，叙事是从唐尧时代开始的，它的时代在基督前2357年。

——［德］黑格尔：《历史哲学》

中国文字记录的一个重大特点，便是它独有的持久性和延续性。这一特点使得世界上一个有创造性的远古文化，得以继继绳绳，绵延至今。

中国文字记录的丰富、延续和普遍性是世界

文化史上所独具的特色，没有其他民族或国家的文献可以相比。中国古代典籍在质和量方面的发展，更显示出古代中国在文化传播和学术研究上的辉煌成就。这些成果乃是中国文化的基石。

——［美］钱存训：《书于竹帛》

文字的产生是人类由野蛮时代进入文明时代的重要标志。摩尔根在他的《古代社会》一书中说："文字的使用是文明伊始的一个最准确的标志，刻在石头上的象形文字也具有同等的意义。认真地说来，没有文字记载，就没有历史，也没有文明。"[①]没有文字记载，就没有文明的历史，有了文字，才会有图书文献，也才会有人类文明。原始人类在语言产生以前，也许会做手势，会通过眼神和叫声表达一定的情感、传递特有的信息。但是因为没有语言，没有书写符号，人类早期的诸多事件无法传播于后世，只能通过集体无意识传递人类某些朦胧的、零碎的共有记忆和经验。许慎在《说文解字》中说道："盖文字者，经艺之本，王政之始，前人所以垂后，后人所以识古。"文字以其超越时空限制的特性成为人类文明的基石。书写符号的出现直接为图书典籍的产生创造了条件，并由此改变了人类历史。

一、汉字产生

汉字的产生对于中国文化的发展起着决定性的作用。汉字是怎样产生的，是什么人发明的？对于这个问题，历来有不同的说法，最为流行的是"仓颉造字"说。

---

① ［美］路易斯·亨利·摩尔根著：《古代社会》上册，第30页，杨东莼等译，商务印书馆1977年版。

（一）“仓颉造字”

关于“仓颉造字”的传说，早在战国时期已经广泛流传。成书于战国时期的《世本·作篇》中说：“黄帝使仓颉作书。”《荀子》《韩非子》《吕氏春秋》《仓颉篇》《淮南子》《论衡》等书中都有仓颉造字的记载。司马迁、班固等史学家认为仓颉是黄帝的史官。还有的史籍，如《论衡》中说仓颉长着四只眼睛，“仰观奎星圜曲之势，府察龟文鸟迹之象，博采众美，合而为字”。说得最为具体的当数东汉许慎的《说文解字·序》：

> 黄帝之史仓颉，见鸟兽蹄迒之迹，知分理之可相别异也，初造书契。百工以乂，万品以察……仓颉之初作书，盖依类象形，故谓之文。其后形声相益，即谓之字。字者，言孳乳而浸多也，著于竹帛谓之书。

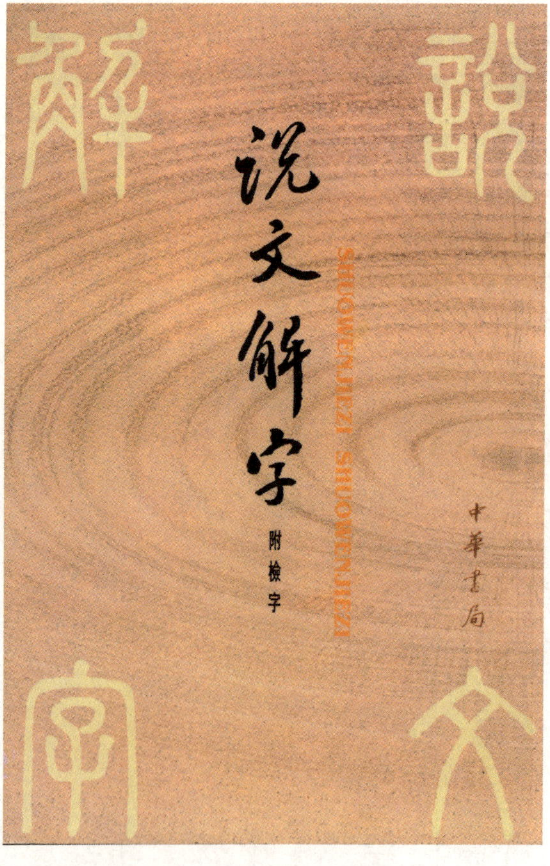

中华书局影印出版的《说文解字》书影

这段文字不仅说明了仓颉所处的时代及其所任职务、受何启示而创造文字，还回答了他发明文字的方法和步骤，反映了当时人们对“文”“字”“书”这几个基本概念的认识及所下的定义，同时也说明了文字书契产生后的意义和作用。

但这毕竟是历史传说，文字是人类社会某一

发展阶段上的必然产物，它是原始人类在生产实践中逐渐形成、演变而来，不是在一个时间一个地点之内由一个人想出来的，而是在很长时间内，由许多人逐渐创造积累起来的。在原始社会，生产力水平和文化水平都极为低下，文字的产生需要一个相当长的过程，任何人都无法经历如此之长的过程，所以，仓颉造字之说是不可信的。我们还可以举出一个简单的例子来说明早期文字成于众人之手，而非一人独创。中国的早期文字，无论是甲骨文还是金文，都有许多异体字。也就是说，同一个字有几种甚至十几种不同的写法，如果是仓颉一个人发明，他为什么要给自己和别人制造这么多麻烦？《荀子·解蔽》中所言较为接近现实，即“古者好书者众矣，而仓颉独传者，一也”[①]。荀子认为上古时候，琢磨、草创文字的人很多，文字是众人发明的，而仓颉的名字为什么单独流传下来呢？因为他做了一些整理文字的工作。也就是说，在仓颉以前，文字已经产生，不过当时的文字还在初期阶段，殊体异形，没有定制，而仓颉的功劳正在于对这种形体不一的文字进行了整齐划一的规范工作，因此他的名字被人们世代称颂。

仓颉画像

从文献记载中，我们可以确定在仓颉时代就已经产生了文字。“仓颉造字”的传说当发生于公元前26世纪的黄帝时期，也就是中华文明的发源时代。这一时期，原始汉字已经有了一定数量的积累，并得到了一定程度上的整理。唐兰认为：“我

---

① ［清］王先谦：《荀子集解》，第401页，中华书局1988年版。

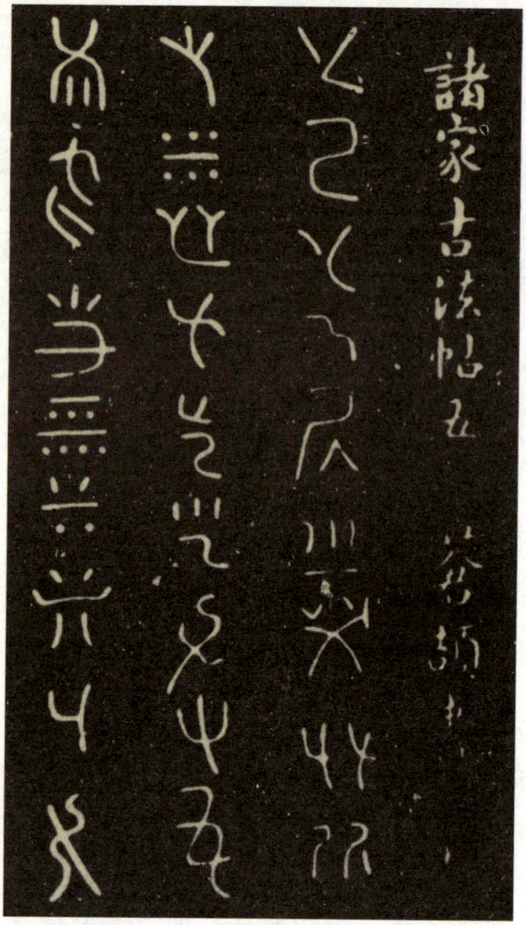

传说中的仓颉书

们所见到的商代文字，只是近古期，离文字初发生时，已经很遥远了。”又说：汉字的发生“总远在夏以前，至少在四五千年前，我们的文字已经很发展了。”[1]这种说法是有一定道理的。

从“仓颉是黄帝的史官”这一说法，我们还可以分析出，文字记录与古代的史官关系密切。至于仓颉的活动范围，现在，在山东寿光、河南开封、河北南乐、陕西西安和白水等地都有仓颉墓、仓颉庙和仓颉造字台等遗迹。其中以陕西白水县的仓颉庙规模最大，西安市长安区的仓颉造字台保存尚好。尽管这些古迹都是后人根据传说附会后造出来的，但是也从另一个侧面说明，造字活动波及地域之广，以及人们对文字发明者的崇敬。

仓颉本人曾被人们神化。《论衡》说仓颉长四只眼睛，《淮南子》中说仓颉造字时天上下小米，夜里鬼哭泣。这种想象虽离奇荒诞，但其中却孕育着深刻的含义。人都只有两只眼睛，而仓颉却比普通人多生了一双眼睛，无怪乎他能仰观天文，俯察地理，辨鸟兽之迹，见常人之所不见，造出文字来。仓颉造出文字后，人的能力空前提高。人们利用这位比常人多

①唐兰：《中国文字学》，第58页，上海古籍出版社2001年版。

一双眼睛的仓颉的发明，不仅能看到千百里之外发生的事，而且能够看到千百年前发生的事。这岂不是给世人也多添了一对神奇的眼睛吗？至于“天雨粟，鬼夜哭”，则是对文字的威力的形象化的赞歌。文字的发明，使千百万人的经验得以流传，也使那些在黑暗中活动的魑魅魍魉无所遁其形，无处隐其身。在文书上，历史上，永远记录他们的劣迹、罪恶，鬼怎能不躲在黑暗的角落里流泪哭泣呢？因此，我们既不能将仓颉作书当作史实，也不能把它当作迷信简单地完全摒弃，而应把它看作对现实事物所做的非现实的反映。这反映了人们对发明文字的祖先的无限景仰和钦佩，也表达了对文字产生及其价值的高度评价。把发明文字的功劳归于仓颉，正像说伏羲发明畜牧，后羿发明弓箭，神农后稷发明种植，夏禹的父亲鲧发明筑城一样，并不是在他们之前没有这些活动和成果，而是后人将祖先的创造力人格化，赋于一身，这些传奇才如此神奇动人，流传不断。

（二）文字产生的基础

文字的产生，首先是社会发展的需要，它必须有两个基础，即语言和实物。没有语言，便没有文字。文字依附于语言而存在，是记录和传播语言的工具，这早已成为众所周知的道理。

人们也曾用实物来传递信息、表达感情。这种方式的特点是直观，不用旁人多加解释。据古希腊历史学家记载，古代波斯人曾接到北方斯西德人的一封“信”，里面有一只鸟、一只老鼠、一只青蛙和五支箭，这封信表达的意思是：波斯人听着！你们能像鸟一样高飞，像老鼠一样在地下活动，像青蛙一样跳进池塘吗？如果不能，那你们就休想和我们打仗，当你们踏上我们的国土时，我们就用箭射死你们！

我国历史上也常常看到一些用实物传递信息的画面：吴

王夫差赐伍子胥剑，是示意让他自刎。唐明皇赠杨贵妃细盒和金钗，是象征两人要永远厮守，不分离。送给流放者以“环”（还），表示结束放逐，允许回来。出示“玉玦”（决）示意永别或促使对方下决心……这些虽然是在有了文字以后的事，但也可看作是古代以实物传递信息的遗风。

时至今日，用插草标表示出卖；用烽火表示战争警号；信上插鸡毛表示十万火急等，在某些民族中依然存在，并得到社会的共同理解，约定俗成，无须解释。但是这类象征性的实物毕竟数量太少，而且范围也有限。复杂的大千世界以及人世间的种种情感、意念、行为，很多是难以用实物来表示的，而且这些记事也不易保存，这就促使人们进一步探索，于是便产生了后来的象形图画，并成为文字的源头。

（三）文字产生的过程

从语言、实物到文字，在这一漫长的过程中，为了帮助记忆、记录和传播知识信息，人们进行了多种尝试，结绳记事、契刻、图画和刻画符号是文字产生的重要步骤。

所谓结绳记事，是用绳子打结来帮助记忆。世界上许多民族都曾利用过这种方法。我国的古书上就有许多“上古结绳而治”的记载。例如《周易·系辞下传》云：“上古结绳而治，后世圣人易之以书契，百官以治，万民以察。”明确指出在文字产生以前，人们通过结绳帮助记忆。《庄子》中说：“昔者……民结绳用之。”唐李鼎祚《周易集解》中也说：“古者无文言，其有约誓之事，事大大其绳，事小小其绳，绳之大小随物众寡。各执以相考，亦足以相治也。”直至现代，这种结绳记事的方法在我国边远地区的一些少数民族中还在使用，如云南的哈尼族、西藏的门巴族、台湾的高山族等。哈尼族买卖田地时，就用单股麻绳打结来标志田价，买卖双方各执一根，以为凭证。在国外，波斯人、墨西哥人、秘鲁人也都使用过结

秘鲁结绳记事遗物

绳记事的方法。

刻契，就是在竹、木、陶等材料上刻各种痕迹、记号用以记事，帮助记忆。这也是古今中外广泛使用过的方法。古时双方订约时，把两木片合拢起来，在上面刻画记号，双方各执一块，以帮助记忆，并有符信之意。东晋梅赜所献的《古文尚书·序》称："古者伏羲氏之王天下也，始画八卦，造书契，以代结绳之政，由是文籍生焉。"这是说在结绳记事之后，由八卦、书契代替结绳之政，然后文籍产生了。有些学者认为，八卦就是古代刻木记事的一种形式，其时在结绳

安徽双墩陶文，距今约六七千年左右

之后，文字创立之前。《易经》《北魏书》《隋书》等古代史书中还记录了当时我国一些少数民族使用书契的情况，说这些少数民族“无文字，刻木记契”。直至近代，某些少数民族仍有采用这种方法的。云南省博物馆曾收藏有佤族的一根传代木刻，木头两侧刻有许多缺口，每一缺口代表着一件事情，以刻口深浅表示事情的大小。据说每年吃新米的时候，召集全村老小一起尝新，便拿出这块刻木，由一位长者叙述每一刻口代表的事件，人们借此得知本村的历史和其他各种事情。

契刻同结绳一样，留下的只是代表某件事情的符号，而不是语言符号。它只能唤起对某种事情的回忆或想象，而不能表达抽象的思想和概念，只能记事而不能达意。因此，它虽然有着帮助记忆的作用，但还不是知识的具体记录。

图画是文字发展的重要阶段。由于劳动和生活的需要，上古人常把所观察到的和自己生活有密切关系的事物画在所居住

江苏省连云港将军崖岩画稷神崇拜图

洞穴的石壁上。起初，这些记事的图画是非常生动而逼真的，人们一看便知道画的是什么。如想要人知道所说的是鹿，就精心地画出一只鹿。有时还同时画几件东西来表示一件事情。但时间久了，当人们习惯了这种图画之后，就不再画得那么复杂、细致，只用几根线条勾勒个大概轮廓，把原来画的复杂图画，简化成一定的图案符号，人们见到这个符号，也就知道它所代表的是什么了。这样，图画就逐渐脱离了对具体事物的描绘，变为事物的一般意向的代表，可以拿它所代表的事物的名称来称呼它。于是，图画便和语言相结合而成为交流思想的工具了。这就形成了原始的图画文字或称图形文字。

刻画符号和刻画文字大约出现在原始公社的后期，即新石器时代的发达阶段。大部分学者都认为，对文字形成最有影响的，可能是图画符号（也有人称为图画文字）。我国许多民族的文字中仍保存着图画记事的痕迹。如云南纳西族的象形文字

东巴文经书

经典——“东巴经”中就有不少图形，“东巴”（巫师）看了就能颂出长篇的诗句，讲出动人的故事。

国外也有一些民族长期用图画符号记事，如美拉尼西亚人、北美印第安人和西伯尼亚诸部族等。1849年，印第安人德拉瓦尔族曾送交美国总统一幅请愿书，请求允许他们七个氏族由苏必利尔湖迁徙到相邻的另一个湖旁。这幅请愿书就是用图画符号书写的，七个氏族由各自的图腾形象代表着：一个是鹤，三个是貉，一个是熊，一个是人鱼，还有一个是海狗兽。鹤被画在最前面，它是领导氏族的标志，每个图腾的眼和心都和请愿者鹤的眼和心连接在一起，这表示大家的意愿是一致的，下面画着他们要迁往的湖。

图画符号的进一步发展，就可能转变为象形文字。由图画符号演变为象形文字，有一个循序渐进、由量变到质变的过程。正如唐兰《中国文字学》所说：“文字本于图画，最初的文字是可以读出来的图画，但图画却不一定都能读。后来，文字跟图画渐渐分歧，差别逐渐显著，文字不再是图画的，而是书写的。”而“书写的技术不需要逼真的描绘，只要把特点写出来，大致不

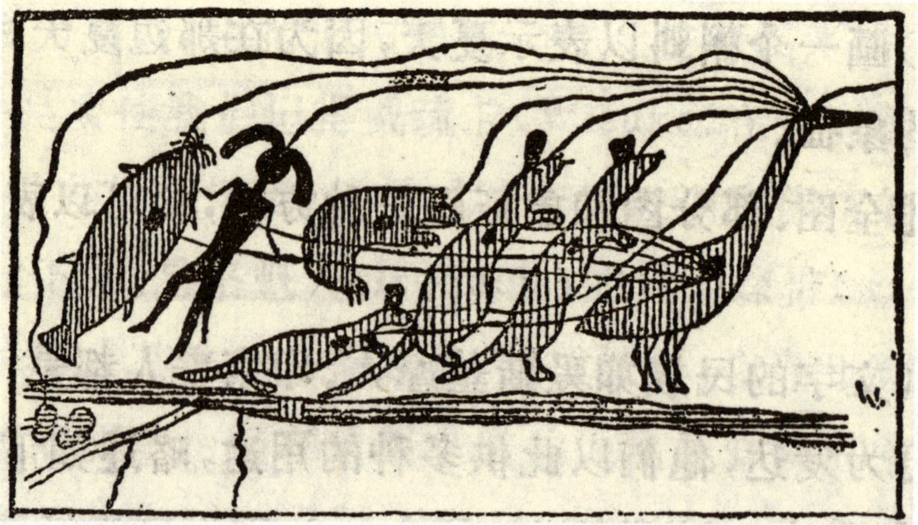

德拉瓦尔族的请愿书

错，使人能认识就够了。[1]”这就是原始的文字。

在公元前4000年的仰韶文化和其后的龙山文化遗址中，都曾发现了这种刻画符号和文字。在我国山东莒县陵阳河和大朱村出土的陶器上，发现刻画符号18个，可以归纳为8种，我们举四个为例：

大汶口陶尊上的刻画符号

大汶口出土的刻纹陶尊

不少学者认为它们就是文字，于省吾认为第一、二为“旦”字，第三为“锛”字，第四为“斧”字[2]。唐兰先生认为第一为“炅”字，第二为“炅”字的繁体，第三为“斤”字，第四为“戌”字和“戊”（古为一字）[3]。也有的学者认为是代表个人或氏族的形象化的图形标记。它们属于山东大汶口文化晚期，约为公元前2800—前2500年。我们将其与更晚一些的甲骨文及金石铭文相对照，可以发现它们有许多相似之处，特别是有些刻画符号，与青铜器上表示族徽的文字就更为相似。从我国历史文化发展的过程来看，这种陶器上的刻画符号和刻画文字与汉字的产生、发展是有着密切的渊源关系的，它们是汉字的始祖，是我国文字的萌芽阶段。

①唐兰：《中国文字学》，第55页，上海古籍出版社，2001年版。

②于省吾：《关于古文字研究的若干问题》，载《文物》1973年第2期。

③唐兰：《关于江西吴城文化遗址与文字的初步探索》，载《文物》1975年第7期。

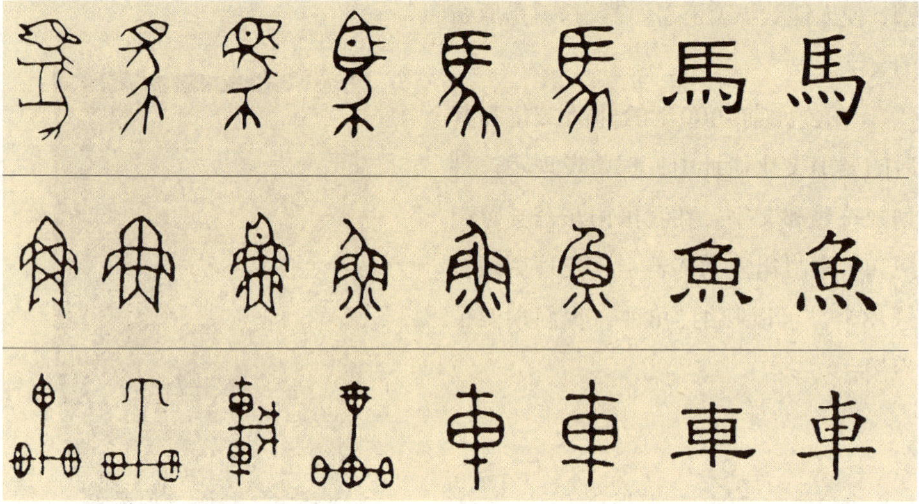

汉字形体的演变历程

二、图书起源

（一）“河图洛书”的传说

关于我国图书的产生，还有一个近似于神话的传说，即“河图洛书”。中国最早的古籍《尚书》中也有同样的说法。有人进一步解释说：伏羲统治天下时，有龙马从黄河出现，背负“河图”；有神龟从洛水出现，背负“洛书”。伏羲根据这种“图”和“书”画成八卦，就是后来《周易》的来源。

我们今天所见到的河图洛书，是由一系列的神秘符号所组成的数字方阵。它们是经过周、秦、汉几代儒生方士们之手加工后的形态，其原始面貌已无法知晓了。有人认为它是古代游牧民族所画的立体的天象图；还有人认为它是由自然界的天然痕迹——龟甲发展而成的抽象符号，是中国第一部图书，并认为河图与洛书在中华文明史上曾起到了重要的启蒙作用。华夏文化的源泉也可以说就是“河洛文化”，而河图洛书则是河洛文化的初基。它所建立的辩证思维的模式，对后世的思想、哲学、文学和科学都有重要的影响。孔子就曾说过："河不出图，洛不出书，吾已矣夫！"①

龙马与河图

传说和神话并不是历史，但它是历史的产物，在一定程度上反映了历史。为此我们可以得到这样一些启示：在文字发明以前，就先有了图画和一些简单的符号作为传播信息的工具。我国文明的最早发生之地是在黄河、洛水一带的中原地区。

神龟与洛书

（二）图书产生的时代

有了文字，就有了创造书籍的基本条件。当然并非从有文字开始就有了书籍。人们最初利用文字，不过是用来弥补生活劳动中语言的不足，促进思想感情的交流和信息的传递，借以唤起共同的行动。当人们开始有意识地将文字刻写在各式各样的材料上，借以记录经验，阐述思想，并使之传播久远的时候，书籍便开始出现了。

我国书籍最早出现于何时，现在很难做出较准确的结论。关于这一问题，历史上有多种说法。中国文化史专家柳诒徵认为，在后世记载下带史事的文献中，可考证出夏代文献的存在。于省吾把我国从原始的简单文字记事进入到成文记事，即

①［汉］司马迁：《史记·孔子世家》。

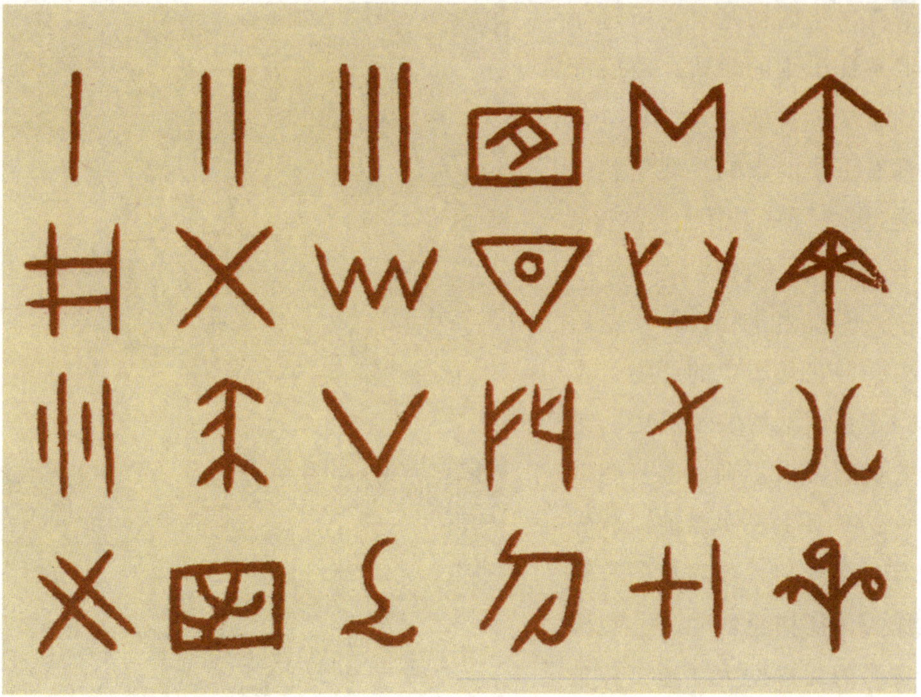

二里头夏代陶文

书籍产生的年代进一步加以明确："我国有文字可考的历史，开始于商人先公的二示——夏代末期[①]"。我们至今尚未发现夏朝的文字和文献实物，根据其他文献判断分析，很可能就是在夏这一历史时期——即公元前21世纪至公元前17世纪，完成了由文字到文献典籍这一历史性的转变。其论据有七条：

1.《史记》和《竹书纪年》都载有夏代帝王的世系表，尽管两者不尽相同，但大同小异。这说明两者是以同一份原始文献记录为依据的。而且，在殷墟甲骨文发现后，王国维据卜辞中殷商的先公先王世系考证出《史记》中的《三代世表》是"信史"，因为夏代诸王与商先王刚好是同时代的人，都在距今4000年左右。

①于省吾：《释上甲六示的庙号以及我国成文历史的开始》，载于省吾：《甲骨文释林》，第193页，中华书局1979年版。

2. 我国现存最早的史书《尚书·多士》中有这样一段话：“唯殷先人，有典有册，殷革夏命。”这是武王灭商后，周公对殷商贵族的训话，大意是：你们殷的先人，在推翻夏朝时，已有典籍，记载了这段史实。说明夏商更迭之际，已有典册。

3. 殷墟甲骨文是较为系统、成熟的文字，其数量、规模及完备程度说明它已经不是早期原始文字，一定是经过了若干年的发展。特别是1983年又在西安西郊的一个原始社会遗址，发掘出一批更早的甲骨文，时间是4500至5000年前。这批甲骨文字体细若蚊足，字形清晰，刚劲有力，结构严谨，更新了人们的传统观念。据考证，这批早期甲骨文比殷墟甲骨早1200年，比夏朝还要早500年以上。

夏禹王像

4. 夏代，人们为了发展农业生产，总结并掌握了一定的天文历法知识，以12个月为一年，有大小月之分，大月30天，小月29天，还懂得了19年置7个闰年。夏代的历法称“夏历”和“夏小正”，夏历以寅月为岁首。不同于殷历和周历。《夏小正》虽是周代流行的一本古农书，但其中也包含着夏代在农牧业生产中积累的一些天象和物候资料。春秋时，孔子曾主张“行夏之时”[①]。我们至今所使用的农历，基本上是夏历。

5. 在《竹书纪年》和《世本》

① [春秋] 孔子：《论语·卫灵公》。

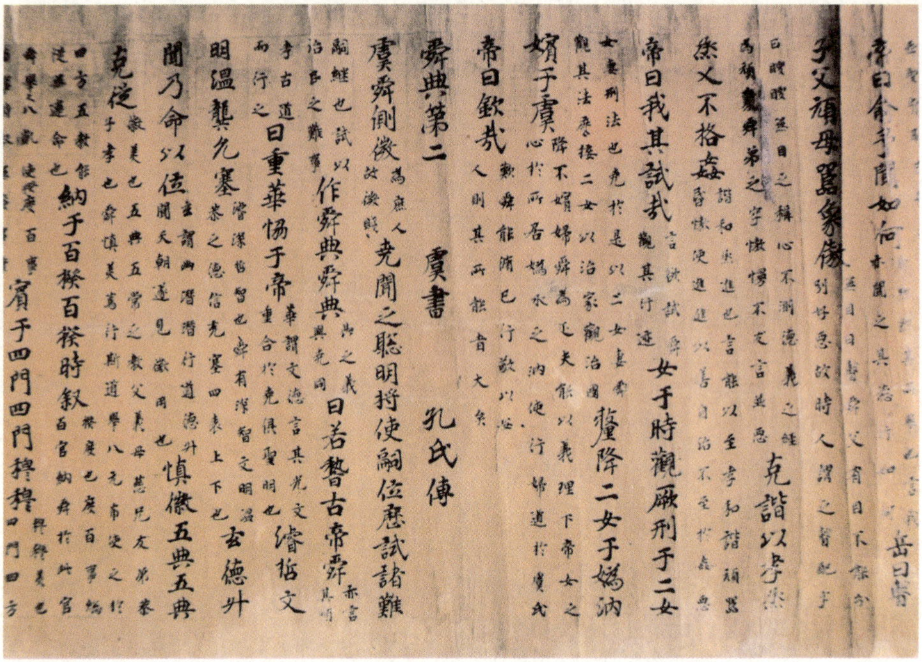

唐写本《尚书》

等古书中，有“夏发七年，泰山振”，“夏桀十年，夜中星陨如雨”等记载，这也是世界上关于地震和陨石雨的最早文字记录，可作为夏代有文献记录的旁证。

6. 《吕氏春秋·先识览》载：“夏太史令终古出其图法而泣之……乃出奔如商。”这段文字明确告诉我们，夏王朝不但有图法，即图书法令，而且还设立了专门负责收藏、保管这些图书典籍的官员——太史令，终古捧出政府要典，对昏聩的夏桀哭谏，桀王执迷不悟，更加残暴淫乱。于是太史终古投奔商王。《吕氏春秋》写成之后。曾公布于咸阳城门，声称能增删一字者，赏予千金。可见这段史料的来源不会毫无根据。

7. 《国语·晋语》载：晋文公时，阳人犹“有夏商之嗣典……樊仲之官守焉”。《国语》亦是一部严肃的史书。所以唐代史学家刘知几在著《史通》时，也把这段史料作为夏王朝有书有史的论据。

上述诸条虽为旁证，但足以说明夏代有典籍并非无稽之谈。应该指出的是，夏代出现的文献典籍还不是正式的图书，它们是正式图书产生以前的文字记录，或者说是档案文书材料。它们虽然不是正式的图书，但又确是当时人们思想支配下某种活动的忠实记录，不是杂乱无章的文字显现，已经具备了图书的某些因素，也可以说是早期图书的萌芽状态。

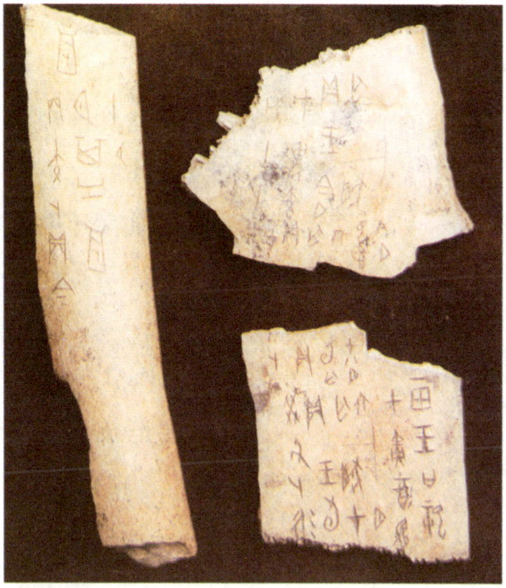

刻有文字的甲骨碎片

三、掌书史官

分析图书起源这一问题，除上述的文字、图像符号和下一章展开叙述的物质载体及其形制以外，还需要一个重要的因素便是掌书之人。我国早期的文字和图书与史官的联系十分密切，这也是中国图书的一大特点。

我国古代把掌管文字记录的专职人员通称为“史”。“史”字象征右手持物，至于所持为何物，则有许多不同的解释。清代吴大澂说是简策，江永说是官府的书籍，王

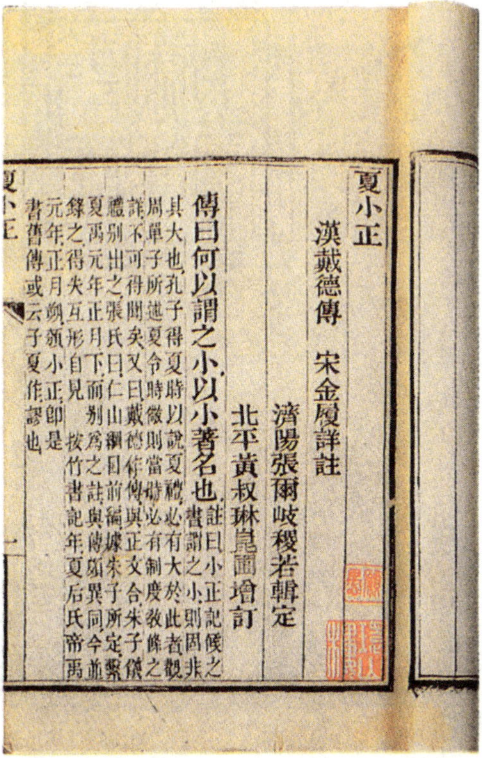

夏小正

漢戴德傳　宋金履詳註

濟陽張爾岐稷若輯定

北平黃叔琳崑圃增訂

傳曰何以謂之小以小著名也

註曰小正記候之書謂之小則因非其大也孔子得夏時以說夏禮必有大於此者觀周單子所述夏令時儆則當時必有制度教條之詳不可得聞矣又曰戴德作傳與正文合朱子傒禮別出之張氏曰仁山劉因前編據朱子所定繫夏禹元年正月下而別爲之註與傳頗異同今並錄之得失互形自見　按竹書記年夏后氏帝禹元年正月頒小正即是書舊傳或云子夏作謬也

夏小正　一

《夏小正》

国维说是盛筴之器，马叙伦说是笔，劳干说是弓钻，这弓钻也是为钻灼卜骨之用。总之，这些解释尽管有异，但有一共同点，就是都与文字和图书有关。王国维说“史”是专门保管、研究及写作的官吏，它的另一个名称是“作册”，负责起草册命和记录宫廷中的重要事件、天子诸侯的言行和政府各机构的种种活动。很多金文和古籍中常有一个公式化的句子：“王若曰……”就是说，这些文件不是王自己写的，而是史官受命而作。

史官既要记录帝王言行和军国大事，又要负责管理政府的各种档案图籍，还要从事宗教事务，负责贞卜、祭祀等迷信活动。还要兼管奉法决狱事务，甚至还要到民间去采风，收集诗歌和音乐，回来后进行整理加工。因此，他们身边积累了大量档案文书资料，他们是当时最博学的人，修史重任自然落在他们身上。

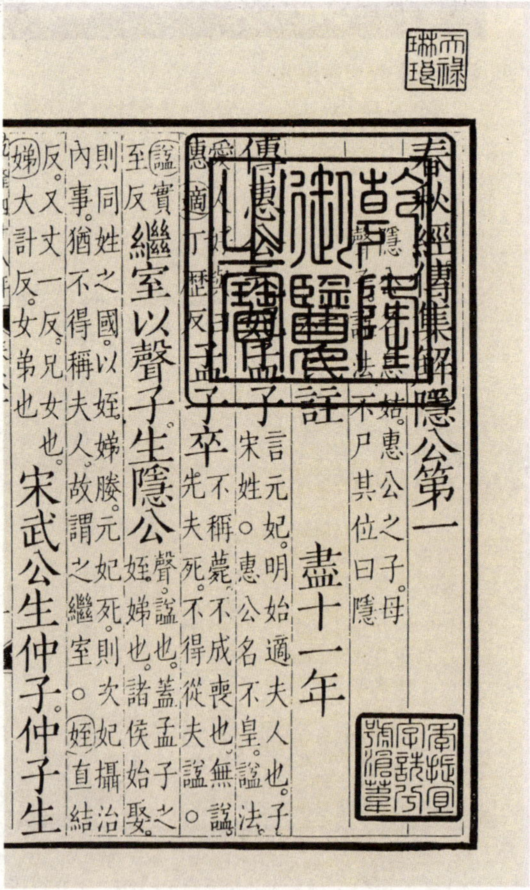
春秋經傳集解隱公第一

杜氏註　盡十一年

傳　惠公元妃孟子　言元妃。明始適夫人也。子宋姓。○妃。惠公名不皇。諡法

孟子卒　不稱薨。不成喪也。無諡。先夫死。不得從夫諡。○

繼室以聲子生隱公　聲。諡也。蓋孟子之姪娣也。諸侯始娶。則同姓之國。以姪娣媵。元妃死。則次妃攝治內事。猶不得稱夫人。故謂之繼室。○姪直結反。又丈一反。兄女也。娣大計反。女弟也。

宋武公生仲子。仲子生

清乾隆年间武英殿仿相台岳氏刻本《春秋经传集解》

传说中造字的仓颉就是黄帝的史官，这也是历史的反映。三代之际，史官人数渐多，分工更加细密。我们可以从甲骨文、金文及早期典籍中找到众多的史官名称，如夏代的太史令，殷商的贞人、作册、史、太史、内史，周代的大史、小史、内史、外史、左史、右史等。这些史官各有所职，如《史通·史官建制》所记：“大史掌国之六典，小史掌邦国之志，内史掌书王命，外史掌书使乎四方，左史记言，右史记事”。各诸侯国也设有史官，开始由周王室委派，所记材料也要送交王室保存。春秋战国时期诸侯崛起，王室衰微。各诸侯国自立史官，利用自己的纪年来记载历史，以示独尊。于是出现于鲁国的《春秋》、晋国的《乘》、郑国的《志》、楚国的《梼杌》等上百种史书。生逢其时的孔子曾派他的弟子“求周史记”，“得百二十国宝书”。墨子也自称“吾见百国春秋”。可见当时各国富修史书之盛。

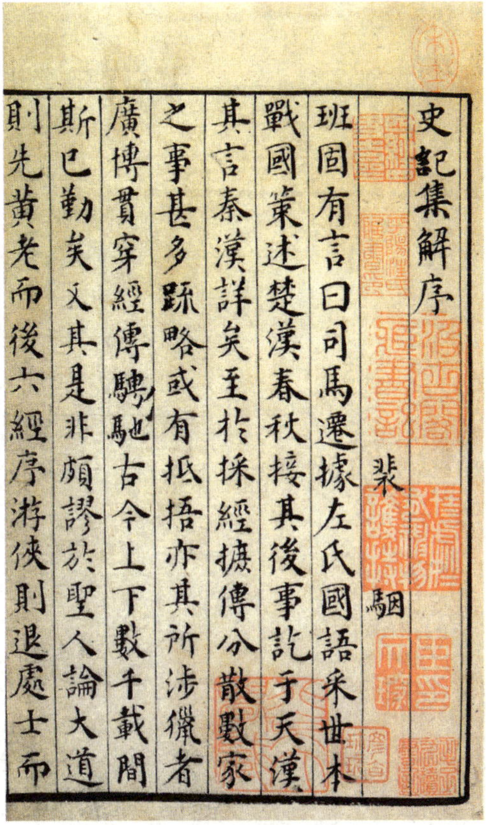

史記集解序　裴駰

班固有言曰司馬遷據左氏國語采世本戰國策述楚漢春秋接其後事訖于天漢其言秦漢詳矣至於採經摭傳分散數家之事甚多疏略或有抵捂亦其所涉獵者廣博貫穿經傳馳騁古今上下數千載間斯已勤矣又其是非頗謬於聖人論大道則先黄老而後六經序游俠則退處士而

南宋初建阳刻本《史记集解》

史官的职位是世袭的。世守其职的家族，通常有一个与书籍或记录保管相关的氏名。诸如简、籍、史、董等。《左传·昭公十五年》记载，晋国有一史官的后人名叫籍谈，虽然相承了祖先的姓氏，却不知自己家庭的历史，周景王讲述了其姓氏的来历后，讥讽其“数典而忘祖”，这就是成语“数典忘祖”的出处。

我国早期文献还常常有史官逃往他国，并把图书典籍带走的记载。《吕氏春秋》记载了夏太史令终古在夏桀不听其哭谏后，携图法出奔如商。殷内史向挚，见纣王迷乱，载其图法

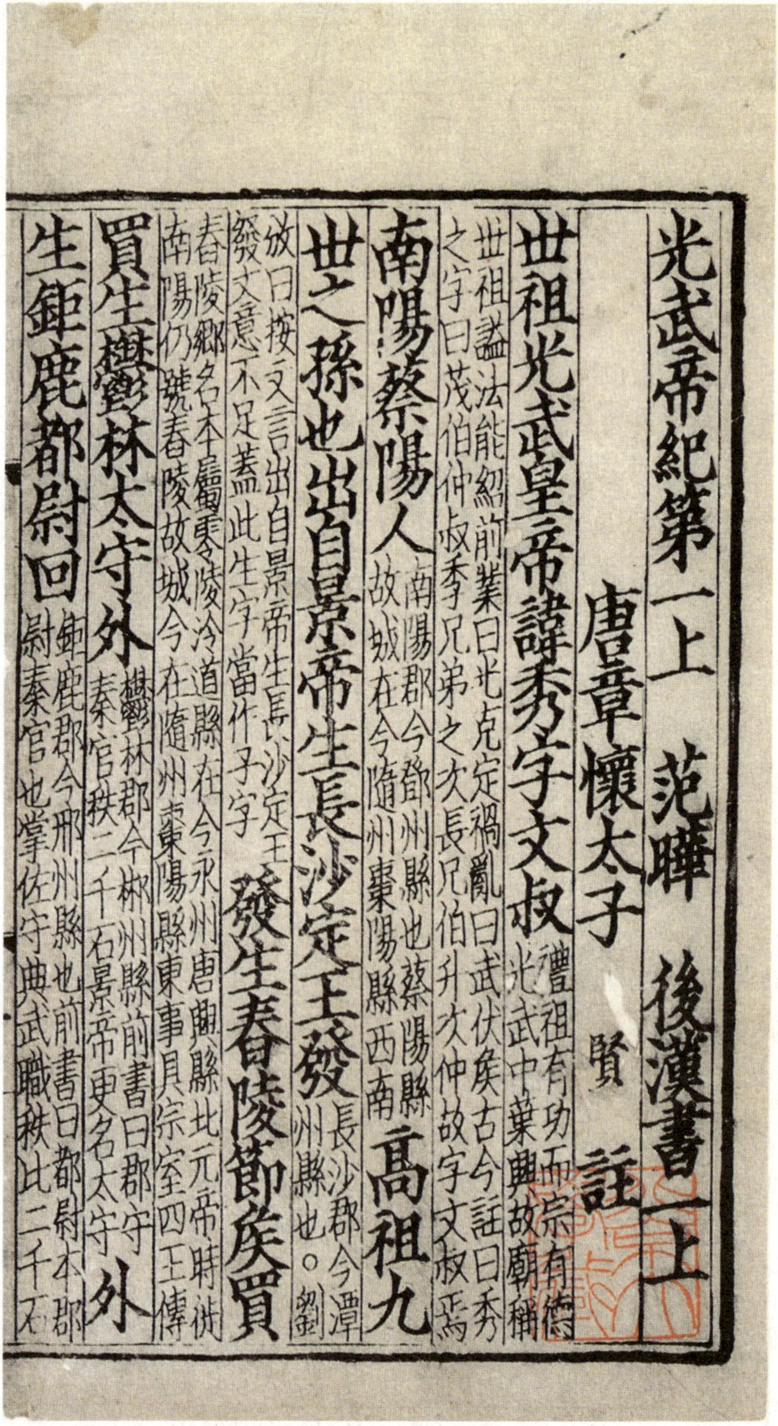

宋建安黄善夫刻《后汉书》

出亡之周。太史公司马迁在《史记·太史公自序》中也说他的祖先曾世袭掌管周室典籍。公元前7世纪中叶，“司马氏去周适晋”。这些历史记载由于出自史官之手，大都偏袒史官，而斥责统治者迷惑淫乱。这种逃亡大都带有出卖情报的性质。在朝代交替之际，更显示出图书典籍在统治者争权夺位中的重要性，也说明图书档案保管者——史官的地位举足轻重，他们带着重要的国家档案、地图等逃亡，有时促使旧王朝的削弱和倾覆。秦末汉初，刘邦攻入咸阳，众将争夺金银财宝，唯独萧何先入秦丞相府、御史府收集图籍文书而宝藏之。其后，汉王刘邦之所以对天下厄塞、户口多少、强弱之处、民间疾苦全都了解得清清楚楚，就是因为有萧何从秦丞相府和御史那里得到的地图和文书档案。这也从另一角度说明了图书的重要性。

秦汉之际，太史令实掌史职，秦有胡毋敬，汉有司马迁等。东汉又有兰台、东观之设。这两处既是中央的档案、图

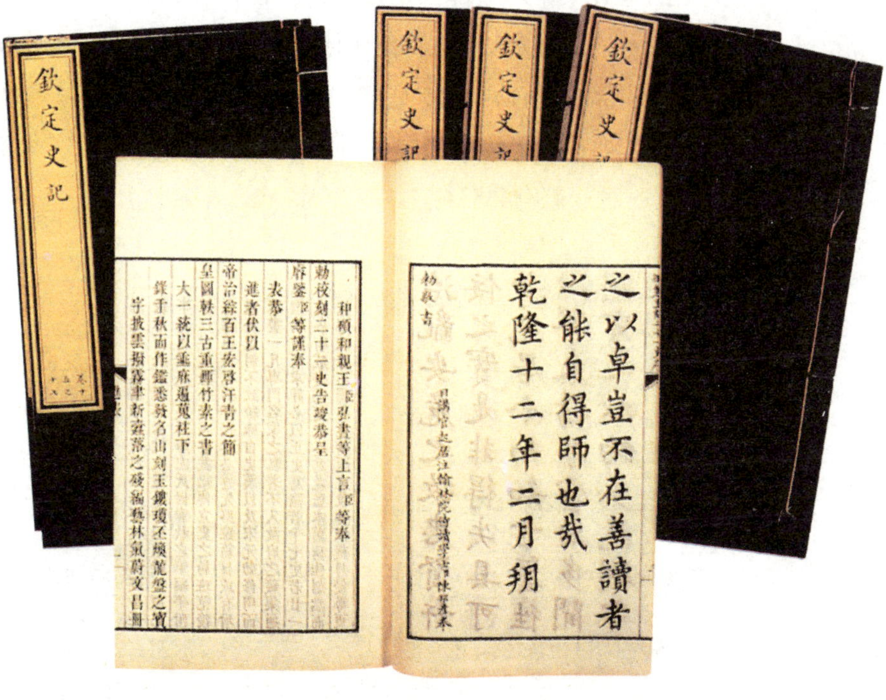

清乾隆刻本《二十四史》

书馆，又是官修著述之所。明帝曾以班固为兰台令史，诏修国史。与《史记》《汉书》并称为“三史”的《东观汉记》就是我国第一部由众多史官集体编修的史书。它开创了政府组织史官集体编史书的先例，为后世史馆的出现奠定基础。曹魏明帝太和年间，始置著作郎及佐郎，专掌国史。到北齐时，改称史阁，又称史馆——国家专门修史机构，后经唐代的发展完善，形成较为完善的史馆修史制度。宋代史馆分置有国史院、实录院、日历所、会要所等机构。史官有修撰、直馆、编修官、检讨官等名目。元、明、清三代，改置翰林院，史官则设修撰、编修、检讨等掌修国史。除常设机构外，还有临时性特开史馆，名目繁多。

我国古代形成了为前朝修史的传统，“国可亡，史不可亡”，历代统治者非常重视历史的连续性和继承性。各类史籍，品种繁多，体例多变。其中，以《史记》为首的纪传体正史绵延数千年。一部二十四史，篇帙长达3259卷，再加上《清史稿》，则为二十五部纪传体史书，上下五千年，是举世无双的一部通史百科全书（表2：二十四史及《清史稿》一览表）。又如在编年体史书中，历代共修实录116部，仅《大清实录》一种，就有4355卷。

表2：二十四史及《清史稿》一览表

书名	卷数	编著者	记载年代	成书年代
《史记》	130卷	西汉·司马迁	起于黄帝止于汉武帝中期约3000年	汉武帝太初四年
《汉书》	120卷	东汉·班固	前206—24	汉章帝建初八年
《后汉书》	130卷	南朝·范晔	25—220	宋文帝元嘉二十二年
《三国志》	65卷	西晋·陈寿	220—280	晋武帝太康十年

《晋书》	130卷	唐·房玄龄等	265—419	唐太宗贞观二十年
《宋书》	100卷	梁·沈约	420—479	齐武帝永明六年
《南齐书》	59卷	梁·萧子显	479—502	梁武帝天监十三年
《梁书》	56卷	唐·姚思廉	502—557	唐太宗贞观九年
《陈书》	36卷	唐·姚思廉	557—586	唐太宗贞观十年
《南史》	80卷	唐·李延寿	420—589	唐高宗显庆四年
《北史》	100卷	唐·李延寿	386—618	唐高宗显庆四年
《魏书》	130卷	北齐·魏收	386—550	北齐文宣帝天保五年
《北齐书》	50卷	唐·李百药	550—577	唐太宗贞观十年
《周书》	50卷	唐·令狐德棻	577—581	唐太宗贞观十年
《隋书》	85卷	唐·魏徵等	581—618	唐太宗贞观十年
《旧唐书》	200卷	后晋·刘昫等	618—907	后晋出帝开运二年
《新唐书》	225卷	宋·欧阳修等	618—907	宋仁宗嘉祐六年
《旧五代史》	150卷	宋·薛居正等	907—960	宋太祖开宝七年
《新五代史》	74卷	宋·欧阳修	907—960	宋神宗熙宁五年
《宋史》	496卷	元·脱脱等	960—1279	元顺帝至正五年
《辽史》	116卷	元·脱脱等	916—1125	元顺帝至正四年
《金史》	135卷	元·脱脱等	1115—1234	元顺帝至正四年
《元史》	210卷	明·宋濂等	1206—1370	明太祖洪武三年
《明史》	332卷	清·张廷玉等	1368—1644	清高宗乾隆四年
《清史稿》	536卷	民国·赵尔巽等	1583—1911	中华民国十六年

史官在我国一直受到极大的尊崇，常由皇帝挑选任命。有的皇帝如唐太宗、明太祖等还亲自拟定编修规则，参加修史活动。历代最高统治者为什么如此重视修史活动，并把它制度化

呢？其原因有四：

一是为借鉴前朝经验，以史为鉴，垂训后世，以达到继往开来的目的。

二是为前朝修史，证明新朝的合法地位，自圆其正统之说，以争取民心。

三是为点缀升平，铺张门面，笼络士人，特别是那些“不食周粟”的前朝遗老，消磨他们的敌对意识。他们在其他方面断然与新朝誓不两立，极难合作，唯独在编修故国之史这一点上，心情复杂，尚可通融，他们带着怀念、留恋、悲愤之情，投身其中，唯恐忠奸不分，是非颠倒，他们熟悉旧朝史事，多少可抑制新朝史官对前朝历史的歪曲贬低。

四是为控制褒贬大权，惩恶扬善，垄断舆论，为本朝统治者歌功颂德，树碑立传，以巩固王朝统治。

历代相沿的修史制度，保证了我国史书上下衔接，绵延不断。这仅是我国图书的一个缩影。我国整个图书文化事业都称得上历史悠久，一脉相承，这一点，是世界上任何一个国家都不可比的。

四、古书略史

中国古代图书源远流长，一脉相承，形成了极富特色的书籍历史。下面就依时代先后略述我国古代图书事业的发展概况。

远古至西周时期，是我国最早有文字记载的历史时期。劳动人民在生产实践中创造了文字。早期出现的文字载体有甲骨、金石、竹木。随着龟册和简册的出现，原始的图书活动呈露萌芽。殷周时期已有早期的史书和诗书的著述和编纂活动。参与其事的是一些史官、采诗官、乐官等文化官员，载体材料以竹木简牍为主。但由于商周“学术统于王宫”，著书、编书、藏书以及利用书的权力把持在王室诸侯史官等奴隶主贵族手中，范围极为有限。

甲骨

此后的春秋战国时期是中国历史上的大动荡时期，也是中华文化的第一个高潮期。这一时期，王室衰微，宗法制度崩溃，各国诸侯征战不休，互相兼并。“学在官府”的局面被打破，私学的发展，推动了学术文化的普及和文化思潮的发展。急剧动荡的社会变革，激发了思想家们对面临的各种现实问题进行探讨。由此而形成了不同的学术流派，诸家纷然并存，相互驳难，形成了错综复杂、生动活泼的百家争鸣局面。在这种特殊的社会环境和良好的学术氛围中，著书立说成为一时风尚，出现了一大批对中国历史产生深远影响的著作，这些著作的范围涉及哲学、历史、教育、文学、军事、医学和农业等各个方面。在图书形制和载体材料上，竹木简牍是这一阶段图书的主要形式，帛书与简牍并行于世。这一时期早期的编辑活动已经出现，图书出版事业已现雏形。

秦始皇统一中国以后，在文化上有两件大事：一是统一文字，有利于文化交流和思想文化的统一；二是焚书坑儒，使先秦典籍遭受一场空前劫难。汉代广开献书之路，置写书之官。至汉武帝时，确立了“罢黜百家，独尊儒术”的文化

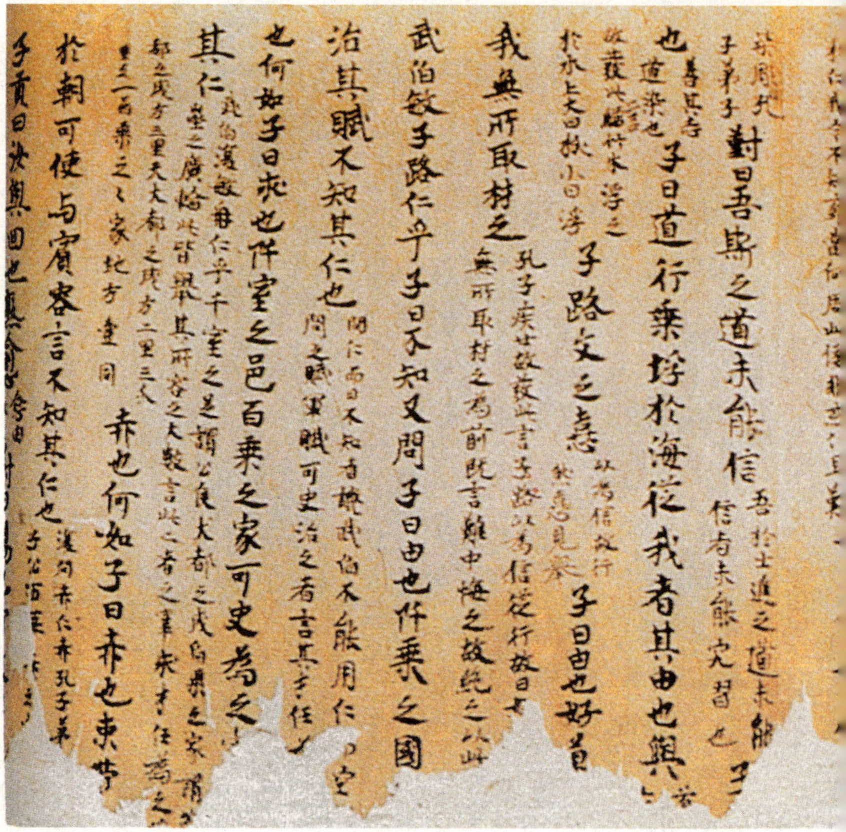

唐写本郑玄注《论语》残页

政策，将儒家经学正式确立为官学。这对此后的文化与出版活动的发展产生了极为深远的影响。汉代早期校书著述之所有兰台、东观，并置令史，其后产生了秘书监等专门典掌图书编纂的机构和职官，并出现了司马迁、扬雄、刘向、班固、许慎等一批杰出的图书编撰家，推出了一批奠基之作。汉代民间出现了书肆，为图书的流通提供了场所。这一时期值得大书特书的是造纸术的发明为图书提供了理想的载体材料。但这一时期纸张尚未得到普遍的应用，图书的形制仍以简牍制度为主，并日渐完善。

魏晋南北朝时期，社会比较混乱，政局变动较大，中外经济文化交流频繁。相对于秦汉和隋唐这两大高峰而言，这是

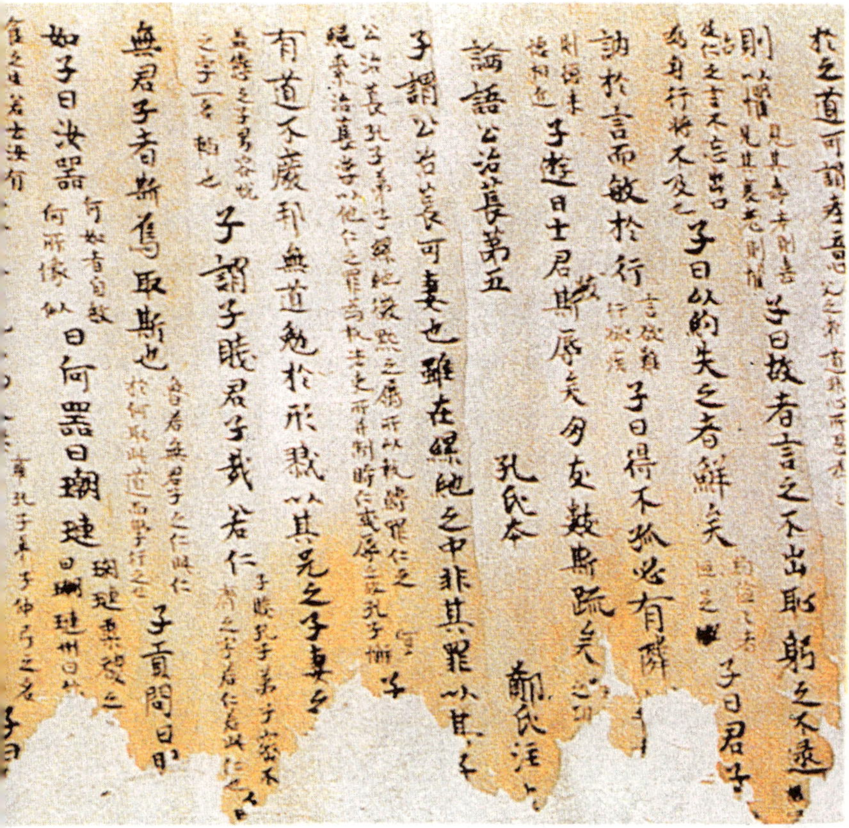

一个历史低谷期，但图书事业在遭受损失的同时并没有停滞不前，相反却体现出明显的时代特色，也曾出现过几次较为繁荣的局面。从图书编纂来说，官修私撰都取得了突出的成就。东汉设立的秘书监在此阶段得到很大发展，荀悦、王象、郑默、荀勖等著名文人学士充当秘书监、丞，在编纂、校理典籍方面推出不少成果。萧统、挚虞、僧祐、徐陵等编辑家都做出了各自的贡献。在图书的内容上，涌现了诸如类书、别集、总集等新型编著形式，史地书、科技书、佛经翻译也有了很大的发展。在图书载体上，这是一个竹帛和纸张并行的时期，直至东晋桓玄称帝（公元4世纪）以后下令以纸代简。从此以后，简册开始废除，简帛时代结束，图书进入了纸张本时期。图书形

居延汉简

制方面，卷轴制度逐渐取代简牍制度。这一时期的出版发行图书贸易也呈现出初兴景象。

隋唐的统一，结束了魏晋南北朝以来将近四百年的分裂动乱局面。这一时期，我国无论经济、政治，还是文化方面，都进入了封建社会的鼎盛时期。这是中国文化发展的第三个高峰期。在这种大背景下，中国古代的图书事业也进入了一个大发展的历史时期。隋唐政府都十分重视对书籍的搜求和收藏，并多次组织编纂大型图书。隋统一后注意搜访图书，并制定奖励办法，建立起规模宏大的政府藏书。唐代政府特设史馆，建立了官修国史的编辑制度。唐初设弘文馆，玄宗时设丽正修书院，后改名为集贤院，专置修撰、校理、刊正、校勘等官，渐成正制。魏徵等编纂《隋书·经籍志》创立经、史、子、集四部分类法，成为后世图书分类的标准。在出版技术上，雕版印刷术的发明和使用标志着我国的出版事业跨入了一个新的历史阶段，也预示着我国的图书在数量和质量上都将产生新的飞跃。从唐代开始，我国的刻书事业开始兴起，至五代后唐时期便出现了雕版印刷儒家经典著作的重大出版活动。从此以后，刻书事业就成为蒸蒸日上的新兴事业。在书坊刻书的基础上出现了官府刻书和私人刻书事业。此后，我国的刻版印刷事业基本上是沿着这三个系统互相影响、互相促进而向前发展的。随着写本书进入鼎盛和印本书的开始流通，这一时期的图书贸易也呈现出十分活跃的现象。当时的长安、洛阳等处已成为图书贸易的中心。在图书形制上，隋唐时期处于卷轴形式向册

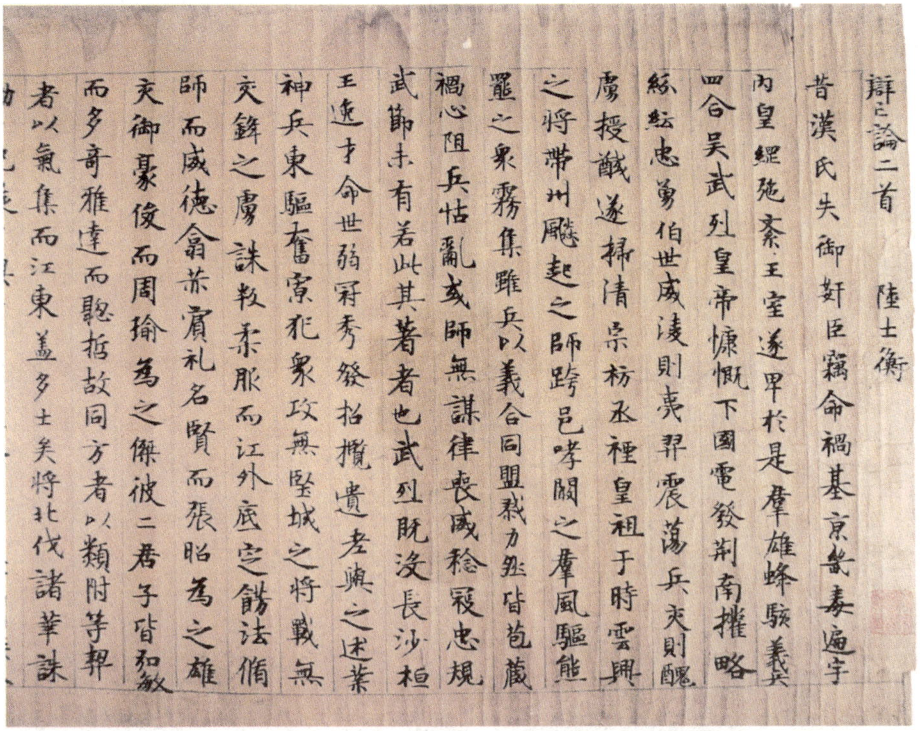

唐写本《辩亡论》

页制度过渡阶段，出现了经折装和旋风装等具有鲜明时代特色的图书形制。

宋辽金元时期是中国封建社会继续发展的时期，也是我国古代文化发展的第四个高峰期。这一时期汉族政权与周边少数民族政权多元并存，经济繁荣，科技发达，文化政策相对比较宽松。所有这些条件都促使了文化事业的发达繁荣。作为文化事业的一部分，我国的图书事业在这一时期进入了空前发达的时代。宋代建国之初就设立了崇文院等编纂机构，组织人才编辑了四部大类书，之后校书编目的活动很少间断。并出现了司马光主编的《资治通鉴》这样的代表性著作，为后世的编辑出版活动提供了优秀的范本。私人编著的图书大量涌现，其数量和规模都远超前代。雕版印刷术得到了广泛的应用，抄本书开始被印本书所替代，中国社会进入印刷时代。政府、私人、民间、寺院、书院等刻印出版活动全面展开，成果蔚然，形成了蜀、闽、浙三大刻书中心。还出现了以建安余氏和临安陈氏为代表的众多出版家。随着刻书事业的发达兴旺，从中央到地方，政府对图书的生产和流通实行的管理和限制也越来越严格。这一时期在印刷复制技术上取得了更大的进步，北宋庆历年间，平民毕昇发明活字

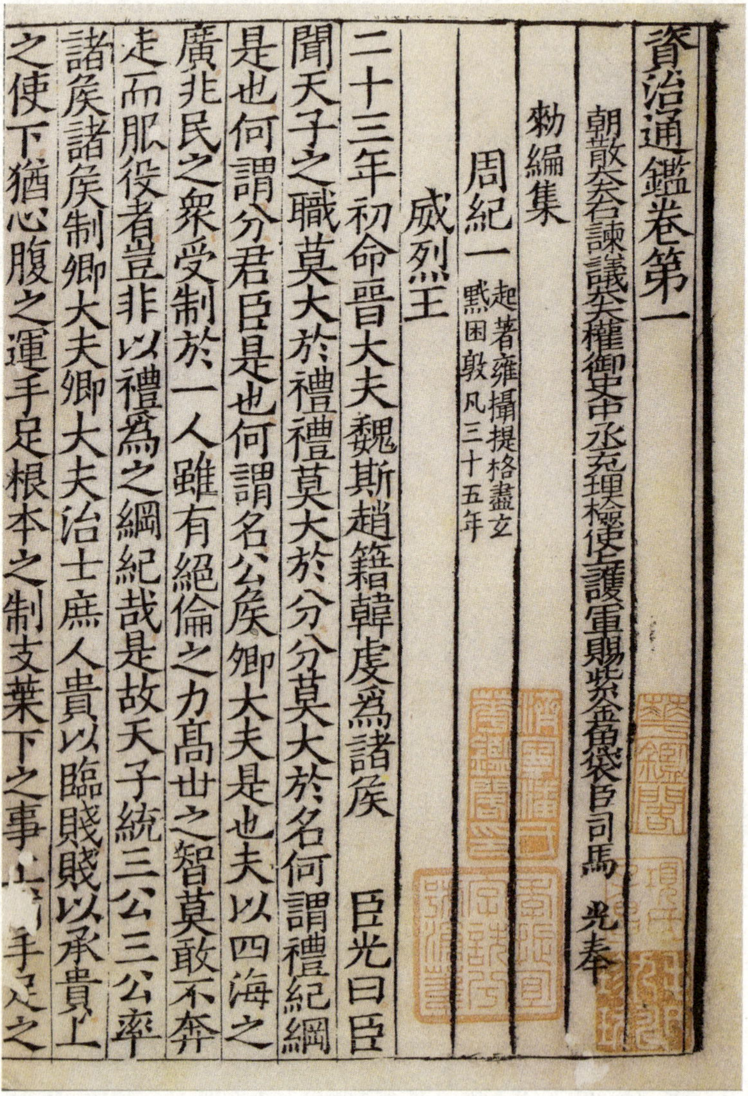
資治通鑑卷第一
朝散大夫右諫議大夫權御史中丞充理檢使上護軍賜紫金魚袋臣司馬光奉
勑編集
周紀一 起著雍攝提格盡玄黓困敦凡三十五年
威烈王
二十三年初命晉大夫魏斯趙籍韓虔爲諸侯 臣光曰臣
聞天子之職莫大於禮禮莫大於分分莫大於名何謂禮紀綱
是也何謂分君臣是也何謂名公侯卿大夫是也夫以四海之
廣兆民之衆受制於一人雖有絶倫之力高世之智莫敢不奔
走而服役者豈非以禮爲之綱紀哉是故天子統三公三公率
諸侯諸侯制卿大夫卿大夫治士庶人貴以臨賤賤以承貴上
之使下猶心腹之運手足根本之制支葉下之事上猶手足之

宋绍兴年间两浙东路茶盐司公使库刻本《资治通鉴》

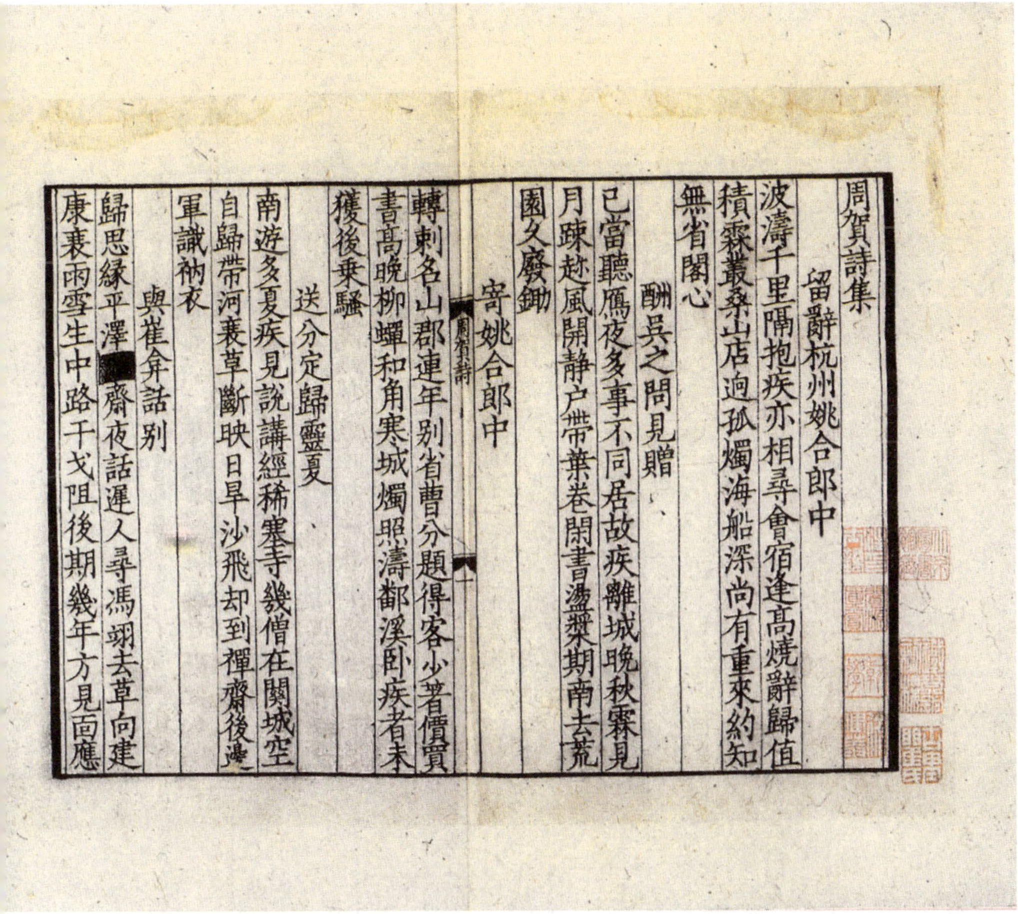

宋临安府陈宅书籍铺刻本《周贺诗集》

印刷术，成为我国对世界文化事业的又一伟大贡献。之后，劳动人民又在雕版印刷术的基础上发明了套版印刷技术，为图书事业的进一步发展提供了更为方便和丰富的技术条件。在图书流通方面，政府机构、官办学校都从事印售书籍的活动，民间书坊更为活跃，图书流通的商品经济色彩更为浓厚起来，出现了图书广告和注重版权保护等新的现象。这一时期的图书形制已经完成了由卷轴制向册页制的过渡。

除两宋朝以外，与此同时的辽金两代的藏书、著书和刻书活动也逐步兴起，经过长期的发展后呈现出初步繁荣的景象。

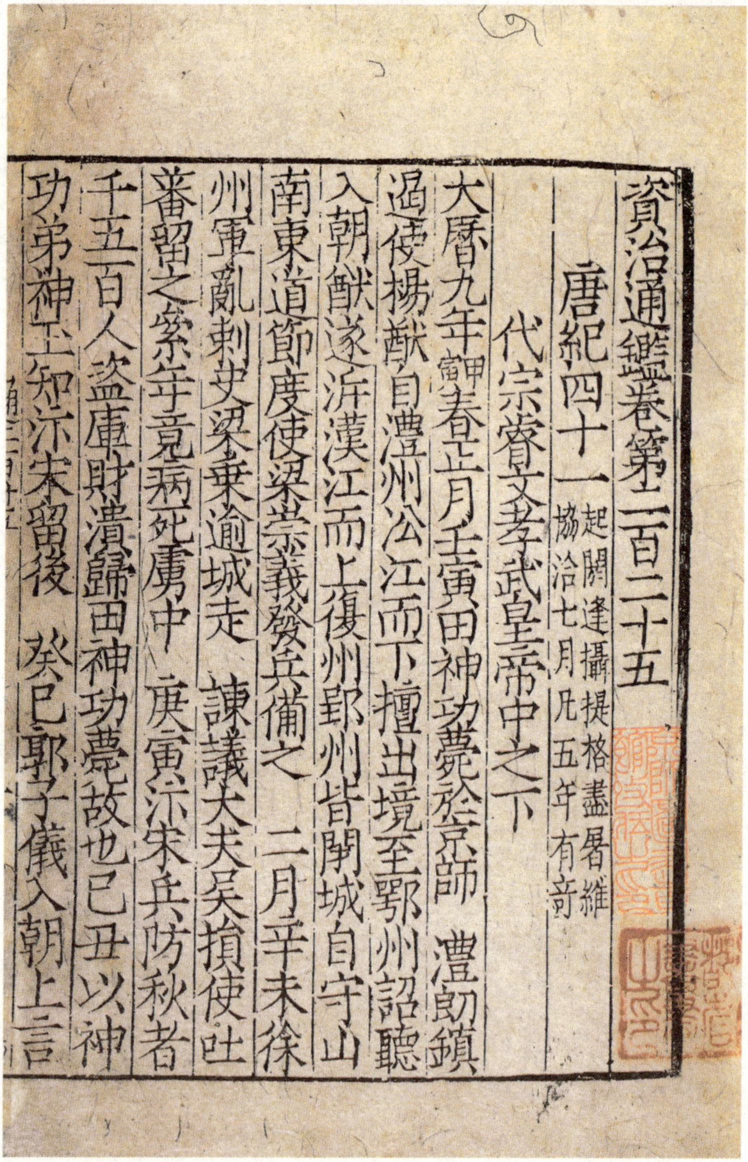
資治通鑑卷第二百二十五
唐紀四十一 起閼逢攝提格盡屠維協洽七月凡五年有奇
代宗睿文孝武皇帝中之下
大曆九年甲寅春正月壬寅田神功薨於京師　澧朗鎮遏使楊猷自澧州沿江而下擅出境至鄂州詔聽入朝猷遂泝漢江而上復州郢州皆閉城自守山南東道節度使梁崇義發兵備之　二月辛未徐州軍亂刺史梁乘踰城走　諫議大夫吳損使吐蕃留之累年竟病死虜中　庚寅汴宋兵防秋者千五百人盜庫財潰歸田神功薨故也己丑以神功弟神玉知汴宋留後　癸巳郭子儀入朝上言

元至元间魏天祐刻本《资治通鉴》

之后兴起的元代的出版事业紧承两宋辽金余绪，也在图书事业方面取得了突出的成就，反映了鲜明的时代特色。这一时期出版事业的繁荣景象还表现在政权之间和中外图书贸易活动的繁荣上。以《开宝藏》为代表的汉文大藏经的多次雕印，不仅推动了雕版印刷工艺的发展，也对辽、夏、金、元以及朝鲜、越南出版事业带来了积极的影响。

明清时期既是我国封建社会发展盛极而衰的衰落时期，也是中国文化发展的迟暮期，还是我国古代图书事业大发展的时期。它又可以分为两个时期。从明初到19世纪中叶为前期，这一时期从政治、经济到文化方面都出现了兴盛一时、盛极而衰的景象，中国传统的出版事业也随之进入了加速发展阶段。从19世纪中叶到清朝灭亡为后期，这时中国传统的出版事业在西方文化的冲击下，在技术、内容等方面都发生了巨大的变革。

明清两代的统治者为了加强专制的中央集权制，都很重视文化教育和图书出版事业。在政府的领导和组织下，很多机构从事编纂和出版活动。明清两代翰林院是主要编纂机构，内府也开始刻书。此外还组织大量的人力、物力编修各种类书、丛书，规模之大前所未有，典型的就是明成祖组织编修的《永乐大典》和乾隆皇帝主持编纂的《四库全书》，这些都是中国

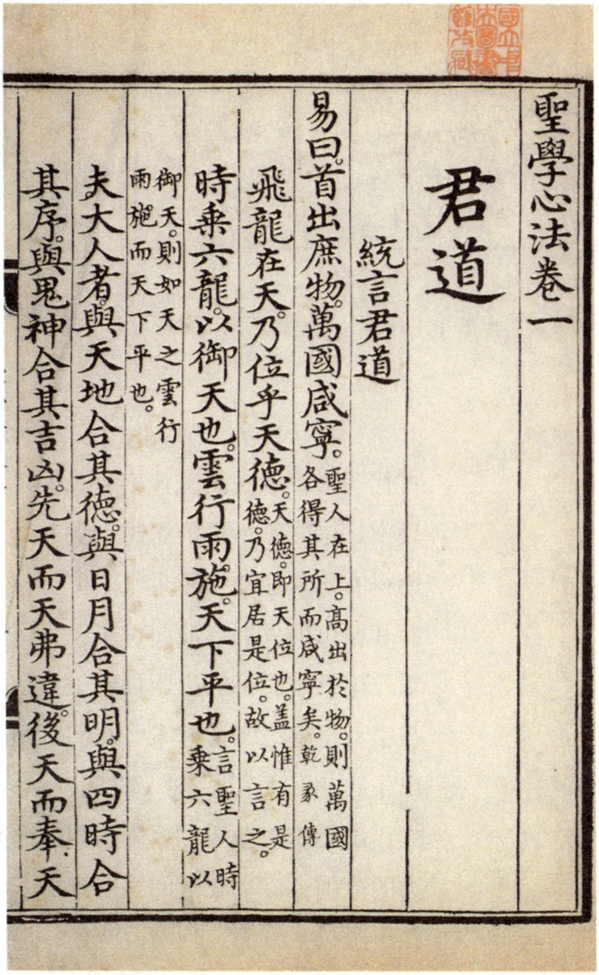
聖學心法卷一

君道

統言君道

易曰。首出庶物。萬國咸寧。聖人在上。高出於物。則萬國各得其所而咸寧矣。乾彖傳

飛龍在天。乃位乎天德。天德。即天位也。蓋惟有是德。乃宜居是位。故以言之。

時乘六龍以御天也。雲行雨施。天下平也。言聖人時乘六龍以御天。則如天之雲行雨施而天下平也。

夫大人者。與天地合其德。與日月合其明。與四時合其序。與鬼神合其吉凶。先天而天弗違。後天而奉天

明永乐年间内府刻本《圣学心法》

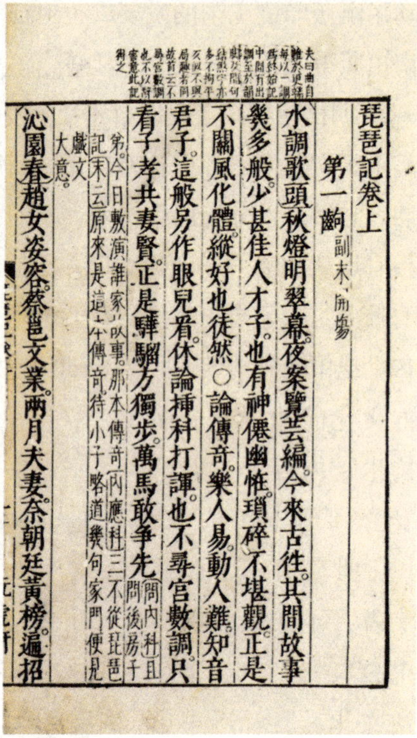

琵琶記卷上

第一齣　副末開場

水調歌頭　秋燈明翠幕。夜案覽芸編。今來古往。其間故事幾多般。少甚佳人才子。也有神僊幽怪。瑣碎不堪觀。正是不關風化體。縱好也徒然。○論傳奇。樂人易。動人難。知音君子。這般另作眼兒看。休論插科打諢。也不尋宮數調。只看子孝共妻賢。正是驊騮方獨步。萬馬敢爭先。（問內科）且問後房子弟。今日敷演誰家故事。那本傳奇。（內應科）三不從琵琶記。（末云）原來是這本傳奇。待小子略道幾句家門便見戲文大意。

沁園春　趙女姿容。蔡邕文業。兩月夫妻。奈朝廷黃榜。遍招

明万历二十五年（1597）新安汪光华玩虎轩刻本《琵琶记》

古代图书事业中的旷代盛举。但是，由于统治者一味尊重程朱理学，以限制人民的思想，尤其是在清代还大兴“文字狱”，使得文化事业缺少了生气。但另一方面，伴随着资本主义的萌芽和城市的发展，戏曲、小说等市民文学和工艺美术作品便大量产生，为图书的出版提供了丰富的稿源和广阔的市场。坊刻与家刻也随之兴盛起来，一些民间坊刻世家在普及文化方面做出了突出的贡献。这一时期，私人出版商蜂起中土，书坊林立，出版业被注入了更为浓烈的商品经济意识，书籍贸易在更大的范围，以更壮观的规模和更激烈的竞争形式空前地展开。在出版技术方面，到明清两代，造纸技术也有了很大的提高，雕版、活字以及套印等印刷技术日趋成熟，这些都为刻书事业

的发展提供了良好的物质条件。但是，封建社会毕竟日薄西山，出版事业也未能避免，可以说是辉煌与衰朽并存，集大成与僵滞共生。表现在出版技术上，则是始终未能脱离手工操作的藩篱，图书内容和形式方面也没有多大创新。

1840年的鸦片战争不仅是中国社会历史发展的转折点，而且也是中国图书事业的转折点。鸦片战争以后，由于西方列强的入侵和中国社会内部资本主义因素的增长，中国传统社会开始瓦解，走上了半殖民地半封建的道路。在剧烈的社会变革中，中国的图书事业也发生了从古代到近代的转变，由此也进入了它的变革转型时期。从鸦片战争到清朝灭亡的70年间，我国图书事业的发展始终贯穿着一条主线：近代图书事业的兴起和传统书业的式微。在这一大背景下，我国的图书无论在形式

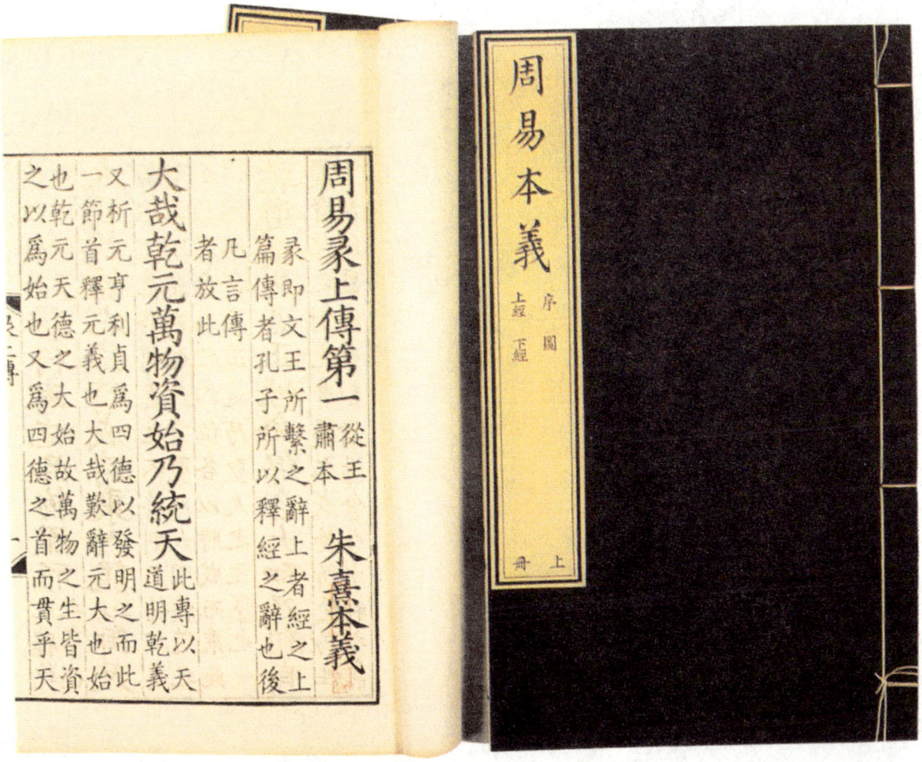

清康熙内府大字刻本《周易本义》

还是内容方面都发生了很大的变化，与以前相比，不仅数量剧增，而且图书报刊的编辑出版和政治斗争、经济文化发展的关系更加密切，图书的社会作用也越来越大。在这一时期，出版事业发生的剧烈变革，具体表现在以下几个方面：在图书内容方面，在“西学东渐”的浪潮下，翻译书的发展使得代表资本主义文化的“新学”大量输入，代表封建思想文化的“旧学”受到严重冲击和挑战，儒家思想一统天下的局面被打破了；在出版物类型方面，出现了期刊、报纸杂志和近代教科书、工具书；在印刷技术和装帧形式方面，完成了由雕版印刷到机械化印刷的转变，书籍形式由线装转变为精、平装；在经营管理方面，资本主义性质的书局、书馆、书店取代了以往的官刻、私刻、坊刻。作为专门职业的出版社编辑已经出现，印刷和发行往往合一，书刊的社会作用尤其是对社会变革的催化作用日益显著。

第二讲
中国古代图书的载体形式
——载体众多　贡献杰出

古者圣王必以鬼神为（有），其务鬼神厚矣，又恐后世子孙不能知也，故书之竹帛，传遗后世子孙。咸恐其腐蠹绝灭，后世子孙不得而记，故琢之盘盂、镂之金石以重之。

——《墨子·明鬼下》

书契之用,自刻画始。金石也，甲骨也，竹木也，三者不知孰为后先，而以竹木之用为最广。

——王国维：《简牍检署考》

它（植物纤维纸）有纸草之便而不易破裂，有竹木之廉而体积不大，有缣帛羊皮之柔软而无其贵，有金石之久而无其笨重。

——张秀民：《中国印刷术的发明及其影响》

文字发明以后，就出现了这样一个问题，把它写或刻在什么样的载体材料之上才更便于保存和流传呢？在书写材料的发展史上，中国人的贡献是巨大的，像陶器、兽骨、青铜、玉石等，虽然其他民族也曾采用，但都没有像中国人使用得那么普遍、那么精巧、那么久远，至于竹木简牍和丝织缣帛，在其他国家和地区还很少发现，只有中国大量应用于书写，并把它们制度化。而且综合了两者的优点，扬弃了双方的不足，发明了造纸术。这一贡献，更为杰出。

一、陶器款识

陶器，即陶制器皿，是一种质地较粗且不透明的黏土制品，经成型、干燥、烧制而成。陶器在新石器时代即已大量出现，是当时人类的主要生活用品之一。砖瓦和封泥也可归入此类。

在陶器上刻画的符号和文字称为陶文。可分几种情况：一种是在泥土还柔软时写画的，或以刀刻，或以印章印上的；一种是以模铸而成；还有的是在烧制后再刻画而成。这类文字通常都不很长，再加上符号文字较为原始，以至人们往往不把陶器作为一种书写材料对待。陶文确实很少形成图书的规模，但作为文字的载体，还是不容忽略的，正因其较为原始，称得上是研究我国文字起源的重要资料。至于春秋战国以及秦砖汉瓦上的陶文款识，则是研究我国书法艺术的重要资料。

我国最早的陶器，如西安半坡村和甘肃辛店的彩陶，距今

浙江余杭良渚文化陶文，距今约5000年左右

半坡遗址记号陶文

已6000多年，其上有类似文字的符号。山东大汶口文化遗址中所发现的图画文字，已被认定为我国最早的文字。安阳出土的一些殷代陶器上也有粗简的单字，多是数字或器物主人的名字。在一片碎陶上，发现一个以笔墨书写的大字——“祀”。目前发现的古陶，大多是周代，特别是战国时代之物。

1876年，大量古陶在山东临淄、济南出土，是由农人耕作时无意掘出。著名收藏家陈介祺大量收购后，按其上载字多寡计值，字数由1字至17、18字不等。1962年至1963年间，秦都咸阳遗址陆续发现50余种陶器上打印的陶文，其中有数字、单字、四个字、六个字不等。根据现存古陶器，陶文字仅800余个，已辨识者不到半数。陶文多为制造人或器物主人的名字、官衔、年代、地点等专有名词。排行顺序极不规范，下行、左行、右行，甚至倒书者均有。个别单字写得奇形怪状，部首位置也不一致，正是秦始皇统一文字以前的实际写照。

到了秦汉时期砖瓦上的文字，多为吉祥语，也有宫殿、庙宇、陵寝、水井、道路的名称。如羽阳千岁瓦、兰地瓦当。瓦当文多四字，如“千秋万岁”“长乐未央”“延年益寿”，多者有十二字的，如“维天降灵，延元万年，天下康宁”。字体多篆书，装饰味极浓，间有隶书。国家博物馆收藏的一块秦砖，约一尺见方，一寸左右厚，上刻“海内皆臣，岁登成熟，道无饥人”。这已能表达一个比较完整的主题思想了，但仍不能称为图书。

山东大汶口出土的三角纹彩陶壶

二、甲骨卜辞

人们较早用作书写材料的是甲骨，甲是龟甲，骨是兽骨，特别是牛的肩胛骨。契刻在这些龟甲和兽骨上的文字，就称为甲骨文或甲骨文书。甲骨是商周时期的一种重要文字载体。甲骨文按其产生的时代可分为两大类：殷商甲骨文和西周甲骨文。

“汉并天下”瓦当

（一）甲骨文的内容

殷商甲骨发现于殷都废墟

（今河南安阳小屯），故也称殷墟甲骨。其内容主要是殷王朝的占卜记录。故又称殷墟卜辞、甲骨刻辞、殷墟书契等。目前所发现的殷商甲骨文大多为盘庚迁殷至纣亡王室之间（公元前1300—前1046）的遗物。

殷商甲骨文是商朝的文化产物。殷人十分迷信，生活中的一切大小事情必须请问上天和他们的祖先，如对于田猎、农事、天象、年成、征伐、疾病、祭祀等事，都要进行占卜，而且一件事往往要从正反两方面反复地卜问。大部分甲骨文就是当时记录的卜辞。郭沫若《殷墟粹编》说：“殷人一事必数卜，或卜其正，或卜其反，或卜如此，或卜如彼。”殷人之所以敬天，一是对许多自然现象无法解释，由无知而恐惧，由恐惧而产生崇拜心理，认为上天有绝对权威；二是认为天亦有情，敬之则吉，不敬则祸；三是认为自己的祖先也是上天所赐。《诗经·商颂》说：“天命玄鸟，降而生商”，无怪乎殷人如此敬天了。

刻在龟甲上的甲骨文

除了卜辞之外，甲骨文中还有记事的刻辞，有的与卜辞有关，有的没有关系。如记载战争中俘虏数字、田猎收获多少、封赏和祭祀情况等就同占卜无关了。单独的记事刻辞多刻在兽骨上。

由于商王几乎每事必卜，故甲骨文内容涉及商代社会的各个领域。郭沫若主编的《甲骨文合集》一书按照内容将甲骨文分成四大类，即阶级和国家、社会生产、科学文化、其他。四大类下再细分为22小类：1.奴隶和平民；2.奴隶主贵族；3.官吏；4.军队、刑法、监狱；5.战争；6.方域；7.贡纳；8.农业；9.渔猎，畜牧；10.手工业；11.商业、交通；12.天文、历法；13.气象；14.建筑；15.疾病；16.生育；17.鬼神崇拜；18.祭祀；19.吉凶梦幻；20.卜法；21.文字；22.其他。从这些分类中可以看出，甲骨文所记载的内容是非常丰富的，涉及的领域也非常广阔。所以甲骨文是研究殷商时期的珍贵历史文献。

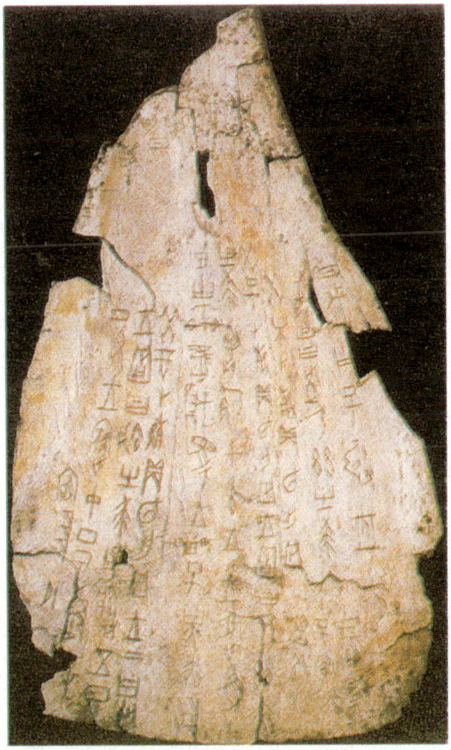
刻在牛的肩胛骨上的甲骨文

甲骨文拓片

（二）甲骨文的发现

关于甲骨文的发现有两种说法：一说清光绪二十五年（1899）国子监祭酒王懿荣因为生病，派人从达仁堂抓中药，发现了这种“龙骨”。他是位金石学者，精通青铜铭文和古文字。他认为这种带有刻纹的“龙骨”可能是一种古文物，于是大力收购，并开始对所搜集到的甲骨进行研究。王懿荣很快就确定甲骨上所刻的确实是文字，是商代用来占卜的卜骨，是商代的档案，也就是殷商人的典册。另一说是1898年天津两个叫王襄和孟定生的秀才，辨认出甲骨是古代遗物，称之为“古简”。实际上殷墟甲骨由河南安阳小屯村农民发现，清代光绪后期研究金石等的人已开始搜集，到了1899年由于王懿荣高价收买，引起人们的重视。王懿荣身后的甲骨大部分转入了刘鹗之手。1903年，刘鹗将其收藏的甲骨挑选了1000多片影印出版，书名《铁云藏龟》，第一次将甲骨刻辞公布于社会。甲骨文的发现，震惊了国内外学术界。它不仅使中国的历史学、古文字学的研究进入了一个崭新的领域，而且在考古学、古代科学技术、金石书法艺术的研究上，都有着重大的意义。

继王懿荣和刘鹗等人之后，罗振玉、王国维等学者陆续收藏甲骨并开始进行研究。在安阳地区对甲骨文组织大规模的考古发掘是从20世纪20年代开始的。先后获得数万片甲骨。新中国成立后，甲骨文的发掘和研究取得了更大的成就。据胡厚宣1984年的统计，目前收藏的甲骨有15万片左右，分别藏于中国大陆、台湾省和港澳地区，以及日本、美国、英国、加拿大、法国、苏联、德国、瑞士、比利时、荷兰、瑞典等国家，韩国也有收藏。发现的甲骨文字有4500多个，其中将近一半已被认识。

自甲骨文被发现后，众多的学者围绕着甲骨的搜集、缀合，甲骨文的著录、考释、分期等问题展开了广泛而深入的研究。由此而形成一门专门的学问——甲骨学。

（三）甲骨的整治与契刻

占卜在古代是很严肃的事情。占卜有一定的程式。卜前先要做好各种准备，要对龟甲、兽骨进行整治。整治的方法是：刮去龟的腹肠成为壳，或刮去骨上的皮肉只存肩胛骨，然后在甲骨反面有规律地钻成一个个圆孔，在孔旁再凿成梭形凹槽。占卜时由卜人用点燃的树枝在圆孔中央或凹槽旁边灼烫，经过烧烫，甲骨正面相应的部位就显出了字形的裂纹。这种裂纹就是卜兆。卜人根据裂纹的长短、粗细、曲直、横斜来判断吉凶。占卜以后把占卜的时间、卜人名字、卜问的事情，以及占卜的结果，占卜的应验等刻在卜兆的附近，叫作卜辞。

甲骨上的文字多少不等，少的三五个，多的几十个。甲骨文一般先刻竖画，后刻横画，先刻兆序、兆辞、吉辞、用辞，后刻卜问之事，故又称为卜辞。一条完整的甲骨卜辞大约由四个部分构成：1.叙辞。或称序辞、述辞、前辞，记占卜的时间、地点和占卜者； 2.命辞。记要卜问之事；3.占辞。记占卜结果；4.验辞；占卜之后记下应验的事实。但多数卜辞常有省略。甲骨文中，有的在刻画上涂朱砂或墨，有的用毛笔写在甲骨上，也有些是先写后刻的。部分甲骨也中间钻孔，串联成册，有次序地保管收藏，即所谓的“龟策”。

（四）甲骨文的新发现

以前认为甲骨文是商代中后期专有的文字，事实上，夏商周三代，甚至三代以前已经有了甲骨文。1983年在西安附近发现的一处龙山文化时期的遗址中，意外地发现了甲骨文。经专家研究初步鉴定，这批甲骨文是4500年至5000年前的产物，大致相当于传说中的黄帝时期。从字体上看，这批甲骨文字体很小，笔画繁多，笔锋刚劲，刀法朴拙，字体结构严谨优美。这些特点与殷墟甲骨文基本接近。有些文字现在已经认出，但多数目前还无法释读，这次发现无疑是一次重大突破。

商代以后，西周继续保持用甲骨占卜的习俗。在周代文献中也有关于占卜的记载。1954年，在山西省洪赵县坊堆村第一次发现两块西周甲骨实物，其中一块上刻有八个字。此后，在山西长安张家坡、北京昌平白浮村、河南洛阳等地均有零星发现。其中以1977年在陕西岐山凤雏村发现为最多，一次出土17000多片。其中带字甲骨289片，共计903字，另有合文12个。后来在周原地区的扶风齐家遗址又发现6片，共102字。据《科技日报》2004年5月27日报道，考古工作者于2004年3月至5月间，在陕西省岐山县周公庙遗址附近发现西周时期的甲骨700余片，其中有刻辞者82片，经初步清理，已发现可辨识文

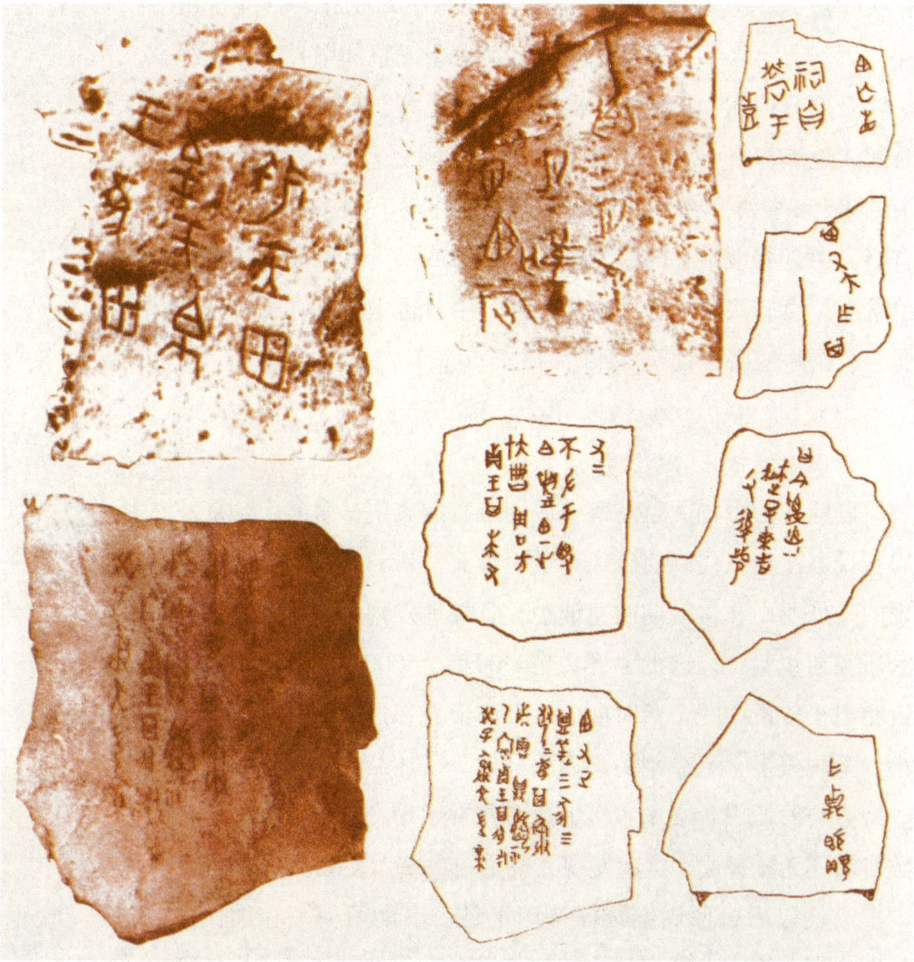

周原西周甲骨

字350字，其中属首次发现的“周公”字样出现了5次，最多的一块卜甲上发现36字。这是最近的一次西周甲骨的发掘。

从1977年陕西岐山发现的甲骨来看，文字一般都很小而且字迹纤细，具有颇高的微雕技巧；从甲骨钻凿形态看，西周甲骨多施以方凿，排列整齐而且密集。这些方面都表现了西周甲骨的特征。西周甲骨的不断发现，正如安阳殷墟甲骨的发现一样，对西周历史的研究具有极其重要的意义。

商周时期的甲骨从本质上讲是一种文书档案，不同于后世的图书。但从其记载的内容和装订的形式来看，它们已经具备了正式图书的部分要素：（1）有被传播的知识信息；（2）有用来记录知识的信息符号；（3）有记载文字、图像信号的物质载体；（4）甲骨文有基本的生产技术和工艺。所以，我们可以将其看成是我国古代的一种原始图书典籍。

三、青铜铭文

青铜是铜和锡的合金。它的主要成分是铜，因为加进了一定比例的锡，铸造出来的器物呈青灰色，所以称为青铜。用青铜制造的器皿，就叫青铜器。刻铸在青铜器上的文字，就称为“青铜器铭文”，或称“金文”。青铜器的出现是我国历史上具有划时代意义的标志之一。人类由新石器时代进入青铜器时代，标志着社会向前发展了一大步。史学家一般认为夏商之际为我国青铜时代的滥觞时期，商周时期已是我国青铜时代的鼎盛时期。

青铜器的种类繁多，形制复杂。既有日用器物，如食器、酒器、水器等，又有礼乐器。青铜器发展为祭祀用的礼器后，便成了建邦立国的“重器”，是权威的象征，最高统治权力的标志。由于青铜器受到如此的重视，所以一般贵族凡有重要文件需要长期保存或有重大事件需要永久留念的，便铸一件器物，将文件或事情记载在上面，让后世子孙永久保存。铸造在上面的文字便成为铭文。

迄今为止，我国已经发现和著录的铭文数以万计，从商朝一直到汉朝都有发现，其中不少是长篇铭文。商朝晚期的金文，铭文大多简短，最长的不超过50字，字体多与甲骨文相近，用词也多类似。西周早期的金文出现了许多长篇铭文，用

毛公鼎铭文及其拓片

来记载重大的历史事件，例如周康王时期的小盂鼎，有400多字。现存青铜器铭文最长的是西周时期的毛公鼎，共497字。可以通读的商周时期的金文约有1800多字，不可通读的约1200字。由于铭文的内容字数渐多，所以西周青铜器出现了把一篇铭文分载于几器的现象。

刻有文字的鄂君启铜节（战国楚怀王时）

铭文一般都是范铸于青铜器上面的，晚期也有刻画在上面的。铭文字体大小一般为2厘米见方，也有椭圆形和较大的字体。铭文的书款字体还保留了商朝后期笔画首尾常作尖细状而中间部分用粗笔波磔体的特点。铭文的排列大都自右而左、自上而下。

青铜铭文的主要内容是周王室和各个诸侯国的记事文书，内容比甲骨文要丰富，涉及社会的许多方面。其内容大致可分为以下几类：

（1）祭祀典礼：举行重大的祭祀活动，铸器并作记载于器物上。

（2）征伐纪功：战争之后的纪功留念。这类内容的铭文以西周时为多。

（3）赏赐锡命：这类铭文较多。统治者对功臣、贵族、亲属等进行封赏，受封人作器以示纪念，并将受封之事和被封赐之物记载于器物上。

（4）书约文件：有关法律条文、誓约、文辞或合同、券书、协定等类文件，刻器以作证。

（5）训诰：统治者把其对臣民的训诰记载于器物之上。

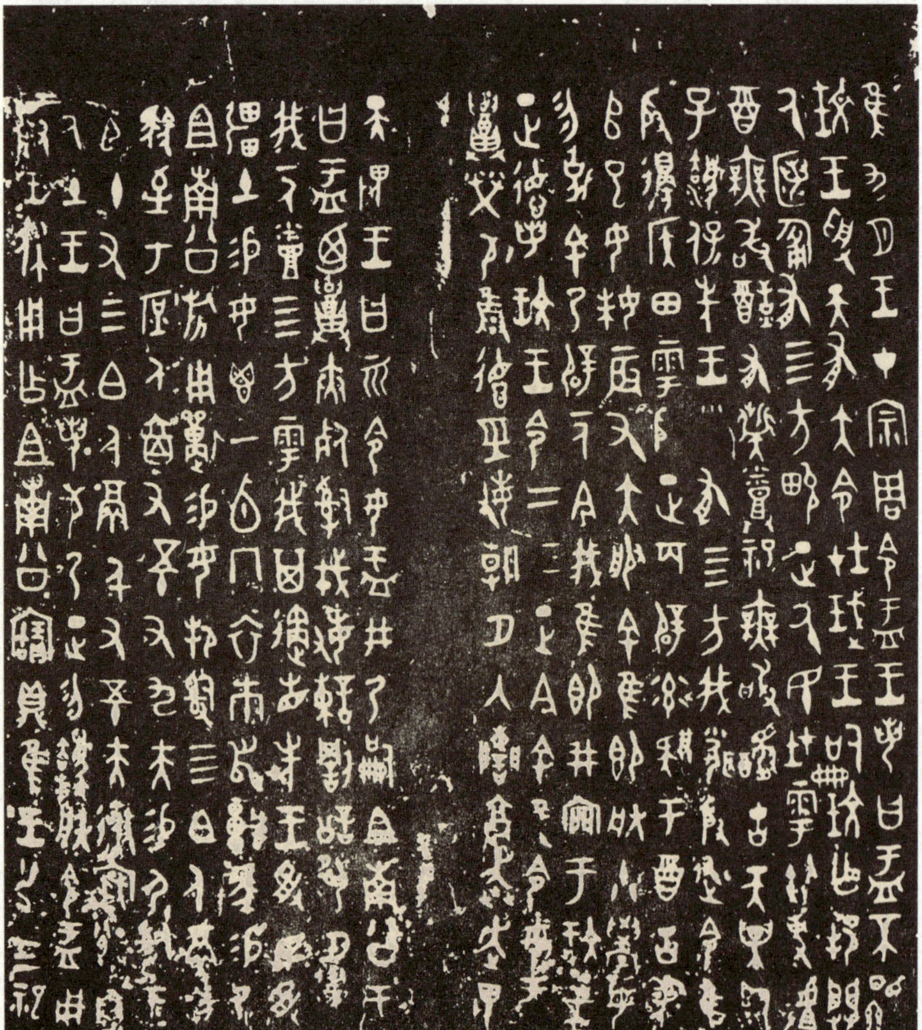

大盂鼎铭文拓片

（6）颂扬祖先：作器记载祖先的圣事、美德，以告后世子孙。

由于铭文内容关系着当时社会生活的各个方面，记载着许多重大事件，它本身就是一种珍贵的历史文献。重700多斤的大盂鼎上有290多字，是周成王册命的铭文。从中可以帮助了解古代的封赏制度。1976年陕西临潼发现的一批青铜器中有一件记载武王克商的利簋，腹内有铭文四行32字，是迄今所见西周青铜器物上关于武王伐纣战争的最早记载。可以作为历史的实证。

从使用的程度看，使用的范围比甲骨文要开放一些，特别是一些刑律、制度、诏令方面的内容，传播范围较广。与甲骨文相比，青铜器铭文的篇幅大为增加，记事内容更为丰富，用途也更为广泛，部分铭文已是有意识地要人阅读，所以传播范围更为广泛。所以说，青铜器铭文所起的书籍作用更加明显。程千帆、徐有富就说：

> “图书是以传播知识为目的而用文字或图画记录于一定形式的材料之上的著作物。” 如果用这种标准衡量青铜器铭文，其中一部分记载财产、疆界等，显然是档案资料，而另一部分已经具备了书的形制。[①]

从这个意义上讲，一些青铜器铭文更应该称之为原始的图书典籍了。

四、玉石刻辞

在石上刻字，是古人的一种风气。《墨子》中说“镂于金石”，可见在石上刻字与在青铜器上刻字是一样的流行。石头的来源广，而且易于长久保存。以刻石记事比用金属器物

① 程千帆、徐有富：《校雠广义·版本编》，第44页，齐鲁书社1991年版。

要方便易行，露天石刻具有公开性和展示性。《管子》中说，春秋时期的管仲在泰山上见到70多种封禅石刻。这是我国古代最早的关于石刻文字的记载。秦始皇发展了刻石之风，他在位12年，曾多次出巡，所到之处，常记文于石，来宣扬他统一天下的功德。《史记·始皇本纪》中就记载了泰山刻石、琅琊台刻石、芝罘刻石、峄山刻石、会稽刻石、碣石刻石等。东汉时期，刻石之风更加盛行，刻石的方法也有所发展。把文字刻到山岩上称摩崖，刻到长方形的石上叫碑。

现存刻石实物中，最早的是唐代陕西凤翔县出土的春秋时

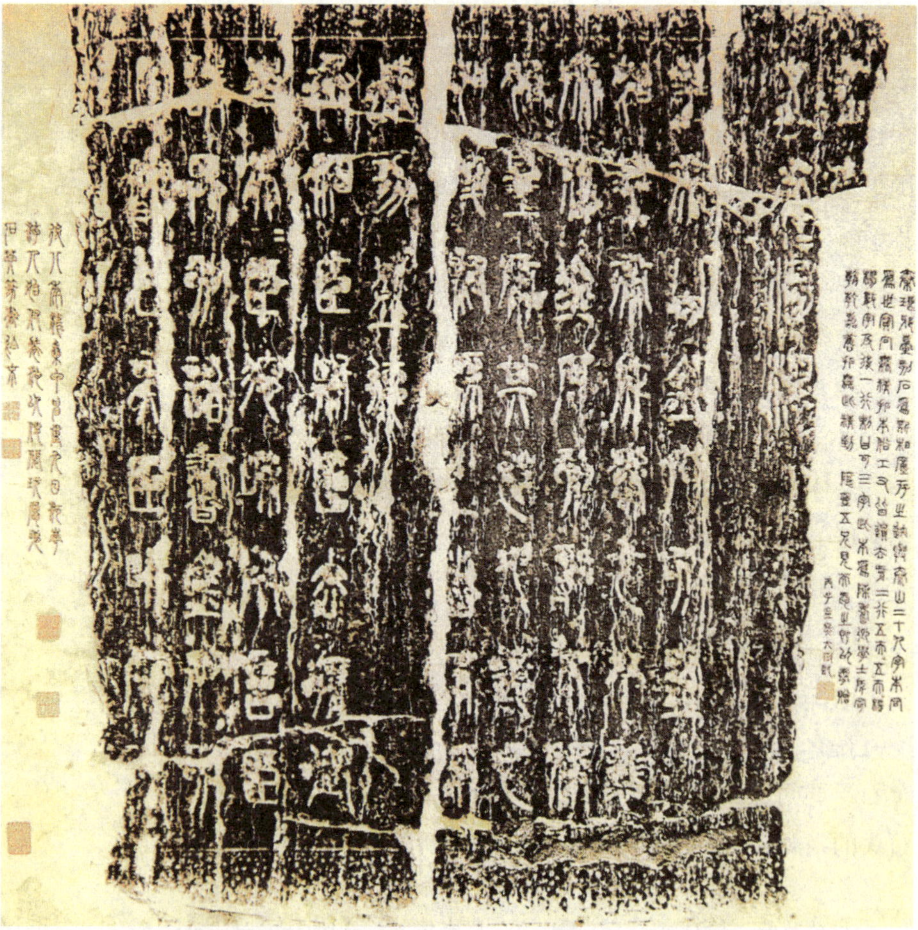

秦代琅琊台刻石拓本

期的石鼓。

（一）石鼓文

中国现存最早的石刻文字是春秋时的石鼓文。唐代初期在陕西省凤翔县出土了十个形状似鼓的刻石。每个鼓的四周都刻有文字，字体在金文和小篆之间，内容是有关田猎活动的诗句，故又称“猎碣”。原载有700余字，由于不断受到自然和人为的损坏，剥蚀严重，字迹漫漶，其中一石文字已荡然无存。郭沫若认为其年代为秦襄王八年（公元前770），多数人认为石鼓是出自春秋时期。

石鼓出土之初，被置于凤翔县孔庙内。宋代迁移到汴京

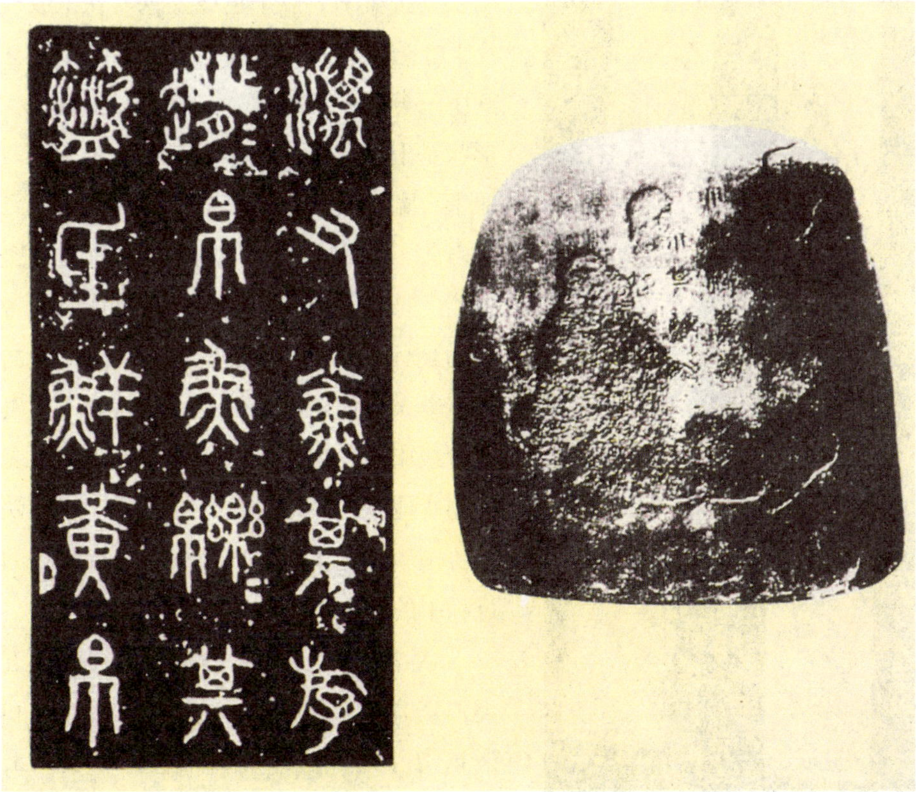

石鼓原物及其拓片

国子监曾用金填文，以示永不复拓。金人侵占汴京，将石鼓送往燕京，又再剔去其金，残损更甚。元代皇庆年间存放于国子监。清乾隆五十五年（1790），为保护石鼓文不再遭受损毁，命人仿刻一份，放在北京孔庙的大成门内。原物现存于北京故宫博物院铭刻馆。这十个石鼓是我国在地面上保存时间最长的文物，历经磨难，十鼓俱在，实属不易。

（二）侯马盟书

1965年冬，在山西侯马晋国都城遗址出土大批盟书。以朱色或墨色写在玉或石片上。连同碎片计算在内，共5000余件。其中三分之一为玉片，三分之二为石片，形状是上尖下方呈圭形。其中最大的长32厘米、宽3.8厘米，形态规整，呈深灰色。据考证，此是春秋时期盟誓活动的“盟书”，被称为“侯马盟书”。具体时间考订为公元前495年，立盟人是晋国六卿之一赵鞅（赵简子）。他是一位从奴隶主贵族阶级中分化出来的新兴地主阶级的代表人物。他们主持订立的“侯马盟书”反映了晋国新兴地主阶级向奴隶主贵族夺权的过程中的斗争。

考古学家将这批盟辞按内容分成五类：宗盟类、委质类、纳室类、诅咒类和卜筮类。这些盟辞的篇幅长短不一，最多的200余字，少的10余字。字体变化多

侯马盟书

样，形态复杂。异体字就达1274个，出自多人之手，风格各异。行文排列是自上而下，由右及左，已有标点符号使用。

1980年，在河南省温县武德镇乡西张计村出土盟辞石片的原“沁阳盟书”遗址，曾再次发现大批盟辞，约在万片以上。被称“温县盟书”。古代盟书的发现对研究古代盟誓制度、古文字与书法艺术及考订历史都有重要价值。

（三）儒、佛、道石经

古代刻石之风，发展到西汉，更加盛行。东汉沿袭了这一传统，往往在石头上刻下鸿篇巨制，极富史料价值。现在所留存的汉碑，大多为东汉时代的遗物，如《西峡颂》《石门颂》《赵宽碑》等，都是东汉石刻。这一时期最著名的石刻图书是“熹平石经”。这是古代学术思想史上的大事，它开古代儒家石刻经典之先河，在图书发展史上具有特殊意义。

东汉末年，由于多年来激烈的今古文之争，又加以谶纬之学的泛滥，以致“经有数家，家有数说，章句多者或乃百余万言，学徒劳而少功，后生疑而莫正①”。这样，由政府出面对儒家经典再次进行大规模的整理校正，就成为势在必行之事。恰好在这时候，在党人相争的背景下，又发生了“私贿兰台令交，偷改漆书经文”事件。上述情况引起了蔡邕等人的担忧，他们便奏请灵帝下令正定六经文字，然后刻在石头上公布出来。从汉灵帝熹平四年（175）开始，至光和六年（183）完成。共刻了七部儒经，有《周易》《鲁诗》《尚书》《春秋》《公羊传》《仪礼》《论语》。石经始刻于熹平年间，故称“熹平石经”。由蔡邕用隶书一体写成，故又称“一体石经”。共刻46碑，立于洛阳太学门前。这是我国历史上最早的儒经官定本。据载石经公布以后，每天都有许多人前来抄写，经常是车乘千辆，填塞街陌，平息了多年纷争。“熹平石经”

---

①［南朝·宋］范晔：《后汉书·张曹郑列传》。

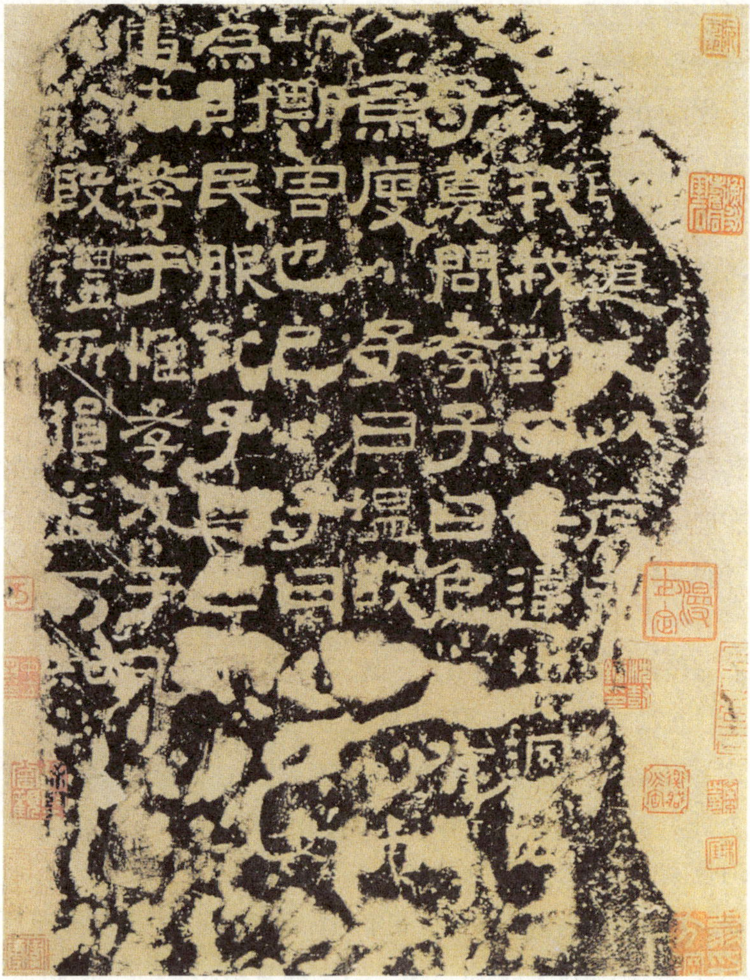

东汉熹平石经拓片

的刊刻，具有十分重要的意义，这不仅是政府对儒家经典的一次大规模校正活动，也是一次大规模的政府编辑出版活动，无论是在内容上还是在形式上都产生了巨大的影响。由于碑文内容和书法都很宝贵，促进了捶拓技术和印刷技术。钱存训先生就说："石经不仅恒久而统一地保存了儒家经典的正统经文，同时也导致了以后以木板雕刻儒经，成为官府最早采用雕版印刷术的先河。"①

① ［美］钱存训：《书于竹帛》，第58页，上海书店出版社2002年版。

自“熹平石经”以后，历代仿效者不绝如缕。其后还有三国时魏国刻的三种字体的正始石经（又称“三体石经”）、唐文宗时刻的开成石经、五代后蜀刻的广政石经、北宋哲宗刻的嘉祐石经（又称“二体石经”）、南宋高宗时刻的绍兴石经和清高宗时刻的乾隆石经。完整保存至今的只有唐开成石经和清乾隆石经，前者在西安碑林，后者在北京国子监。

佛经经文的石刻，大致有三种形式：一是摩崖：将经文镌刻在悬崖或洞壁上，河北、河南、山东等地较多。二是经幢：将经文刻在一种有棱的石柱上。唐代石幢较多，如陀罗尼经等，这种刻石多为附刻。三是经碑，为佛教经典刻石规模最大的一种形式。公元5世纪之后这种刻石活动开始盛行。现存最宏伟的经碑群是北京房山石经山的佛经刻石。刻经始于7世纪初，至12世纪，历经几个朝代，从未停止。共刻佛经1122部3572卷于14278块石板之上。这些石经，世称“房山云居寺石刻佛教大藏经”，简称“房山石经”。在佛教经典石刻中占有重要的地位。

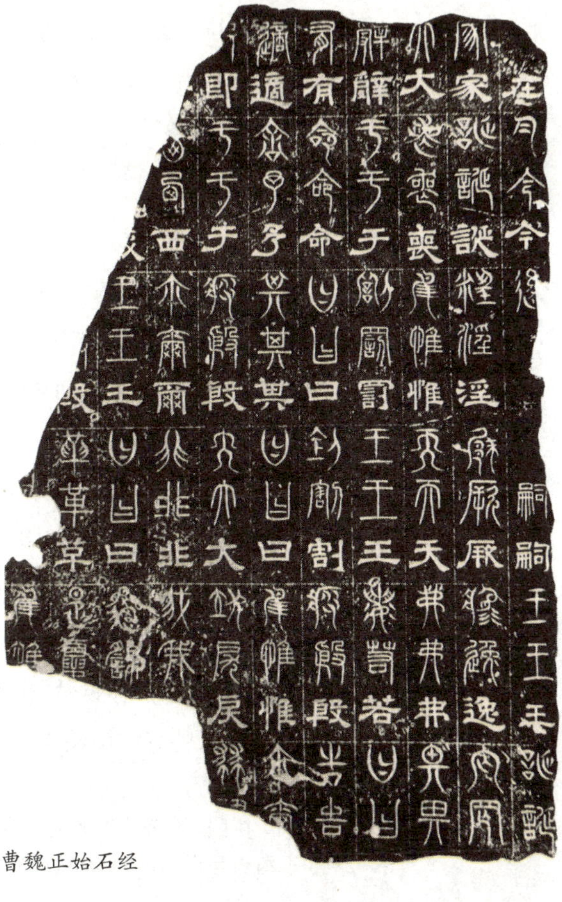
曹魏正始石经

道教经典刻石比儒经刻石、佛经刻石晚，数量和规模也都不如儒经和佛经刻石。隋代之前，没有道经刻石。最早的道经刻石是唐代中叶景龙二年（708）龙兴观的道德经。道经刻石多为后人摹刻，所刻主要是《道德经》，如公元708年、738年、893年刻立的《道德经》和880年江苏焦山刻的《道德经》经幢等等。

五、竹木简牍

严格地说，刻画在陶泥、甲骨、金石之上的文字，大部分还不能称之为“书”，真正意义上的图书起源于刻画在竹简木牍之上。

在我国造纸术发明以前，使用最早、时间最长、应用最广、影响最大的书写材料是经过整治的竹片和木板。一根竹片称“简”，将许多根简编连在一起称“策”（册），合称“简策”。加工后没有写字的木片称“版”。写了字的称“牍”。细一些的称“木简”，木质的合称“版牍”，竹木的合称为“简牍”。

（一）竹木简牍时间久远

王国维说：“书契之用，自刻画始。金石也，甲骨也，竹木也，三者不知孰为后先,而以竹木之用为最广。”[①]从时间上看，竹木作为书写材料相当久远，并不比甲骨、青铜器、玉石晚，甚至还要更早些。这里只需举一例即可说明，文字产生过程中的一个重要阶段是契刻，即人们把需要记忆的数字、信息用刀子刻在木棍上。当文字发明后，人们也就利用随手可得的竹片、木板作载体材料，只不过竹木质地不如甲骨、金石坚硬，难以保存久远。春秋战国时期，孔子删定六经，诸子百家著书立说，都是写在简策上的。秦汉时，简策继续使用。秦

---

① ［清］王国维著，胡平生、马月华校：《简牍检署考校注》，第1—2页，上海古籍出版社2004年版。

始皇执政时，每天批阅的写在简上的公文，有120斤重，不看完不休息。汉时，东方朔用了3000根简写奏议，上书汉武帝，由两个大力士抬上殿。西汉后期刘向等人整理出政府藏书13000多卷，也大多是写在简上的。三国时期，已有纸书，但是官府的文书还采用竹简和木牍。东晋末年，竹木简牍才退出书写材料的舞台。

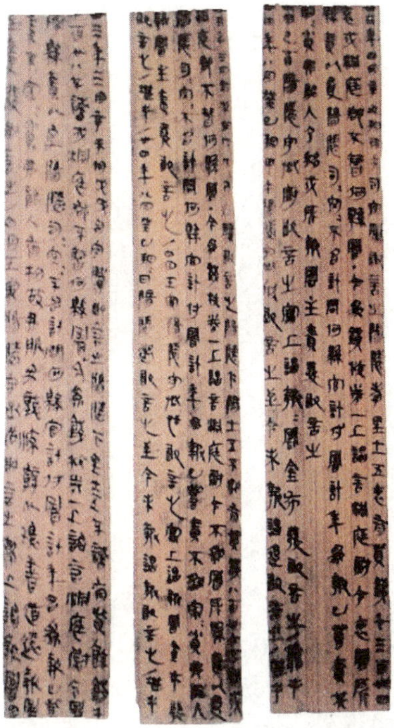

里耶秦简

与甲骨、金石等载体相比，竹木的优点是十分明显的：一是取材容易，满山遍野，称得上价廉易得；二是整治刮削工艺简单，方便书写修改；三是可连缀成册，使容量加大，可书写长篇宏论，便于文化普及和学术下移，这在中国文化发展史上是十分重要的。正因为竹木简牍有这样一些优点，在造纸术发明后，简牍和帛、纸仍并行了几百年。可以说，从公元前5世纪到公元3世纪之间的约800多年时间，是简策的盛行阶段。如果从上古（殷商）算起，到公元4世纪（东晋），简的时代则更长，有1700年左右的历史了。

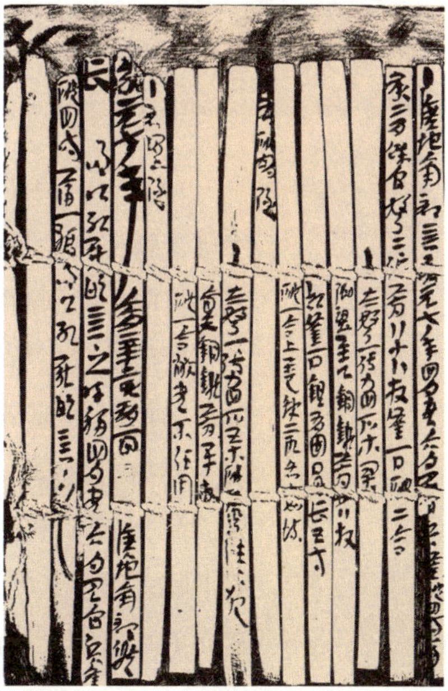

居延出土的西汉永元兵器簿木简

由于时代久远，沉埋地下的殷周简策早已腐烂，至今没有发现实物。现在所能见到的，是战国至西汉晋初的古简实物。从年代来看，目前出土竹简中年代最久的是战国竹简，它们都是20世纪50年代以来所发现的。

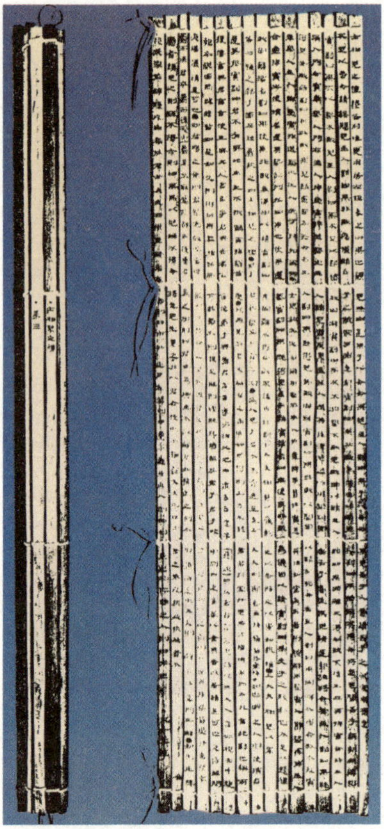

武威汉简

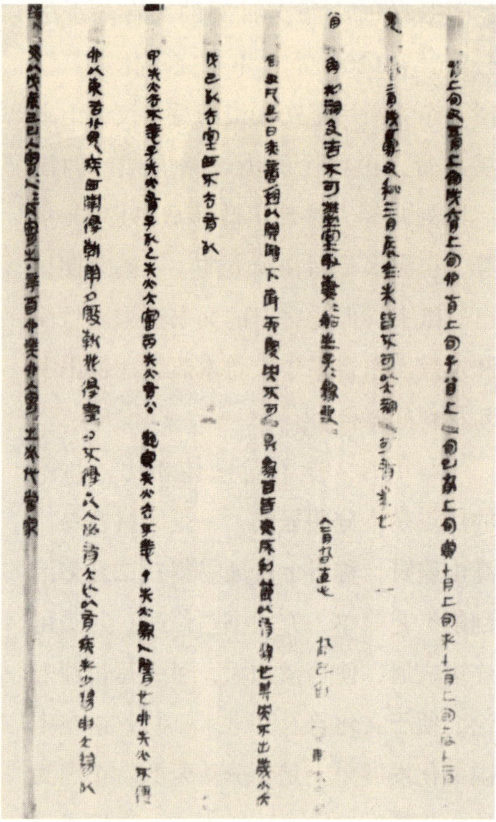

云梦睡虎地秦简

1978年，湖北随县擂鼓墩一号墓发掘战国简策240多枚，字迹清晰，这是目前国内保存最早的一批古简，总计约6600余字。目前，战国简牍已有多次发现。

秦简发现次数不多，但非常重要，除云梦睡虎地秦简外，最著名的是里耶秦简。2002年，考古工作者在湖南里耶古城出土秦简3万余枚。简牍以木牍居多，形式多样，长宽规格各异。简文字体有古隶书、古篆书、隶中带楷书等。字全部是笔墨书写，字迹工整，运笔流畅。专家认定为这些简牍是官署档案文书。里耶秦简内容丰富，涉及政治、军事、民族、经济、法律、文化、职官、行政设置、邮传、地理等诸多领域，极大地丰富了人们对中国历史上起承前启后作用的秦王朝有关制度的了解和认识，对秦史研究具有不可估量的意义。

出土次数和数量最多的是汉简，近几十年来就发现20余次，出土地点包括甘肃、新疆、陕西及黄河、长江中、下游广大地区，约7万枚左右，内容丰富，形式多样。其中著名的有敦煌汉简、居延汉简、银雀山汉简、江陵汉简，等等。

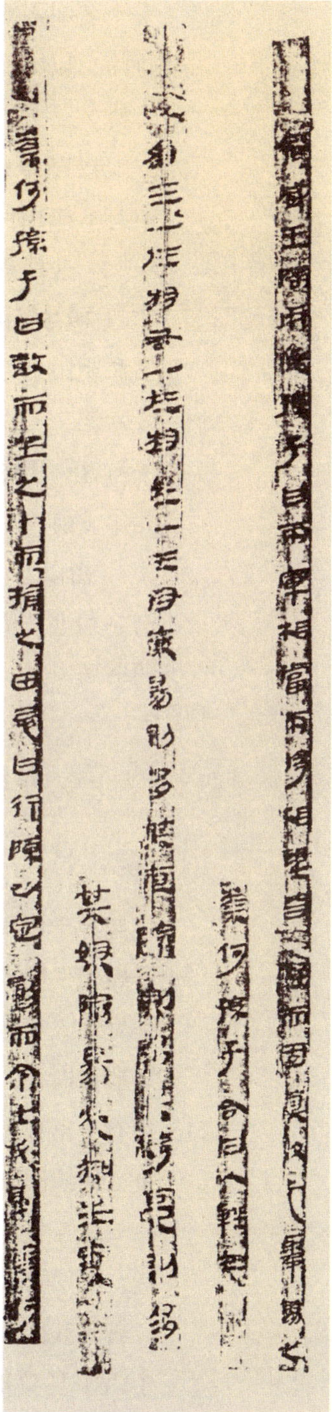

汉简《孙膑兵法》

（二）竹木简牍内容广泛

从内容上看，竹木所载极为广泛。其内容可分为文书档案和书籍两大类。

如1930年和1973年在甘肃额济纳河流域居延地区，发现东汉简牍前后达30000余枚。有公文、书信、历书、律令、诏书、牒书、爰书、劾状等，都属于文书账册档案。出土时，有的仍保持编缀成册的原貌，由于气候干燥，连绳子都没有腐烂，对研究古代文书档案制度有着重要的价值。

1978年随县擂鼓墩出土的简策为遣策——即殉葬器物的目录，详细记录丧仪所用的车马兵甲。简文中还反映了当时楚、曾国的关系，可补历史文献记载之不足。遣策在出土简策中较为常见。

1959年在甘肃武威郊区一东汉墓中，掘得385件完好木牍，其中有《仪礼》七章，这是儒家经典。历史上也曾有汉初在孔府夹壁墙中发现大量儒家经书的记载。公元281年，有个名叫不准的人，在今河南省汲郡盗挖魏襄王墓，发现大批竹简，以史地书为多，其中最著名的为《竹书纪年》和《穆天子传》。

1975年在湖北云梦睡虎地一秦墓中出土竹简1155枚，其中有秦律10种及秦昭王至始皇三十年（前306—217）的《编年纪》。这是秦代竹简首次出土，也是现有最早的法律条文。

1973年山东临沂银雀山西汉墓中出土竹简4900多件，以兵书和阴阳书为多，其中最著名的有《孙子兵法》《孙膑兵法》《六韬》《尉缭子》等，解决了1800年来究竟有没有《孙膑兵法》这一历史悬案。该地二号墓中出土的竹简32枚，是汉元光元年（前134）历谱，较古罗马儒略历还早80多年。

由以上可知，竹木简牍的内容有儒家经典、史地书、法律书、兵书、历谱、年表，内容是相当广泛的，都称得上是正式的书籍。

六、丝织帛书

写在绢、缯、缣、帛上的文字为帛书，亦称素书。丝织文化起源于中国，为世界所公认。传说公元前3000年，黄帝的妻子嫘祖发明养蚕织丝。虽然是传说，却在许多新石器时代的遗址发现人工整治的蚕茧、纺织品残迹和石制或陶制的纺轮。到了殷商时代，甲骨文中常见丝蚕、帛、桑等字，安阳殷墟中发现有丝帛残迹。《诗经》等古代典籍中也有许多有关采桑、养蚕、纺织漂丝的记载，可知丝织已是当时重要的家庭手工业。

至于丝帛何时应用于书写，据古籍记载，至迟在春秋时代。《晏子春秋》中有这样明白的记载，齐景公时晏子说："昔日我的先君齐桓公曾把狐与谷这两个地方封赏给管仲，共十六个县。把此事写在帛书之上，并同时载明在竹策上，通报给诸侯"。齐景公与晏子是公元前5世纪的人，齐桓公与管

战国楚缯书局部

仲是公元前7世纪的人物。《论语》中也有“子张书诸绅”之语，子张是孔子的学生，其时已把文字记于绅上。《墨子》中多次提到“书之竹帛”。至于实物有1934年在长沙楚墓中发现的帛书，通称“楚缯书”。上有毛笔黑墨书写的文字，提到许多古代传说中的重要人物，四周为彩绘奇形图像，这是现存最早的一件帛书实物。原件现存美国纽约大都会博物馆。

最多的一次发现是1973年长沙出土的马王堆汉墓帛书，有《老子》甲、乙本、《易经》《战国策》《战国纵横家书》

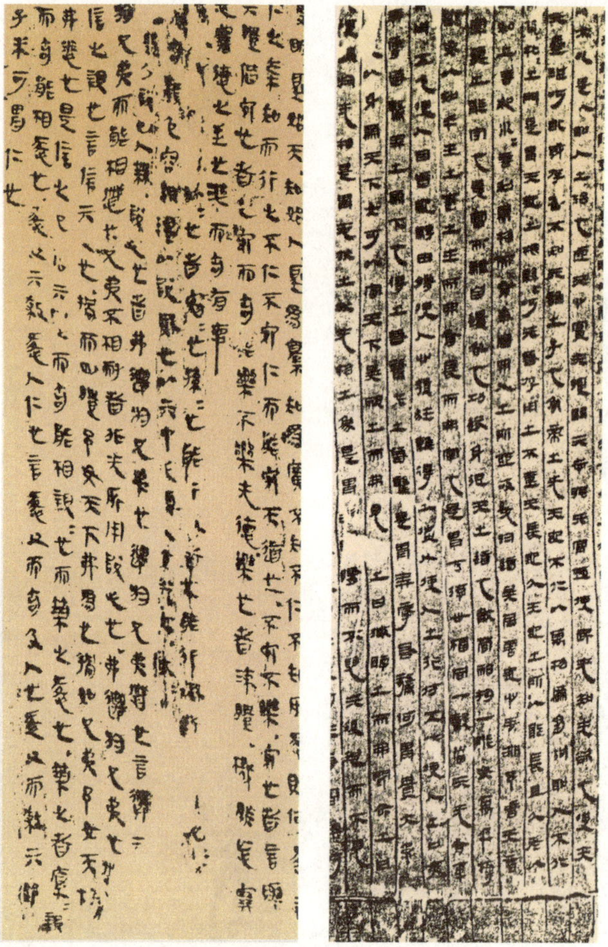

帛书《老子》甲（左）、乙（右）本

《五里占》《五十二病方》等计20种，凡12万多字。这一前所未有的大发现，为帛书的研究提供了实证。

除用于书写外，缣帛还可以绘图，包括竹简书的附图和地图。马王堆帛书中就有《导引图》和三幅古地图。此外还可以练书法，特别是龙飞凤舞的草书。帛书盛行的时间大约在战国至三国之间，前后约七八百年。

缣帛质地轻软，可据文章长短随意剪裁。容量较大，体积甚小，书写、舒卷、收藏、携带、阅读都十分方便，克服了

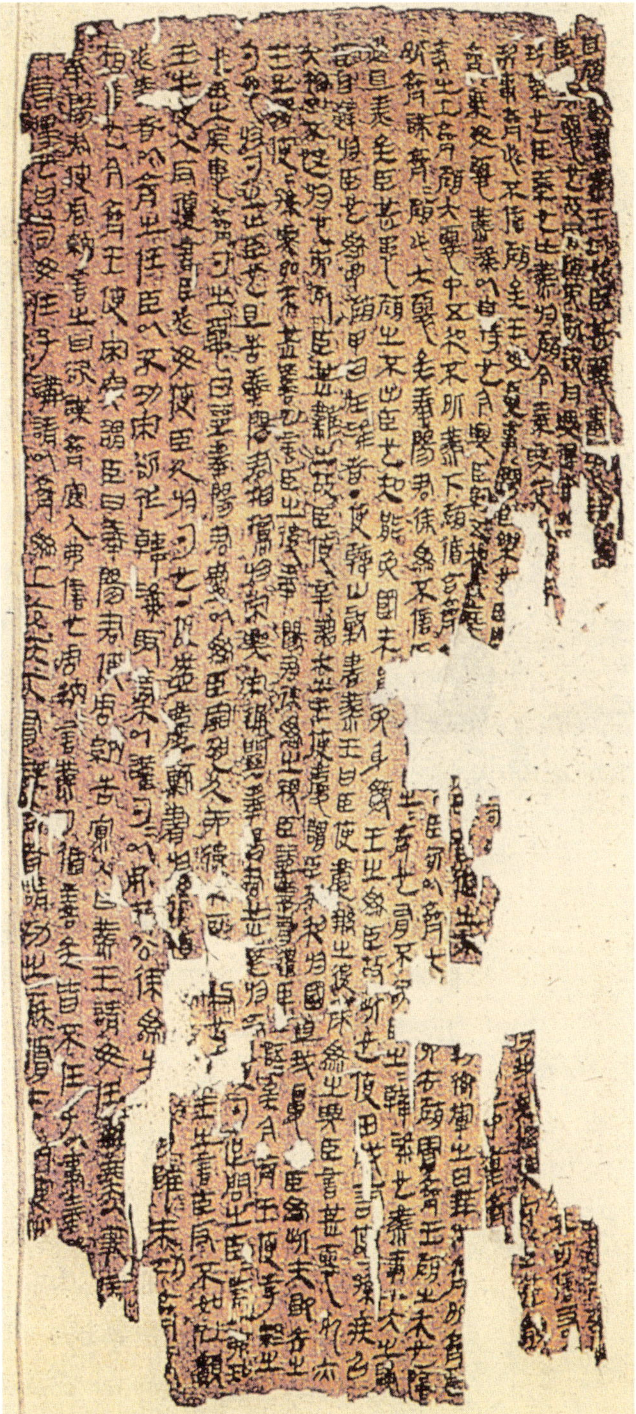

帛书《战国纵横家书》

帛画《龙凤仕女图》

竹木简牍笨重的缺点，是书写材料的一大进步。所以，帛书与简书能同时存在，共同构成我国古代独具特色的简帛文化，推动着图书事业向前发展。但它毕竟是一种成本价值较高的丝织品，在一个相当长的时间内，丝帛是高级消费品，除贵族外，一般人是用不起也不准用的。汉初规定商人不得穿丝织品。西汉桓宽《盐铁论》载：当时中国出一端（二丈）素帛，得匈奴价值几万钱的货物。就是丝织品的产量增多后，价格也不低。据考证，当时一匹帛的价值可购720斤大米。绝非一般寻常人家所能常用，故有“贫不及素”之说，所以只能与竹木并行于世，但帛书的最大功绩是启发了人们的思路，如何能制造出一种新的书写载体，既具备帛书的所有优点，又价格低廉，不那么昂贵。经过多年探索，终于在漂丝和沤麻的基础上，发明了造纸术。

七、造纸发明

造纸术是中国古代科学技术发展的一项伟大成就，它同印刷术、火药、指南针一起被称为中国古代的四大发明，是中国古代劳动人民为世界文明做出的一项重要贡献。我国劳动人民在长期的生产实践的基础上，在西汉时期发明了纸张，并在东汉时期经过蔡伦的改进逐渐得到推广。纸的出现，不仅使记录知识、传播知识的工具实现了根本性的变革，而且它也成为人们日常生活中不可缺少的物品，对图书出版印刷事业的形成、发展和社会的进步起了重大的推动作用。由于纸具有一切载体材料的优点并排斥掉其缺点，所以就取代了金石、甲骨、竹木、缣帛及兽皮、树叶等。正如张秀民先生所说：“它（植物纤维纸）有纸草之便而不易破裂，有竹木之廉而体积不大，有缣帛羊皮之柔软而无其贵，有金石之久而无其笨重。”[①]纸是我们祖先利用长于综合的思维方式，在长期生产实践中取竹木之廉和缣帛之便，扬弃了前者的笨重和后者的昂贵。把沤麻（取其植物纤维）和漂丝（制成薄叶片状成品）两种技术综合而发明的。

（一）纸的概念及其演变

纸的概念是不断发展着的。现代意义上的纸的概念经过了一个逐渐形成的过程。《说文解字》中对纸作了如下的解释：“纸，絮一笘也。从纟，氏声。”“絮”就是粗的丝绵。笘是一种竹席。早期的纸就是在水中漂丝时，附粘在竹席上的粗丝绵干了以后，揭下来的一种薄丝绵片。最初是人们在无意中发现这种物品而加以利用的，后来才有意识地加工成一种漂丝的副产品。根据汉字造字的规律，因为这种副产品与丝有关，故从“纟”旁，又因其平滑如砥石，故从“氏”声。这样就出现了“纸”这个词。

这种丝质纸既可用来包裹东西，又可用来写字，用途是很广泛的。作为一种书写材料，它光滑、轻便，较之笨重的简和昂贵的帛，一定是大受人们欢迎的。但是，它本身毕竟是一种副产品，而且原料（蚕丝）又很珍贵，其数量也不会多，除了少数贵族人家可以使用，在民众中是很难普及的。所以，必须

① 张秀民：《中国印刷术的发明及其影响》，第35页，人民出版社1958年版。

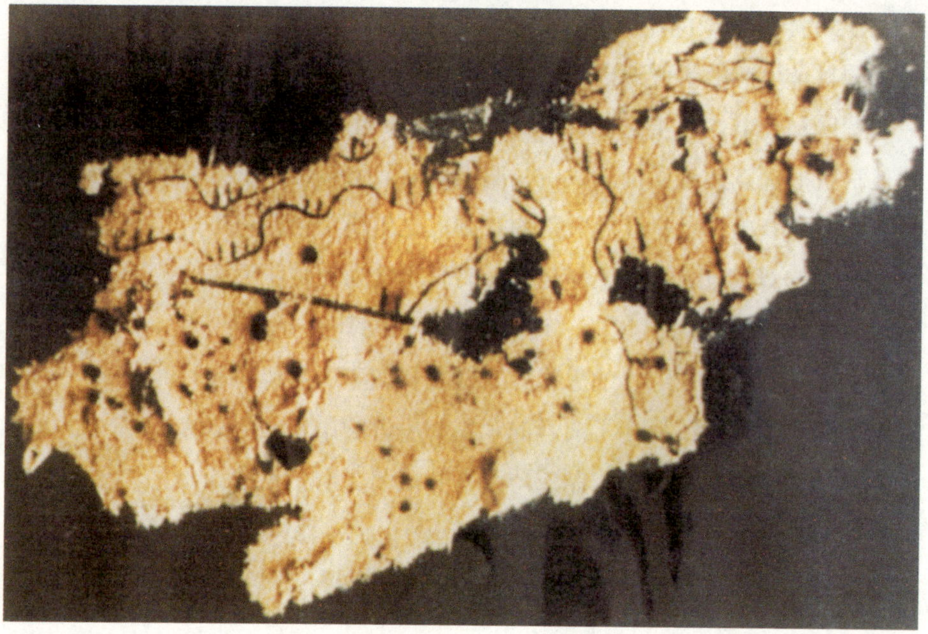

画有地图的西汉古纸（1986年甘肃放马滩出土）

通过其他途径，寻找性质相似而又较易取得的原料来制作纸。

在长期的劳动实践中，人们还发现某些植物表皮在撕剥的时候可以拉出一根根的丝絮，而某些苔藓类植物经风化水泡后变成纤维状，被水冲到岩石上后，相互交聚、黏附，晒干后也形成了类似纸的薄片。在这些自然现象的启发之下，结合漂絮、沤麻的经验，人们产生了将植物纤维浸入水中，使纤维疏解，然后经过制浆、抄造、干燥后，制成一种新型纸的设想。经过长期的试验和不断总结，一种用植物纤维做原料的新型纸张终于制作成功。这一成就，是纸的制作历史上的飞跃性进步。植物纤维制作的纸，从用料、制作方法及其使用的普遍性来看，与丝质纸有着根本区别，这种纸已经完全不同于许慎解释的纸了。这种纸以植物纤维（在我国古代，最早主要是麻纤维）做原料，是经过切截、沤制、蒸煮等物理和化学方法的处理之后，制成的一种新产品。现代的纸张是在它的基础上发展起来的。所以，它已经具有了现代纸的概念。

造纸术是我国古代劳动人民创造的一个奇迹。因为纸的发明比其他古代发明都更加困难，更不容易想象。它不像纺织技术那样是一种对自然物的加工，也不是像制陶术、冶金术那样可以通过对火的使用中偶然发现，更不像对竹木整治刮削技术那样容易。纸与甲骨、金属、竹木、玉石、兽皮、树叶等最大的区别，在于它不是一种自然物，而是一种人造材料，要经过切截、沤制、蒸煮、制浆、抄造、干燥、压光等一系列物理和化学变化之后造成的一种新型产品，是人类真正的创造。

（二）西汉发明造纸术

很长一段时间里，人们都认为植物纤维纸是由东汉的蔡伦发明的。《后汉书·蔡伦传》中写道：

> 自古书契，多编以竹简，其用缣帛者，谓之为纸。缣贵而简重，并不便于人。伦乃造意，用树肤、麻头及敝布、渔网以为纸。元兴元年奏上之，帝善其能，自是莫不从用焉，故天下咸称“蔡侯纸”。

这是对造纸术发明人和发明时间的最为明确的记载。上述记载就是东汉发明说的主要依据。主张这一观点的人认为，真正的植物纤维纸是由蔡伦于元兴元年（105）发明的。

蔡伦塑像

对于上述记载，历史上有着不同的看法。很多人就认为，我国造纸术起源于西汉。其中以唐代人张怀瓘（686—758）和宋代人陈槱为代表，认为公元前2世纪西汉初即已有纸，蔡伦因而不是纸的发明者，而是改良者。这些学者的观点主要依据于古代文献中关于西汉“纸”的记载。在古代典籍中，“纸”字在蔡伦前已数次出现。

（1）晋人张澎在《三辅故事》中记载汉

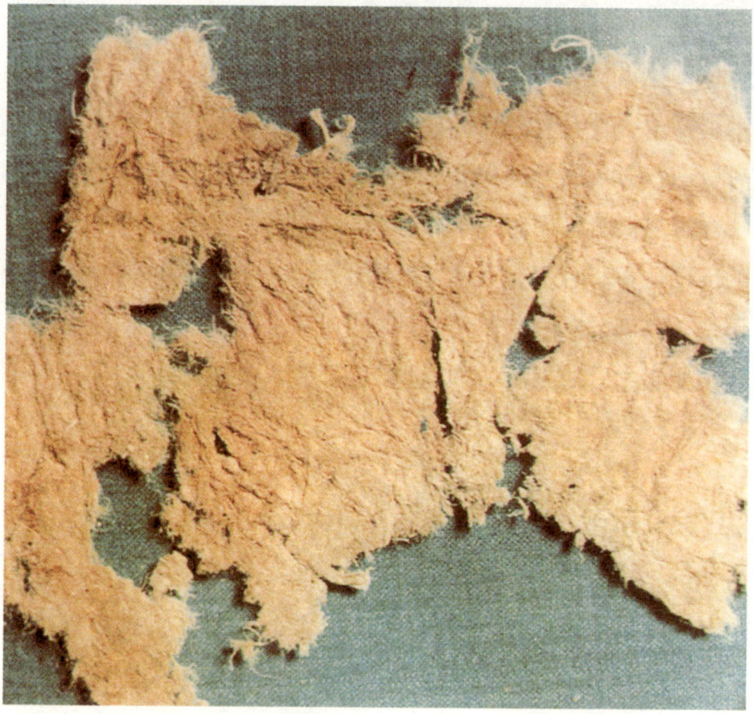

西汉古纸残片（1979年敦煌马圈湾出土）

武帝太始四年（前93），“卫太子大鼻，武帝病，太子入省，江充曰‘上恶大鼻，当持纸蔽其鼻而入。’”这是“纸”字在文献中年代最早的记载。

（2）《后汉书·赵皇后传》记载赵飞燕以小绿箧予宫女，“武发箧中，有裹药二枚，赫蹏书曰：‘告伟能：努力饮此药，不可复入。女自知之！’”应劭注曰：“赫蹏，薄小纸也。”又引曹魏孟康注曰：“染纸素令赤而书之。”由此可知，所谓“赫蹏”，应指染成红色并写有文字的薄小纸。

（3）东汉人应劭《风俗通义》谓，东汉建武元年（25）冬，“汉光武车驾徙都洛阳，载素、简、纸经凡二千辆。”

（4）《后汉书·百官志》载东汉光武帝时，在少府设左右丞各一人，“右丞假署印绶及纸笔墨诸财用库藏”。

（5）《后汉书·贾逵传》记章帝时曾“令逵自选公羊严、

颜诸生高才者二十人，教以《左氏》，与简、纸经传各一通。”

（6）《后汉书·和熹邓皇后传》载邓皇后年轻时既志在典籍，为皇后时，“是时，方国贡献，竞求珍丽之物，自后即位，悉令禁绝，岁时但供纸墨而已。”

以上记载，均能说明在蔡伦之前，社会上已经流行可以用于书写的“纸”。这些都为西汉发明纸提供了文献上的有力证据。

20世纪30年代以来，在我国新疆、甘肃、陕西等西北地区，曾多次出土西汉纸。这些西汉古纸的发现，从根本上动摇了蔡伦造纸说，以确凿的证据证明了西汉时期我国已经出现了植物纤维纸。这样就把我国造纸术的发明时间向前推进约281年。

潘吉星曾将西汉古纸的历次出土情况汇总于一张表中，并做了分析归纳，清晰明白。谨转录如下：

表1—1 西汉古纸历年出土情况[①]

序号	纸名	纸的年代（公元）	出土年代	出土地点	尺寸（厘米）	外观描述
	I	II	III	IV	V	VI
1	罗布淖尔纸	前73—前49	1933	新疆罗布淖尔（罗布泊）汉烽燧遗址	4×10	白色薄纸，质地粗糙，纸上纤维束及未打散的麻筋较多
2	查科尔帖纸	前89—后97	1942	甘肃额济纳河东岸查科尔帖汉烽燧遗址	10×11.3	纸上有文字7行，共50字，可辨认出20字，纸黄间灰色
3	灞桥纸	前140—前87	1957	陕西西安灞桥汉代葬区	8×12，10×10	浅黄色薄纸，多层叠压在铜镜下，揭裂成88片，纤维束较多，交织不匀，纸上有铜锈绿斑

①潘吉星:《中国科学技术史·造纸与印刷卷》，第55—57页，科学出版社1999年版。

4	金关纸–I	前52	1973	甘肃额济纳河东岸汉金关屯戍遗址	12×19	白色，柔韧，质地细，强度大，纤维束较少
5	金关纸–II	前6	1973	甘肃额济纳河东岸汉金关屯戍遗址	9×11.5	暗黄色，质地较粗糙
6	中颜纸	1—5	1978	陕西扶风中颜村汉建筑遗址	6.8×7.2	白色，柔韧，纸较好，纸上可见帘纹，此纸与其他文物为窖藏品
7	马圈湾纸–I	前53—前50	1979	甘肃敦煌马圈湾汉屯戍遗址	32×20	黄色，较粗糙，四周有自然边缘，是最完整的一张纸，尺寸为原大
8	马圈湾纸–III	前32—1	1979	甘肃敦煌马圈湾汉屯戍遗址	9.5×16	共两片，原白色，污染成土黄色，个别部位仍色白，制作精细
9	马圈湾纸–IV	1—5	1979	甘肃敦煌马圈湾汉屯戍遗址	9×15.5	白色，质细，纤维束少，纸帘纹明显
10	马圈湾纸–V	8—23	1979	甘肃敦煌马圈湾汉屯戍遗址	17.5×18.5	白色，质细，纤维束少，强度较大
11	放马滩纸	前176—前141	1986	甘肃天水放马滩汉代墓葬区	5.6×2.6	出土时黄色，现褪成黄间浅灰色，纸薄而软，纸上绘有地图，表面有污点
12	悬泉纸–I	前86—前7	1990	甘肃敦煌甜水井汉悬泉邮驿遗址	12×10	浅黄色，质地好，稍厚

13	悬泉纸–II	8—23	1990	甘肃敦煌甜水井汉悬泉邮驿遗址	13.5×14.5	白色间浅黄色，纤维细，质地好，纸上有文字，纸面有帘纹，帘条纹粗0.3毫米，纸薄，厚0.286毫米
14	悬泉纸–III	8—23	1990	甘肃敦煌甜水井汉悬泉邮驿遗址	27.5×18	浅黄色，稍厚，纸上有文字，纸较好
15	悬泉纸–IV	8—23	1990	甘肃敦煌甜水井汉悬泉邮驿遗址	13.7×7	浅黄色，稍厚，有一定强度，纤维基本分散

（说明：查科尔帖纸年代上限为前89年，下限为后97年，即西汉中后期至东汉初期。）

由以上所述可以看到，20世纪以来中国已先后于1933、1942、1959、1973、1978、1979、1986及1990年八次分别在新疆、甘肃、陕西等省区不同地点出土了蔡伦时代以前的古纸，从汉初文帝、景帝以下一直到新莽为止，几乎西汉历代皇帝在位时期所造之纸都陆续不断地发掘出来。从放马滩纸形制可见，早在文景时期纸已可用于书写、绘制地图，而查科尔帖纸及悬泉纸上都写有文字，这本身就足以说明蔡伦时代之前不但有纸，而且早已用作书写材料，其余没有留下字迹的残纸，当然亦会适用于书写，这是无疑的。我们相信今后会有另一批字纸出土。

这八批纸的出土说明了以下问题：第一，它们有力地证明公元前2世纪的西汉初就已有了纸。把造纸术起源的时间提前了281年，说明这项发明源远流长。第二，证明蔡伦以前的纸既非缣帛，亦非丝质絮纸，而是地地道道的植物纤维纸。不能以蔡伦划线分为“古纸”与“今纸”，蔡伦前后麻纸无本质之

《天工开物》所载造纸图斩竹漂塘（左）、荡料入帘（右）

别，而只有精粗之分。第三，补充了《史记》《汉书》关于造纸术记载之不足，澄清了《后汉书》关于造纸术记载的混乱，因《后汉书》多次谈到蔡伦前用纸，又认为纸是蔡伦发明的。古纸还有助于对《说文解字》中纸的定义的正确理解。第四，中国不但是造纸术的故乡，而且是拥有世界上最早的古纸标本的国家，为任何其他国家所不及。第五，为研究早期造纸原料及制造技术提供了宝贵的实物资料。

我们认为，任何一项伟大的发明，都不可能是一个人在某一时间内一下子创造出来的奇迹。在遥远的古代，一项科学技术的发明，更非易事，它应当是经过长时间的许多人的反复试验，逐步取得成功的。从我国社会历史发展的背景来分析，西汉时代已经试验和发明了植物纤维纸是可信的。秦朝以后，文字趋于统一，其作为信息交流工具的职能加强了，文字的载体——简、帛等材料已经不能适应新的需求。西汉时期国家政权巩固，经济繁荣，为了加强对全国的统治，政府公布的法令文件越来越多，教育事业也日趋发展，这都使得简帛等旧的书写材料与新的社会需要间的矛盾日趋尖锐，人们迫切需要一种新的书写材料来代替笨重的简和昂贵的帛。西汉时期的纺织业较发达，人们从中得到了启示和借鉴，开始了植物纤维造纸的

汉代造纸工艺流程图

1、3洗料；2切料；4烧制草木灰水；5蒸煮；6捣料；7打槽；8抄造；9晒纸、揭纸

试验并取得了成功，灞桥纸、金关纸、中颜纸、马圈湾纸、放马滩纸等多次西汉古纸的发现就是最有力的证明。

当然，蔡伦在造纸术的总结、改进、推广等方面的功绩是不容忽视的。西汉发明造纸术的事实并不能否认蔡伦的伟大功绩。在他为官尚方令，掌管宫廷中日用品制作的过程中，有机会接触各种工匠，注意到麻、树皮、废旧织物等的共同属性，从而以它们为原料，制造出了具有较高质量的纸张，使造纸原料来源扩大，客观上对纸张生产的普及起到了推动作用。另一方面，蔡伦又提高了造纸的技术水平。用麻、树皮造纸，要经过复杂的工艺程序，尤其是树皮，需经过剥切、沤烂、蒸煮、舂捣、抄造、定型、漂白等工序。蔡伦成功地试用树皮造纸，并使这种工艺得到推广，为我国的造纸事业开辟了广阔道路。

第三讲
中国古代图书的印刷技术
——发明印刷　偏重雕版

雕本肇自隋时，行于唐世，扩于五代，精于宋人。此余参酌诸家，确然可信者也。

——明·胡应麟《少室山房笔丛》

印刷术、火药和指南针，这三项发明改变了整个世界的面貌和状况：第一项之于文献，第二项之于战争，第三项之于航海，随着而来的是无以数计的变革。从这个意义上说，在人类活动中，任何帝国，任何教派，任何星辰都不如这些机械的发现更具有力量，更具有影响。

——［英］培根：《新工具》

像印刷术、大炮、气球和麻醉药这些发明，中国人都比我们早。可是有一个区别，在欧洲，有一种发明就马上生气勃勃地发展为一种奇妙的东西，而在中国却依然停滞在胚胎状态，无声无息。中国真是一个保存胎儿的酒精瓶！

——［法］雨果：《笑面人》

我国的印刷术比欧洲早五百年，所以中国的中古时代，好像比欧洲的中古时代文化高，而没有黑暗时代，别的原因虽说也有关系，而印刷术的发明，应该是重要原因之一。

——王重民：《版本学》

印刷术是一种以直接或间接的方式对原稿的图文进行复制的技术。印刷术的发明是人类社会发展史上一件具有重大意义的事情。它极大地促进了人类文化和整个世界的进步。中国是最先发明印刷术的国家。印刷术是中华古代文明的重要标志之一，也是中华民族为人类文明做出的巨大贡献之一。中国古代的印刷术可分为三种：雕版印刷、活字印刷、套版印刷。其中以雕版印刷最早，使用最为广泛。

一、雕版印刷

雕版印刷也叫整版印刷或木板印刷。版材一般取梨木或枣木，用写就的薄纸样稿覆贴在木板面上，由刻工刻成反向的图

雕版印刷工具

文版，以为印刷底版，然后涂上水墨，印于纸上。因旧时手工操作，在印版上用棕刷涂墨，将纸铺在版上，再用净刷在纸背刷过，故称为雕版印刷。

（一）雕版印刷术发明的条件

印刷术之所以能够发明于中国绝不是偶然的。它是我国古代劳动人民在长期的生产实践中积累的智慧和经验的结晶，也是社会经济、政治和文化不断发展的成果。与所有新技术的发明一样，雕版印刷书的发明必须具备两个方面的条件：一是当时社会对这项技术的迫切要求；二是当时已有产生这项技术的可能——技术条件成熟。

关于印刷术发明的时间，虽然目前还有争论，但多数学者认为印刷术发明于唐代。唐代正是我国封建社会的高峰时期。政治开明、经济繁荣、文化发达、国力强盛。诗文创作空前兴盛，涌现出了一大批优秀的诗人，他们的创作脍炙人口，在社会上广为传诵。科举制度日臻完备，大大刺激了为数众多的中下层读书人为求仕而对图书的需求。与此同时，儒、道、释三教兼容并蓄，盛极一时，特别是统治阶级大力提倡佛教，朝廷专门建立译经院，举国上下对佛教的信奉几乎达到狂热的地步。宗教的发达必然引起对佛教经书的大量需求，同一部佛经往往要被抄录成千上万卷。政府需要把颁布的公文法令迅速传到全国各地；广大农民需要准确的历书以确定耕作日期，还有大规模的中外文化交流活动都增加了对复制图书文献的需求。总之，无论是政治经济文化的发展，还是宗教的广泛传播与对外文化交流，都突出地要求供应大量的复本图书，传统的传抄复本的方法再也不能适应社会的需要了。人们迫切需要一种新型的高效率的图书复制技术。这是印刷术产生的外部条件。

社会的大量需求，只是印刷术兴起的外因，能够满足这种要求的可能，即与印刷术有关的其他材料和技术条件，可以说也已经在唐代具备了。

复制图书最基本的材料是纸。自汉代我国劳动人民发明造纸术以后，经过包括蔡伦在内的一代又一代人的努力，使之不断改进提高，造纸原料来源也不断扩大。根据文献记载和对唐代古纸的化验，发现当时有用麻类、楮皮、桑皮、藤皮、瑞香皮、木芙蓉皮等为原料造的纸，竹纸也在唐代初露头角。唐代纸的生产成本降低，纸价下降，质量不断提高。唐代产纸区遍及全国各地。据《元和郡县图志》和《新唐书·地理志》等书记载，在唐代贡纸的地区有常州、杭州、越州、婺州、衢州、宣州、歙州、池州、江州、信州、衡州等11个州邑。

印刷的另一个主要原料是墨。我国墨的发明年代更为久远，在新石器时代的陶器和殷墟甲骨上都有用墨的痕迹。战

《天工开物》所载“松烟制墨图”

国秦汉的竹木简也都是用墨书写的。东汉出现了较大的制墨作坊，官府设有专管纸、墨、笔等文具的人员。三国时韦诞制出了被誉为“一点如漆”的佳墨。北魏时贾思勰在《齐民要术》中留下了最早的一篇讲制墨工艺的《合墨法》。三国曹植在诗中提到的“松烟墨”，不仅是优良的书写材料，也是印刷的上好着色原料，用来印书，字迹清晰均匀，不会模糊漫漶。

此外，中国汉字自魏晋时代改用楷书以后，到了隋唐时期已经基本稳定下来。唐代秘书省还相继颁发了标准字样，对汉字做规范化的统一。这样一来，汉字不仅易写易认，而且也便于雕刻上版。

雕版印刷术发明的关键是技术上的问题，捶拓和制造印章的技术被认为是雕版印刷术的先驱。

石经的捶拓技术大约在东晋至南北朝时就已经有了。《隋书·经籍志》记载了隋炀帝藏有汉魏石经的全部拓本，并记载说南朝梁代的藏书目录中也有石经拓本，摹拓技法到唐代已极为高超了。杜甫在《为李潮八分小篆歌》中曾提到“峄山石碑野火焚，枣木传刻肥失真”，这说明唐代已经有人把碑上的文字刻在木板上，在枣木版上雕刻大段文字，从而再行传拓。拓碑是一种很好的复制文字的方法，它不仅可代抄写之劳，而且还可避免抄写之误，只不过阴文正刻拓出来的是墨底白字，阅读效果不甚理想。然而它却给印刷术的发明带来了重要的启发。

制造印章是从新石器时代制造陶器时使用印模过程中发展起来的。在战国时代，印章就已经较为常见了。《周礼》一书中就有“玺节”的记载。“玺节”即今日的印章。秦统一全国后，皇帝用的印叫“玺”，普通官、私用的印才称印。汉时用印封检奏章，故称印章。道教又扩大了印章的面积，在上面刻的字数也多了。东晋葛洪在《抱朴子·内篇》卷十七中记载：“古之入山者，皆佩黄神越章之印。其广四寸，其字一百二十”。这些字已可构成一篇短文，从其刻的字数、面积

石刻捶拓工具

亦可说与用来印刷的雕版有些相近了。

在今天可以见到的唐代文物中，还有许多“千佛像”，就是在一张纸上印上一排排小佛像，这些佛像形状完全相同，是刻成一个佛像印模而在纸上盖印多次而成的。这种模印小佛像标志着由印章至雕版的过渡形态，也可以认为是版画的起源。在敦煌和吐鲁番等地，曾发现几千个这样的小佛像。英国博物馆藏有一幅这样的手卷，全长17英尺，印的佛像多达466个。有的佛像旁边或下面还刻了佛名或刻上一段佛经，这样就成了文字和图像相结合的佛像图片了。

用印章的方法是盖印，也叫捺印，即把字印在纸上。捶拓的方法

战国“牢阳司寇”铜印

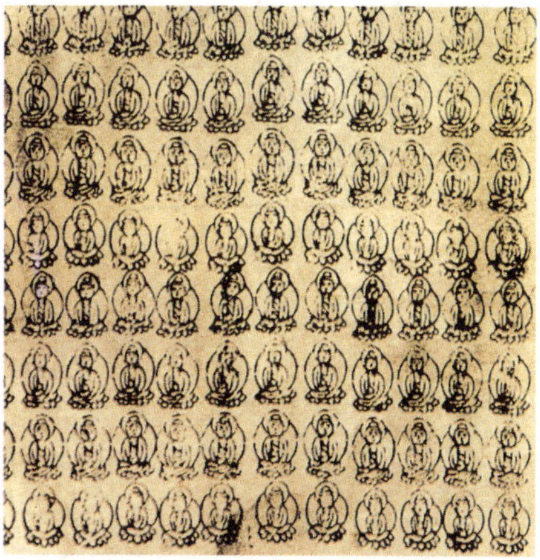

由单个印模拼印而成的千佛像

则是拓印，它的版在纸匣。采取扩大印章的面积以增加其字数，然后应用拓碑的拓印方法来取得成品，就形成了印刷术。印章的优点，是用阳文反字可以印成白纸黑字，阅读效果好。其缺点是，面积过大时就不

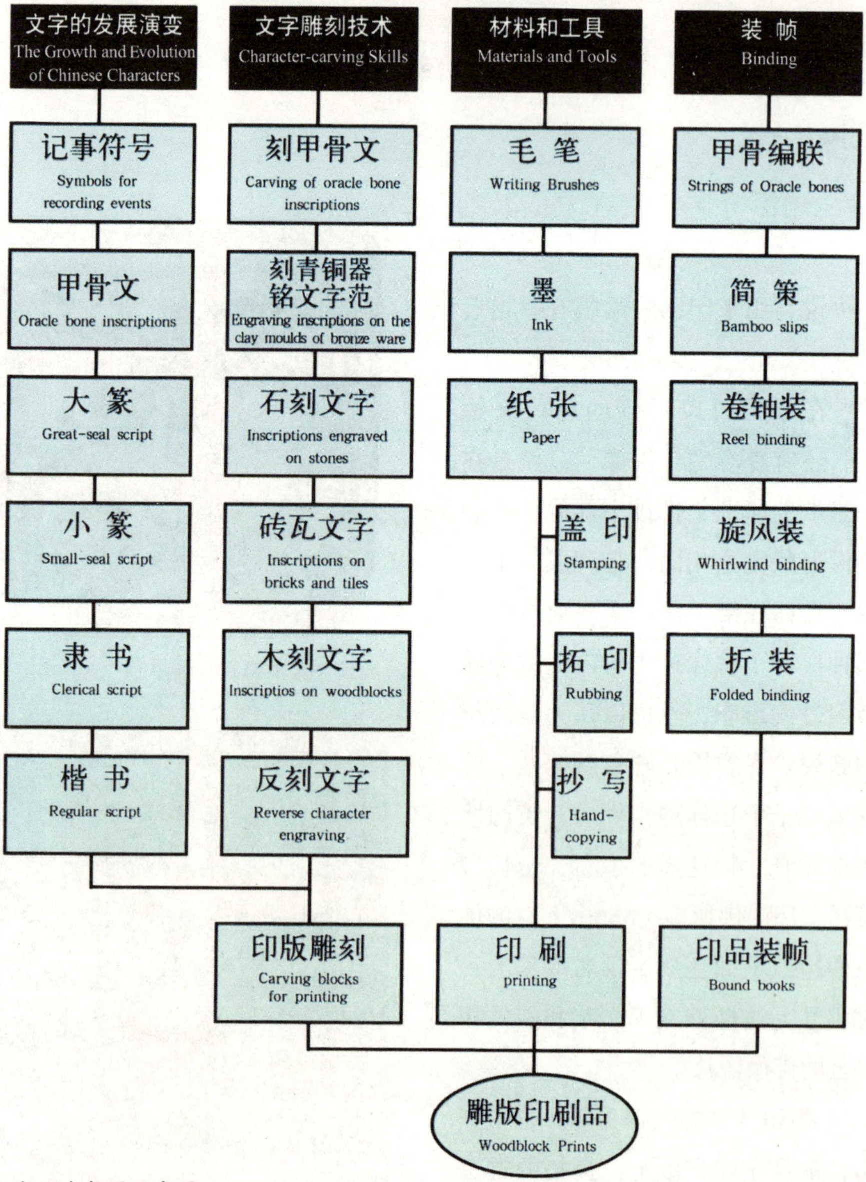

雕版印刷术起源示意图

易使压力均匀，因而不能产生清晰的字迹。如果仿照拓印的方法将刻成阳文反字的印版放在下面，在版上施墨后铺纸，再在纸上施加压力。这样整版的字迹便可以清楚地印在纸上。这正是印章与拓印方法的结合，是印刷术发明的技术上的条件。

在我国社会广泛需求的前提下，又具备了上述这些物质基础和技术条件之后，雕版印刷术的应运而生则是必然的了。

（二）雕版印刷术发明的时间

印刷术是在什么时候发明的呢？这是历来众多学者持有不同看法的问题。归纳起来，有几中说法：即汉代发明说，东晋发明说，北齐发明说，隋代发明说，唐代发明说，五代发明说，北宋发明说。前三种说法或因证据不足，或因误解文义，令人难以确信，后两说又已为事实所推翻。就目前所掌握的材料而言，我国印刷术至迟出现在7—8世纪之间（初唐至盛唐时代），其起源时间应该是在6—7世纪之交。明代学者胡应麟在《少室山房笔丛》中论证说："雕本肇自隋时，行于唐世，扩于五代，精于宋人"。今天看来，这一说法是有一定根据的。

在存世的唐代文献中，有多处关于唐代印刷术发明并得到应用的记载。如以下几则文献所记：

（1）唐穆宗长庆四年（824），诗人元稹为白居易《白氏长庆集》作序，说："白氏长庆集者，太原人白居易之所作……二十年间，禁省、观寺、邮堠墙壁之上无不书，王公妾妇、牛童马走之口无不道。至于缮写模勒，炫卖于市井，或持之以交酒茗者，处处皆是。"又自注说："扬、越间多作书模勒乐天及余杂诗，卖于市肆之中也"。"模勒"二字，清代赵翼解释为"刊刻"。说明当时的元、白诗作的印本已在民间广泛流传，而且已进入书肆发卖。

（2）《旧唐书·文宗本纪》记载：大和九年（835）十二月"丁丑，敕诸道府：不得私置历日版。"历日版，即印刷的

唐咸通九年（868）印本《金刚经》卷首

历书。这段记载，说明唐代政府曾下令禁止民间私自印刷历书。说明在此835年之前，民间已经出现了私人印刷的时宪书，而且已成规模。

（3）唐司空图《司空表圣集》卷九有《为东都敬爱寺讲律僧惠确化募雕刻律疏》一文，题下注有“印本共八百纸”。文中提到“自洛城罔遇时交，乃焚印本，渐虞散失，欲更雕镂”。向达先生考证此文写于懿宗咸通末年至僖宗乾符六年之间，即873—879年间。文中所指之事，当为唐武宗会昌五年（845）禁佛时，寺院内的佛经印本遭到散失。现在又筹资准备再次雕刻。可见中唐之世，佛教经典已大量印行了。

（4）柳玭《家训序》中说：“中和三年癸卯夏（883），銮舆在蜀之三年，余为中书舍人，旬休，阅书于重城之东南。其书多阴阳、杂记、占梦、相宅、九宫、五纬之流，又有字书小学，率雕版印纸。浸染不可尽晓”。还说：“尝在蜀时，书肆中阅印版小学书”。柳玭是唐代著名藏书家柳仲郢之子，黄巢之乱，随僖宗逃入成都避难。这段记载不仅说明了唐末印本书种类日益增多，还说明了当时成都地区已有相当数量的经营刻印和销售书记的坊肆。

从以上文献所记，可以看出唐代雕版印刷业的一些概况：刻书地区以四川为最多，包括江西、淮南至江浙一带，刻书内容以佛经和历书为最多，还有字书小学、阴阳杂书等，刻书者主要为寺院刻书和民间坊刻。这都说明雕版印刷术在唐代已经得到比较广泛的应用。从这个意义上讲，雕版印刷书的发明时间要早于这些记载。

从现存的印刷实物看，现存早期的雕版印刷品也都出自唐代：

（1）敦煌发现的唐代懿宗咸通九年(868)雕版印刷的《金刚经》是现知世界上最早的刻印有确切日期的雕版印刷品。这部书是一个长约16尺的卷子，由6个印张粘接而成。卷子前

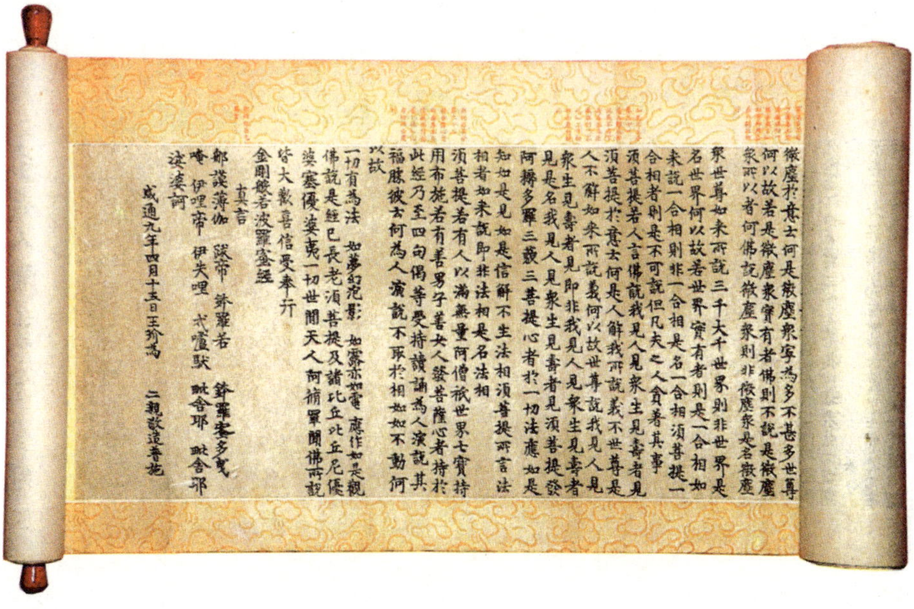

唐咸通九年（868）印本《金刚经》卷尾

边有一幅题为《祇树给孤独园》图画。内容是释迦牟尼佛在祇园精舍向长老须菩提说法的故事。卷末刻印有“咸通九年四月十五日王玠为二亲敬造普施”字样。经卷首尾完整，图文浑朴凝重，刻画精美，文字古拙遒劲，刀法纯熟，墨色均匀，印刷清晰，表明是一份印刷技术已臻成熟的作品，绝非是印刷术初期的产物。1907年英国人斯坦因第一次来到敦煌即将其掠去。至今存在英国伦敦大英博物馆。

（2）唐僖宗乾符四年（877）印本历书。内容除记载节气、月大、月小及日期外，还印有阴阳五行、吉凶禁忌等杂

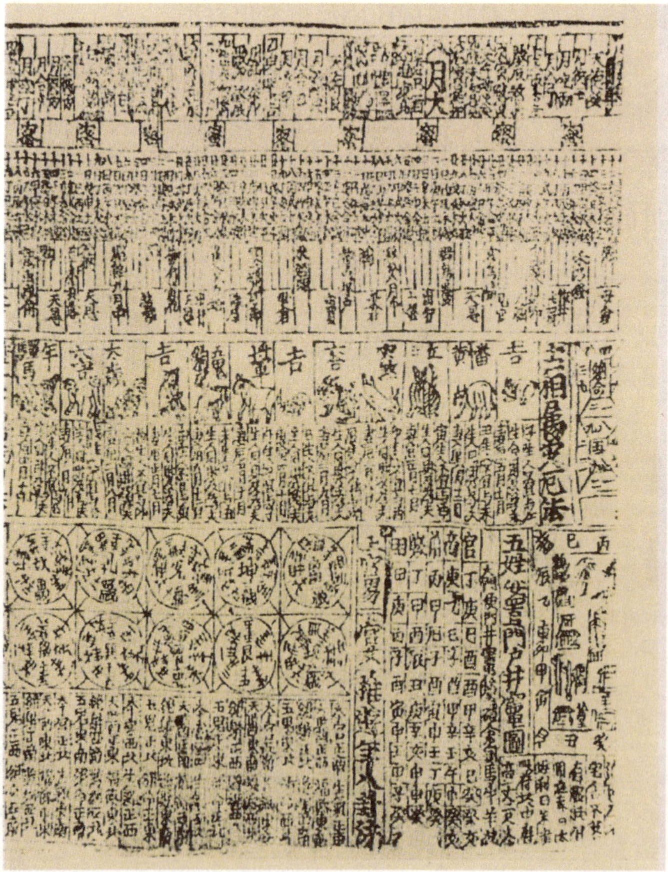

乾符四年（877）印本历书

唐中和二年（882）
成都樊赏家印的历书

记，与后代宋、元、明、清的历书已无太大差别。

（3）唐僖宗中和二年(882)印本历书残本。虽然残帙不全，却非常难得地保留了“剑南西川成都府樊赏家历”字样和中和二年的纪年。与上述历书同为现今世界最早的历书之一，两份均存在伦敦大英博物馆。

（4）印本《陀罗尼经咒》于1944年在成都市东门外望江楼附近的唐墓出土，约一尺见方，上刻古梵文经咒，四周和中央印有小佛像，边上有一行汉字依稀可辨，为“成都府成都县

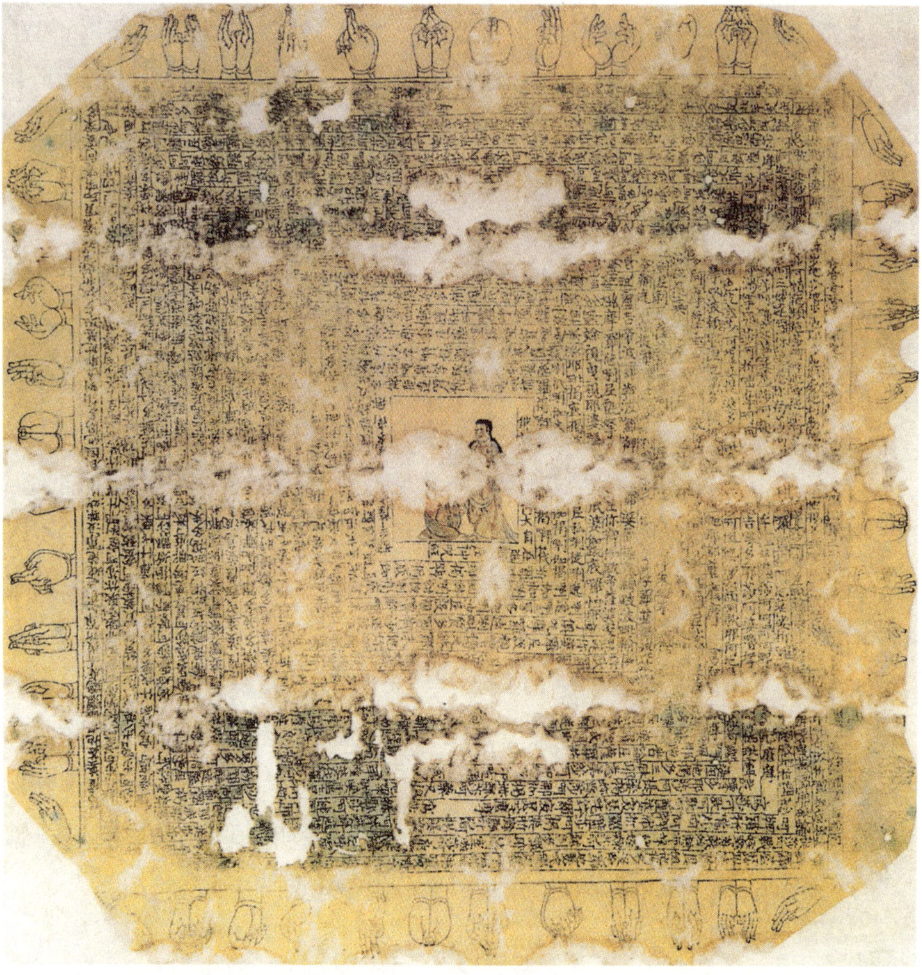

出土于西安的唐代汉文《陀罗尼经》印本

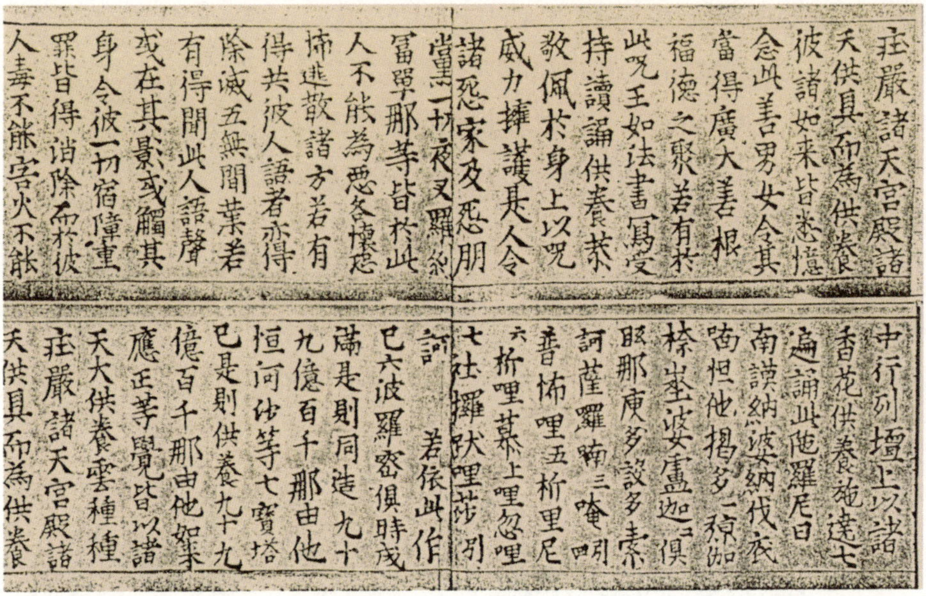
莊嚴諸天宮殿諸
天供具而為供養
彼諸如來皆悉憶
念此善男女今其
當得廣大善根
福德之聚若有於
此咒王如法書寫受
持讀誦供養恭
敬佩於身上以咒
威力擁護是令
諸惡家及惡朋
黨一切夜叉羅刹
富單那等皆於此
人不能為惡各懷恐
怖進散諸方若有
得共彼人語者亦得
除滅五無間業若
有得聞此人語聲
或在其影或觸其
身令彼一切宿障重
罪皆得消除而於彼
人毒不能害火不能

中行列壇上以諸
香花供養施遶七
遍誦此陀羅尼曰
南謨納婆納伐底
喃怛他揭多二殑伽
捺地婆娑盧迦三俱
胝那庾多設多索
訶薩羅喃三唵四
普怖哩五析里尼
六析哩慕上哩怒哩
七社攞跋哩莎訶
訶 若依此作
已六波羅蜜俱時茂
滿是則同造九十
九億百千那由他
恒河沙等七寶塔
已是則供養九十九
億百千那由他如來
應正等覺皆以諸
天大供養雲種種
莊嚴諸天宮殿諸
天供具而為供養

出土于韩国的《无垢大陀罗尼经》

龙池坊卞家印卖咒本”。是国内现存比较重要的一份唐代印刷品实物。1975年，在陕西西安又出土汉文《陀罗尼经》印本，考古学家认为，此件当印刷于唐玄宗时期。

1966年10月18日在韩国南部庆州佛国寺释迦塔内发现了汉字印刷品《无垢净光大陀罗尼经》。经文中没有刊刻日期，但据印刷品中使用了四个武则天时创制的“制字”和藏经的石塔及寺庙建于751年等史实考证，此件是唐武后长安四年至玄宗天宝十年（704—751）年的刊印品。它比咸通九年雕印的《金刚经》至少要早120年。卷上文字雕刻精美，刀法熟练，颇似欧体字。其墨色浓厚匀称，清晰鲜明，可以认为是件比较成熟的印刷品。美国印刷史专家富路特据此得出结论：“这件新发现的经卷仍然说明中国是最早开始发明印刷术的国家。”①据中国学者的考证，这一经卷的刻印地点当是唐代洛阳。

①［美］富路特：《关于一件新发现的最早印刷品的初步报告》，载《书林》1980年第3期。

此外，在日本也藏有我国吐鲁番出土的武则天时代的《妙法莲花经》。在日本大和省的法隆寺和英国伦敦博物馆均藏有770年以前日本称德天皇下令刻印的百万经咒。

这些在韩国和日本发现的印刷品实物，说明到唐武则天和唐玄宗这段时期，我国的雕版印刷技术已发展到了一个较高的水平。可见，至迟在唐代初年我国就已发明了印刷术，而且刻印数量开始增多，已经具有一定的规模和技术水平，然后才能向国外传播。因此，从现有的文献资料和出土实物来看，把我国雕版印刷术发明时间断定在初唐是有根据的。

（三）印刷术发明的意义

印刷术的发明是人类社会发展历程中的一个里程碑，它极大地促进了人类文化和整个人类社会的进步。马克思把印刷术的发明称为“最伟大的发明”“科学复兴的手段”和“创造精神发展必要前提的最伟大的推动力”。我们生活在现今印刷术高度发达的时代，把阅读印本书记看作是很平常的事，很难想象当初没有印刷术时制造书籍的困难，因而也就不容易体会到发明印刷术的意义是如何伟大而深远。

在印刷术没出现之前，所有书籍全靠抄写流传，费时费力，量少质劣，易于出现错漏，贻误读者。由于抄写图书很费工夫，所以每一种书在短时间内很难传抄出较多的复本。因此，在北宋以前，“家有书疏者，百无一二”，“以藏书为贵”。人们想要读书，只有借抄。著书人要想传播自己的著作，也只有依靠抄写，需要多少本，就得抄多少遍，书的篇幅越大，抄写所费的时间就越长。由于抄书费时费力，成本又高，因此书的复本 稀少，很难满足人们的需求，自然也影响图书的流传。唐宋以前，许多重要的著作失传，原因之一，就是因为古代的图书全凭手抄，少有复本流传的缘故。

印刷术发明后，情况就大为改变。一本书能够比较容易地印刷出许多复本，复本既多，流传遂广，知识得到普及，图书也较难亡佚。苏轼在《李氏山房藏书记》中说:“余犹及见老儒先生，自言其少时，欲求《史记》《汉书》而不可得……近岁市人转相摹刻，诸子百家之书，日传万纸。学者之于书，多且易致如此。”此言足以说明印刷术发明前后书籍生产和流传情况的变化。

由于印刷的书籍具有省时省力、制作容易、复本量多、便于收藏及利于流通等优点，所以我们说印刷术是促进社会文化发展的一项重要手段。印刷术的发明是人类文明史上最伟大的革命。它的意义不仅仅在于极大地提高了文化、信息传播的速度和效率，更在于打破了皇家贵族对文化的垄断，使广大的寻常百姓得以共享文化成果并参与文化交流。

时至今日，印刷术仍是现代文明的重要支柱。不仅精神生活中使用的图书，包括报纸、杂志、课本、画片、地图等的生产，就是物质生活中用于商品交换的货币、单据、簿册、商标等大量与现代人类生活息息相关的印刷品的制作，都是离不开印刷事业的。

印刷术的发明是人类文明史上的光辉篇章。写下这一光辉篇章的正是我们伟大的中华民族。

二、活字印刷

雕版印刷术比起以前的手写传抄手段不知要节省多少人力和时间，对于书籍的生产和知识的传播来说，确实是一个巨大的革命。但是，雕版印刷书必须一页一版，有了错字难以更正，如果刻一部大书，要花费很多时间和木材，不仅费用浩大，而且储存版片要占用很多地方，管理起来也有一定的困难。而在雕版的基础上发明的活字排版印刷术则可以解决这些矛盾，进一步提高印书效率。

活字印刷术就是预先制成单个活字，然后按照付印的稿件，拣出所需要的字，排成一版而施行印刷的方法。采用活字印刷，一书印完之后，活字拆散，单字仍可用来排其他的书版。这个方法直到现在也是世界上生产书籍、报纸、杂志的主要方法。活字印刷术在今天已发展到高度机械化的程度，是现代文明的重要支柱之一。欧洲各国为争活字发明这一荣誉，长期都有争论，又常把它归功于德国的古登堡（John Gutenberg 1397？—1468）。其实真正的发明者是我国宋朝的毕昇，时间是北宋庆历年间（1041—1048），要比古登堡使用活字印刷早400多年。这项技术是我国对世界文化事业的又一伟大贡献。

活字印刷技术中所使用的活字的制作是使用此技术的关键。早在宋元时期，我国古代劳动人民就曾经用黏土、木材、铜、锡、铅等原料进行过多方探索和实验，均获得成功，至今仍留有不少文献记载和珍贵的实物。

（一）毕昇的发明及泥活字印刷

胶泥活字是世界上最早出现的活字，其发明者是我国北宋时期的平民毕昇。关于此事，与毕昇同时代的科学家沈括在《梦溪笔谈》卷十八“技艺”门中有较详细的记载：

> 板印书籍，唐人尚未盛为之，自冯瀛王始印五经，后世典籍皆为板本。庆历中，有布衣毕昇又为活板。其法用胶泥刻字，薄如钱唇。每一字为一印，火烧令坚。先设一铁板，其上以松脂蜡和纸灰之类冒之。欲印，则以一铁范置铁板上，乃密布字印，满铁范为一板，持就火炀之。药

毕昇像

稍熔，则以一平板按其面，则字平如砥。若止印三二本，未为简易，若印数十百千本，则极为神速。常作二铁板。一板印刷，一板已自布字。此印者才毕，则第二板已具。更互用之，瞬息可就。每一字皆有数印，如“之”“也”等字，每字有二十余印，以备一板内有重复者。不用则以纸贴之。每韵为一贴，木格贮之。有奇字素无备者，旋刻之，以草火烧，瞬息可成。不以木为之者，文理有疏密，沾水则高下不平，兼与药相粘，不可取，不若燔土，用讫再火，令药熔，以手拂之，其印自落，殊不沾污。昇死，其印为予群从所得，至今宝藏之。

这是世界上关于活字印刷的最早的科学记载。由于沈括与毕昇是同时代的人，他所记的资料是可靠的。虽然只有短短的300余字，但内涵相当丰富。据沈氏所记，可以使我们了解活字的创制方法和活字印刷的整个工艺流程：

（1）**制字**：用胶泥刻字，活字薄如钱唇，一字一印，用火烧使其坚固，实际已是陶制活字。每一字都有数个活字，用以解决文稿中同一字重复出现的问题。还有两种情况排版中经常遇到，一是常用字如“之”“也”等，每字都有20多个活字，以备一板内有更多重复者；二是文稿中出现的生僻字原所制活字中没有，当下补刻，用草火烧成坚固的活字，马上可以排版。

（2）**置范**：先备一块铁板，上放松脂、蜡和纸灰之类。再放一铁范于铁板上，以承容和固定活字。

（3）**排版**：在版上紧密排布字印，满铁范为一板。

（4）**固版**：以火给铁板加热，使药溶化，再以一平板按印面，使字面平正、固定。

（5）**印刷**：固版后就可以上墨铺纸印刷了。为了印刷方便和快捷，通常用两块铁板，一块板印刷时，另一块板在排字，印完一块板，另外一块板已经排好，交相使用，能提高印刷效率。

（6）拆版：印完后再用火为铁板加热，使药溶化，用手拂落活字，并不沾污。

（7）贮字：活字不用时则以纸贴之，每韵为一贴，贮藏于木格之中。

（8）效率：若只印三两本，不算简易，若印数十百千本，则显得极为神速。

（9）下落：毕昇死后，他的活字为沈括的子侄所得，就在沈括写《梦溪笔谈》时仍在保存着。这一笔不仅增加了这一记载

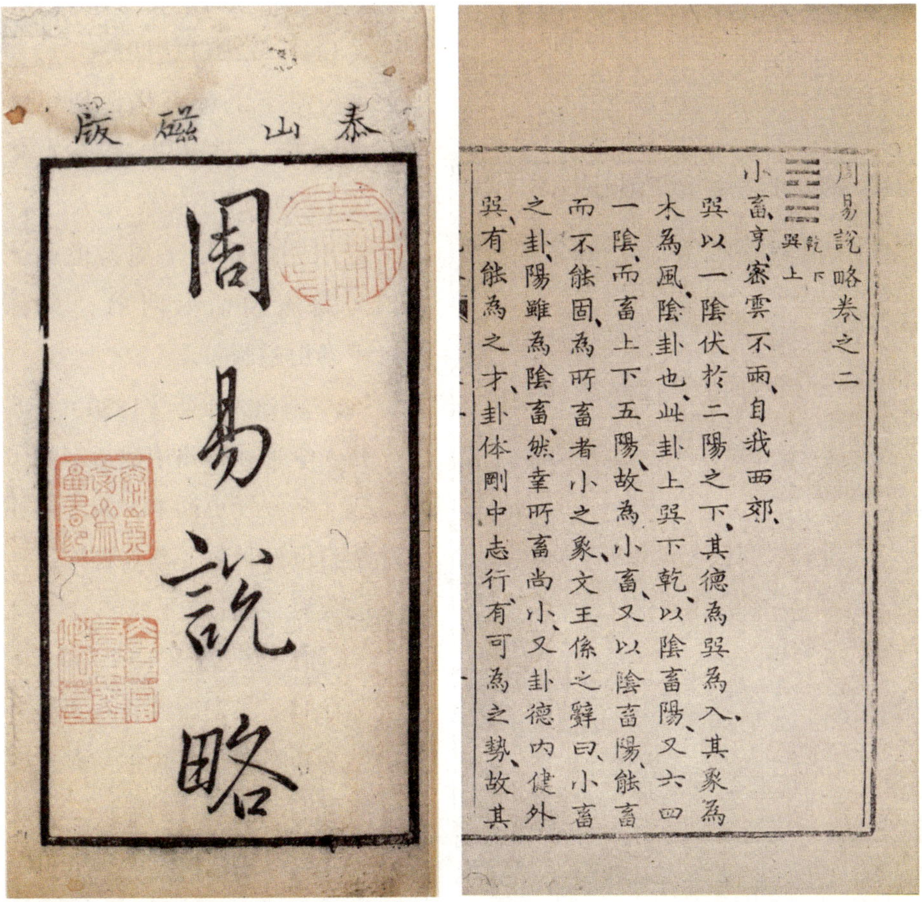
泰山磁版

周易說略

周易說略卷之二

乾下 巽上

小畜亨密雲不雨自我西郊

巽以一陰伏於二陽之下其德為巽為入其象為木為風陰卦也此卦上巽下乾以陰畜陽又六四一陰而畜上下五陽故為小畜又以陰畜陽能畜而不能固為所畜者小之象文王係之辭曰小畜之卦陽雖為陰畜然幸所畜尚小又卦德內健外巽有能為之才卦体剛中志行有可為之勢故其

徐志定磁版印本《周易说略》

的可信度和权威性，也可看出毕、沈两家有比较密切的关系。

毕昇之后，历代都有依毕昇之法制作泥活字并印刷图书者。南宋光宗绍熙四年（1193），周必大在潭州（今湖南长沙）用沈括所记的办法，以胶泥铜版刊印了他所著的《玉堂杂记》。他在给程元诚的信中提到：“近用沈存中法，以胶泥铜版移换摹印，今日偶成《玉堂杂记》二十八事”。存中是沈括的字，其法当是指以胶泥活字在铜版上排好，再用纸加以摹印。

元朝初年，忽必烈的谋士姚枢（1201—1278），教学生杨古用沈括所记毕昇泥活字法印成《近思录》《小学》《经史论说》等书。其时间约在元太宗十三年至海迷失后称制三年（1241—1250）之间。

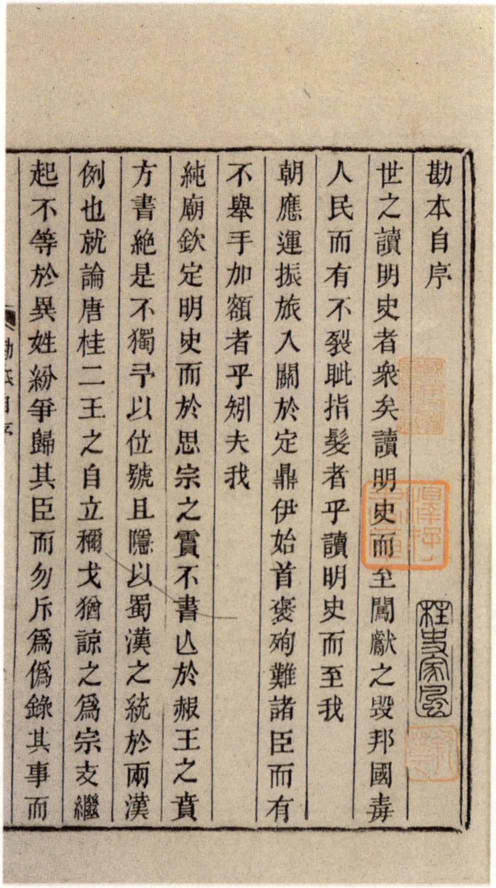
勘本自序
世之讀明史者衆矣讀明史而至闖獻之毀邦國壽
人民而有不裂眦指髮者乎讀明史而至我
朝應運振旅入關於定鼎伊始首褒殉難諸臣而有
不舉手加額者乎矧夫我
純廟欽定明史而於思宗之實不書亾於赧王之賁
方書絶是不獨予以位號且隱以蜀漢之統於兩漢
例也就論唐桂二王之自立稱戈猶諒之爲宗支繼
起不等於異姓紛爭歸其臣而勿斥爲僞錄其事而

李瑶泥活字刻印《南疆绎史勘本》

泥字上釉再烧，便可成为瓷版。清康熙五十八年（1719）山东泰安人徐志定用瓷版印出《周易说略》《蒿庵闲话》两书，自称“泰山磁版”。

清道光十年（1830），苏州人李瑶在杭州用泥活字版印成《南疆绎史勘本》和《校补金石例四种》。李瑶自称这种印版为“仿宋胶泥板”。

清道光二十四年（1844），安徽泾县秀才翟金生及其家人，经30年努力，烧炼了10万多个泥活字，印成《泥版试印初编》《水东翟氏宗谱》《仙屏书屋初集》等

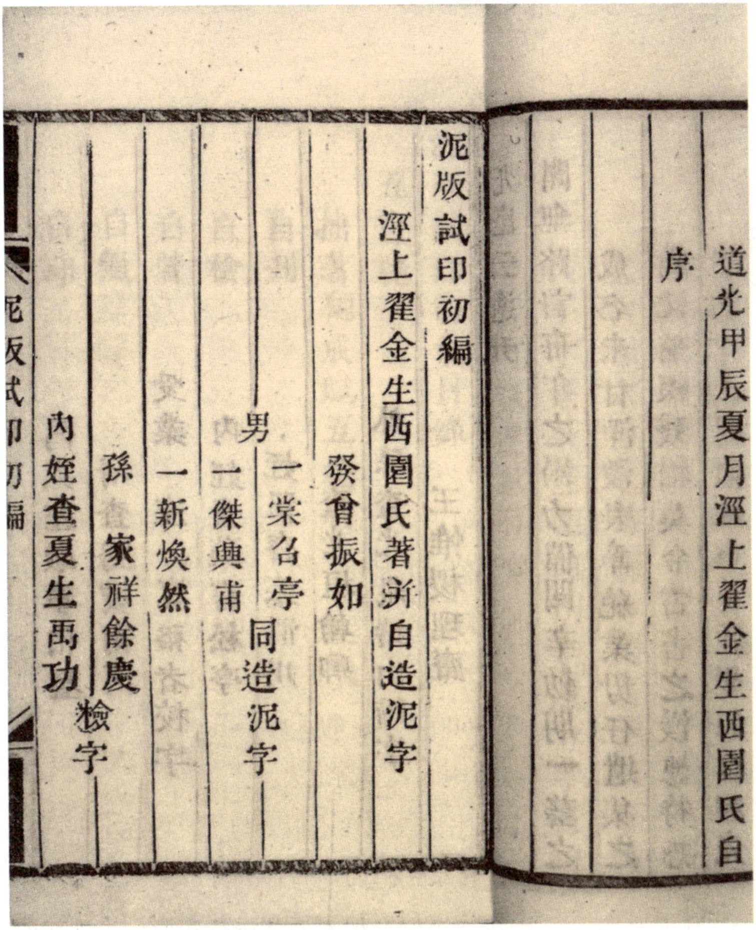
道光甲辰夏月涇上翟金生西圃氏自
序
泥版試印初編
涇上翟金生西圃氏著并自造泥字
發曾振如
男 一棠名亭 同造泥字
一傑輿甫
一新煥然
孫 家祥餘慶 檢字
內姪查夏生禹功

清道光年间泥活字印本翟金生《泥版试印初编》

书。翟氏称其字版为“泥斗板”或“澄泥板”“泥聚珍版”。此外，江苏无锡、江西宜黄等地，也用泥活字印过书。

（二）木活字

由《梦溪笔谈》所记可知，毕昇曾试用木制活字印书，但没有成功。原因是木质有伸缩性，沾水后版面高低不平，又容易粘药，取下不便。到了元朝初年，王祯在木活字印刷方面又做出了独特的贡献。

王祯发明的转轮排字架

王祯，字伯善，山东东平人。是我国古代著名农学家。元贞元年至大德四年（1295—1300）时，他在安徽旌德县和江西永丰县做过县官。他很重视农业，教农民种田植树，并动手整理前人的农业文献及各地的种植经验，写成了《农书》。因《农书》字数多，难于刻印，他就准备采用木活字来排印。元大德二年（1298）请匠人刻制木活字30000多个。他曾用这批木活字试印自己纂修的60000多字的《旌德县志》，不到一月就印好100部，比雕版印刷的效率高得多。

王祯所造木活字印书法是先在木板上刻字，再逐字锯开并修整一致，然后在框内排字，行间用竹片隔开，塞紧后即可印刷。王祯还创造了转轮排字架，把木活字按韵和型号排列在两个木制的大转盘里，排字工人可以坐着捡字，只需转动轮盘，就可以捡到所需要的字。王祯对毕昇发明的活字印刷术既有继承又有发展。现在发现的实物告诉我们，在王祯以前的宋和西夏都有木活字本流传。王祯虽不是木活字的发明者，但还是做出了其独特的贡献。最为可贵的是，王祯把这些经验写成了《造活字印书法》，附在《农书》之后，为我们保存了珍贵的历史文献。

王祯之后20年，浙江奉化州官广平人马称德，在任内刻制木活字10万多个，在元至治二年（1322）印成《大学衍义》等书。

元朝时的木活字已传到兄弟民族地区。甘肃敦煌千佛洞曾发现几百个硬木制成的回鹘文活字，可惜大部分被法国伯希和盗去，只剩下5个，现陈列在国家博物馆内。

到了明代，使用木活字的地区已普及到苏州、杭州、南京、福州、四川、云南等地。明朝用木活字印刷的图书，至今有书名可考者，约100余种，其中有不少卷帙浩繁者，如天启元年（1621）湖州排印《武备志》240卷，魏显国于武林排印《历代史书大全》520卷。

尤其值得一提的，是明崇祯十一年（1638）出现了用木活字排印的《邸报》。这是我国报纸用活字印刷的开端。

到了清代，木活字印书已在全国通行。各地的衙门、书院、官书局，大都备有木活字。而且出现了如“活字印书局”或“聚珍堂”等专门采用活字印刷的店铺。采用木活字印刷的地区有河北、山东、河南、江苏、浙江、安徽、江西、湖北、湖南、四川、福建、广东、陕西、甘肃等。

回鹘文木活字

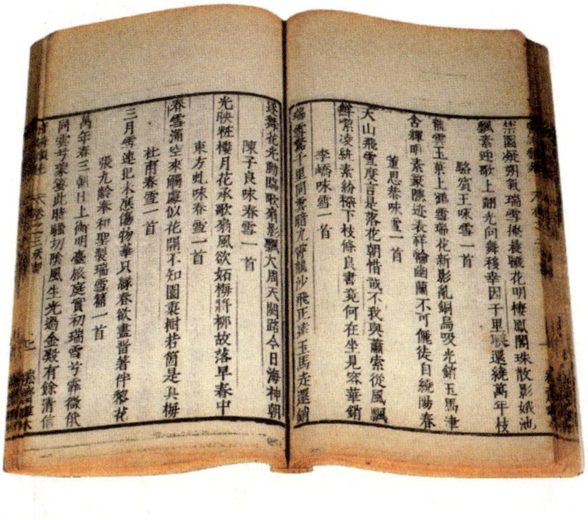

明万历钱塘崧斋木活字印本《唐诗类苑》

清朝最大的一次采用木活字印书的活动，是乾隆三十八年（1773）印刷的《武英殿聚珍版丛书》。乾隆皇帝在修《四库全书》

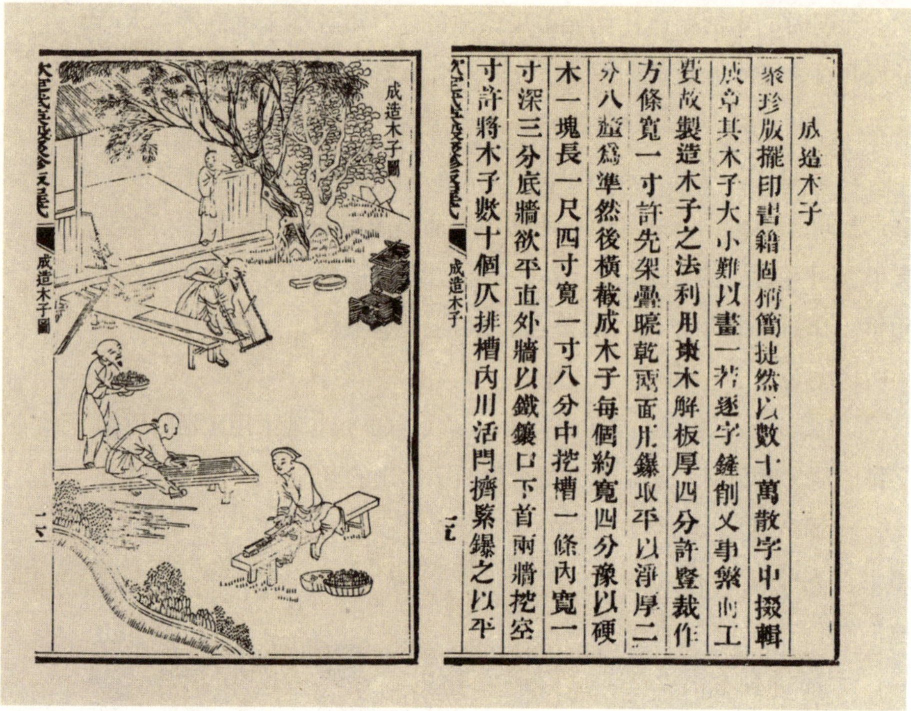

乾隆木活字本《钦定武英殿聚珍版程式》

时，下诏刊印从明《永乐大典》中辑出的大批失传古书。因数量大，刊版耗费财力、人力，时间又太多，主办人金简建议用木活字排印，得到乾隆的批准，并把活字版名称改称“聚珍版”。金简雇工刻成大小枣木活字253500个。先后共印成《武英殿聚珍版丛书》134种，2300多卷。金简还把刻印经验写成了《钦定武英殿聚珍版程式》一书。它比王祯的《造活字印书法》的记载更详细。在刻制木字、制作字架和版框及操作技术等方面，都比王祯有所改进。《钦定武英殿聚珍版程式》一书，是我国活字印刷史上又一重要文献，这本书被译成德文、英文等多种文字，流布国外。

清代木活字本内容十分丰富，包含经、史、子、集各个方面。流传到现在的印本，还有2000种左右。例如

《红楼梦》的第一次印本，被称为程甲本的就是木活字本。清朝在北京出版的《京报》（政府公报），从乾隆到清末，也都用木活字排印。

在明代末年，浙江已采用木活字印刷家谱，到清朝更为普遍了。如浙江（尤其是绍兴一带）、江苏（常州一带）、安徽南部、江西、湖南、四川等地，都有以刻印家谱为专业的刻工，称为“谱匠”或“谱师”。有些人还在秋收后的农闲季节，携带工具，走乡串镇，为人刻印家谱。这时，木活字及印刷工具可以买卖、抵押、继承、赠送、转让，成为有价值的财产。

（三）金属活字

金属活字包括铜活字、锡活字、铅活字。三者之中，当以

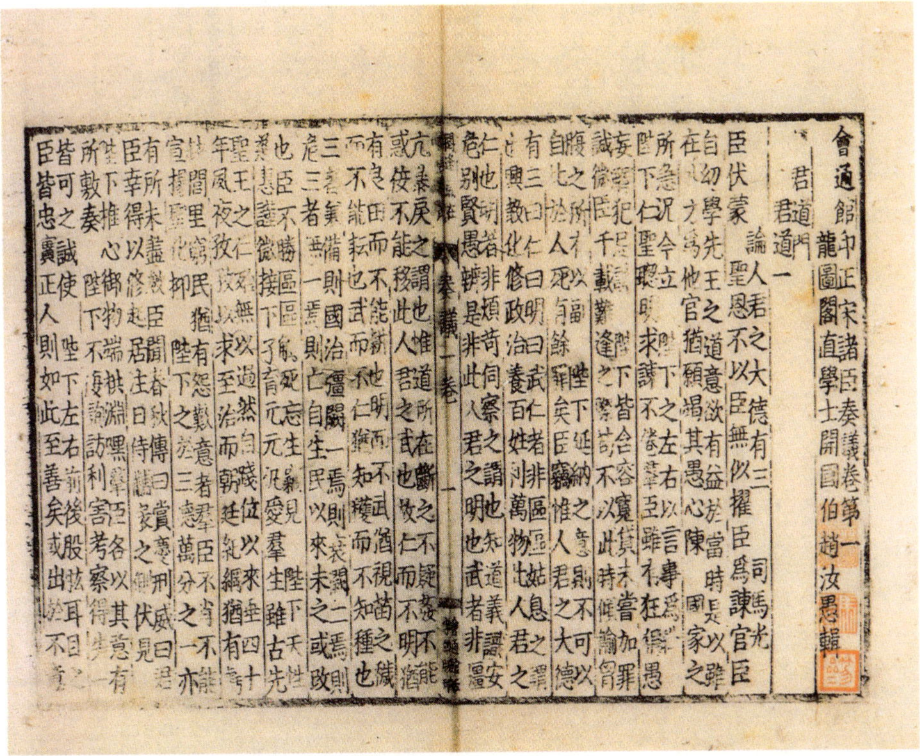
會通館印正宋諸臣奏議卷第一
龍圖閣直學士開國伯趙汝愚輯

明弘治间华氏会通馆铜活字印本《宋诸臣奏议》

铜活字使用最早，使用次数也最多。

我国在北宋时已经有人用铜板刻成整块印版。上海博物馆收藏的北宋“济南刘家功夫针铺”印广告纸所用的铜版就是证明。但铜活字何时起源，尚无定论。有人认为最早的铜活字印本是元朝元统元年（1315）以后印制的《御制策》，又称《御试策》。

铜活字印书到我国15世纪末（明朝弘治初年）才开始兴盛起来。当时江苏的无锡、常州、苏州一带有不少富家铸铜活字

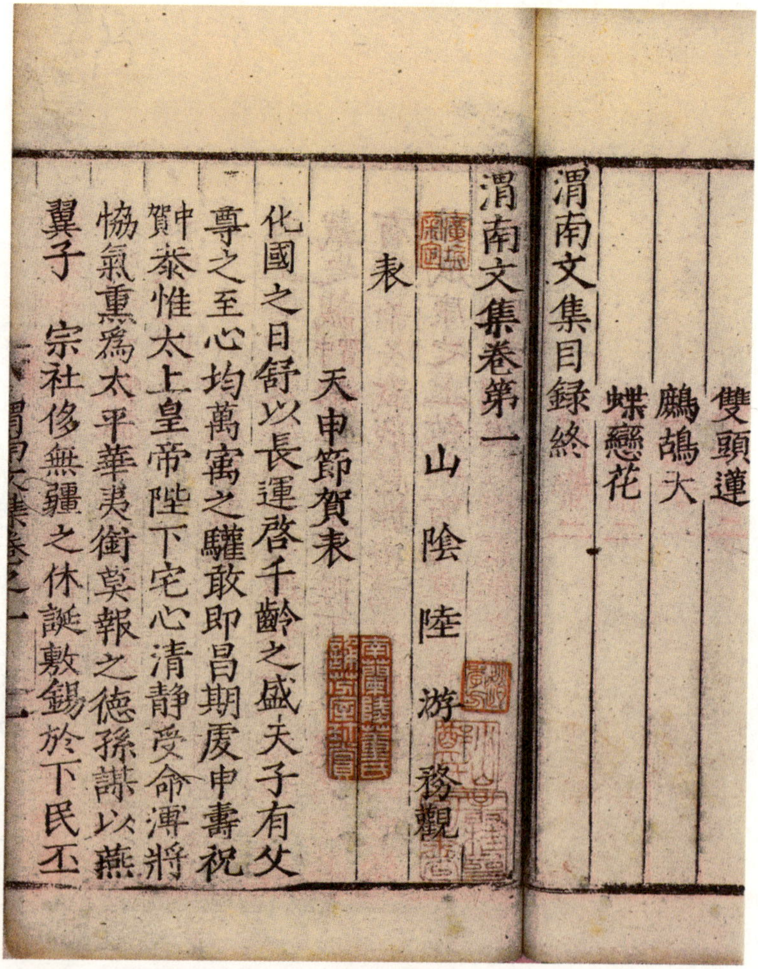
雙頭蓮
鷓鴣天
蝶戀花
渭南文集目録終

渭南文集卷第一
山陰陸游務觀
表
天申節賀表
化國之日舒以長運啓千齡之盛夫子有父
尊之至心均萬㝢之驩敢即昌期虔申壽祝
中賀恭惟太上皇帝陛下宅心清靜受命溥將
協氣熏爲太平華夷銜莫報之德孫謀以燕
翼子　宗社侈無疆之休誕敷錫於下民丕

明弘治年间锡山华氏铜活字刻本《渭南文集》

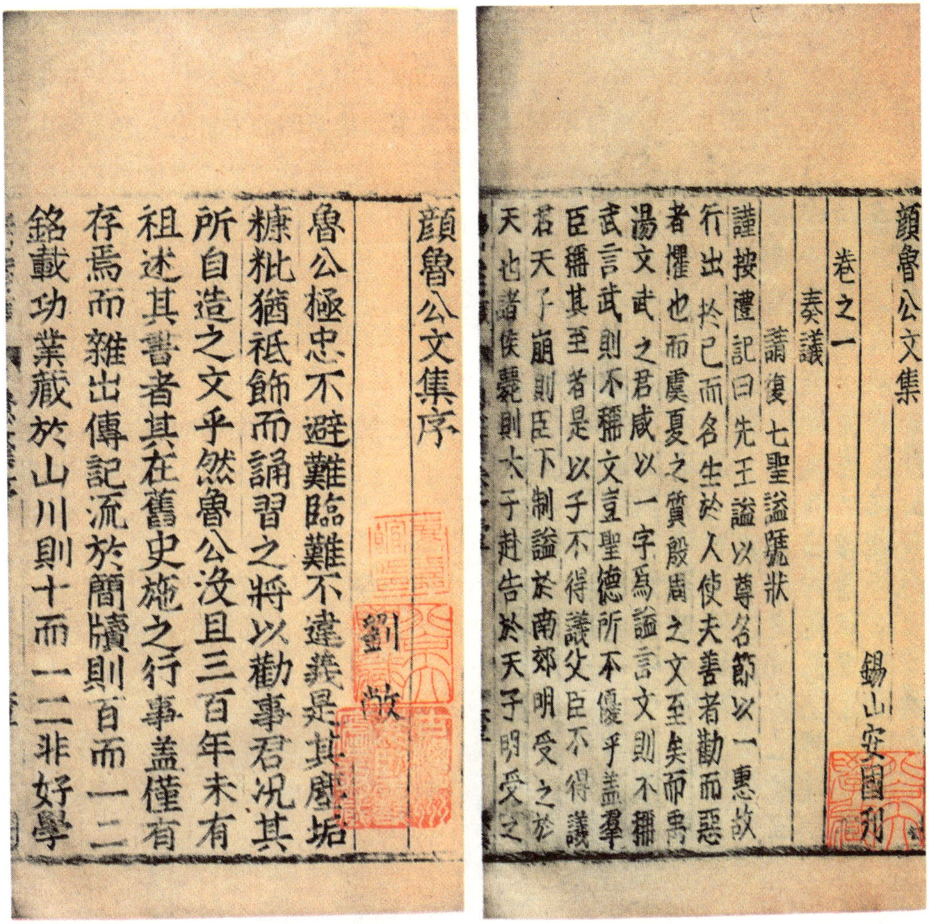
顔魯公文集序
魯公極忠不避難臨難不違義是其屢垢
糠粃猶秪飾而誦習之將以勸事君况其
所自造之文乎然魯公沒且三百年未有
祖述其書者其在舊史施之行事蓋僅有
存焉而雜出傳記流於簡牘則百而一二
銘載功業蔵於山川則十而一二非好學

顔魯公文集
卷之一
奏議
請復七聖謚號狀
謹按禮記曰先王謚以尊名節以一惠故
行出於己而名生於人使夫善者勸而惡
者懼也而虞夏之質殷周之文至矣而禹
湯文武之君咸以一字爲謚言文則不稱
武言武則不稱文豈聖德所不優乎蓋羣
臣稱其至者是以子不得議父臣不得議
君天子崩則臣下制謚於南郊明受之於
天也諸侯薨則大子赴告於天子明受之
錫山安國刊

明嘉靖锡山安氏铜活字印本《颜鲁公文集》

印书。最有名的是无锡华燧的会通馆、华坚的兰雪堂、安国的桂坡馆几家。

明弘治三年（1490），华燧（1439—1513），字文辉，用铜活字印出《宋诸臣奏议》50册。铜字虽难受水墨，墨色浓淡不均，质量较差，但它却是我国现存最早的一部铜活字印本。华燧先后大约印了20种书，每本书的中缝下端都印有“会通馆活字铜板印”8个字。用铜活字印书很费钱，以致家道中落，但华燧也不后悔。

华燧的叔父华珵于弘治十五年（1502）用铜活字印过陆游的《渭南文集》和《剑南续稿》。华燧的侄子华坚和华坚的儿子华镜也用铜活字印过书。华坚印的书每卷末有“锡山兰雪堂华坚活字铜板印”字样。所印书有《蔡中郎集》《白氏文集》《元氏长庆集》等。

明代采用铜活字印书，与华氏同样有名的桂坡馆的安国（字民泰，1481—1534）。安氏比华氏富有，有“安百万”之称。安氏既能用雕版印刷，又能用铜活字印刷，用铜活字印的书可考者有10种，其中《正德东光县志》是国内唯一用铜活字印刷的地方志。安氏经济基础雄厚，印书又很认真，所印之书优于华氏。

明朝嘉靖、万历年间，福建建阳（原为宋朝刻书业中心）的书商也采用过铜活字印书，最有名的印本为蓝印“芝城铜

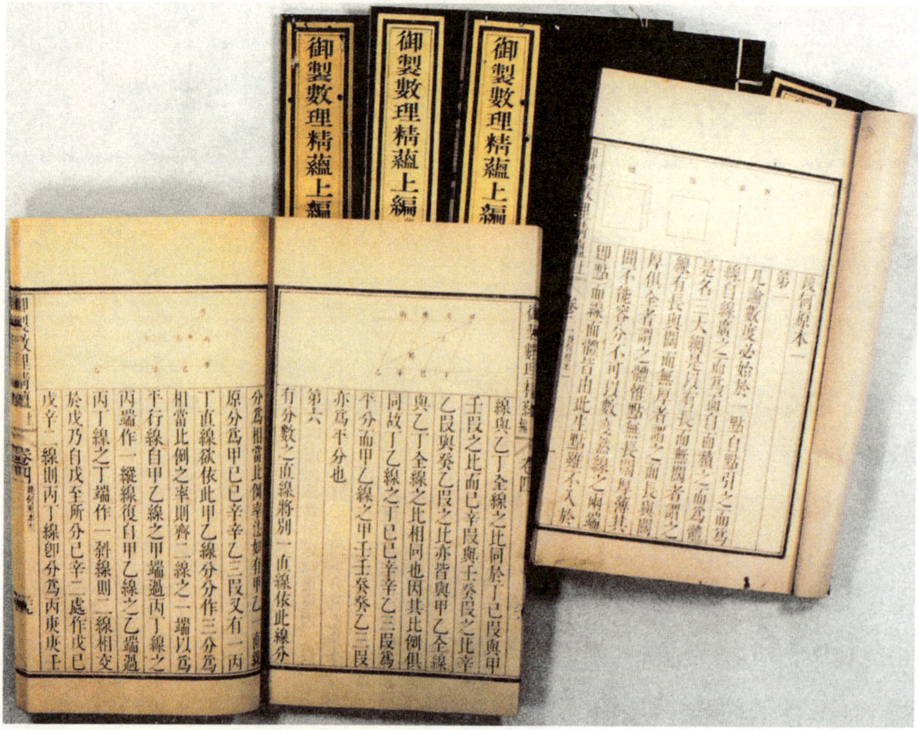

清康熙内府铜活字本《御制数理精蕴》

版”《墨子》。

清代康熙末年，宫廷曾刻有铜活字，印刷过天文、数学、音乐方面的书籍。清代铜活字印刷以内府本《古今图书集成》为最著名。《古今图书集成》是我国现存最大的一部类书，全书1万卷，目录40卷，雍正四年至六年（1726—1728），清内廷以铜活字用大小两种字体排印了65部，每部5200册。这是我国用活字排印的字数最多的一部大型书。其卷帙之富、排印之精，史无前例。可惜，所用铜活字在乾隆年间被熔毁而充作铸钱原料了。

清朝福建人林春祺，从18岁开始请人刻铜活字，费了21年时间，耗去白银20多万两，到道光二十六年（1846）完成正楷体大小铜活字40多万个。他是福建福清县龙田人，因而把铜活字命名为“福田书海”。这批铜活字曾印过顾炎武的《音

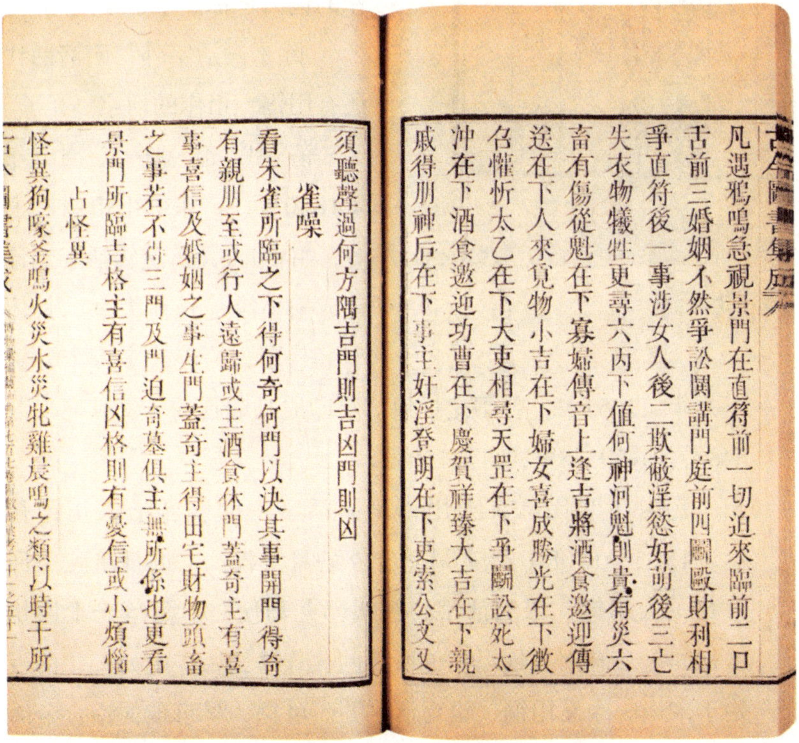

古今圖書集成
凡遇鴉鳴急視景門在直符前一切迫來臨前二曰
古前三婚姻不然爭訟鬭講門庭前四鬬毆財利相
爭直符後一事涉女人後二欺蔽淫慾奸前後三亡
失衣物犧牲更尋六丙下值何神河魁則貴有災六
畜有傷從魁在下寡婦傳音上逢吉將酒食邀迎傳
送在下人來覓物小吉在下婦女喜成勝光在下微
名懽忻太乙在下大吏相尋天罡在下爭鬬訟死太
沖在下酒食邀迎功曹在下慶賀祥臻大吉在下親
戚得朋神后在下事主奸淫登明在下吏索公文又

須聽聲過何方隅吉門則吉凶門則凶
雀噪
看朱雀所臨之下得何奇何門以決其事開門得奇
有親朋至或行人遠歸或主酒食休門蓋奇主有喜
事喜信及婚姻之事生門蓋奇主得田宅財物頭畜
之事若不得三門及門迫奇墓俱主無所係也更看
景門所臨吉格主有喜信凶格則有憂信或小煩惱
古怪異
怪異狗嚎釜鳴火災水災牝雞晨鳴之類以時干所

清雍正铜活字本《钦定古今图书集成》

论》《诗本音》和一部军事丛书《水陆攻守战略秘书》等7种书。更值得称赞的是，林春祺还写了一篇《铜板叙》，记录了他刻制铜活字的原因和经过。这是继沈括记毕昇制泥活字，王祯、金简记述木活字文献之后，记述制铜活字印刷技术的珍贵文献。

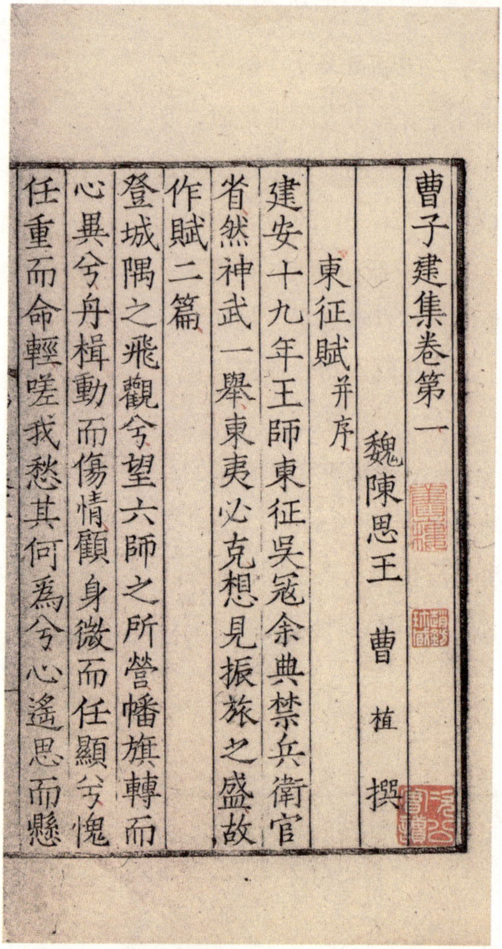
曹子建集卷第一
魏陳思王 曹 植 撰
東征賦并序
建安十九年王師東征吴寇余典禁兵衛宫
省然神武一舉東夷必克想見振旅之盛故
作賦二篇
登城隅之飛觀兮望六師之所營幡旗轉而
心異兮舟楫動而傷情顧身微而任顯兮愧
任重而命輕嗟我愁其何爲兮心遥思而懸

明铜活字本《曹子建集》

明清两代遗存至今的铜活字印本尚有20余种，大部分收藏在国家图书馆。明清两代民间制作的铜活字和清代宫廷制作的铜活字都是手工雕刻的。

除了铜活字外，明清两代还有用锡、铅作的活字。

清代道光三十年（1850），广东佛山镇唐姓书商，出资1万元铸造锡活字，计铸成扁体字、长体大字、长体小字三套，约有20多万个。咸丰元年（1851），曾用这批锡活字印成马端临的《文献通考》348卷，共19348页，订成120册。

我国在明代已有人用铅刻制活字。明朝弘治末正德初年（1505—1508），陆深《金台纪闻》载："近日毗陵（即常州）人用铜、铅为活字，视板印尤巧便"。清道光十四年（1834），湖南人魏崧在他所著的《壹是纪始》中说："活板始于宋……今又用铜、铅为活字"。可见，早自现代铅合金活字传入我国之前，已经有人用铅做活字了。

（四）活字未能取代雕版的原因

与雕版印刷相比，活字印刷明显地具有速度快、用料省、效率高等优点。然而，自北宋庆历年到鸦片战争的800年间，这项技术并没有得到广泛的普及推广。活字版不但没有取代雕刻版，就连与之同样的发展都没有得到，用活字印刷的书籍始终是少数。有人曾做过专门统计：清末版本目录《增订四库简明目录校注》共著录历代书籍7748种，约计不同版本20000部，其中活字印本只有220部，约占总数的1%强。新中国成立后出版的《北京图书馆善本书目》共著录历代善本书11000多部，其中活字印本也只有150余部。

在我国古代，雕版印刷为什么始终占主导地位呢？其原因是多方面的。

1.社会原因。首先，从政治方面来看，封建社会的统治阶级瞧不起劳动人民的发明创造，把各种新技术视作奇技淫巧，对活字印刷也一直采取不屑一顾的冷漠态度。其次，从思想上讲，在封建社会里占统治地位的儒家思想缺乏探讨自然规律的志趣，崇礼复古，因循守旧，官私工匠一旦掌握了雕版技术就容易墨守成规，不愿改动。

2.学术原因。两千年来，儒家思想独霸了学术领域，我国图书类型长期在经、史、子、集的圈子里徘徊，宋朝以后更是原地踏步，加上科举制只以儒经为考核内容，四书五经不仅是知识分子立身处世的法典，而且是他们升官发财的敲门砖。这些书一旦雕成书版，便可长期使用，即使是毁坏了，还可以修修补补继续使用。在历史上收集前朝留下的雕刻版，利用它们为新王朝服务的事例屡见不鲜，故有“三朝本”“邋遢本”之称。这样，在学术著作数量少，内容更新极慢的情况下，活字印刷速度快、用料省的优越性也就体现不出来，而刻版雕成以后可以反复使用，反倒显得简便省事。也就是说中国古代的学术保守和惰性鼓励雕版，抑制了活字印刷的应用和发展。

3.文字原因。中国汉字的特殊性给使用活字印刷带来了先天性困难。主要表现在三方面：一是汉字数量巨大，制作单字困难。我国汉字的常用字就有四五千个，还有数以万计的冷僻字。要采用活字印刷术起码要有10万个以上的单字。而且，还要经常增加一些单字。这样的工作是很艰难的。二是活字印刷技术复杂，难以掌握。就制字来说，汉字的古体字大多数在8画至16画之间，无论是雕刻还是制模铸造都要有相当的技艺。三是单个汉字拣排不便。汉字没有像拼音文字字母那样简单而固定的排列次序，这就为拣字排版和拆版还字带来了困难，无论是用韵目法还是部首法来排列单字，都有一定缺陷。这就会降低排印速度，对以后的拣排和印刷机械化造成障碍。

4.技术原因。活字印刷术本身较为复杂，为一般人所不易接受。它所使用的材料又都存在着一定的局限性，生产过程中难于操作。泥活字易碎，木活字吸水变形，金属活字不易附着水墨。因而就会造成活字本书字体大小不同、着墨浓淡程度不同、错排漏排倒排现象多等问题。雕版印刷却可以克服这些缺点。

这就是我国早期活字印刷术未能迅速发展普及的原因。为此，雕版印刷术一直在我国古代占据统治地位。

到19世纪后，现代机械化活字印刷术传入我国，逐渐取代了雕刻版和我国古老的活字印刷术。

（五）印刷术在中国和欧洲的不同命运

不得不指出的是，印刷术发明以后，对中国传统文化和社会发展曾经产生了相当大的作用，但还是不能与对欧洲所产生的影响相比。

15世纪50年代，古登堡在欧洲率先推出了金属活字印刷术，50年内，这种技术就在欧洲大大小小的商业中心流传开了。到1470年，德国及欧洲其他国家已经建起了14座以上的活字印刷所，接下来的短短10年中，印刷所突破了100所，到15世纪末，已有1100所印刷所遍布欧洲的两百多个城市。当时西方社会对印刷术的需求，如饥似渴，因此这项技术促进了欧洲的宗教改革和文艺复兴，激发了欧洲各民族的理智思潮，促进了民族语言和文学的发展，鼓励了民族主义和新型民族国家的建立。

古登堡

在中国，印刷术的命运则不同，长期以来，雕版印刷术居统治地位。活字印刷术的发明虽然比西方要早400多年，但直到19世纪后半叶，才开始在中国占据统治地位。而且，印刷术一直未能摆脱手工作坊操作的樊篱，技术的更新速度十分缓慢。所以在中国所造成的影响也与西方大不相同。从一定意义上讲，中国古代的印刷术有利于知识体系的稳定与普及，而不利于知识的更新与变革。儒家典籍和科举考试用书的大量刻印，就是最好的证明。当然，这与中国古代特定的社会形态和学术环境都有很密切的关系。所以说，印刷术在古代既是维护中国民族文化统一的重要基础工具，也是维护中国传统文化和封建社会相对稳定的重要因素之一。

法国大文豪雨果曾不无感慨地说道：

> 像印刷术、大炮、气球和麻醉药这些发明，中国人都比我们早。可是有一个区别，在欧洲，有一种发明就马上生气勃勃地发展为一种奇妙的东西，而在中国却依然停滞在胚胎状态，无声无息。中国真是一个保存胎儿的酒精瓶！①

---

①［法］雨果：《笑面人》，鲁膺译，第35页，上海译文出版社1993年版。

在不无调侃的语气中，正可以看出中西方之间的巨大差距。其中深意，值得我们深思。

三、套版印刷

套版印刷术是在雕版印刷术的基础上发展起来的。它也是我国人民在世界印刷史上的一项重大贡献。

（一）套版印刷的原理及渊源

普通雕版印刷一次只能印出一种颜色，或黑，或朱，或蓝，故称之为“单印”。套版印刷则是在一张纸上印出几种不同的颜色。其初，人们是在同一块版上的不同部位，分别涂上不同的颜色，一次印成。如明万历年间徽州滋兰堂刻印的《程氏墨苑》，有些插图就是用的这种方法印成。严格地讲，这不能算套版，只能称之为“涂色”。到后来，人们才将需要印上不同颜色的部分，分别刻成同样大小规格的版，逐次印在同一张纸上。这种技术才叫作套版印刷术。用这种方法印出的书本称为“套版本”。套版发明初期，多用朱黑两种颜色印刷，这样印出来的书称为“朱墨本”或叫“双印”。后来才发展到四色、五色套印。根据用色的多少，套印的书被称为“四色本”“五色本”等。

木刻套版本渊源于朱墨两色写本。写本书时代，人们曾用不同的颜色来区分书中作用不同的文字，特别是在区分一书的正文和注文时，常用朱墨两色抄写。《隋书·经籍志》著录有《春秋左氏经传朱墨例》，这就说明早在东汉时贾逵（30—101）便已采用朱墨两色分写经文和传注了。以后也曾有人将《神农本草》与陶弘景《本草集注》抄录在一起，用红色抄原文，用墨色抄注解。唐代的陆德明在注《经典释文》时，也是用墨色写经文，用朱色写音义。

显然，写本书这样做是比较容易的，而雕版印刷要做到这一点就困难了。在套版印刷术产生以前，一般印本书在只能有一种颜色的情况下，只好采用阴文、墨围、另行和小字双行等办法来区别经、注，以方便人们阅读，但毕竟不如直接用不同的颜色来区分效果好。这样，便促成了套版印刷术的产生。

（二）套版印刷术的发明与盛行

套版印刷术产生于何时？前人都以为始于明朝。明代胡应麟《少室山房笔丛》中说："凡印，有朱者，有墨者，有靛者，有双印者，有单印者，双印与朱必贵重用之。"这里所说的"双印"就是指"套印"，是我国有关套印的最早记载。近人叶德辉在《书林清话》中也说："颜色套印书始于明季"。其实，明代已经是套印书盛行的时代，在元代就已有朱墨套印本。1941年发现了一部元末顺帝至元六年（1340）中兴路（今湖北江陵）资福寺所刻《无闻和尚金刚经注解》，就是用两色印出的。其经文为红色，注解为墨色，卷首灵芝图也是两色相间的。这本书原收藏在南京图书馆，今在台湾，曾一度被认为是最早的套印本。于是人们又以此把我国套版印刷的起源断定

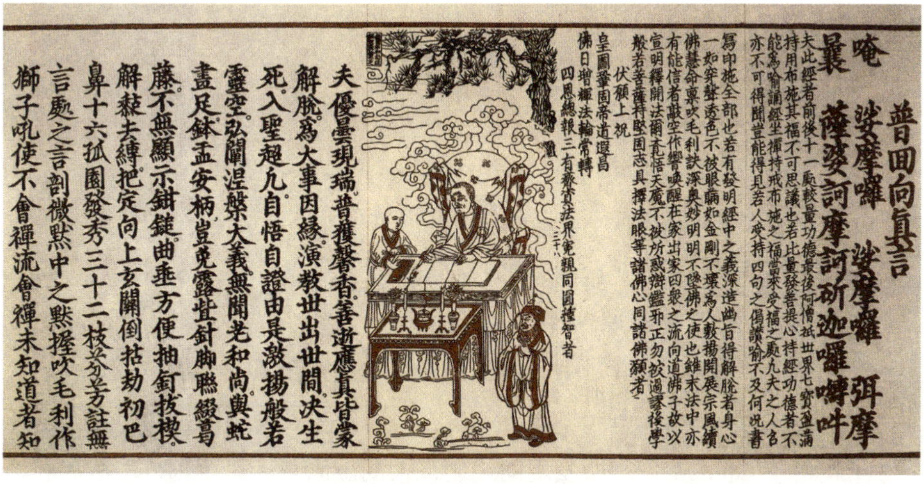
普回向真言
唵 娑摩囉 娑摩囉 弭摩
曩 薩婆訶 摩訶 斫迦囉 嚩吽
夫此經者前後十一處較量功德最後阿僧祇世界七寶盈滿
持用布施其福不可思議也若比量發菩提心持經功德者不
能爲喻誦經坐禪持戒布施之福當來受福之處凡夫之人名
亦不可得聞豈能得見若人受持四句之偈讚喻不及何况書
寫印施全部也若有發明經中之義深造幽旨得解脫者身心
一如穿聲透色不被眼瞞如金剛不壞爲人敷揚開展宗風續
佛慧命吹毛利訣深奥妙明明不墜佛之使也雖末法中亦
有能信者敲空作響喚醒在家出家四衆之流向道佛子故以
宣明釋開法關旨悟天魔不被所惑辯鑑邪正勿效過謬後學
般若菩薩持堅固志具擇法眼等諸佛心同諸佛願者
伏願上祝
皇圖鞏固帝道遐昌
佛日增輝法輪常轉
四恩總報三有齊資法界冤親同圓種智者
夫優曇現瑞普獲馨香善逝應真皆蒙
解脫爲大事因緣演教世出世間決生
死入聖超凡自悟自證由是激揚般若
靈空弘闡涅槃大義無聞老和尚與蛇
畫足鉢盂安柄豈免露些針腳聯綴葛
藤不無顯示鉗鎚曲垂方便抽釘拔楔
解粘去縛把定向上玄關倒拈劫初巴
鼻十六孤園發秀三十二枝芬芳註無
言處之言剖微默中之默揮吹毛利作
獅子吼使不會禪流會禪未知道者知

元至元六年（1340）中兴路资福寺所刻《无闻和尚金刚经注解》

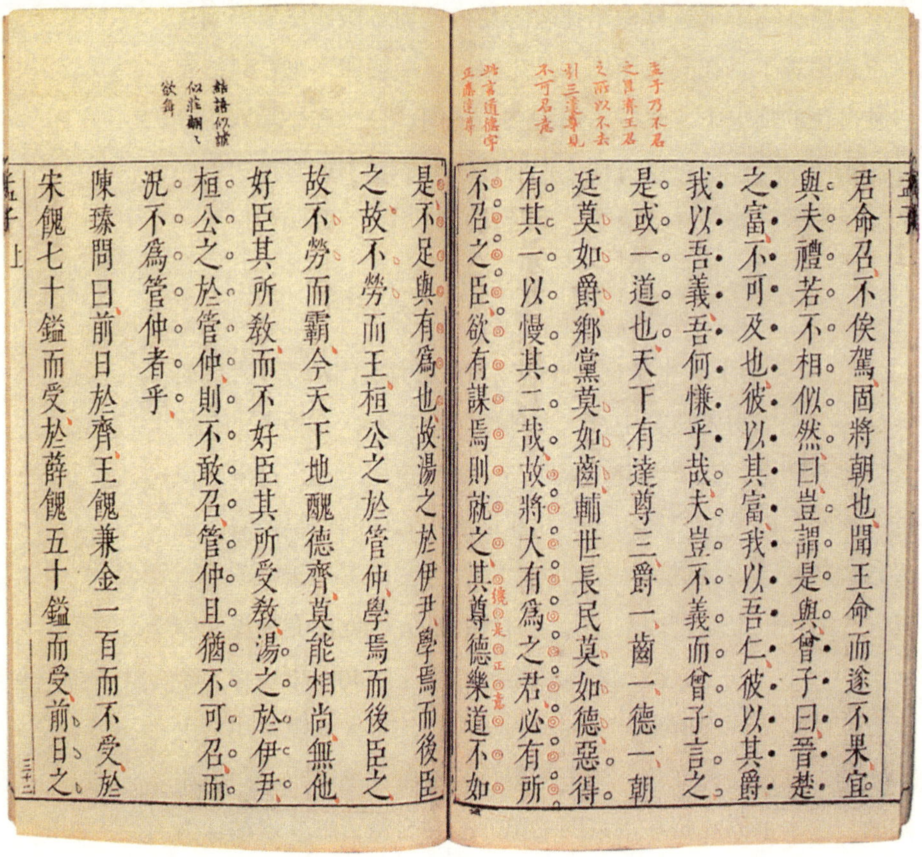
君命召不俟駕固將朝也聞王命而遂不果宜
與夫禮若不相似然曰豈謂是與曾子曰晉楚
之富不可及也彼以其富我以吾仁彼以其爵
我以吾義吾何慊乎哉夫豈不義而曾子言之
是或一道也天下有達尊三爵一齒一德一朝
廷莫如爵鄉黨莫如齒輔世長民莫如德惡得
有其一以慢其二哉故將大有爲之君必有所
不召之臣欲有謀焉則就之其尊德樂道不如

是不足與有爲也故湯之於伊尹學焉而後臣
之故不勞而王桓公之於管仲學焉而後臣之
故不勞而霸今天下地醜德齊莫能相尚無他
好臣其所教而不好臣其所受教湯之於伊尹
桓公之於管仲則不敢召管仲且猶不可召而
況不爲管仲者乎
陳臻問曰前日於齊王餽兼金一百而不受於
宋餽七十鎰而受於薛餽五十鎰而受前日之

明万历年间闵氏三色套印本《三经评注》

在元代。

1974年在山西应县佛宫寺释迦塔内发现了三幅彩印的《南无释迦牟尼佛》。据同时发现的其他文物相印证，其印刷时间当在辽统和年间（983—1012），与元代《金刚经》相比早了300多年。有人称它为最早的套印品。

1973年8月陕西省文管会对《石台考经》石碑进行修整，在碑身背面与中心石柱连接处发现女真文书残页、《怀仁集》、王羲之书《圣教序》拓片和《东方朔盗桃》版画及宋、金时期钱币50多枚。《东方朔盗桃》版画高108厘米，宽55.4厘米，是现今所发现的规制最大的版画之一。阳刻，用浓墨、淡墨及浅绿色套印在整张淡黄色细麻纸上。该版画似为坊刻印卖的民间年画，像“平水系”（平阳）风格，为宋、金时期物。这是单幅的版画，是套印还是单版涂色未详，但年代要比《金刚经注解》早。

总之，这些考古新发现告诉我们，套印术发明的时间不能单以《金刚经注》为据断于元末，而应提前到宋辽金时期，与活字印刷术发明的时间不会相差太远。那些把套印术的发明推断于明季或元末的传统说法，是不确切的，应加以修正。

套版印刷术盛行于我国明代后期（公元16—17世纪）。现存明代最早的套印书是明神宗万历年间安徽歙县印刷的《闺范》。我们今天常见的套印本，绝大部分是明万历间吴兴闵齐伋、凌濛初及归安的茅元仪三家所刻。前两家尤为著名。闵、凌是吴兴望族，也是著名的套印刻书世家，有刻书业绩可考的竟达数十位之多。两姓同邑，共操一业，代代相传，堪称中国印刷史上的一段佳话。

闵氏最早的套印本是明万历四十四年（1616）年刻的朱墨本《春秋左传》15卷。第二年刻的《孟子》苏老

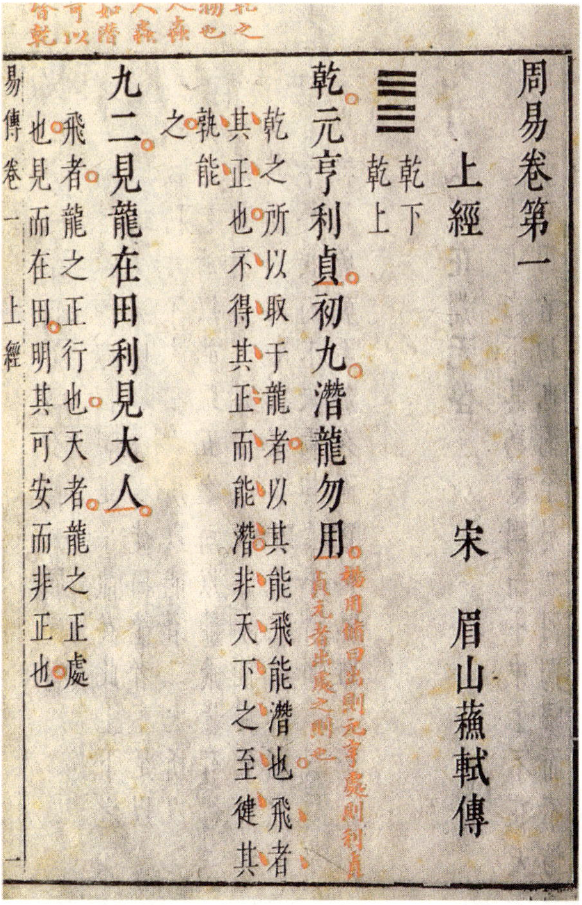
周易卷第一
上經　宋　眉山蘇軾傳
乾下乾上
乾元亨利貞。初九。潛龍勿用。
楊用脩曰出則元亨處則利貞
貞元者出處之則也
乾之所以取于龍者以其能飛能潛也飛者其正也不得其正而能潛非天下之至健其孰能之
九二見龍在田利見大人
飛者龍之正行也天者龍之正處也見而在田明其可安而非正也
易傳卷一　上經

明代闵氏朱墨双色套印本《东坡易传》

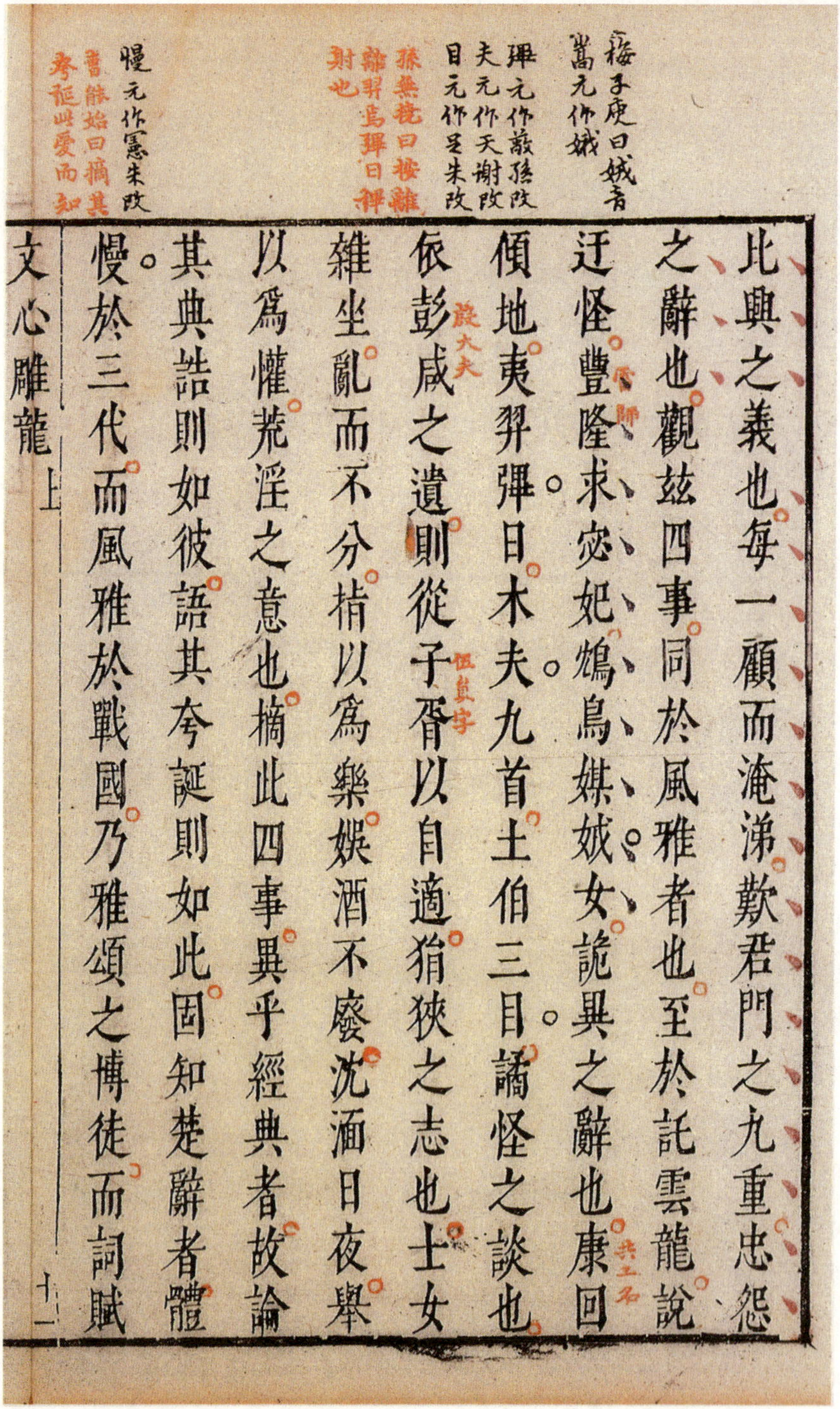

明代吴兴凌氏五色套印本《文心雕龙》

泉评本，已为三色本。到万历四十八年（1620），闵氏就印出了91卷、24册的《史记钞》这样的大部头。

凌濛初是著名的戏曲小说家兼出版家，著名的短篇小说集《初刻拍案惊奇》《二刻拍案惊奇》及杂剧《虬髯客传》《红拂记》等便是他编著的。他刻印的书中，以戏曲、小说为多，且多套印并有插图，都是聘请名家绘刻的，字迹笔画工致，绘图人物神态秀逸。其传世品除上述两部戏曲外，还有《琵琶记》《明珠记》《幽闺记》和《南柯记》等。

清康熙四色套印本《古文渊鉴》

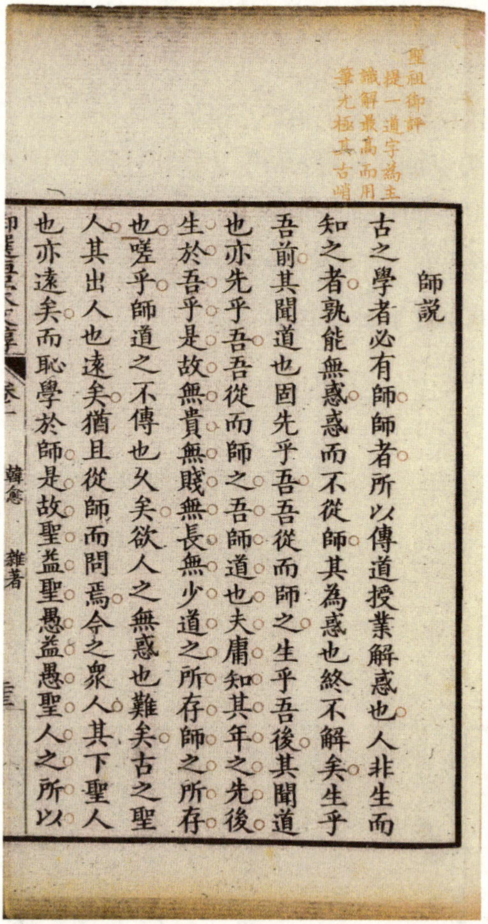

清乾隆年间的四色套印本《御制唐宋文醇》

据近人陶湘的不完全统计，两家共刻印了117部，计145种套印书籍，其中已知有三色套印本13种，四色套印本4种，五色套印本1种，这只是一个不完全的统计。除闵、凌两家外，当时刻过套版书的还有吴兴茅兆河、唐建元、苏之轼等。

套印本在清代也有所继承和发展。据杨绳信《中国版刻综录》著录，清代套印出版者有40余家。官刻的有康熙年间的四色套印本《古文渊鉴》、二色套印本《御选唐诗》和乾隆年间的四色本《御制唐宋文醇》、五色本《劝善金科》等。民间私坊也有佳作，仅《杜工部集》就有道光年间涿州卢坤的六色本和广东叶云庵的五色本，颇受时人欢迎。

（三）饾版和拱花的发明

就在吴兴凌、闵二家大量出版套印本的同时，版画艺术也在徽州、金陵、建安等地蓬勃兴起。明代弘治以后，特别是万历天启年间，反映市民生活的戏曲小说风行。为了扩大销路，这些书又都附绘木刻插图，风格各异，争奇斗妍，其中尤以徽州的刻工技艺最为出色。这是由于徽州产墨，很多刻工原来就是雕刻墨模的匠人。此时，除了小说戏曲有插图外，还涌现了一批以图为主的绘画教学范本和供人欣赏的版画集，如《程氏墨苑》《方氏墨谱》《顾氏画谱》等等。绘画、雕版和印刷技术的融合，逐渐形成了彩色版画套印术（今称木版水印），使我国古代的雕版印刷术发展到了高峰。

把套版印刷和版画艺术结合起来，就是彩色版画套印术。它最初也是从涂色的方法发展起来的。在一块版上涂上几种颜色，如画面的花涂上红色，叶子涂绿色，枝干涂棕色等，然后覆上纸印刷。如万历年间所刻印的《花史》和《程氏墨苑》中的大部分版画就是这样印成的。后来，彩色版画套印很快就发展为分色分版的套印法，称为饾版。

明万历年间程氏滋兰堂《程氏墨苑》套印本

《程氏墨苑》西洋人物画

吴发祥《萝轩变古笺谱》

“饾版”是将彩色依次套印或迭印，最后形成一幅完整的彩色画图。这样印出的作品颜色的浓淡深浅，阴阳向背，几与原作无异。色彩复杂的画稿需要几十块或数百块印版。饾版得名，是因其形似饾饤（古代将五色小饼摆成花卉禽兽珍宝形状，堆叠在盘里，供陈设叫作饾饤）。“拱花”是用凸凹两版嵌合，使纸面拱起的办法，呈现浮雕的图像，与现代钢印的效果很相似，富有立体感，适于印鸟类的羽毛和山水。

饾版和拱花技术，很长时间曾被认为是明代徽州人胡正言发明的。因为当时能见到的短版、拱花印本只有明崇祯十七年（1644）胡刻《十竹斋笺谱》和《十竹斋画谱》。1963年春，上海博物馆于浙西采访到明天启六年（1626）颜继祖用饾版印制的《萝轩变古笺谱》上、下两册。书前有颜继祖小引云：“《萝轩变古笺谱》书成于天启丙寅”。丙寅即1626年，早于胡正言《十竹斋笺谱》19年，是目前所见饾版刻印的最早传本。这部笺谱是江宁吴发祥48岁时在金陵刻成的。上海博物馆

明胡正言《十竹斋笺谱》

清康熙间芥子园甥馆刻套印本《芥子园画传》

的这一珍藏目前已由朵云轩以木版水印法重新刻印，饾版、拱花技术得到了继承和发展。

但不能否认的是，胡正言的《十竹斋画谱》和《十竹斋笺谱》，的确代表了当时饾版和拱花技术的最高水平。胡正言是一位多才多艺，又下苦功的艺术创作家，擅长篆刻、绘画、制墨诸艺，喜藏书，好刻书，又肯向刻字工人学习，日夜琢磨，反复实践，终于使饾版和拱花技术得到了很大的提高。吴发祥、胡正言等私人刻书家的探索和实践，确实使雕版印刷达到了前所未有的境地。

第四讲
中国古代图书的装帧艺术
——装帧考究　形成制度

古人藏书，皆作卷轴……此制在唐犹然。其后以卷舒之难，因而为折。久而折断，乃分为簿帙，以便检阅。

——清·高士奇：《天禄识余》

自北宋刊本书籍行世，而装潢之技绝矣。

——清·钱曾：《读书敏求记》

中国的载籍告诉我们，纪元前一、二世纪开始在缣帛上作书时，书是手卷式的。这种形式，在纸张发明以后，仍旧保持，直到唐末受了印刷的影响，才开始出现逐页装订的书籍。在手卷和逐页装订成册之间，有一个过渡阶段，就是折叠成册，即把一张连续不断的纸折成书的样子。

——［美］卡特：《中国印刷术的发明和它的西传》

中国古代的图书既注意实用，又注意美观，讲究装帧设计，很早就形成了固定的书籍制度。在不同的历史时期，由于所用的载体材料和生产技术的不同，形式制度也不同，先后出现、流行过简策、帛书卷子装、纸书卷轴装、经折装、旋风装、梵夹装、蝴蝶装、包背装、线装、毛装等形式。造纸术和印刷术的发明，对我国书籍制度的影响尤为明显，以两大发明为分界点，整个中国图书发展史可以划分为三个时期，且各有对应的书籍制度，即：汉代造纸术发明前的竹帛并行时期，盛行简牍制度；汉至唐为纸写本时期，盛行卷轴制度；唐代发明印刷术以后为印本书时期，盛行册页制度。如图所示：

竹帛并行时期	汉	纸写本时期	唐	印本书时期
简牍制度	造纸术	卷轴制度	印刷术	册页制度

各历史时期之间，均有交叉过渡。

一、简牍制度

竹木是我国最早的书籍材料，它的使用并不比甲骨金石晚，只不过由于质地的原因，更易朽蠹，所以目前发现最早的简牍实物属战国早期。再早就是春秋时期的玉石简了，如侯马盟书等。

从上古到造纸术发明前是竹帛并行时期，通行的是简牍制度。一部简牍书籍的制作方式及其形式，大致如下：

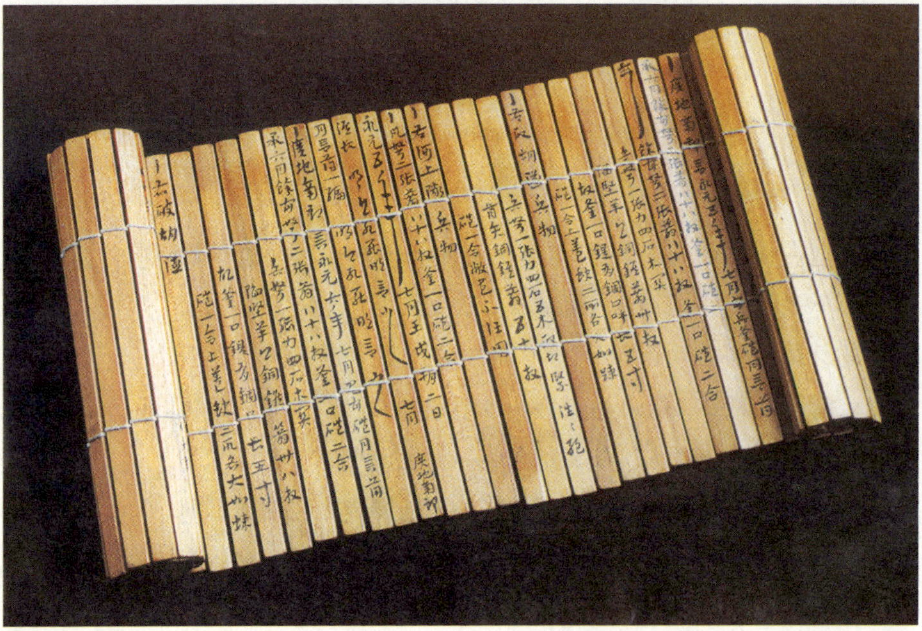

竹木简牍

（一）刮削整治

用竹木制简，首先要经过整治刮削，古书中所谓“截竹为筒，破以为牒”，就是将竹竿截成段，劈成竹片，然后刮修成狭长条的简片。“断木为椠，析之为板，力加刮削，乃成奏牍。”①新竹水分多，易朽烂虫蛀，无法长期保存，因而竹简要用火烤，烘干其中的水分，使其出汁，类似出汗，因烘干过程中竹简由青转黄，因而称“杀青”“汗青”，也叫“汗简”。整治后的简，就可用来写字，所以后人常用作书籍的代称。南宋文天祥就有“人生自古谁无死，留取丹心照汗青”的名句。后来人们将写定的书稿，也称为“杀青”。

在西北干燥少竹之地常用木材做简。多取白杨木、柳木、松木为原料，因其色白，质软，易吸墨汁。木简的长短宽窄与竹简相似。较为宽长的木板称“椠”，还有的较宽板称“方”，小木片称“札”，削治成多面柱状体称“觚”。20世

① 王充：《论衡·量知篇》。

纪60年代，陈梦家经过对出土木简的研究推测，木简在“书写之前，似经过一道用特殊液体涂染的手续”，类似纸书的“染黄”，“出土木简表面有光亮，似涂胶质者”。[①]当代考古工作者通过对尹湾简牍的鉴定，的确如此。

（二）编简成册

单根竹片为“简”，编连诸简为“策”，也就是“册”。王国维在《简牍检署考》中考订：古《孙子》用缥丝绳编，《穆天子传》用素丝绳编，《考古证》用青丝绳编。考古发现的实物有用麻线或帛带编连的。如1930年在甘肃居延发现的《永元器物簿》就是用二道麻线从右向左把77根木简编在一起。出土时，绳子还没有朽烂。编绳盖在文字上，说明是先写后编的。也有先编后写的竹木简册，编绳已朽坏，但编痕处留有空白。河南辉县战国墓中发现50枚一束的玉简，上面尚未写字，都是先编后写的物证。至今尚未发现用熟皮条编的竹简。过去还传说用刀在简上刻字，或用漆书写简，现已出土简牍上的文字，均为用毛笔蘸上墨汁书写的。刻简、漆书恐是商

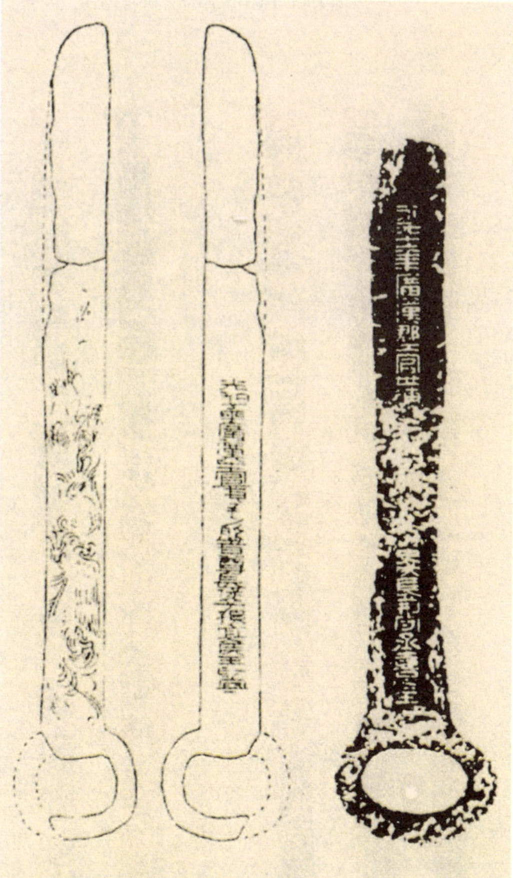

出土的汉代书刀

① 陈梦家：《汉简缀述》，第295页，北京：中华书局1990年版。

周早期简策的记录方式。至于同简策同时出土的铜锯、锛、刀是刮削制简的工具，还有的小刀，称“书刀”和“削刀”，是删改简牍的工具，类似今日之橡皮，所谓“刊削” 即改动简上文字的错谬。

在简牍的编连中，既有单绳串连者，也有用两道甚至四道绳编连的。编绳的道数取决于竹木简的长短。短简两道编绳即可，《永元兵器簿》就是两道绳编。甘肃武威出土的《仪礼》汉简，简长3尺，其编绳就是四道。

简上文字，多少不一，少的只有几个，甚至一二字，多的数十，有的写两行，有60—80字。有的上下两端留有空白，

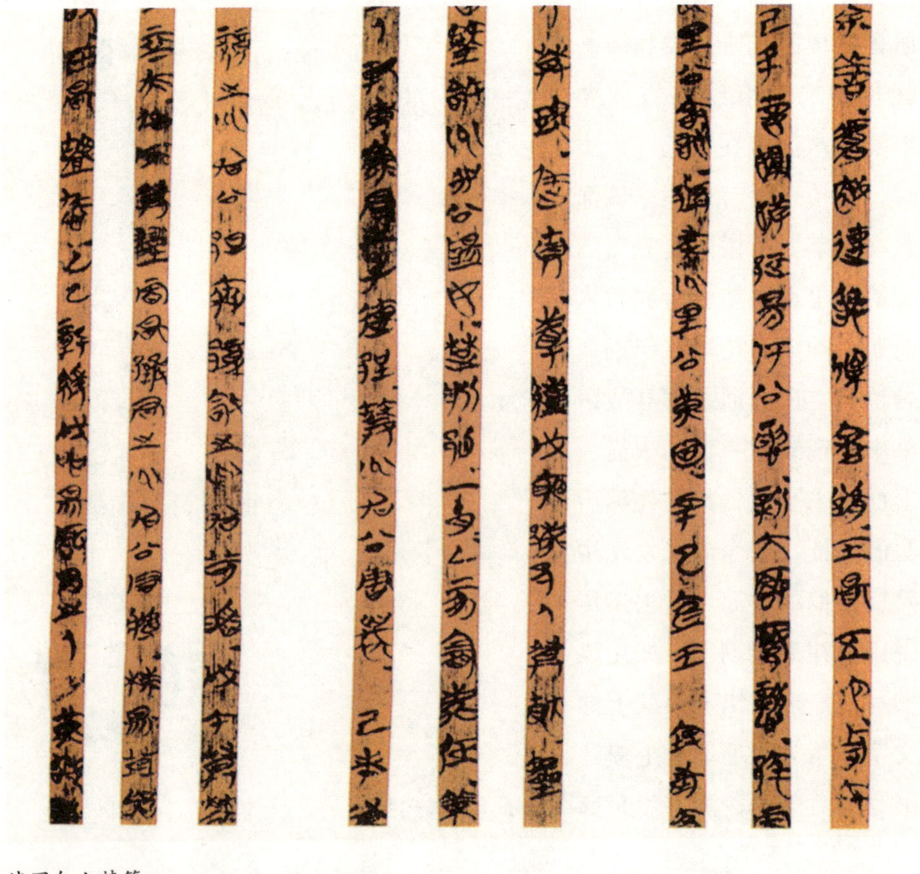

战国包山楚简

如后世图书的天头地脚。有的则写满文字，当写定删削后，为了美观，还要等齐。因竹简长短不一、天头一端蹾齐后，再把下端用刀锯截齐。最后以一根简为轴，从左往右收卷，成为一束。

竹简的首简常常写上篇名和书名，篇名（小题）在上，书名（大题）在下。这是因为古人写书于简，常常写到一定长度就结为一篇。用书人也常常要先查篇名，然后才能找到自己所要检索的内容。所以古人非常重视篇名，把篇名写在上端，以示醒目。而把书名写在下面，以示篇名的归属。这种格局虽是仅适应简策书籍而出现的特定形式，但对后世书籍形式的影响却很大。直到雕版印书盛行的两宋时期，卷端题名还常常是小题在上，大题在下。这仍是简策书籍格局的流风余韵。

也有的简册开头两根简不写正文，称为“赘简”，作用是保护后面的简策少受磨损。今天书籍的封面，就仍然带有这种赘简的遗意。

（三）长度内容

因记录内容、使用材料、书写习惯等方面的差异，简牍的长度有不同的规格，一般长度为14—88厘米，用于书写典籍和文书的一般在23—28厘米之间，尤以23厘米者为常见。以出土的战国简牍为例，长沙五里牌楚简长13.2厘米，长沙仰天湖楚简长22厘米，江陵纪南城楚简长64厘米，江陵包山楚简长62—72.6厘米，曾侯乙简长度为70—72厘米。据王国维、马衡等考证，汉简最长二尺四寸（约55cm多），合战国尺三尺，用以写六经、国史、礼书、法令，故有“三尺法”“三尺律令”之说；其次为一尺二寸（约27cm多），相当于战国尺一尺半，用以写《孝经》等书；最短的八寸（约18cm半），用以写《论语》及其他诸子传记书籍，又有“诸子短书”“尺牍短书”之语。这些长短制度，只是大体存在，并非十分严格。出土实物

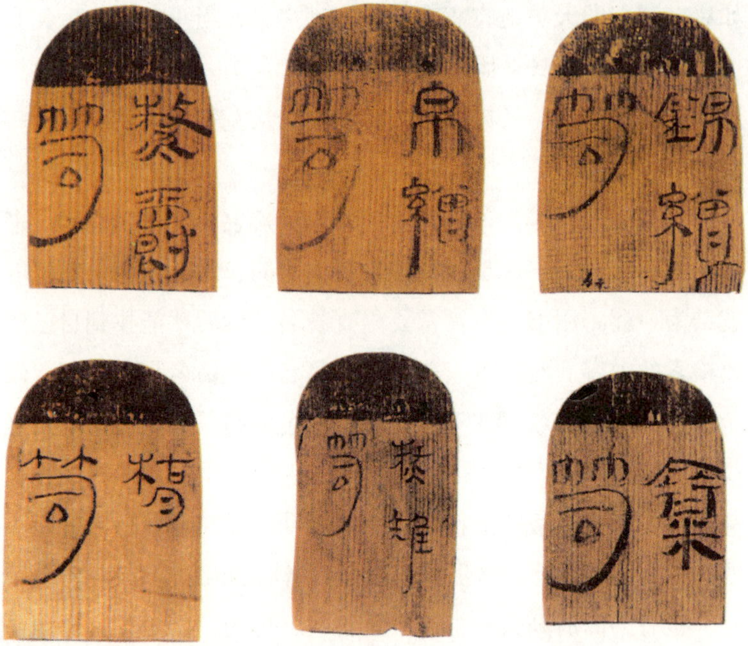

出土于马王堆汉墓的西汉木牌

有的能够与之相合，有的则未能与之相合。胡平生在《〈简牍检署考〉导言》一文中，通过对出土竹木简牍的综合分析，提出："由于简册的使用历经千年以上，各个阶层尊卑有别，因此不能有一种适合不同时代、适合所有阶级的统一的制度。总体而言，简册制度的原则不是王国维在《简牍检署考》中提到的'分数、倍数'说，而是'以策之大小为书之尊卑'。"[①]

版牍一般不用于抄写书籍，而用于公私文书、信件。二尺之牍，用以写檄书诏令；一尺五寸的牍多为传信公文；一尺牍多用于写书信，所以书信古称"尺牍"；五寸牍多为通行证，是通过关卡哨所的凭证。此外，汉代天子诏书，还喜欢用一尺一寸之牍，所以汉代文献中常有"尺一板""尺一诏""尺一"等语。古代的地图常常画在版牍上，后来人们称标明国家

① 王国维著，胡平生、马月华校注：《简牍检署考校注》，第38—39页，上海古籍出版社2004年版。

领土区域的地图为“版图”。大臣向天子奏禀事由，为简洁明了防止遗忘，常写在一块比牍狭小的长方形小木板上，汉人称“奏”或“奏牍”，后来演化成一种玉石或象牙制成的装饰物——笏版”，并不在上面记事。

木版用作书信或是诏令公文，要送传外地，就要加上封缄。上面一块较小的盖板，叫“检”。其上写收件人地址、姓名等，叫“署”。再把两块木板用麻绳或蒲草捆扎起来，在绳结处加块黏土，摁上印章，叫“封”，这块有印记的黏土就是“封泥”。有时盖版的背部隆起，上刻扎绳的槽口，再在绳上加封泥、用印，即为汉人所说的“斗检封”。

（四）书写字体

每一简上所写字数多少是不相同的，每根简只写一行，比较宽的木简可写两行或多行。版牍用以书写短文、文告，一版即可容纳。一尺见方的版也称“方”，所谓“百名以上书于策，不及百名书于方”。湖北随州战国楚墓及四川青川县战国木牍两面书写，特殊情况也有横用直书的，如居延简中一份历谱，即横用，自右向左直写。

简上的字体因时代而有所不同。先秦古简，多用古文、篆字。秦统一中国后，通行隶书，字体变圆为方，书写便利，于

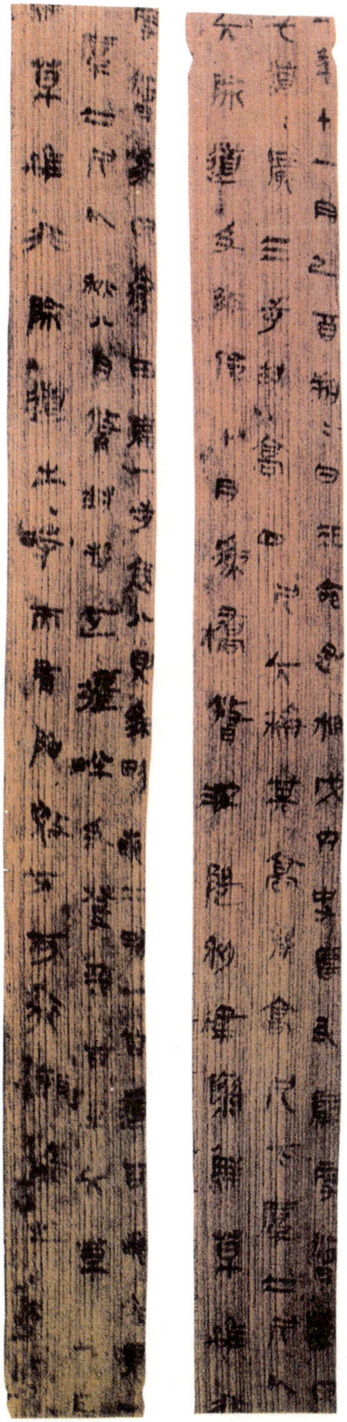

青川木牍

是公文、信函多用隶字。湖北云梦出土的秦简，均以隶字书写。汉代沿用隶书，汉简上的字体也多为隶体字。简上的字是用毛笔蘸上墨书写的，写错了字，将墨迹用刀刮削下去，然后再写上正确的字。日常书写习字，发现错字，也随时用水涂抹掉，再重新写上去，而不用书刀刮削。武威《仪礼》简上就留有用这种方法处理错字的痕迹。

（五）卷简成卷

编连成策的简可以折叠，至今未见实物。出土实物除散乱者外，多为卷起的策子，即以最后一根尾简为中轴，向前舒卷，像卷竹帘一样，卷成一卷，然后存放起来。做完这一道工序，才算完成了制作简牍书籍的全部过程。《永元器物簿》出土时，保持原来卷简成卷的形式。武威旱滩坡医简，有的已散乱，有的还保持卷的形式。其中一尾简写有“右治百病方”，字迹清晰，保存完好，这正是因为卷成卷后，它在中心，受到了外面简的保护。武威《仪礼》是后一简的末尾出现“毋自”二字的后写墨迹，这是前一简上的字墨迹未干，立即卷卷，被印上去的。《仪礼》简每一篇题和篇次并写于第一、二简背面，卷起后，正好露在最外边。收卷之后，需用包裹包起，或盛以筐箧，以免散乱。居延简中有“书箧一”的记载。《后汉书•贾谊传》说：“俗吏之务，在于刀笔筐箧。”筐箧相当于书帙，一般一卷为一帙。帙一直延用到纸写本时期。

（六）竹木简牍影响深远

正因为竹木简牍流行的时间超过千年，简牍制度是我国最早的书籍制度，因此其影响也极为深刻和长远。竹木的优点与甲骨、金石相比十分明显：一是取材容易，满山遍野，称得上价廉易得；二是整治刮削工艺简单，方便书写修改；三是可连缀成册，使容量加大，可以书写长篇宏论，既便于文化普及，又利于学术发展，这在中国文化发展史上是十分重要的。

直到今天，图书的计量单位仍称“册”，文章的计量单位仍称“篇”，许多从竹、从片、从木的字都与书籍有关，如籍、簿、笔、笺、笈、籀、版、牒、牍、本、札、检、榻、檄、椠、棨。还有不少词汇成语也反映了竹木简牍的深远影响。如尺牍、三尺法、版图、检署、杀青、汗青及罄竹难书、入木三分、学富五车、汗牛充栋、连篇累牍、断简残篇、怀铅提椠等。在由古至今的编辑出版史上由“版”和“本”组成的词汇更是举不胜举。就像策试、策论、政策等词的原义，也都是由古代殿试时皇帝把题目出在一个竹片上引申而来的。

相当长的一个时期，中国的书籍都是直排文字由上至下书写，从右到左排列，这种行文格式就来源于简策，未写好的简放在左侧，左手拿来，右手书写，写好的简顺序推向右侧，因而形成从右到左的编纂顺序，即使先编好的简策也就从右边开始，相沿成习。所以发展到卷轴制度、册页制度以后，还要在纸上打出宽窄与竹简差不多的行格。直到今天，中国还有相当一部分书籍采用这种排版方式。另外，像“赘简”之制与今天的衬页和环衬也有一定的渊源关系。

二、卷轴制度

卷轴制度是从简册制度中脱胎而来的，在帛书时开始产生成形，到纸写本时达到完善。后来又向册页制度过渡，有一个逐渐演变过程。

（一）卷轴制的形成

在竹帛并行时期，帛书与简牍虽然材料不同，但在形制上有许多相通之处。实物证明，帛书在版牍的影响下，形成帛卷，之后向卷轴制度过渡，到纸写本时达到完善。

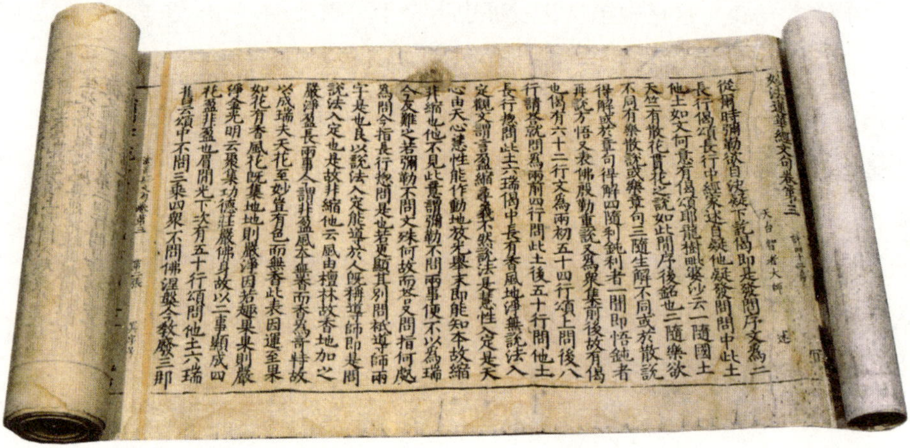

展开的卷轴：金刻《妙法莲华经文句》

为使各行文字书写整齐，帛书一般都仿照竹简的宽度用朱笔或墨笔画上界行。早期为手画，后来是用赤丝或墨丝在缣帛上织出，如同今日之稿纸，后人称之为“朱丝栏”或“乌丝栏”。帛书文字也是由上而下，从右到左。如有书题，也如简册大题在下，小题在上。题目前留有一段空白，如同“赘简”，目的是保护正文。

由于嫌帛质地柔韧，可以随意折叠或卷舒，卷的时候还需要一个轴，从考古实物可知，帛书形成卷轴大致可分三个步骤：一是折叠，长沙子弹库出土的缯书就是经过八次折叠，然后放在一个竹匣中。马王堆帛书有的用整幅帛写成，折叠成长方形，放在漆盒下层格子里。二是卷束，马王堆帛书中也有的用半幅帛写成，用一至二厘米宽的木片为轴，卷成一卷。这比起折叠前进了一步。因为折起的帛书，天长日久，折叠处容易破损断裂。三是卷轴，后来的轴不再是粗糙的竹木片，而通用漆木。皇宫贵族甚至用琉璃、玳瑁、象牙、珊瑚、黄金来做帛书的卷轴或轴头装饰，而且与卷子末端粘在一起，比卷子和宽度要长，卷起来轴头露在外面，十分考究。当然这种装帧在秦汉帛书中很少见，大都出现在造纸术发明后的南北朝至隋唐时代。

（二）卷轴制度的鼎盛时期

造纸术发明和普及后，中国图书逐渐进入到纸写书时代，这一时期从2世纪到10世纪之间，长达八九百年。初期的纸写书的形式，完全是模仿帛书的。纸大量应用后，从抄写到制卷，逐渐改进、发展，形成了一套完整的卷轴制度。所以，这个时期在图书史上又称为卷轴时代。

20世纪初，敦煌莫高窟藏经洞发现了总计大约4万多件的遗书。其产生的年代，大约上起南北朝，下至五代，即公元前420—960年这500多年的历史跨度内。这一时期正是纸写书的高峰期。这些遗书，有的就是简单的一些卷子，有的木轴犹存，为我们提供了大量的卷轴装图书的实物，证明了唐五代及唐五代以前，纸书的装帧形式，的确普遍流行卷轴装。

根据文献记载和发现的实物，我们可以对卷轴制图书的抄写格式和制作程序有一定的了解。

敦煌藏经洞内被斯坦因翻检盗掠的经卷

（1）古代的纸张有一定规格。晋代的纸高23—24厘米，长26—27厘米；唐代的纸高25—26厘米或26—27厘米，长40—43厘米或44—51厘米；五代时期的纸，大小规格不等。敦煌书卷实物和宋代苏易简《纸谱》所记，大致与上述相符合。

在古文献中，经常可以见到有关“黄纸”“黄卷”“入黄”（也作入潢）以及“染黄” 的记载，就是将纸用黄檗（柏）汁染过，颜色发黄味苦，可防虫蛀。敦煌卷子中就有不

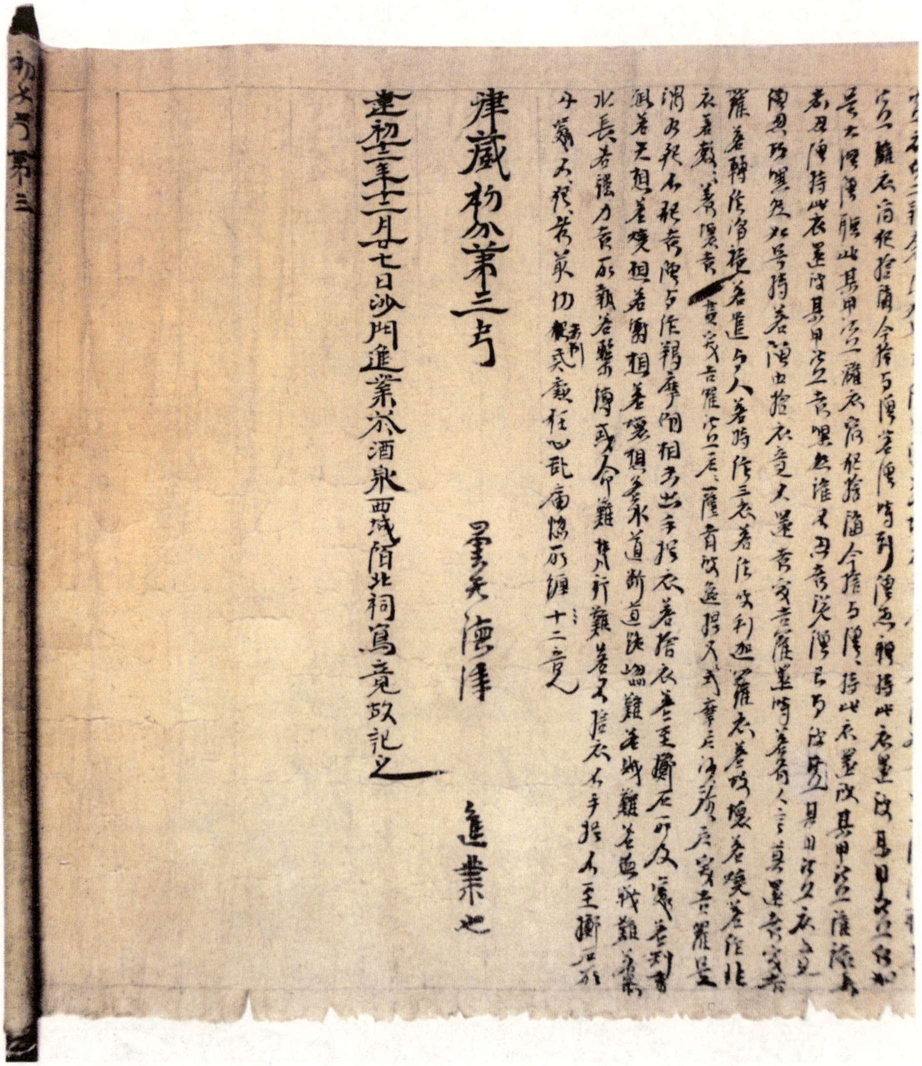

敦煌藏经洞发现的早期卷轴装：西凉建初十二年（416）写本《律藏初分第三》

少黄纸写本，保存良好。

写字纸上大都画出界行，四周的叫“边”或“栏”，合称“边栏”。各行直线，唐人称之为“边准”，宋人称为“界行”。也有的沿用帛书中的“朱丝栏”“乌丝栏”之称。

（2）抄写时，第一张纸起首空二行，先写篇名和书名，多数是小题在上，大题在下，一如简策帛书，然后写著作人姓名并附职衔。另起一行写正文。每抄完一书，在末尾另起一行再写书名、字数、抄写人姓名、抄写时间、抄写目的、用纸数字，甚至连校书人、审阅人、制卷人姓名也一一附记。是为“题记”，十分难得，后世图书的跋尾发端于此。敦煌保存的经卷，提供了上述的实证。内容长的书，一张纸容纳不下，

卷轴装《齐民要术》

再用第二张继续抄写。纸的一面写满后，反过来在背面处继续写。据向达先生《伦敦所藏敦煌卷子经眼目录》的统计，在近500卷的卷子中，有180多卷是两面书写的。

经书的注解有的写在纸卷背后，有的写在正面天头之上，叫作“眉批”，有的写在正文行间，叫“夹注”。为区别于正文，有的写小字双行，或用小字排单行，因容易出错，六朝以后又出现朱墨两种颜色写本，正文用朱笔，注解用墨书，这是后代套版印刷的先驱。

（3）一部用多张纸写完的书，按顺序接成一张长纸。长纸可先写后接，也可先接后写。用纸张和卷的长度视内容多少而定，短卷有两三张纸，长卷有十几张纸、几十张不等。写完书的长纸，从左向右卷成一纸卷。

（4）为保护纸卷不折皱和损毁，在最后一纸上粘接一根木条，称作“轴”，可以手执轴，向前舒卷。轴的长度超过纸的宽度，纸卷好后，两头露出轴头。一般用竹木作轴，考究者用各种贵重材料做露在外边的轴头，如象牙、琉璃、玳瑁、紫檀等。《隋书·经籍志》说隋炀帝即位之后，秘阁所藏之书，上品要用红琉璃轴，中品用绀琉璃轴，下品用漆轴。表明隋朝政府的藏书，其卷轴装潢已分出不同品级。

（5）为保护书的内容不受污损，在正文第一张纸前加粘一空白纸，考究者可用绢、绫等丝织品，称作“褾”“包头”或“玉池”。

（6）为避免纸卷散乱，褾的中间又系一根带子，用来捆扎卷子。

（7）为便于书卷的保存，并避免与他书混淆，每5卷或10卷用帙包裹起来，或盛之以囊。帙也称书衣，一般用布、帛来做，考究者用更高级的材料做帙。帙只包卷身，卷子轴头仍露在外。

（8）卷轴存放的方法是在书架上平放，把轴的一端向外，取阅时抽出，归还时插入，称为“插架”。

为区别书的内容和取阅方便，又在轴头上挂一个小牌子，上写书名和卷次，称作“签”。考究的用象牙制成，叫作“牙签”。唐代集贤院所藏四库图书，就分别用红、绿、碧、白四色牙签，区分经、史、子、集四部。如果不是精装，就用木、纸为签。唐代韩愈的《送诸葛觉往随州读书诗》中说：“邺侯家多书，插架三万轴，一一悬牙签，新若手未触”。描绘得便是一座插架宏富、装帧讲究、琳琅满目的私人藏书宝库。

这样，卷、轴、褾、带，连同帙、签等，就组成了卷轴制度。这种形制一直沿用到唐代中期才发生变化。

（三）卷轴制向册页制的过渡

1.经折装

卷轴形制比简牍制是一种进步，特别是它适合缣帛和纸的柔软特性。经过发展，逐步完善，到隋唐时代已发展到最高峰。但卷轴书也有缺点，如：制作手段复杂、麻烦，费时费工；在阅读时，要边读、边拉开、边卷，读完还要再卷回去，

清乾隆刻本梵夹装满文《大藏经》

经折装

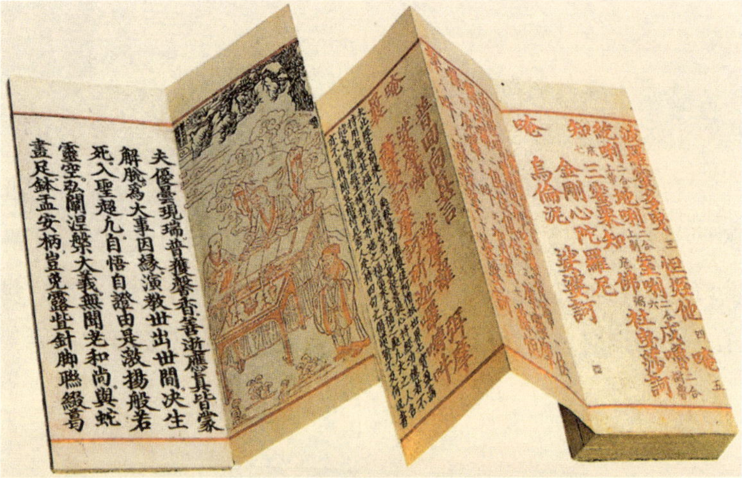

元刻经折装套印《金刚般若波罗密经》

很不方便。如果不是系统阅读，而是重点查阅某一章节或某一文句，就十分不便了。尤其是三国以后出现类书，隋代以后出现韵书，这类工具书都是供人随时查阅的，卷舒就困难了。这时，从印度传来了不少“梵夹装”的贝叶经，启发了我国学者，一长卷纸不一定非用轴卷起，可以一正一反地折叠成长方形，成为折子，再在其前后加上硬纸加以保护，就称为“经折装”。从外形上看，它已具备现代书册的形式了，只是有册无页。经折装免去了装轴、接褾等操作之劳，在翻阅时不用拉开和卷舒，即可随时翻阅，比卷轴方便多了。清代高士奇在《天禄识余》中说："古人藏书，皆作卷轴……此制在唐犹然。其后以卷舒之难，因而为折。久而折断，乃分为簿帙，以便检阅。"正是对这一关键性转变的客观描述。

1975年，香港中文大学出版了美国芝加哥大学教授钱存训先生的《中国古代书史》，披露了一幅经折本图版，经名为《入楞伽经疏》，共211叶，左右相连折叠为经折装。这是唐代佛经出现经折装的实物证明。

经折装的书，在唐代以后还继续使用。英国人斯坦因在他的《敦煌取书录》中，曾描绘过一件五代经折装的印本佛经。他说："又有一小册佛经，印刷简陋……书非卷子本，而为折叠而成……折叠本书籍，长幅连接不断，加以折叠……最后将其他一端悉行粘稳。于是展开以后甚似近世书籍。是书为乾祐二年，即纪元后九四九年也。"这表明，在五代时期，一些印刷而成的佛经装帧形式也是经折装。经折装从宋代以后保存下来的印刷本藏经中，还能看到。可见延续时间之长。

2.旋风装

经折装也有缺点，就是阅读时容易散开成为长长纸条，并容易散开或撕裂，于是出现了旋风装。根据文献上的描述和现在保存于故宫博物院的一件唐写本《王仁昫刊谬补缺切韵》来

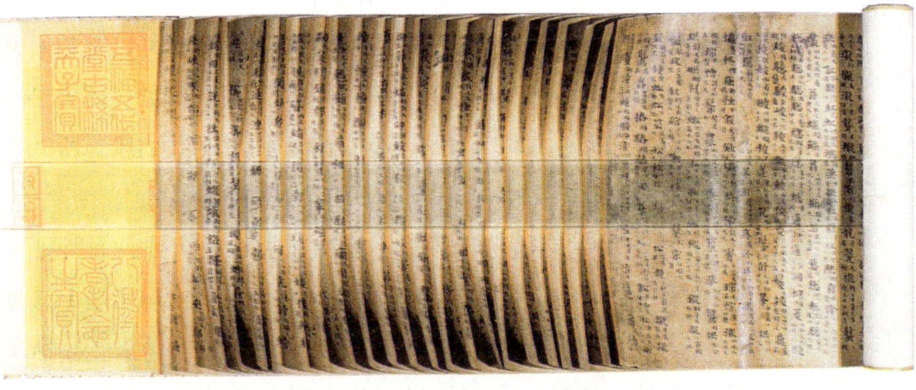

旋风装唐写本《刊谬补缺切韵》

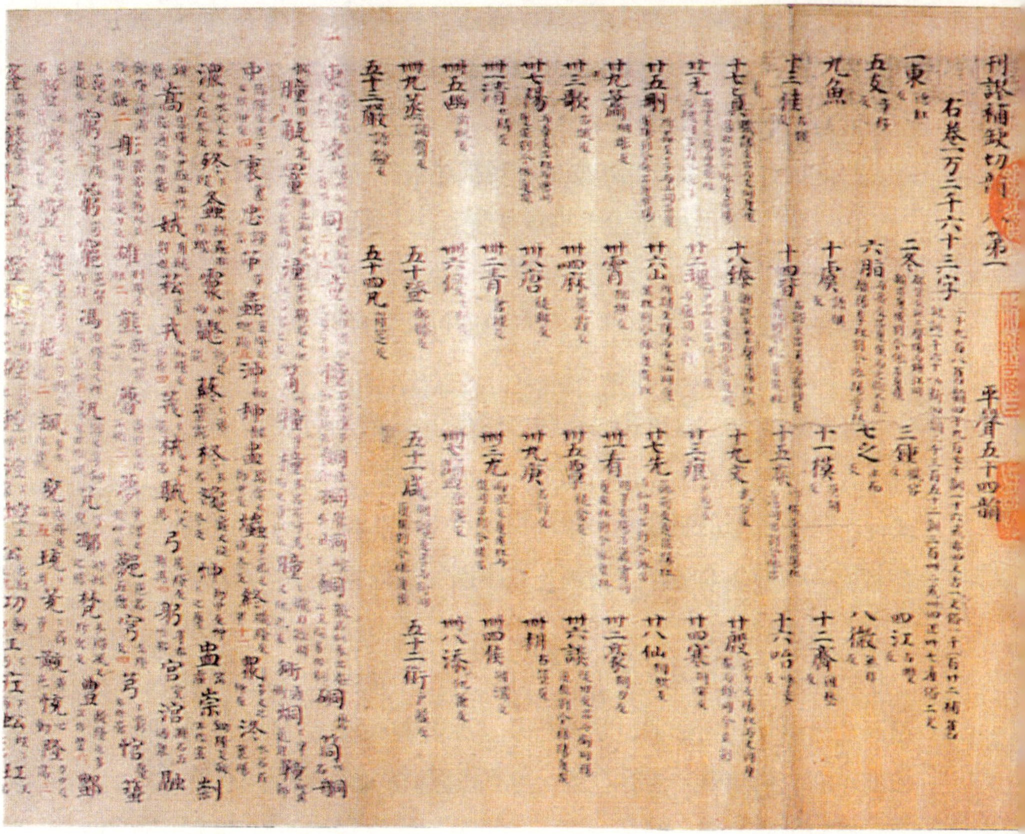

唐写本《刊谬补缺切韵》末页局部

看，旋风装可能有两种方法：

一种是将经折装的书，用一整张纸，一半把书的第一页粘起来，一半把书的最后一页粘起来，等于用一整张纸把书从第一页到最后一页连书背一起包裹起来，这样就可以避免散开了。这种方法装成的书，从第一页，翻到最后一页，还可再连接翻到第一页，回旋反复，不会间断，而且迅急如风，所以称“旋风装”，这是经折装的改进形式。

另一种形式是把单张纸不再粘成长纸去折叠，而是把一张一张写好了的书页按顺序先后鳞次相错粘到一整张纸上。然后将整纸卷成卷子，外形上仍保留卷子的形式。《玉堂嘉话》等古文献上的描述和上面提到的唐写本《王仁昫刊谬补缺切

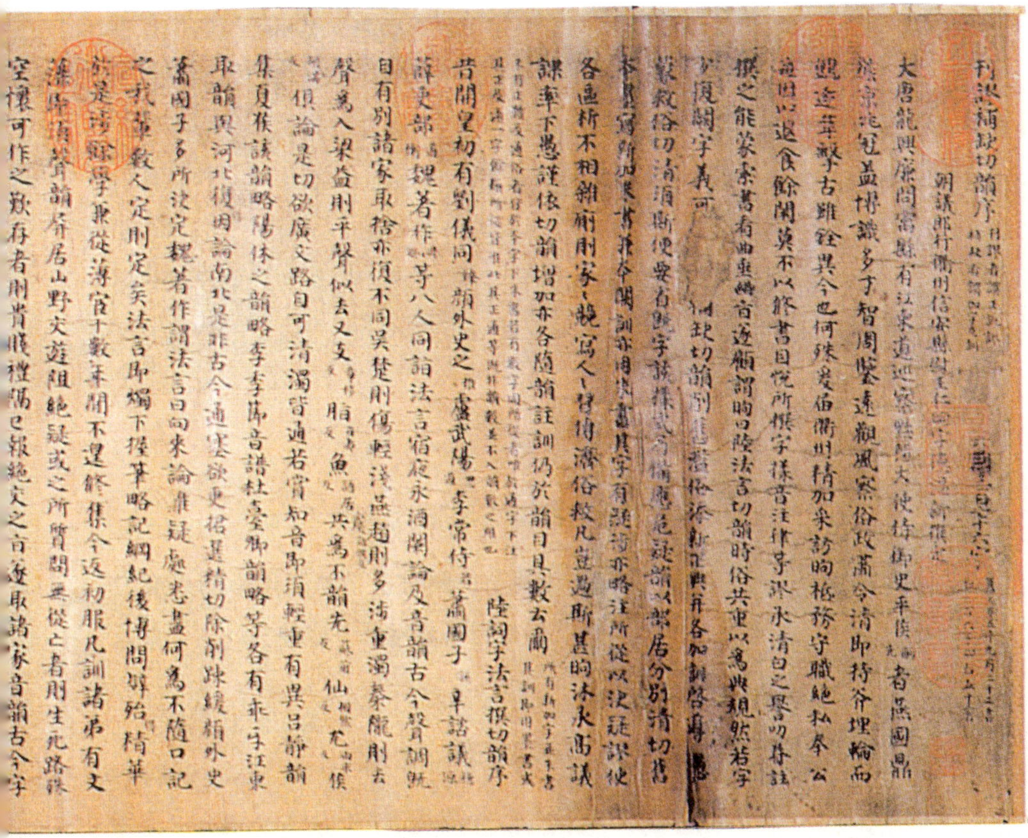

韵》，都可证实这种形制的存在。这种有叶（页）无册的形式也称“龙鳞装”。马衡先生曾对唐写本《王仁昫刊谬补缺切韵》的装式有所描述，他说：

> 1947年秋，故宫博物院收得唐王仁昫《刊谬补缺切韵》一卷，为海内佚书。其装潢虽为卷子，而内涵散页二十四页。盖以两纸裱成一页，故两面有字。其装为卷子也，则以第一纸裱于卷内。自第二页起，仅以页之一端黏着卷上，以次错叠，如鱼鳞然，卷子则成卷轴，不见散页之迹。……盖即龙鳞装也。[①]

① 马衡：《凡将斋金石丛稿》，第274—275页，中华书局1977年版。

经折装和旋风装都是从卷轴装发展演变过来的，它们比卷轴装有所改进，但仍保留着卷轴的某些特点。它们的出现，反映着书籍制度由旧形式向新形式的发展、过渡。如果把单张的书页与折叠成的册子两种形式结合起来，就意味着一种更新的书籍形式——以散页装订成册的书籍出现了。成册书的出现是同印刷术的应用相辅相成的。五代时印的监本九经就以册为单位。它标志着我国的图书发展历史进入了一个崭新的阶段——印本书时代。

三、册页制度

唐代是写本书的鼎盛时期，同时也是雕版印书的兴起之时。宋统一后，雕版印书业得到空前发展。这种书籍制作方式

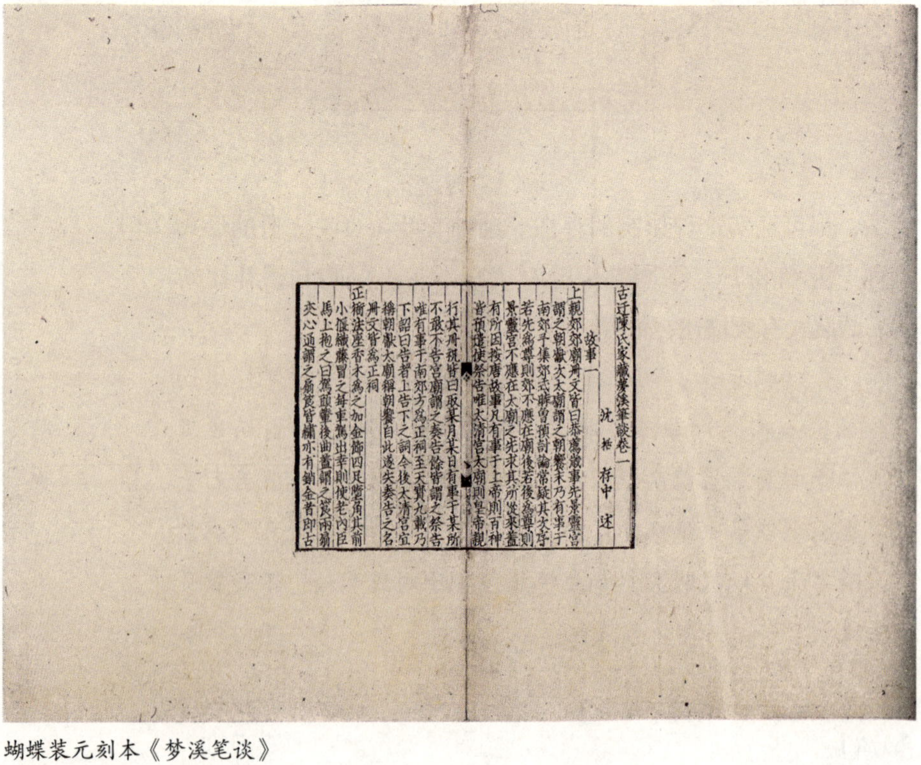
古迂陳氏家藏夢溪筆談卷一
沈括 存中 述
故事一
上親郊郊廟冊文皆曰恭薦歲事先景靈宮
謂之朝獻次太廟謂之朝饗末乃有事于
南郊予集郊式時曾預討論常疑其次序
若先為尊則郊不應在廟後若後為尊則
景靈宮不應在太廟之先求其所從來蓋
有所因按唐故事凡有事于上帝則百神
皆預遣使祭告唯太清宮太廟則皇帝親
行其冊祝皆曰取某月某日有事于某所
不敢不告宮廟謂之奏告餘皆謂之祭告
唯有事于南郊方為正祠至天寶九載乃
下詔曰告者上告下之詞今後太清宮宜
稱朝獻太廟稱朝饗自此遂失奏告之名
冊文皆為正祠
正衙法座香木為之加金飾四足墮角其前
小偃織藤冒之每車駕出幸則使老內臣
馬上抱之曰駕頭輦後曲蓋謂之筤兩掖
夾心通謂之扇筤皆繡亦有銷金者即古

蝴蝶装元刻本《梦溪笔谈》

的改变，必然引起书籍装帧形式的相应变化。从唐末至宋初，随着印本书逐步取代写本书，册页制也逐步代替了卷轴制。清人钱曾曾言：“自北宋刊本书籍行世，而装潢之技绝矣。”正反映出书籍生产方式的变革对装帧形式变化的深刻影响。

所谓册页制，就是积累许多单页装订成为一册。雕版印刷的一版恰好印出一页，册页形式最适合印刷术的要求。我国最早的册页制度是蝴蝶装。蝴蝶装是由旋风装演变而来的。后来，蝴蝶装又发展为包背装，然后再变为线装。在机械化印刷术传到中国以后，书籍逐渐变为平装和精装。这是我国册页制度所经历的几次变化。

（一）册页制的形式

1.蝴蝶装

蝴蝶装又称“蝶装”，因书页展开似蝶形而得名。蝴蝶装是宋代书籍装帧的主要形式。《明史·艺文志》记载：“文澜阁藏书皆宋元所遗，无不精美，书皆倒折，四周外向，虫鼠不能损”。这里所谓的“书皆倒折，四周外向”，指的就是蝴蝶装。

近人叶德辉在《书林清话》一书中曾描述蝴蝶装的装式说：“蝴蝶装者不用线订，但以糊粘书背，夹以坚硬护面，以版心向内，单口向外，揭之若蝴蝶。”其具体的装订方法，是先将每一印页由书口向内对折，即把有字的纸面相对折起来，与后来的线装对折方式恰相反，然后将每一书页背面的中缝粘连在一张裹背纸上，再装上硬纸，（有时用布或绫锦裱背）作封面，便成一册书。这种装帧，从外表看，好像现在的平装或精装书，打开时书页向两边张开，看上去仿佛蝴蝶展翅飞翔，所以称为蝴蝶装。

蝴蝶装的插架方法，很像近代精装平装书籍，而且比现在的插架方法更胜一筹。因为书衣是用硬纸，所以可以直立。书名及卷次写在书根上，插架时书背向上，不怕尘土，既经济耐用，又美观雅致。

蝴蝶装的特点是版心向内，单边向外，使书心得以保护。边角污损可以裁去，也不影响文字内容。因为它是糊贴的，没有穿孔，易于改装。这些都有利于保护图书。蝴蝶装虽然在保护图书方面有它自己的优点，但却给阅读带来了不便。由于书页都是单层的，纸较薄，印刷面容易粘连，阅读时往往是先见到纸背，而且读一页，必须连翻两页才能继续读下去，很不方便。于是就出现了包背装。

2.包背装

包背装就是把书页背对背地正折起来，使文字面向外，把版口作为书口，将书页的两边粘在脊上，再用纸捻穿订，外加书衣绕背包裹。这种装订的方式，基本上和蝴蝶装相同，但经过书页正折，版心向外，使页页文字相连，便于阅读。这种装

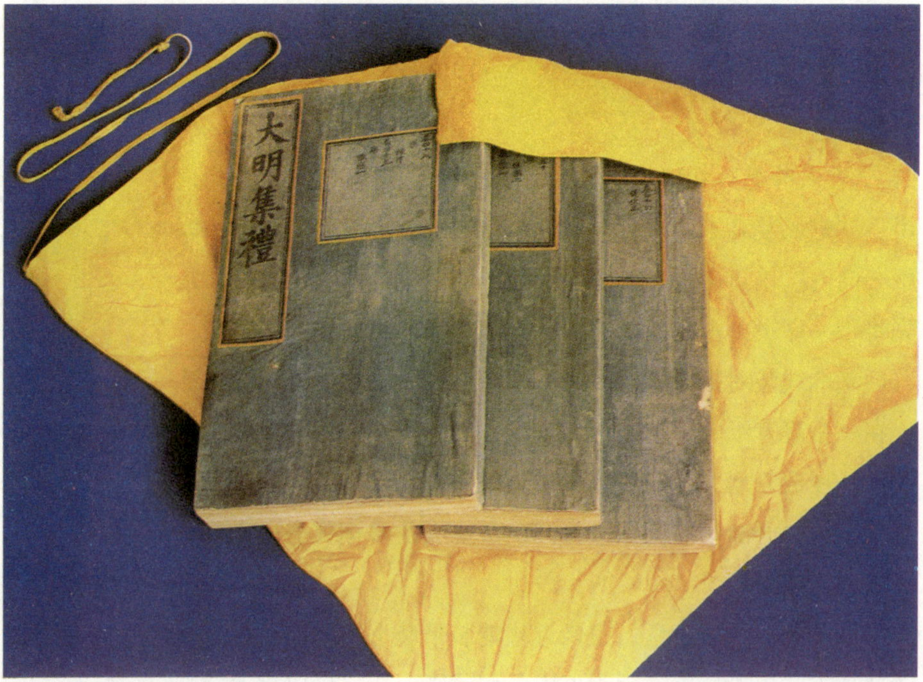

包背装明嘉靖刻本《大明集礼》

帧由于主要是包裹书背，所以称为包背装。胡应麟《少室山房笔丛》说“凡装，有绫者、有锦者、有绢者、有护以函者、有标以号者”。说明包背的材料和外表装饰是非常讲究的。

包背装大约起于南宋后期，今见包背装的早期样品则为元代装帧本。这种装帧法一直沿用到明朝中叶以后。著名的《永乐大典》就是包背装。《永乐大典》为明代巨帙，原书11095册，开本很大，用包背装。书高一尺七寸，宽一尺。书以黄绫为书衣，硬面宣纸，朱丝栏，每半页8行，每行大字15，小字30，朱笔句读。

3.线装

线装书是明代中叶出现的。用线订书似乎很早，敦煌遗书中就有线订书，但为数极少，而且和后来的形式不同。线装是从包背装演变而来的。仍是书页正折，文字向外，版心为书

线装

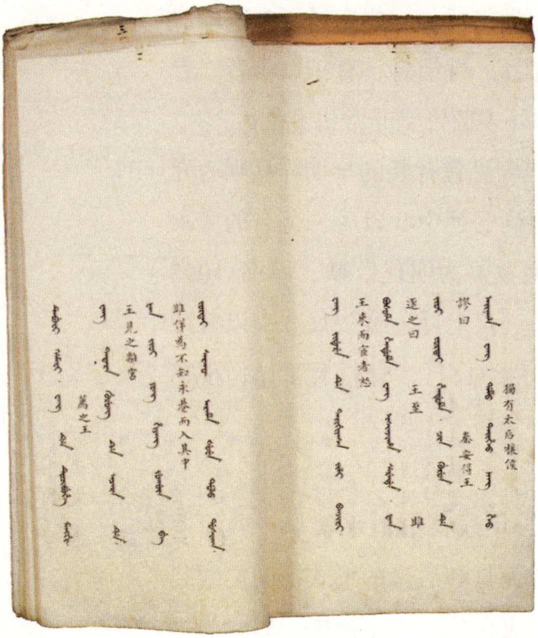

满文毛装书

口，把包背装的整封面换为两张半页的软封面，分置书身前后，把它连同书身一起打孔穿线订的方法，就是线装。线装一般是在书上打四孔，称为四针眼装。较大的书，在上下两角各加打一眼，就成为六针眼装了。讲究的线装，有时用缯、绢之类包起上下两角，称包角装。这主要是为了美观，也有护书作用，但在潮湿地区容易致霉生虫。另有一种线装书，称为毛装，即书页折齐，打眼下捻以后不下裁切。其用意由二：一为初印红、蓝本表示新印；二是准备由污损时可以裁切，仍如新装。这种装订所见以清代武英殿刻书为最多。

比起其他装帧制度，线装书的装帧形式具有无可比拟的优点。正如李致忠先生所评价的：

> 在我国书籍传统装帧技术史上是集大成者，是最进步的。它既便于翻阅，又不易破散；既有美观的外形，又很坚固实用，所以它流行的时间也有几百年。直到今天，若是用毛边纸、宣纸影印古籍，其装帧还常常采用这种方式。看上去古朴典雅，庄重大方。[①]

线装书的出现，是我国古代书籍装帧技术发展的最后阶段。清代中叶以后，我国逐渐采用了机械化的新式印刷术，随

① 李致忠：《中国古代书籍史话》，第144页，商务印书馆1996年版。

着印刷术的变化，产生了图书的平装和精装。

（二）古书的版式

我国雕版印刷的书都是单面印刷的，为便于装订，每一印页都有一定的格式，也称为版式。古籍单页版式包括版面、版框、界行、版心、鱼尾、象鼻、天头、地脚、书耳等名称。

版面：一块版所占的面积为“版面”，也叫“框郭”。

版框：版面四周的黑线叫“版框”，也叫“栏线”或“边栏”。四周单线印的叫“四周单边”，或叫“单边栏”；四周双线印的叫“四周双边”，或叫“双边栏”。双线一般是一粗一细（外粗内细），故又称它为“文武边栏”。

界行：版面内分行的直线，叫“界行”，又叫“边准”。

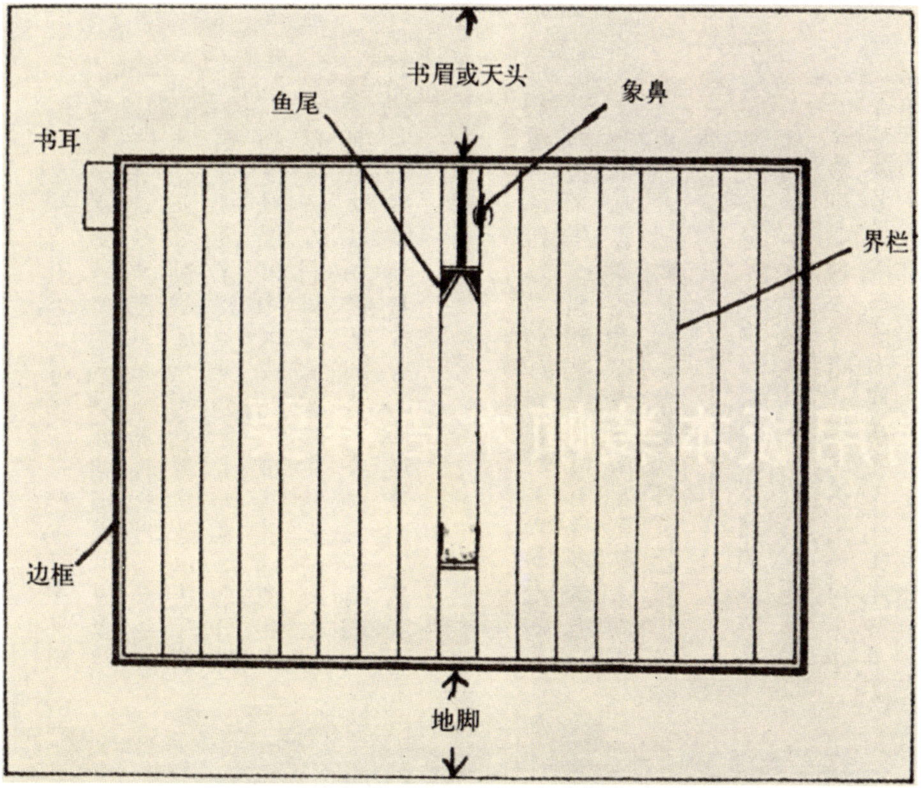

古书版式

用墨画的黑界行，称“乌丝栏”；用朱画的红界行，称“朱丝栏”；蓝色的界行，称“蓝丝栏”。界行极细如丝，故以“丝”字形容之。有些书不分界行，不分界行的称“白文”。

天头、地脚：在每张印纸上，版面以外的部分，其在上的称“天头”，其下的称为“地脚”，合称“天地头”；左、右部分都称为“边”。

版心：版面的中心有较窄的一行，叫“版心”，也称“版口”。

鱼尾：在版心中间距离上边约四分之一的地方刻有一个像

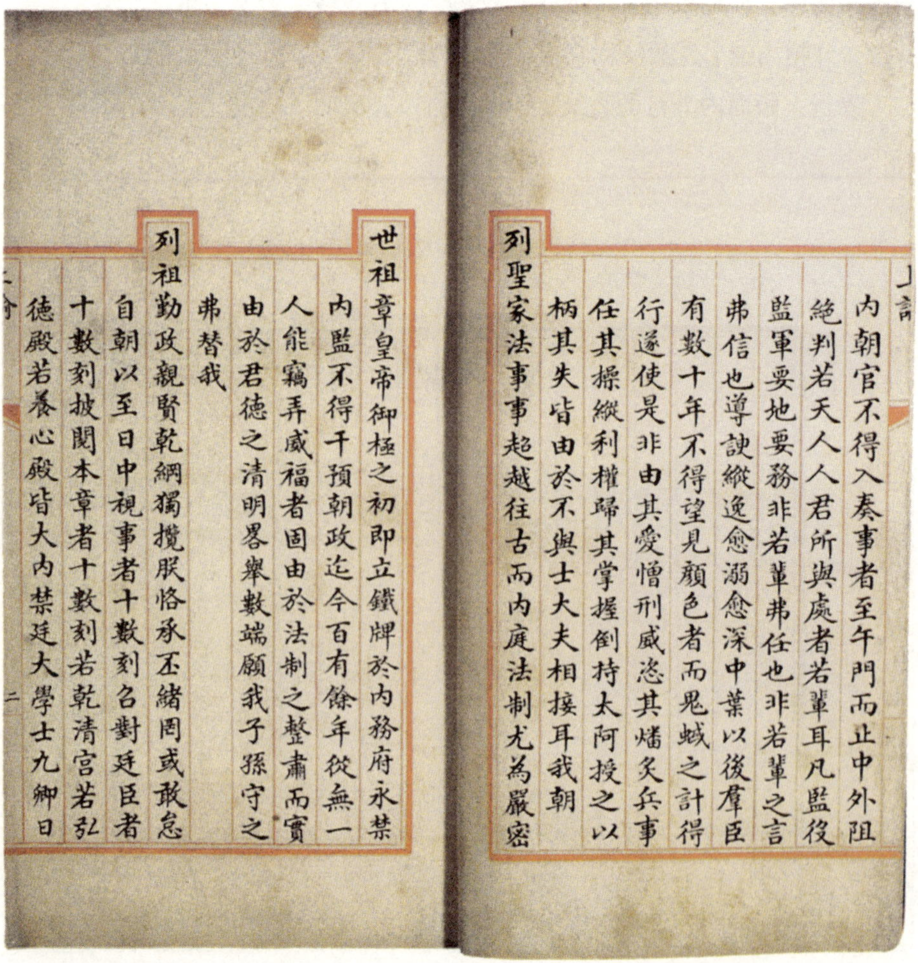

清乾隆朱丝栏写本《国朝宫史》

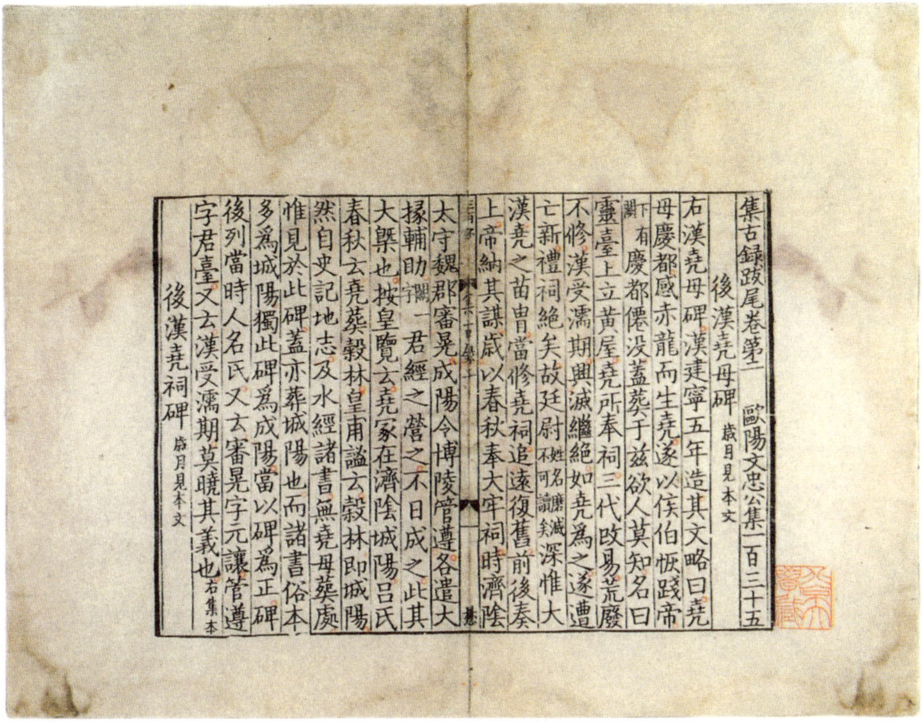
集古録跋尾卷第一　歐陽文忠公集一百三十五
後漢堯母碑　歲月見本文
右漢堯母碑漢建寧五年造其文略曰堯
母慶都感赤龍而生堯遂以侯伯㤟踐帝
闕下有慶都僊没蓋葬于兹欲人莫知名曰
靈臺上立黄屋堯所奉祠三代改易荒廢
不修漢受濡期興滅繼絶如堯為之遂遭
亡新禮祠絶矣故廷尉不知姓名諱滅深惟大
漢堯之苗冑當修堯祠追遠復舊前後奏
上帝納其謀歲以春秋奉大牢祠時濟陰
太守魏郡審晃成陽令博陵管遵各遣大
掾輔助闕字一君經之營之不日成之此其
大槩也按皇覽云堯冢在濟陰城陽吕氏
春秋云堯葬穀林皇甫謐云穀林即城陽
然自史記地志及水經諸書無堯母葬處
惟見於此碑蓋亦葬城陽也而諸書俗本
多為城陽獨此碑為成陽當以碑為正碑
後列當時人名氏又云審晃字元讓管遵
字君臺又云漢受濡期莫曉其義也右集本
後漢堯祠碑　歲月見本文

蝴蝶装宋眉山刻本《欧阳文忠公集》

鱼尾似的图形，叫“鱼尾”。有时版心下方与上方对称的地方也刻有鱼尾。只刻有一个鱼尾图形的称为“单鱼尾”，刻有两个的称为“双鱼尾”。鱼尾将版心分为三个部分了；其中间部分一般用来题写书名、卷次、页数；其上部原是刊刻页数的，后来把中间的书名移此，也有在此刊刻出版者名称的；下面的部分原来是刻印刻工姓名的，后多记出版者名称或丛书总名。

象鼻：版心中鱼尾上下到版框之间的部分叫“象鼻”。象鼻中印有墨线的称为“黑口”，黑线较细的称为“细黑口”（或“小黑口”），黑线较粗的或全黑的称为“粗黑口”（或“大黑口”）。象鼻中没有黑线和文字的，则称为“白口”。版心中的黑线和鱼尾是折叠书页的标记。因为版刻书都是单面印刷，装订时书页需要折叠。

书耳：在版框两边边栏外之上角，有时有一小方格，称为“书耳”或“耳子”。书耳上多记书的篇名（小题）。

（三）古书的结构

把一张张单页装订成册，便是一册书。其结构就是指它的外在形式和内容的各个组成部分。

1. 古书的外形结构

古书的外形结构包括书衣、书签、护页、封面页、书脊、书口、书脑、书首、书根、包角等。

书衣：即书的前面封皮，所以又叫“书皮”或“护封”，现在把它叫“封面”。书衣通常用的是一种较硬的有色纸，是用以保护书的，类似人们穿衣护体一样，故名。

书签：是书衣上所粘贴的用以题写书名的纸签。因为它是

清乾隆写本《石渠宝笈》线装书籍包角

贴在书衣上的，所以又称“浮签”，以区别于卷轴书用的“挂签”。书签常常请名人或师长题写。

护页：又称“副页”“扉页”。是书页内所加的一张空白衬纸，是为了保护书页而加的。有的地方常采用一种特制的纸作护页。如广东多用万年红纸作护页，因为此纸既美观，又可防虫、防潮。

封面页：古籍的“封面”，是指护页之后的第一页，即今之书名页，也叫“内封面”或“内封大题”。其上题有书名，常为名家手笔。

书脊：指书的背脊，即一本书装订的一端。也称“书背”。

书口：与书脊相对的一端。

书脑：线装书打眼穿线的地方。今精装书穿线订口处也称“书脑”。因为打孔穿线是装订中关键性的工序，故称。

书首：也称“书头”，指书籍上端的切口。

书根：也称“书足”，指书籍下端的切口。

包角：用细绢所包订线一侧上下之角，既美观又有保护作用。

2.古书的内容结构

古书的内容结构主要有以下部分：

序：亦作“叙”“引”，

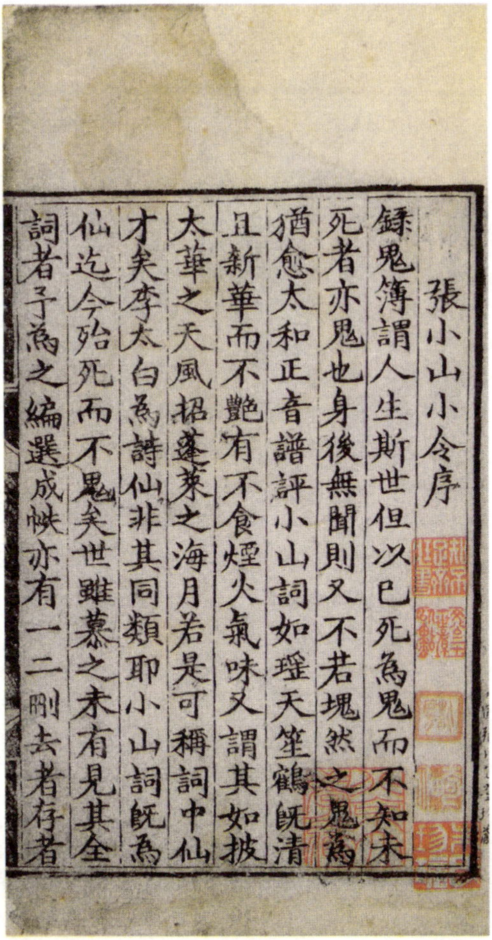
張小山小令序
錄鬼簿謂人生斯世但以已死為鬼而不知未死者亦鬼也身後無聞則又不若塊然之鬼為猶愈太和正音譜評小山詞如瑤天笙鶴既清且新華而不艷有不食煙火氣味又謂其如披太華之天風招蓬萊之海月若是可稱詞中仙才矣李太白為詩仙非其同類耶小山詞既為仙迄今殆死而不鬼矣世雖慕之未有見其全詞者予為之編選成帙亦有一二刪去者存者

明刻《张小山小令·序》

正文前说明著述或出版意旨、编次体例及作者情况等方面的文字，分作者所写的“自序”和他人所写的“他序”。这类文字置于书后，则称“跋”，也称“后序”。序和跋相当于现代图书中的“前言”和“后记”。

凡例：说明著作内容和编纂体例的文字，又称“例言”或“发凡”，一般放在正文之前。

目录：也称“目次”，一书内容标题的汇集，置于正文前，序文和凡例之后。

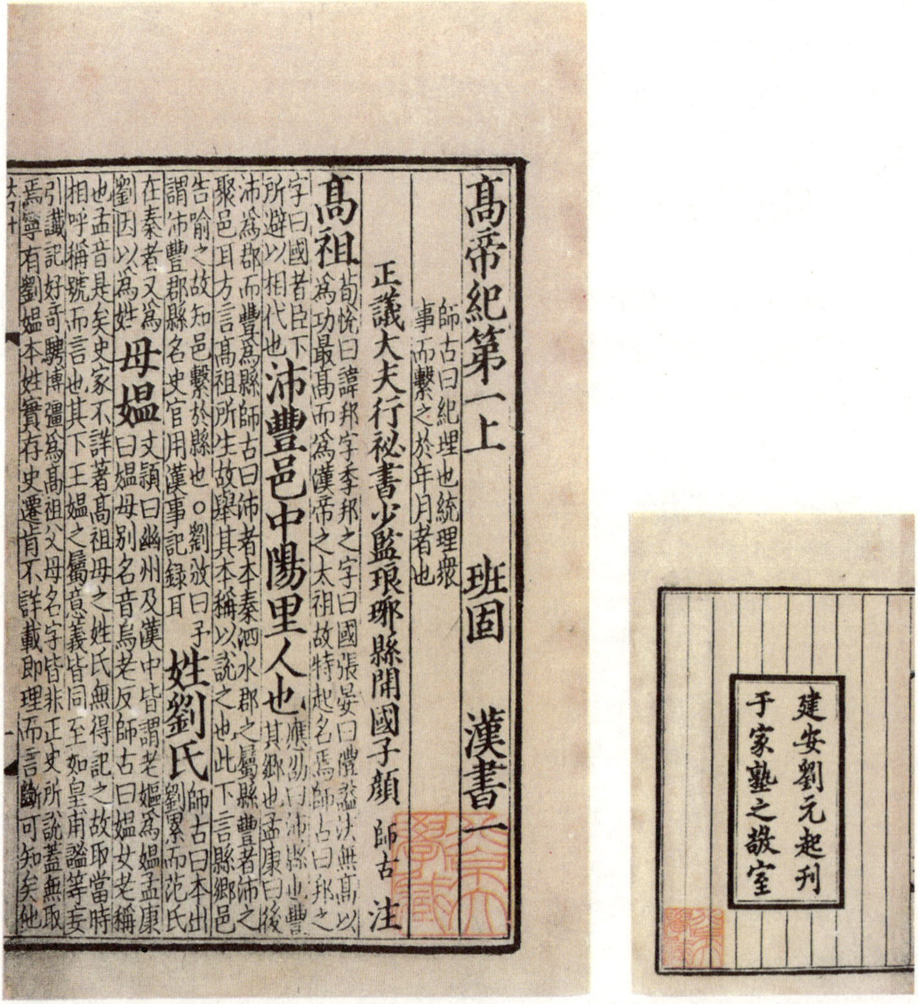
高帝紀第一上　班固　漢書一
師古曰紀理也統理衆事而繫之於年月者也
正議大夫行祕書少監琅琊縣開國子顔師古注
高祖荀悅曰諱邦字季邦之字曰國張晏曰禮謚法無以為功最高而為漢帝之太祖故特起名焉師古曰邦之字曰國者臣下所避以相代也沛豐邑中陽里人也應劭曰沛縣也豐其鄉也孟康曰後沛為郡而豐為縣師古曰沛者本秦泗水郡之屬縣豐者沛之聚邑耳方言高祖所生故舉其本稱以說之也此下言縣鄉邑告喻之故知邑繫於縣也○劉攽曰予謂沛豐郡縣名史官用漢事記錄耳姓劉氏師古曰本出劉累而范氏在秦者又為劉因以為姓母媼文穎曰幽州及漢中皆謂老嫗為媼孟康曰媼母別名音烏老反師古曰媼女老稱也孟音是矣史家不詳著高祖母之姓氏無得記之故取當時相呼稱號而言也其下王媼之屬意義皆同至如皇甫謐等妄引讖記好奇騁博彊為高祖父母名字皆非正史所說蓋無取焉寧有劉媼本姓實存史遷肯不詳載卽理而言斷可知矣他

建安劉元起刊于家塾之敬室

宋刻《汉书》及其牌记

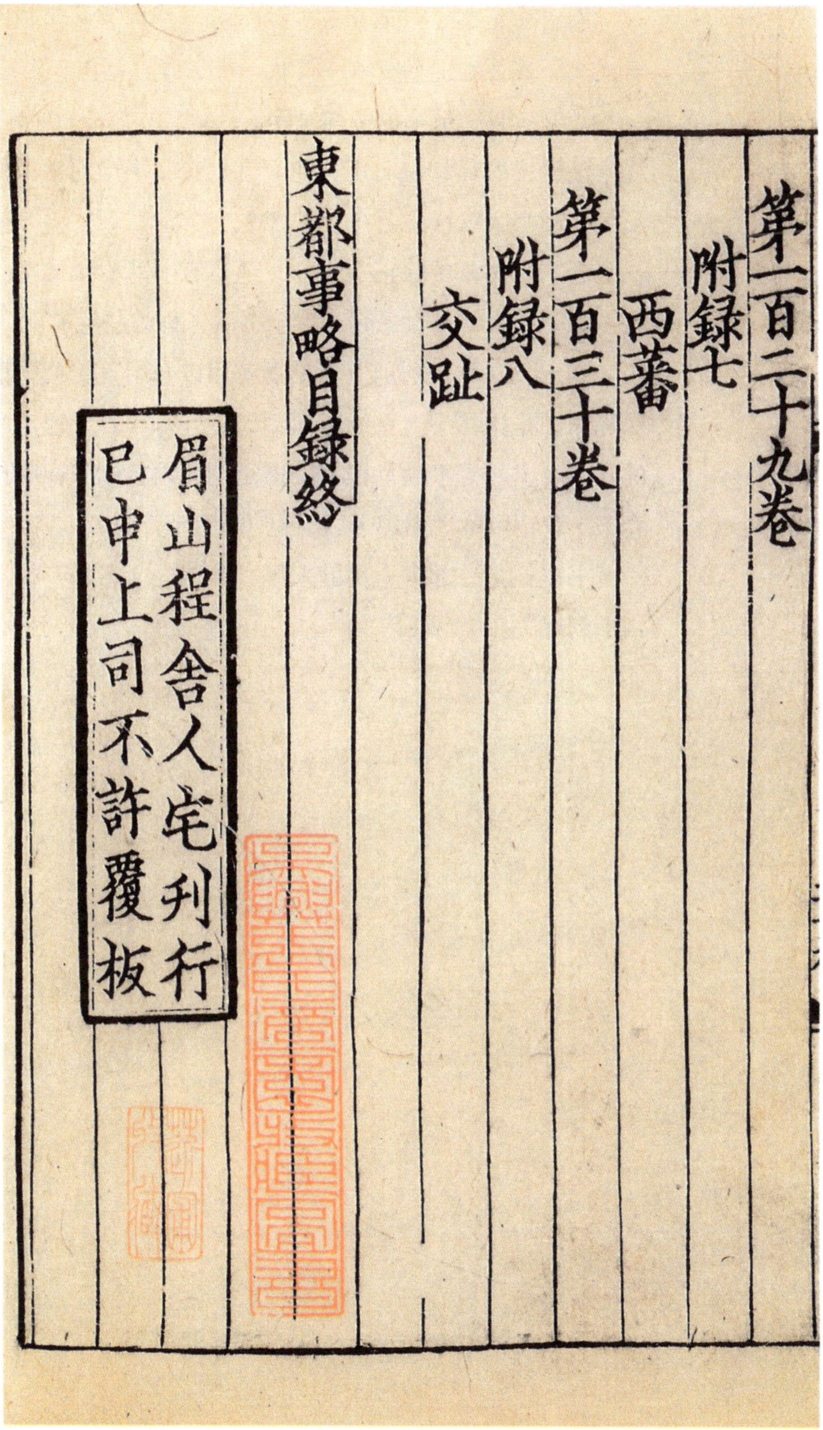

宋刻《东都事略》牌记

卷首：正文之前独立成卷的部分。其内容多是圣谕、先人著述文字或著者生平资料（行状、神道碑、墓志、传记等）。

正文：是一部书的主体文字。

注释：解释和说明正文的文字。在古书中通常采用夹注的形式，用小字双行注记在正文之中。

卷末：古籍中除正文之外，还常有一些附录文字，一般是较多的附录文编排在一起，附于书后，称为“卷末”。

牌记：又称“刊记”，刻书者用以介绍宣传刻书情况的特殊标识，是指在书名页的背面刻印上刊行年月、地点和刊行人的姓名、堂号等事项。也有的书是把此内容刻印在序目之后或卷末。牌记俗称“书牌子”，也叫“木记”。

书尾：指一部书全文的末尾，结尾的文字如有缺文，俗称“不到尾”。

第五讲
中国古代图书的印刷出版系统
——三大系统　流通出版

藏书不如读书，读书不如刻书，读书只以为己，刻书可以泽人。上以寿作者之精神，下以惠后来之沾溉。视区区成就一己之学业者，其道不更广耶？

——清·张海鹏（黄廷鉴：《朝议大夫张君行状》）

凡有力好事之人，若自揣德业学问不足过人，而欲求不朽者，莫如刊布古书一法。但刻书必须不惜重费，延聘通人，甄择秘籍，详校精雕。刻书不择佳恶，书佳而不雠校，犹糜费也。其书终古不废，则刻书之人终古不泯……且刻书者，传先哲之精蕴，启后学之困蒙，亦利济之先务，积善之雅谈也。

——清·张之洞：《劝刻书说》

伟大的文明必定拥有灿烂的文化，而灿烂的文化须借图书得以彰显其非凡的魅力。中华文化源远流长、文献典籍浩渺如烟，毫无疑问的是，官刻、家刻、坊刻三足鼎立的古代出版系统起到了关键作用。官刻、家刻整理文献、流传经典、嘉惠后人，坊刻以盈利为先但也惠泽世人，这两种精神流传至近代则演化为启蒙与实业两大出版理念。

——邢鹏：《〈老出版人肖像〉：出版史的万花筒》

中国是出版印刷事业最先发达最早普及的国家。印刷术发明以后，中国的刻书事业随即兴起，早在唐五代时期就奠定了政府刻书、私家刻书和书坊刻书三大主要出版系统的基础，而且还有寺观和书院刻书两支不可忽视的力量。从而形成了中国古代特有的图书出版体系。这几大刻书系统各具特色，其功能分别类似于今日的政府出版、私人出版、民营出版、宗教出版和学术出版。在长期的发展过程中，都为古代的图书事业做出了不同的贡献，在文化典籍的传播和保存，文化知识的普及和延续方面起到了不可估量的作用。限于篇幅，本章主要讲述政府刻书、私家刻书与书坊刻书。

一、政府刻书

政府刻书即我们通常所说的官刻，指的是中央国家机构以及地方各级行政文化机构出资或主办的出版印刷业。它又可分为中央和地方两大系统。中国古代的政府刻书始于五代，兴于宋元，盛于明清。鸦片战争后，政府刻书逐渐衰败，逐渐为近代的出版机构所取代。

（一）政府刻书的开始及意义

政府刻书始于五代冯道等人奏请刻印儒家“九经”。《五代会要》卷八记载：

> 后唐长兴三年（932）二月，中书门下奏请依石经文字刻《九经》印板，敕令国子监集博士儒徒，将西京石经

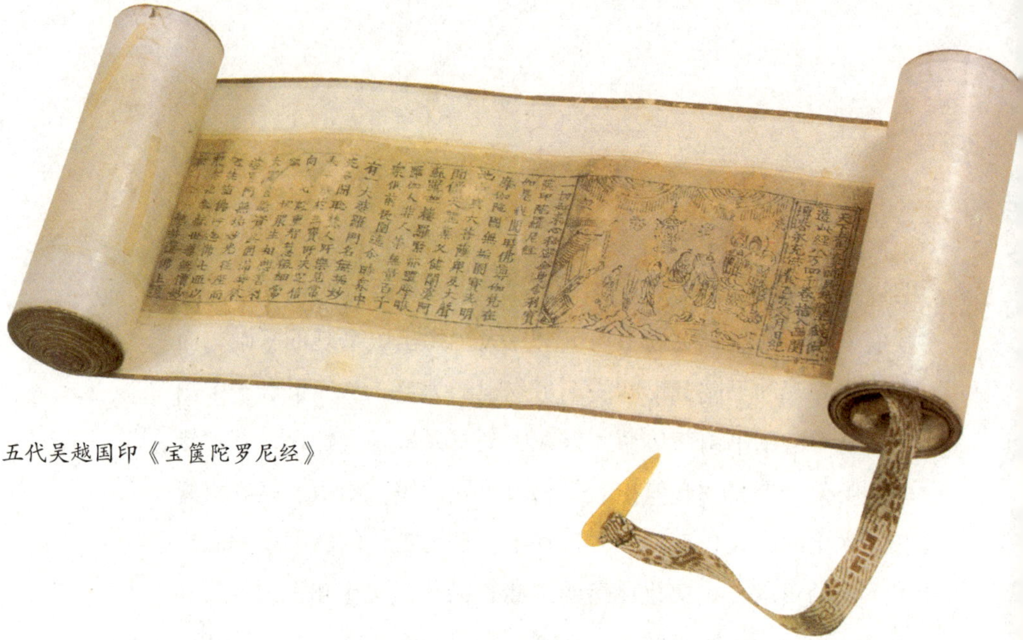

五代吴越国印《宝箧陀罗尼经》

本，各以所业本经句度抄写注出，仔细看读，然后雇召能雕字匠人，各部随帙刻印，广颁天下。如诸色人等要写经书，并须依所印敕本，不得更使杂本交错。

所谓中书门下奏请，是指冯道、李愚等人的奏请。《册府元龟》卷六百零八载其奏疏："尝见吴蜀之人，鬻印板文字，色类绝多，终不及经典。如经典校定，雕摹流行，深益于文教矣。" 据此可见，政府受了民间印刷书籍流行的影响，为标榜自己崇儒尊经，维持自己统治而采用印刷术刻印图书，从此便产生了政府刻书事业。所谓"九经"是指当时计划刻印的九种儒家经书，即《易》《诗》《书》、三礼（《周礼》《礼记》《仪礼》）、三传（《春秋左氏传》《春秋公羊传》《春秋谷梁传》）。这些经书直到后周广顺三年（953）六月才全部刻印完，一共花了22年时间，历经后唐、后晋、后汉、后周四个朝代。

五代政府雕印《九经》是我国图书发展史上一件非常重大的事件。其意义有三：

首先，我国书籍流通和文字传播方式开始进入一个新的阶段，即将由印刷方式代替过去的手抄、刻石等笨拙的方式。虽然唐代已出现了印刷术，但其使用仅限于部分地区，且只在民间流传，社会上通行的基本上还是手抄复制。到了五代，统治阶级由看不起印本书转为提倡雕印，这在中央集权的封建社会里的影响是巨大的。以后虽然社会上仍有写本书流传，但印刷事业开始以更快的速度向前发展，图书形式的主流开始由手写本进入印刷本时期。

其次，五代刻书开辟了雕印儒家经典之先河。经冯道等人的奏请，刻书范围由民间杂书上升到当时被奉为经典的儒家著作。这样，一方面提高了印刷术当时的地位，同时也更有利于它的发展。因为印刷术用以刻经，又有政府支持，在写、刻、校、印等方面上要求更精了。

最后，印刷术由民间进入官府，从此产生了政府的刻书事业，即官刻。中央刻书由国子监主持，书版也藏在国子监，所以其刻本称为“监本”。这个制度影响了以后几个朝代。宋代监本就是以五代监本为底本刻印的。宋人称五代监本为“旧监本”或“古京本”。

从数量上看，五代的官刻经书称得上是前所未有的大工程，既集国子监博士儒徒，又召雇能雕字匠人，动用了诸多人力，历时20余年。名为“九经”，实际雕印了12部经书，外加《经典释文》《五经文字》和《九经字样》等字书，所刊经数与唐《开成石经》相同，并增加了注文，采用了经文用大字、注文用小字双行的古代经注写本的旧式，一套书就有130册。

（二）两宋时期的政府刻书

宋代官刻分中央和地方两个系统。中央官刻机构很多，其中以国子监最为重要。宋初的出版业为政府所垄断，校勘及刻印统由国子监操办。国子监是中国封建社会的最高学府和教育、出版管理机关，也是中央刻书的主要机构，书版也藏在国子监，所以其刻本称为“监本”。

国子监所设刻书机构原称印书钱物所，北宋淳化五年（994），因其名称“近俗”，乃改为书库监官。其所刻印的书籍不但供皇帝作宣赐 之用，而且向士人出售。此外，还常常把版片租出去，让人们自备纸墨印刷。

国子监的刻书规模发展速度很快，据《宋史·邢昺传》载，景德二年（1005）夏，真宗亲至国子监检阅库书，问当时的国子祭酒邢昺雕刻出来的经书版片有多少，邢昺回答说；“国初不及四千，今十余万，经、传、正义皆具”。从960年建国至1005年不到半个世纪的时间里，国子监雕刻出的版片就增加了25倍。而这45年还仅仅是个开始。刻书最多的是北宋皇帝中在位最长的仁宗朝（1023—1063），包括1000卷的《太平御览》在内的许多大部头典籍都是那时雕印的。

宋朝国子监刻书内容四部皆备。除了翻刻五代监本十二经外，又遍刻九经的唐人旧疏和宋人新疏。正经正史全部由国子监镂版颁行后，还校刻了类书、医书、算书等子部书籍。尤其是医书，大量汉唐以来的重要医学典籍，如《黄帝内经》《素问》《金匮要略》《本草图经》《备急千金要方》等，从此大行于世。

靖康之后，宋高宗在杭州建立了南宋王朝。旧存国子监书版为金人抢走，一路上多遭毁弃。南宋新设立的国子监乃重雕经史。高宗绍兴九年（1139），诏令州郡取北宋国子监原颁善本，校对镂版印行。绍兴二十一年（1151），复诏令国子监寻访北宋五经监本镂版颁行。于是，九经三传、群经义疏、前四史、南北朝七史等经史典籍，于绍兴年间先后刊成印行。当时，有许多监本并非国子监自刻，而是把各地方所刻书版取来，放在监中，刊印书籍。所刻之书也称监本。

两宋监本有书名可考者，各达百十本以上。除了刻书规模大、数量多、地位高以外，监本最为人称道的是其刊刻质量的精审可靠。凡经批准刊刻的书籍，在交付镂版的过程中，必须经过三校，即先由负责校理的官员精加校勘，第一道校雠工作完毕后，送覆勘官，再复校一遍，然后送主判馆阁官，重加点校。三校官员的名衔印在全书卷末，以示对书籍的校勘质量负责。三校制度一直保留至今，是一种保证书刊出版质量的有效措施。

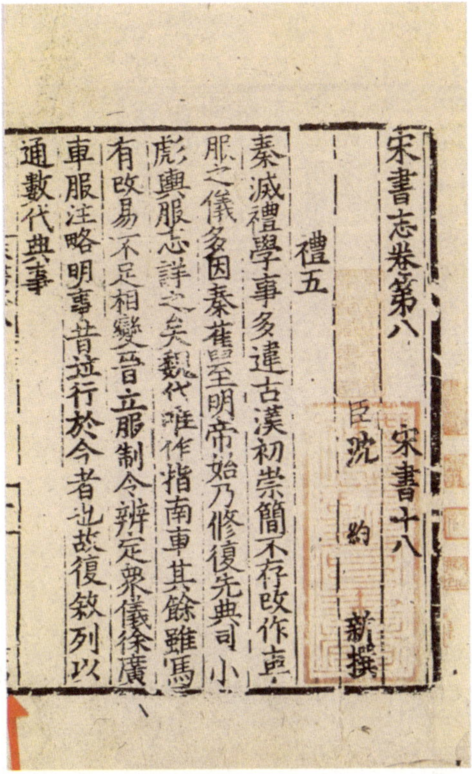
宋書志卷第八　宋書十八
臣沈約新撰
禮五
秦滅禮學事多違古漢初崇簡不存改作車
服之儀多因秦舊至明帝始乃修復先典司馬
彪輿服志詳之矣魏代唯作指南車其餘雖小
有改易不足相變晉立服制令辨定衆儀徐廣
車服注略明事旨並行於今者也故復敘列以
通數代典事

南宋绍兴间国子监刻本《宋书》

除国子监从事官刻之外，崇文院、秘书监、司天监和校正医书局等中央机构也都有刻印。

宋代地方官刻发展很快。北宋时，就形成了四川、浙江、福建三大刻书中心。到了南宋，刻书地区遍布全国。张秀民先生在《中国印刷史》中开列了《南宋刻书地域表》，所列地名183处。除部分为私、坊刻书外，绝大部分为地方政府刻书和书院刻书。地方刻书机构名目繁多，某些机构刻印图书还带有经营开发性质。

在众多的刻书机构中，“公使库”是最有特色的。所谓公使库，类似现在的官办招待所，本职是接待来往的官吏，为公使出差提供饮食住行方便的机构，遍布全国各地。其费用先是由老百姓负担，后又改由国家专门拨款。然而拨发的公使钱数

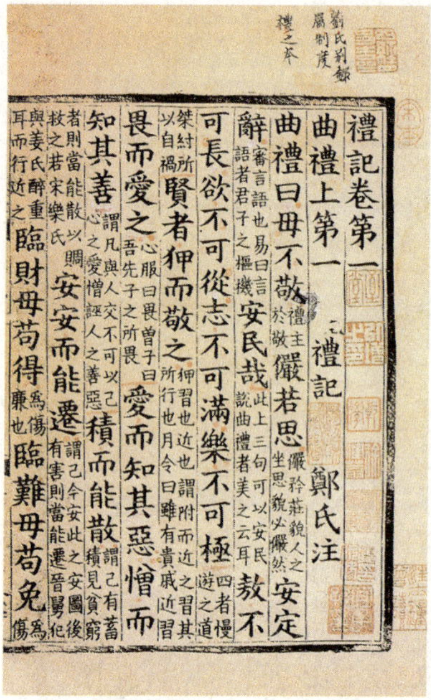

禮記卷第一
曲禮上第一 禮記 鄭氏注
曲禮曰毋不敬儼若思安定辭安民哉
敖不可長欲不可從志不可滿樂不可極
賢者狎而敬之畏而愛之愛而知其惡憎而知其善
積而能散安安而能遷臨財毋苟得臨難毋苟免

宋淳熙四年（1177）抚州公使库刻本《礼记注》

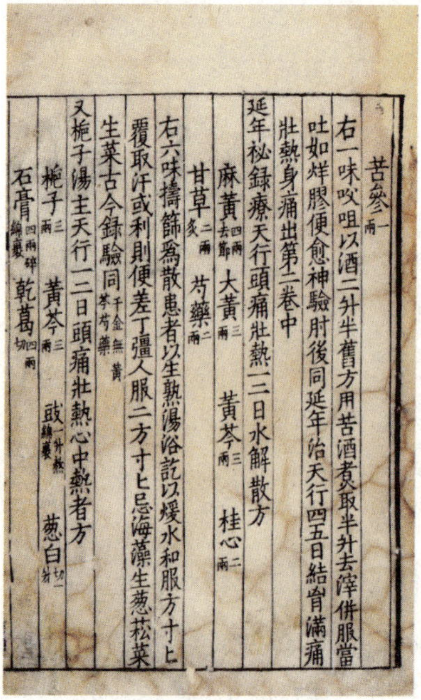

苦參一兩
右一味㕮咀以酒二升半舊方用苦酒煮取半升去滓併服當
吐如烊膠便愈神驗肘後同延年飴天行四五日結胷滿痛
壯熱身痛出第二卷中
延年秘録療天行頭痛壯熱一二日水解散方
麻黃四兩去節 大黃三兩 黃芩三兩 桂心二兩
甘草二兩炙 芍藥二兩
右六味擣篩爲散患者以生熟湯浴訖以煖水和服方寸匕
覆取汗或利則便差丁彊人服二方寸匕忌海藻生葱菘菜
生菜古今録驗同千金無黃芩芍藥
又梔子湯主天行一二日頭痛壯熱心中熱者方
梔子三兩 黃芩三兩 豉一升綿裹 葱白切一升
石膏四兩碎綿裹 乾葛四兩切

南宋初两浙东路茶盐司刻本《外台秘要方》

量有限，不敷使用，于是国家下令放开口子，允许公使库自找财源，补偿所需费用。这样一来，各州郡的公使库就各显神通，开当铺、煮酒、卖药，多种经营，开发财源。刻书卖书，搞出版发行，也是公使库广开财源的重要途径。据记载，仁宗嘉祐四年（1059），苏州知州王琪借用公使库钱修葺官署，无力偿还，于是拿出家藏杜甫诗集的善本，“俾公使库镂板，印万本，每部直千钱，士人争买之”，不但还清了工使库的钱，而且还有盈余，在当时被称为“文雅之事”。据叶德辉《书林清话》载，宋朝有名的公使库多达10余处，公使库内往往设有印书局，专门刻印书籍。用地方政府公使库钱刻印的图书总称“公使库本”。

除公使库以外，南宋地方各类官署如茶盐司、漕司、转运司、计台司、提刑司以及各州学、军学、郡学、县学和书院也都有刻书。

宋代的刻书对中国和世界文化的发展有着深刻的影响。直到今天，我们的书籍形态上仍可找到宋版书的痕迹。宋版书的字体是后世各种印刷字体的源始。北宋毕昇发明的活字印刷术，对全世界的出版事业有着极大的影响。北宋初年雕印的“开宝藏”，曾多次赠送辽、西夏、朝鲜、日本、越南，在这部

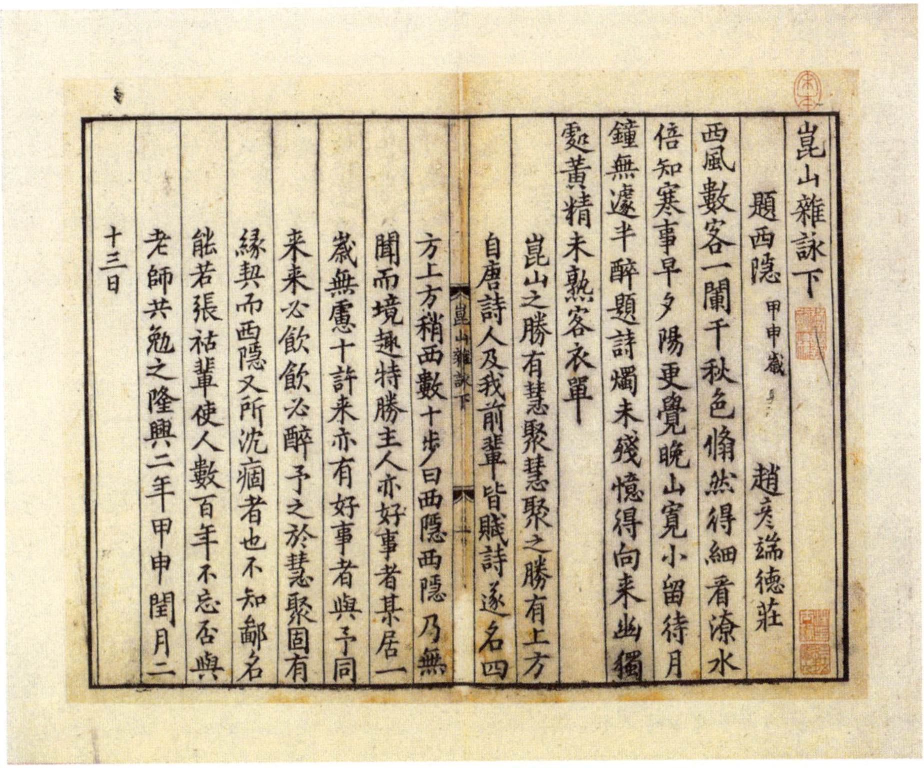
崑山雜詠下
題西隱 甲申歲 趙彥端德莊
西風數客一闌干秋色脩然得細看滌水倍知寒事早夕陽更覺晚山寬小留待月鐘無遽半醉題詩燭未殘憶得向來幽獨處黃精未熟客衣單
崑山之勝有慧聚慧聚之勝有上方自唐詩人及我前輩皆賦詩遂名四方上方稍西數十步曰西隱西隱乃無聞而境趣特勝主人亦好事者某居一歲無慮十許來亦有好事者與予同來來必飲飲必醉予之於慧聚固有緣契而西隱又所沈痼者也不知鄙名能若張祜輩使人數百年不忘否與老師共勉之隆興二年甲申閏月二十三日

宋开禧三年（1207）昆山县斋刻本《昆山杂咏》

印本大藏经的影响下，契丹、朝鲜都分别刻了《大藏经》。

（三）元代的政府刻书

元代与宋代一样，刻书系统也可以分为官刻、私刻和坊刻。元代统治者懂得“善治器者必用良工，善守成者必用儒臣”的道理，因此，在入主中原之前，元统治者就兴办了官刻。太宗八年（1236）六月立编修所于燕京，经籍所于平阳，编集经史。元朝官府刻书机构，中央有秘书监的兴文署，艺文监的广成局，太史院的印历局及太医院的广惠局或医学提举司。元代国子监刻书远不及宋、明监本，所知者只有延祐三年（1316）刻印的小字本《伤寒论》。

元代官刻本以兴文署的刻本最为著名。其中最早、最好

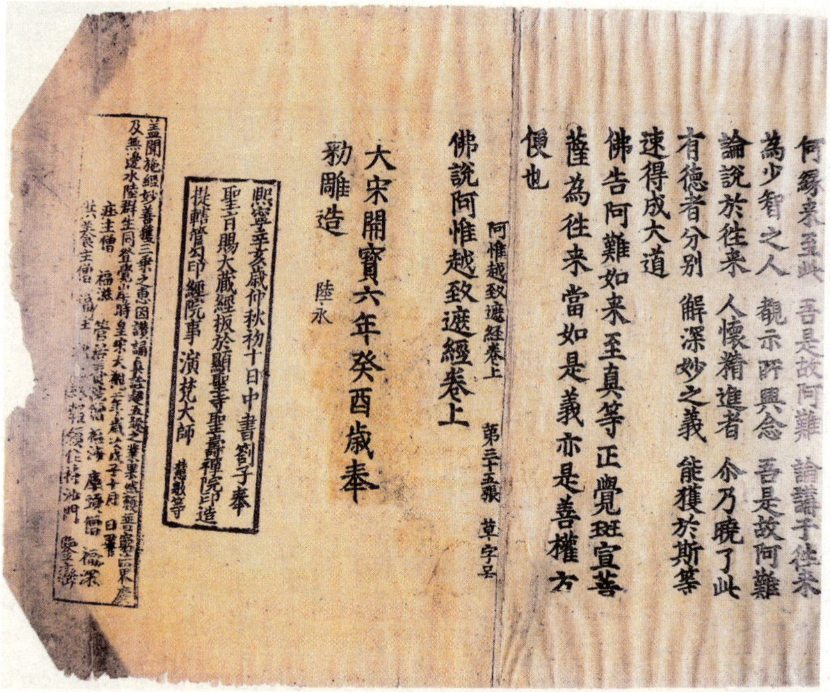

何緣來至此 吾是故阿難 諭譏于往來
為少智之人 覩示所興念 吾是故阿難
論說於往來 人懷着進者 亦乃曉了此
有德者分別 解深妙之義 能獲於斯等
速得成大道
佛告阿難如來至真等正覺斑宣菩
薩為往來當如是義亦是善權方
便也

阿惟越致遮經卷上 第三十五張 草字号

佛說阿惟越致遮經卷上

大宋開寶六年癸酉歲奉
勅雕造 陸永

熙寧辛亥歲仲秋初十日中書劄子奉
聖旨賜大藏經板於顯聖寺聖壽禪院印造
提轄管勾印經院事演梵大師 慧敏等

北宋初年由政府出资刊印的《开宝藏》

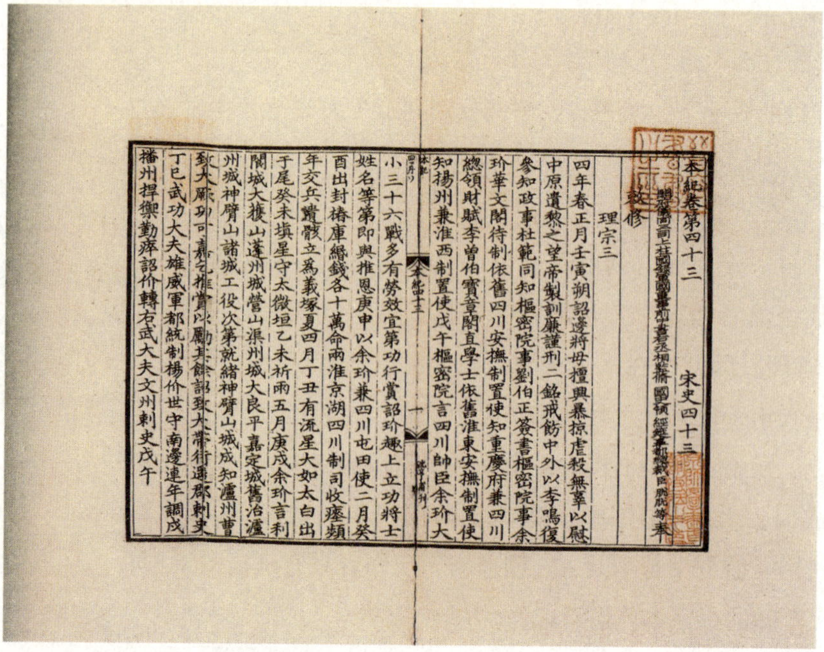

本紀卷第四十三 宋史四十三
開府儀同三司上柱國錄軍國重事中書右丞相……脫脫等奉
勅修
理宗三
四年春正月壬寅朔詔邊將毋擅興暴掠虐殺無辜以慰
中原遺黎之望帝製訓廉謹刑二銘戒飭中外以李鳴復
參知政事杜範同知樞密院事劉伯正簽書樞密院事余
玠華文閣待制依舊四川安撫制置使知重慶府兼四川
總領財賦李曾伯寶章閣直學士依舊淮東安撫制置使
知揚州兼淮西制置使戊午樞密院言四川帥臣余玠大
小三十六戰多有勞效宜第功行賞詔玠趣上立功將士
姓名等第即與推恩庚申以余玠兼四川屯田使二月癸
酉出封樁庫緡錢各十萬命兩淮京湖四川制司收瘞頻
年交兵遺骸立爲義冢夏四月丁丑有流星大如太白出
于尾癸未填星守太微垣乙未祈雨五月庚戌余玠言利
閬城大獲山蓬州城營山渠州城大良平嘉定城舊治瀘
州城神臂山諸城工役次第就緒神臂山城成知瀘州曹
致大厥功可嘉宜推賞以勵其餘詔致大帶行遙郡刺史
丁巳武功大夫雄威軍都統制楊价世守南邊連年調戍
播州捍禦勤瘁詔价轉右武大夫文州刺史戊午

元至正年间江浙等处行中书省刻本《宋史》

的刻本是至元二十七年（1290）刻的《胡三省注资治通鉴》。艺文监掌儒书之蒙文翻译与儒书之校勘。艺文监所刻书流传很少。大医院有医书《圣济总录》等。其他中央官署也有刻书，如《至元新格》《大元通制》《栽桑图说》及蒙文与维吾尔文《通鉴》等，都是当时一些中央机关所刻。

元代政府刻书，地方要盛于中央。元刻最多的地方政府机构是各路儒学、书院、郡学、儒司。地方官刻以大德至元年间九路所刻十七史最为著名。

在元朝的地方刻书中，书院刻书更有影响。书院有丰富的收入作为刻书的资本，而主持书院的“山长” 又大都是有学问的

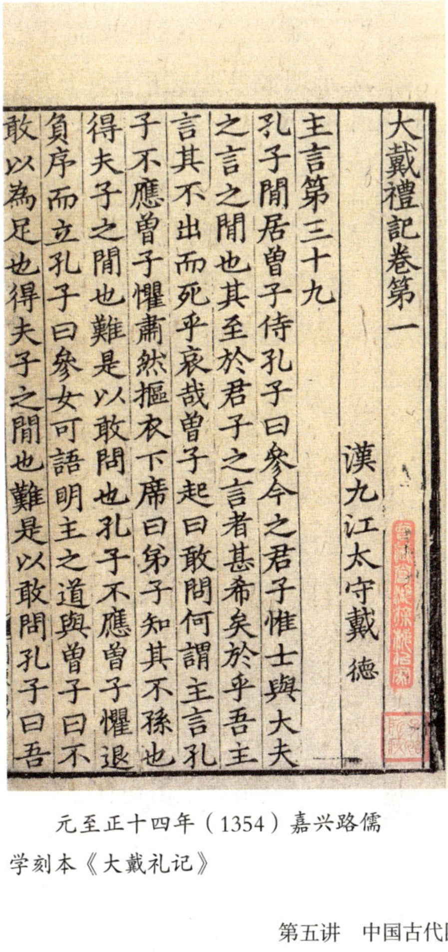
大戴禮記卷第一
漢九江太守戴德
主言第三十九
孔子閒居曾子侍孔子曰參今之君子惟士與大夫
之言之閒也其至於君子之言者甚希矣於乎吾主
言其不出而死乎哀哉曾子起曰敢問何謂主言孔
子不應曾子懼肅然摳衣下席曰弟子知其不孫也
得夫子之閒也難是以敢問也孔子不應曾子懼退
負序而立孔子曰參女可語明主之道與曾子曰不
敢以為足也得夫子之閒也難是以敢問孔子曰吾

元至正十四年（1354）嘉兴路儒学刻本《大戴礼记》

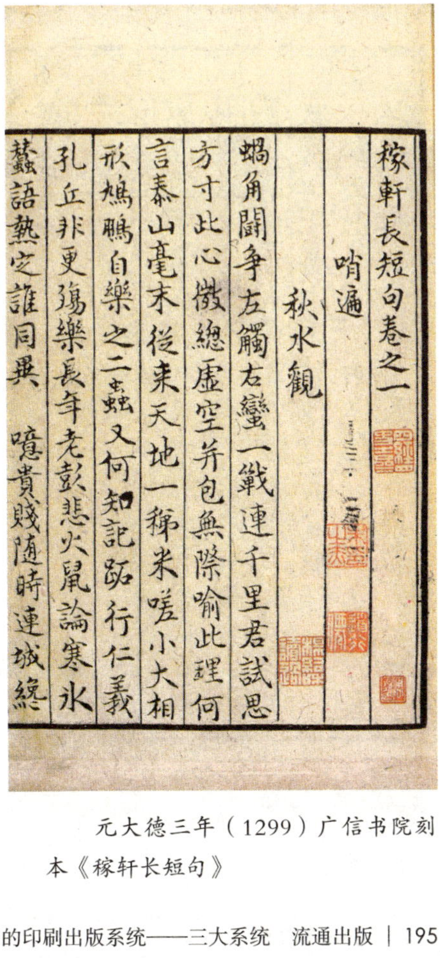
稼軒長短句卷之一
哨遍
秋水觀
蝸角鬬爭左觸右蠻一戰連千里君試思
方寸此心微總虛空并包無際喻此理何
言泰山毫末從來天地一稊米嗟小大相
形鳩鵬自樂之二蟲又何知記跖行仁義
孔丘非更殤樂長年老彭悲火鼠論寒冰
蠶語熱定誰同異 噫貴賤隨時連城纔

元大德三年（1299）广信书院刻本《稼轩长短句》

人。他们刻书认真，刻本往往优于宋版。顾炎武在《日知录》卷十八中指出：“宋元刻书，皆在书院。山长主之，通儒定之，学者则互相易而传布之。故书院之刻有三善焉：山长无事而勤于校雠，一也；不惜费而工精，二也；板不贮官而易印行，三也。”杭州西湖书院泰定元年（1324）所刻马端临《文献通考》348卷，刻印精良，字体优美，为元代刻本中的代表作。

（四）明代的政府刻书

明朝是我国图书事业大发展的时期。袁恬《书隐丛说》云：“官书之风，至明极盛。内而南北两京，外而道学两署，无不盛行雕造。”以中央而言，明成祖朱棣于永乐十九年（1421）迁都北京，南京遂为陪都，而许多政府衙门并未撤销，故南北两京都有国子监本、部院本。而最有特色的，则是中央内府刻书。

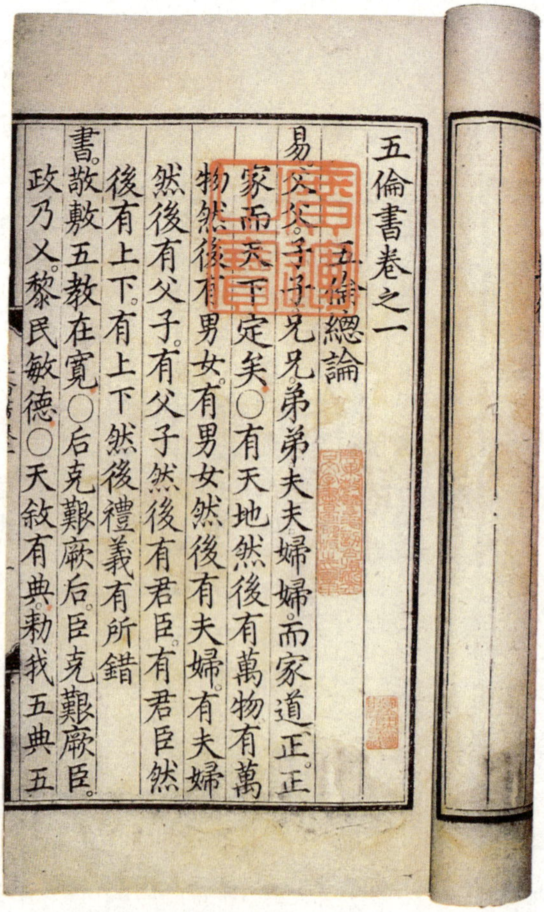
五倫書卷之一
五倫總論
易父父子子兄兄弟弟夫夫婦婦而家道正正家而天下定矣○有天地然後有萬物有萬物然後有男女有男女然後有夫婦有夫婦然後有父子有父子然後有君臣有君臣然後有上下有上下然後禮義有所錯
書敬敷五教在寬○后克艱厥后臣克艱厥臣政乃乂黎民敏德○天敘有典勅我五典五

明正统年间经厂本《五伦书》

明时北京的大小太监多达数万人，在城内设有二十四衙（内府十二监、四司、八局），其中为首的是司礼监。司礼监之下设有一个专门刻书的机构——经厂。明代的内府刻书，全由司礼监的经厂负责。司礼监经厂库设提督总其事，下有掌司四员或六员，在经厂居住，专管经书及《佛藏》《道藏》的刻印。所以司礼监刻印的书称“经厂本”。其刻书多为制诰律令及经史文集等，据《酌中志》和《古今书刻》统计，约有200种左右。经厂本大多版式宽大，双鱼尾，大黑口，行格疏朗，字大如钱，字用赵体，悦目醒神，常用上好洁白棉纸佳墨。首页或钤“广运之宝“朱印，多包背装，雕、印、装俱佳。但是，也有部分图书内容不精，校勘质量上不如宋国子监本，下不如清武英殿本，同时也不如明藩府本。

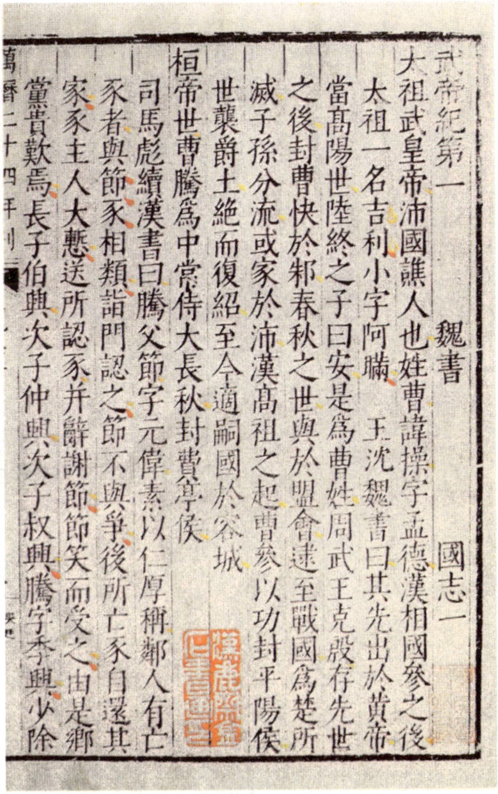
武帝紀第一　魏書　國志一
太祖武皇帝沛國譙人也姓曹諱操字孟德漢相國參之後
太祖一名吉利小字阿瞞　王沈魏書曰其先出於黃帝
當高陽世陸終之子曰安是爲曹姓周武王克殷存先世
之後封曹俠於邾春秋之世與於盟會逮至戰國爲楚所
滅子孫分流或家於沛漢高祖之起曹參以功封平陽侯
世襲爵土絕而復紹至今適嗣國於容城
桓帝世曹騰爲中常侍大長秋封費亭侯
司馬彪續漢書曰騰父節字元偉素以仁厚稱鄰人有亡
豕者與節豕相類詣門認之節不與爭後所亡豕自還其
家豕主人大慙送所認豕并辭謝節節笑而受之由是鄉
黨貴歎焉長子伯興次子仲興次子叔興騰字季興少除

明万历年间南京国子监刻本《三国志》

明代南北二京国子监都从事刻书，其中以南京国子监刻书影响较大。南京国子监多就其所藏宋元旧版，修补印行。因其书版新旧不一，故有“大花脸本”之称。其中《十七史》最为有名，其版片最早刻于宋代，经元至明，故称“三朝本”。南监的书版一直保存到清代嘉庆年间才由于失火被焚。北京国子监在刻书数量和质量上比起南监来均逊一筹。重要的刻本有万历年间刊印的《十三经注疏》和《二十一史》，但质量不高。总的来说，国子监刻书从明代开始已明显地走下坡路。

明代中央政府各部门也都刊行与本部门业务有关的书籍。如钦天监是掌管天象、历法的机构，除刻有《天文刻》之外，每年都要印行《大统历日》。太医院是为宫廷服务的最高医

明崇祯钦天监《崇祯历书》

疗机构，刻有《铜人针灸图》《医林集要》《大明律直引》等书，等等。当然也有例外，如都察院刻书数十种，居然还有《三国演义》和《水浒传》，与本部门业务毫无关系。

明代的地方官刻本有各省布政司、按察司所刻书。很多府县都刊刻本地地方志。各地儒学、书院、监运司等也间或刊印书籍。地方官刻多为地方志及所谓“书帕本”。书帕本又称巾箱本，是明代版刻中比较特殊的一种类型。明代地方官任满进京入觐，或中央官吏奉使出差回京，都要以一书一帕馈赠给相应部门的官僚，因书与手帕同送，故所赠之书即名“书帕本”。书帕本的刻印经费大多出自地方政府的公款，因只作馈赠之用，其校刻一般都很草率，不为人所重视。

明代官刻中质量最好的为藩刻。藩刻为明代的地方官刻一大特色。朱元璋曾把他的24个儿子和1个重孙分封到全国各地，除给以封地和厚赠外，还送给他们许多书，借以训诫他们自守，陶冶其性情，消除其野心。这样，便使得一些藩王对学问产生了兴趣，对藏书、刻书也倾心乐为。当时有“海内藏书之富，莫先于诸藩”之说。明代藩府刻书，大都见于周弘祖《古今书刻》中。各藩王府所刻书籍称为“藩府本”或“藩刻本”。藩府刻书，以蜀府为最先，以宁献王朱权和晋庄王钟铉为最著。藩府所刻之书多以中央赏赐给他们的宋元善本作为底本，加上他们具有优厚的物质条件，本人也有一定的学术造诣，所以刻书中有许多佳作。如嘉靖年间晋藩所刻诸总集，万历年间吉藩所刻的诸子，崇祯年间益藩所刻的诸茶书等，都很有名，被称为藩府的三大杰作。

明代的官刻有三个特点；一是官刻单位多，从中央到地方的各级官府几乎都刻书，内府刻书在历史上还是第一次。二是官刻本数量大，涉及内容广，除儒家经典外，也有不少史书、

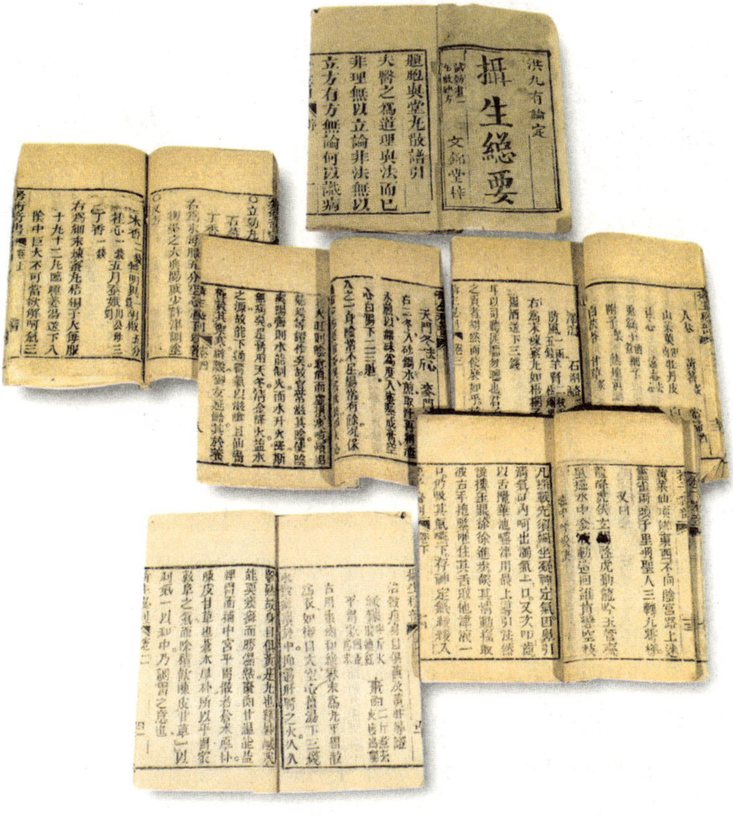

明刻巾箱本《摄生总要》

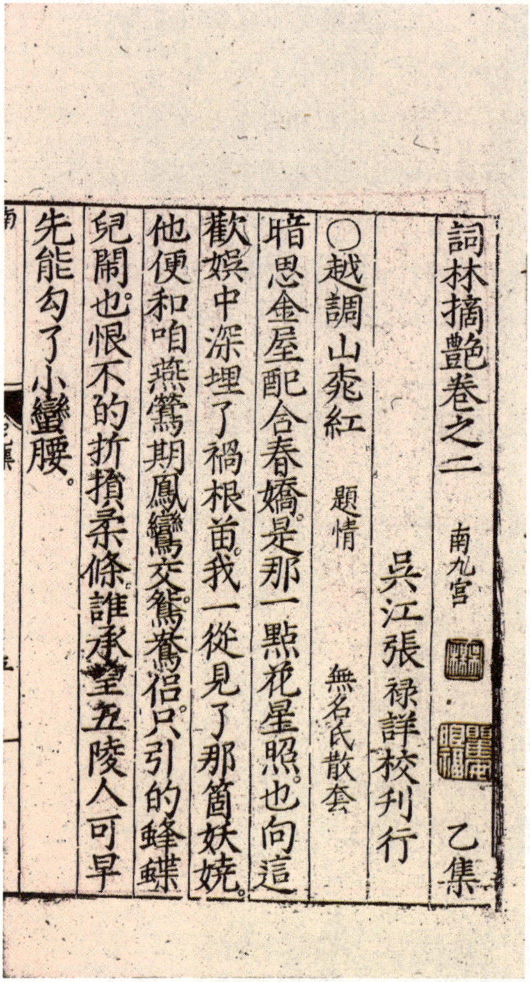

詞林摘艷卷之二 南九宮 乙集
吳江張祿詳校刊行
○越調山坡紅 題情 無名氏散套
暗思金屋配合春嬌是那一點花星照也向這
歡娛中深埋了禍根苗我一從見了那箇妖嬈
他便和咱燕鶯期鳳鸞交鴛鴦侶只引的蜂蝶
兒鬧也恨不的折損柔條誰承望五陵人可早
先能勾了小蠻腰

明嘉靖三十年（1551）徽藩刻本《词林艳摘》

子书和文集。与宋、元、清几个朝代相比，明政府对刻书的限制不甚严格，所以上至朝廷谏诤之辞，下及市井通俗文学，都可成为刻书内容。三是刻书质量相差悬殊。藩府本为明代官刻本中的上品，经厂本次之，书帕本则为下品。

（五）清代前期的政府刻书

清代是我国封建社会的末期，延续了2000年的封建制度虽然行将就木，但康、雍、乾三朝还是出现了空前繁荣的景象。然而，自此之后，国势江河日下。晚清时期的“同光中兴”，不过是回光返照。这一过程，也是清代政府刻书事业的写照，清代官刻更加集中在中央内府。在明朝已走下坡路的国子监刻书，此时更加衰微，国子监也基本上成了存贮武英殿书版的仓库。地方官刻远不如宋元明三朝，主要是编印地方志；其他书籍刻印很少，善本书更不多见。至于同治光绪年间的官书局，刻书质量相差悬殊，多数为降低成本，纸黄字密，不为后人所重。

清前期的图书官刻业主要集中在内府。顺治年间的刻书风格与明经厂本大同小异。到了康熙十二年（1673），改变了明代由司礼监经管官刻的制度，在武英殿设立了专门的刻书机构，改派翰林院词臣管理。武英殿遂成为统帅官刻的中央内府刻书机构。此后的御制诗文、御纂经典等，统由武英殿刊版印行，故有“殿版”之名。殿版书籍以康乾时期的最精。康熙时任用博学鸿词科学士参与刻书，由翰林词臣负责殿本的编纂勘校，其水平自然就高于明代司礼监的太监。乾隆曾规定“有一字误，罚俸一年”，所以书的校勘极精。嘉庆以后质量就差些了。

殿本内容以钦定图书为主，据《啸亭杂录》和《陶辑书目》统计，清代殿本书的钦定书有137种，23060卷。其范围涉及经学、史学、词章、天文、历法、农艺、小学等各个方面。即使被历代藏书家认为是不登大雅之堂的唱词曲牌一类书籍，在武英殿刻书中也有案可稽。武英殿刻书中最著名的有《佩文韵府》《全唐文》《古今图书集成》《武英殿聚珍版丛书》等。

清康熙内府刻本《康熙字典》

殿本在刊刻质量上十分讲究。康熙朝时多用欧体和赵体两种楷书字体，精写上版，工整而娟秀。纸张则用当时精制的开化纸，洁白而光亮。武英殿刻书还采用了雕版、铜版、铜活字、木活字、彩色套印等多种工艺。许多殿本中刻有精美插图，有的为彩色套印。如康熙朝刻印的《凌烟阁功臣图》《耕织图》《万寿盛典图》，乾隆朝刻印的《劝善金科》《唐宋诗醇》等，均为我国版画史上的佳作。康熙朝的殿本被褒称为“康版”，时人中有称其在宋版书之上者。

清代内府殿本也曾设立“分号”——扬州诗局。该局是康熙四十四年（1705）四月皇帝命令江宁织造曹寅设立的，为内府刊印各种书籍。曹寅（1685—1712），字子清，号荔轩，曹雪芹的祖父。颇受康熙的宠信，曾任通政使，江南织造等职。曹寅于当年就召集文人，训练刻工，编纂和雕刻《全唐诗》，

清雍正年内府铜版印本《古今图书集成图谱》

清康熙年内府铜版印本《耕织图》

并于次年雕刻完成，共刷印了1000部。《全唐诗》字体秀丽、纸墨精良、装帧考究，不仅是“康版”的典范，也是中国雕版印刷史上的佳作。从扬州诗局的受命成立、经费来源、主管人的身份及其服务对象，都说明它属于内府刻书，再看《全唐诗》的字体、纸张、雕版、刷印、装帧等，也与武英殿本具有同样风格。此外，扬州诗局还刊行了《佩文韵府》《集韵》《楝亭十种》《楝亭诗林 》等书。

乾隆末至嘉庆年间，武英殿刻书业开始式微，道光以后，急剧衰败。当时，殿本如《八旗通志》《熙朝雅颂集》等，在字体、纸墨、校勘质量等方面都已远远不能与康、乾时期相比。据陶湘书目记载，道光、咸丰、同治三朝殿本书有15种，981卷，仅占清代总数的2.9%和1.85%。显然，此时的武英殿刻书已是风光不再了。

总的来说，清代前期的官刻，以内府所刻为最多最精。无论是在刊刻工艺、用纸，还是在校勘、装订等方面，无不创历史最高水准。而清代的地方官刻在刻书业中并不占主要地位。清代同治年间，洋务派大臣曾国藩、张之洞、李鸿章等在各地开办官书局，使传统的地方官刻事业有所发展，其时已进入近代。

从以上的叙述中，不难看出政府刻书有如下特点：（1）政府重视，主要把刻书作为教化及维护封建统治的工具；（2）刻书宗旨明确，内容集中，多为经史御纂之书；（3）人才荟萃，管理严格，刊本质量有保证；（4）财力雄厚，不惜工本，纸墨装帧属上乘；（5）地位显赫，作用突出，示范带动全国出版业。所以说，政府刻书在保存文化典籍、普及文化知识、提高刻书质量方面的贡献是相当巨大的。

纵观我国古代政府刻书，还可以发现这样一个普遍现象：几乎每一个朝代的前中期都呈上升趋势，而到了后期，都出现衰败景象。这充分说明图书出版事业与社会历史环境有着极为

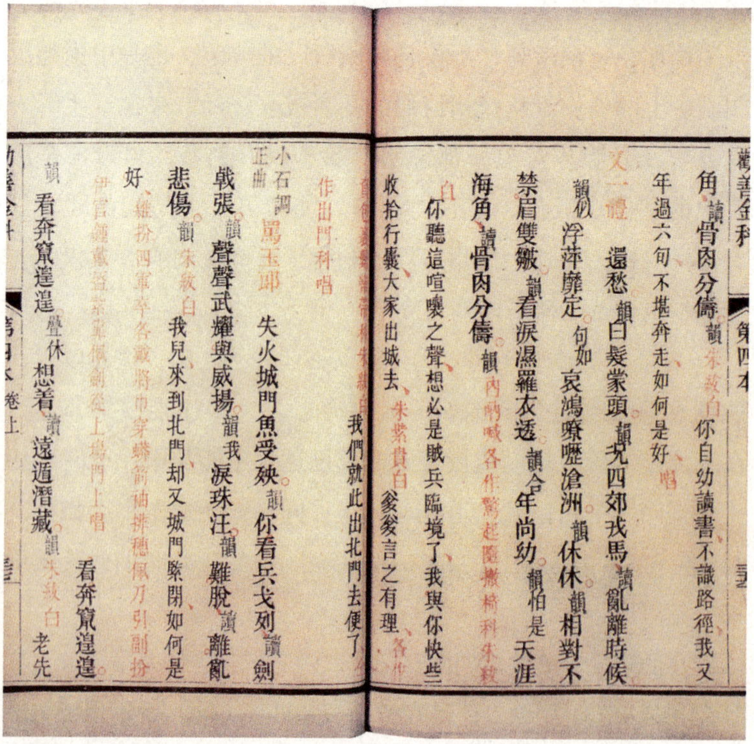

清乾隆武英殿五色套印本《劝善金科》

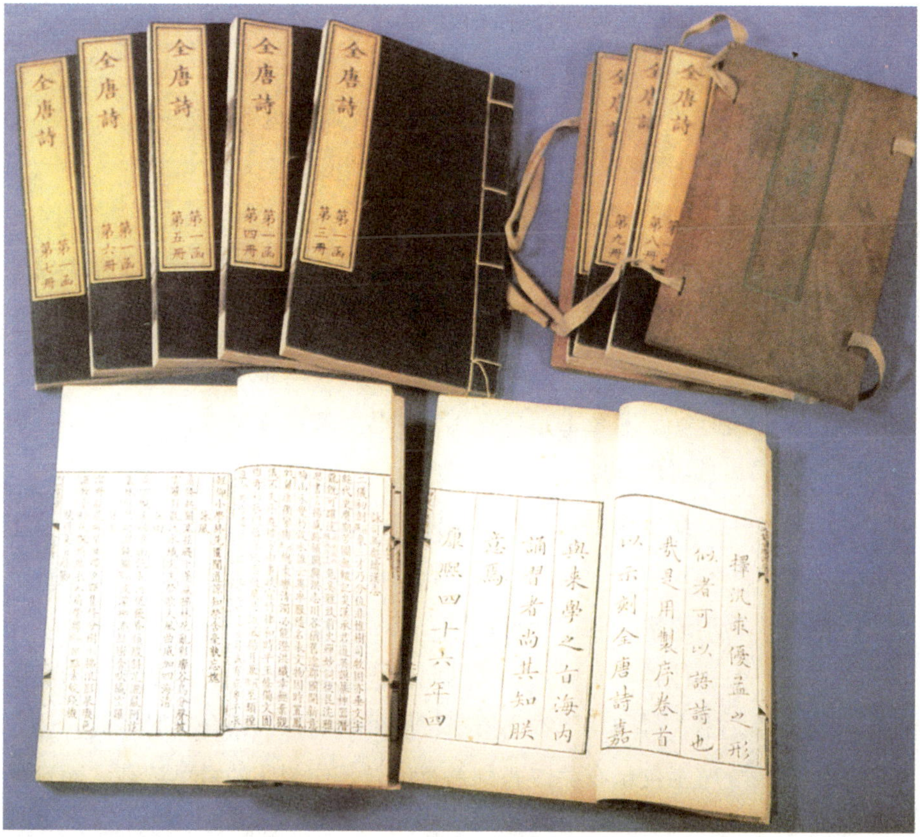

清康熙扬州诗局刻本《全唐诗》

密切的联系，它的兴盛很大程度上有赖于全社会的政治安定、经济昌盛、文化繁荣这样一个大气候。反之则必然衰微破败。由此看来，古代政府刻书事业到了清代，盛极而衰，最后寿终正寝，这正是整个封建社会发展历程的写照。其为更先进的资本主义生产方式的书馆和书局所取代则是历史的必然。

二、私家刻书

私家刻书又称私人刻书，简称私刻或家刻，是指私人出资刊刻图书。由于刻书人以自己的名望为重，往往对于书本进行精细的校订或选择优秀的善本作底本进行翻刻，所以，一般说来，私刻本的质量是比较高的。私刻本往往以“某堂”“某斋”“某宅”“某府”“某家塾”等字样为标记。

（一）早期的私家刻书

我国古代私家刻书始于唐代，见于记载的最早私人刻书家是唐代的纥干泉。唐代范摅《云溪友议卷下·羡门远》记载说：

> 纥干尚书泉苦求龙虎之丹十五余稔。及镇江右，乃大延方术之士，乃作《刘弘传》雕印数千本，以寄中朝及四海精心烧炼之者。

纥干泉，字咸一，山西雁门人。唐宣宗大中元年至三年（847—849）任江南西道观察使。唐代道教盛行，帝王高官多笃信道教，迷信金丹，以为吃了可以长生。纥干泉就是其中一位，他相信龙虎丹，《刘弘传》是其集中一批道士而作的烧炼之书，雕印几千本送给京城内外的同好，正合当时风尚。这段文字不仅是有关江西刻书及道教著作刻印的最早记载，而且是私人刻书的最早记载。

五代时期，私人刻书家开始增多。唐朝灭亡后的第二年（908），前蜀任知玄自出俸钱，雇用良工，开雕杜光庭的《道德经广圣义》30卷。五年内雕成460余版，藏在龙兴观，印造流行。前蜀乾德五年（923），昙域和尚检寻其师父贯休的诗稿1000首，“雕刻板部”，题号《禅月集》。另一位私人刻书家和凝（898—955）也曾刻印自著诗文集，《旧五代史·和凝传》说他“平生为文章，长于短歌艳曲，尤好声誉，有集百卷，自篆于板，摹印数百帙，分惠于人焉。”可算是自著、自写、自刻、自印、自发的第一位私人刻书家。

五代时期，最著名的私人刻书家是毋昭裔。据王明清《挥麈录》记载：毋昭裔贫贱时，尝借《文选》于交游间，其人有难色，发愤曰：“异日若贵，当版以镂之，以遗学者”。后仕蜀为相，遂践其言。除刻成《文选》《初学记》等书以外，还雕印了《九经》、诸史等书籍。在早期的刻书家中，他的刻书活动是非常有特点的：一是刻书部头大而且多，为他人多不及；二是他以私财印书是为便利天下读书学者，动机感人；三是他前后经历富有戏剧性，年轻时穷困，想读书而不得，遂立下誓言，而成年后竟实现了夙愿。他去世后，子孙们又因其所刻的书版身受皇恩而加官。因此，毋昭裔的名声要远远大于任知玄、昙域、和凝等人。

仅从这些片断记载，就可以看出印刷术的作用到了五代已为统治阶级上层知识分子所认识，并且已经开始利用这一成果了。

（二）宋元时期的私家刻书

私家刻书至宋代已经成为一种风尚，以致形成与官刻、坊刻三家鼎足之势。参与私刻活动的大多数为官宦豪门、名流大族，他们刻书，更多地是为了弘扬学术和扬名于世，所以往往选刻名家名著，精加校勘，所刻书以精善著称。

北宋的私家刻书，后世传本较少。可考者有仁宗宝元元年（1039）临安进士孟琪所刻《唐文粹》，庆历六年（1046）

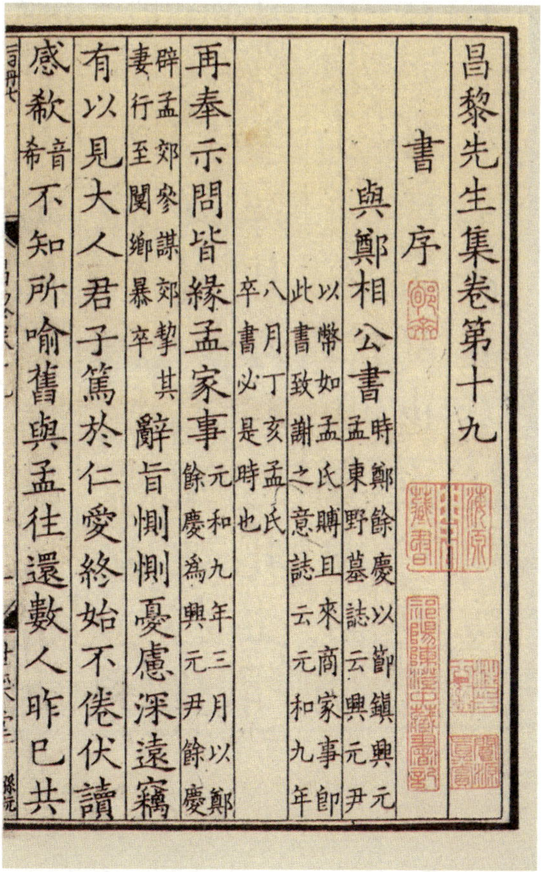
昌黎先生集卷第十九
書 序
與鄭相公書 時鄭餘慶以節鎮興元 孟東野墓誌云興元尹
以幣如孟氏賻且來商家事卽此書致謝之意誌云元和九年
八月丁亥孟氏卒書必是時也
再奉示問皆緣孟家事 元和九年三月以鄭餘慶爲興元尹餘慶辟孟郊參謀郊挈其妻行至閿鄉暴卒
辭旨惻惻憂慮深遠竊有以見大人君子篤於仁愛終始不倦伏讀感歎 音希 不知所喻舊與孟往還數人昨已共

宋咸淳年间廖莹中世彩堂刻本《昌黎先生集》

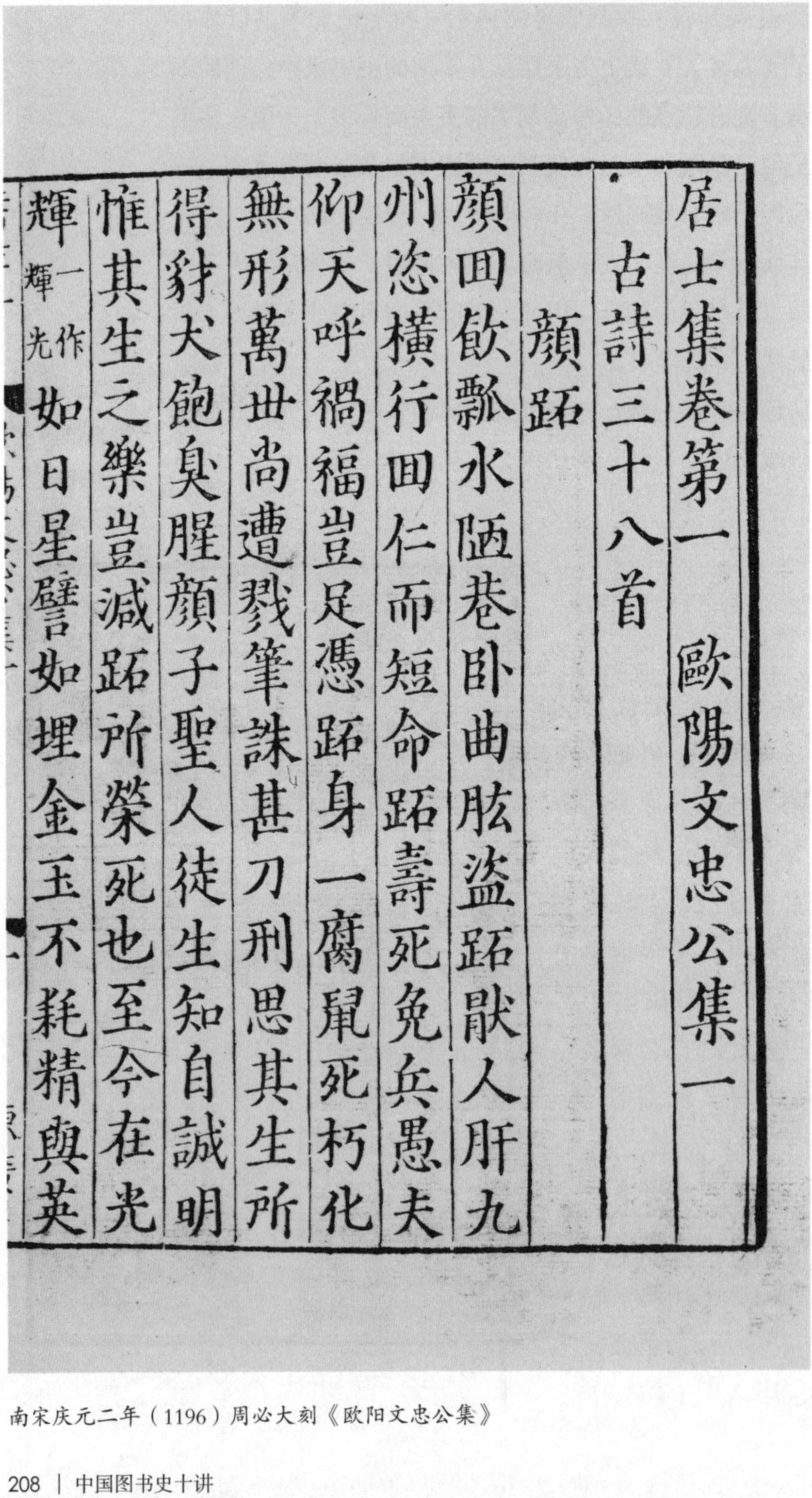

居士集卷第一　歐陽文忠公集一

古詩三十八首

顔跖

顔回飲瓢水陋巷卧曲肱盜跖猒人肝九州恣横行回仁而短命跖壽死免兵愚夫仰天呼禍福豈足憑跖身一腐鼠死朽化無形萬世尚遭戮筆誅甚刀刑思其生所得豺犬飽臭腥顔子聖人徒生知自誠明惟其生之樂豈減跖所榮死也至今在光輝（一作輝光）如日星譬如埋金玉不耗精與英

南宋庆元二年（1196）周必大刻《欧阳文忠公集》

京台岳氏刻《新雕诗品》，嘉祐二年（1057）建邑王氏世翰堂刻《史记索隐》等。到了南宋时期，私家刻书更为普遍。其中最著名的有陆游幼子陆子遹所刻《渭南文集》，廖莹中刻印的“五经”及《昌黎先生集》和《河东先生集》，周必大刻印的《欧阳文忠公集》等。理学家朱熹也曾从事过刻书活动。

家塾本也属于私刻的一种。在封建社会里，官僚、地主及富商大贾，往往都设立家塾，聘师教授自己的后辈。这种被聘的教师虽未必有什么科第功名，但往往却具有真才实学。他们在教书的过程中，常常就自己的志趣和所长，或自己著述，或校勘、整理、注释、阐明前人的著作，并依靠主人的财力，刊

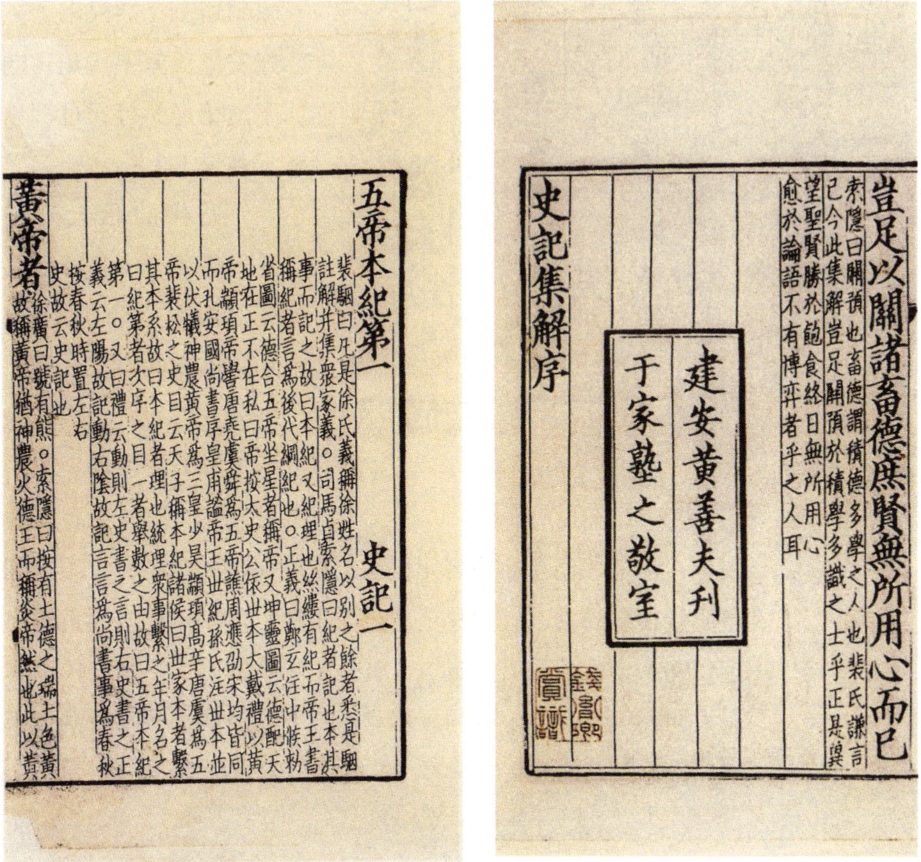

宋建安黄善夫家塾刻本《史记集解》

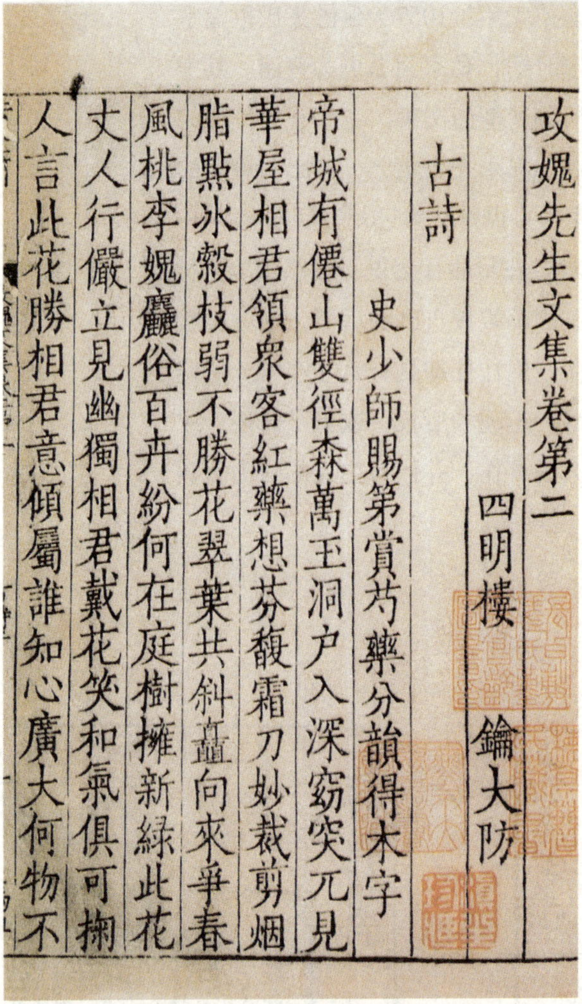
攻媿先生文集卷第二　四明樓鑰大防

古詩

史少師賜第賞芍藥分韻得木字

帝城有僊山雙徑森萬玉洞户入深窈突兀見華屋相君領衆客紅藥想芬馥霜刀妙裁剪烟脂點冰縠枝弱不勝花翠葉共斜矗向來爭春風桃李媿麤俗百卉紛何在庭樹擁新緑此花丈人行儼立見幽獨相君戴花笑和氣俱可掬人言此花勝相君意傾屬誰知心廣大何物不

宋宁波四明楼氏家刻本《攻媿先生文集》

刻成书。宋代家塾刻本流传至今的，有黄善夫家塾刻印的《史记集解索引正义》和《王状元集百家注分类东坡先生诗》，蔡琪家塾刻印的《汉书集注》，蔡梦弼东塾刻印的《史记集解索引》等。此外，岳珂相台家塾所刻《九经》《三传》，建安刘元起家塾所刻《后汉书》，建安虞氏家塾所刻《老子道德经》等，也都见于著录。

元代的私人刻书并不逊色于宋朝。仅据《书林清话》所记，私刻也有40多家。岳氏荆溪家塾所刻《春秋经传集解》《孝经》和东平丁思敬刻《元丰类稿》，是至今仍存的著名元代私刻本。元代私刻中，有不少刻印质量很高的书，有的甚至超过了宋版。如平阳梁宅元贞丙申（1296）刻本《论语注疏》，就比宋十行本好；平水曹氏进德斋大德九年（1305）刻的《尔雅郭注》胜于明吴元恭所藏之宋本；张伯颜刻的《文选李善注》胜于南宋尤袤本。

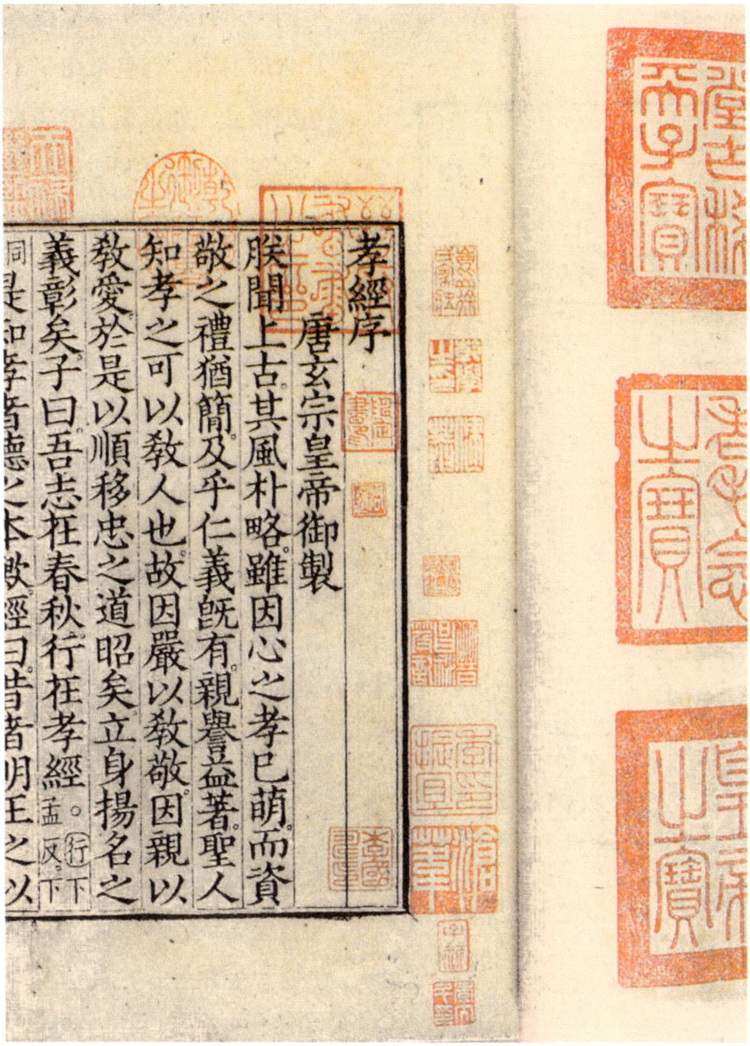

元相台岳氏荆谿家塾刻本《孝经》

（三）明代的私家刻书

明代的私刻在明代刻书业中技术最高，刻本质量也最好。

明代前期，私刻不多，印书较少，传世者以游明所刻《资治通鉴》最为精美。

明代中期私刻异常活跃。正德、嘉靖年间的翻宋、仿宋刻书热潮，就是首先由私刻发起而又延及官刻、坊刻的。这一时

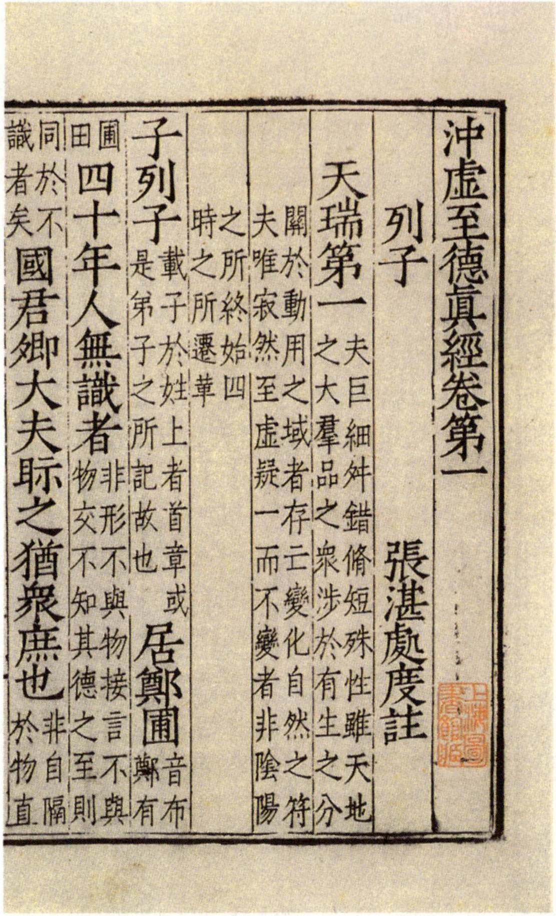
沖虛至德眞經卷第一

列子　張湛處度註

天瑞第一　夫巨細舛錯脩短殊性雖天地之大羣品之衆涉於有生之分關於動用之域者存亡變化自然之符夫唯寂然至虛凝一而不變者非陰陽之所終始四時之所遷革

子列子　載子於姓上者首章或是弟子之所記故也　居鄭圃　音布鄭有圃田　四十年人無識者　非形不與物接言不與物交不知其德之至則同於不識者矣　國君卿大夫眎之猶衆庶也　非自隔於物直

明顾氏世德堂刻本《六子全书》之一《冲虚至德真经》

期，不仅涌现出一大批著名刻书家，而且推出了不少精品，如：吴县袁褧嘉趣堂影刻的仿宋本《大戴礼记》和《六臣注文选》，吴县顾春世德堂刻《六子全书》，苏州徐时泰东雅堂的《韩昌黎集》，郭云鹏济类堂的《柳宗元集》，苏献可通律草堂的《论衡》和《韩诗外传》等等。由于他们都是大藏书家，注重善本并精加校勘，所以刻书质量都很高，可与宋本媲美。

明代后期，私刻业愈加繁荣。刻家中著名的有吴勉学、陈仁锡、胡文焕、毛晋等。尤其是汲古阁主毛晋（1599—1659）是明代乃至中国古代刻书史上最负盛名的民间出版家。毛晋自明万历至清顺治的40余年里刻书600多种，10万多块书版。其中最著名的有《十三经注疏》《十七史》《六十种曲》《津逮秘书》等。

毛氏对于好的底本不惜重价收购，共收购图书84000多册。据《汲古阁主人小传》所记，毛晋性嗜书籍，在其宅门前贴上榜单，榜单上书：“有以宋椠本至者，门内主人计叶酬钱，每叶出二百；有以旧钞本至者，每叶出四十；有以时下善本至者，别家出一千，主人出一千二百。”这种高价求购的手段，果然使书籍与书商云集于苏州府常熟县毛晋的住宅之前。当时甚至流传民谚说：“三百六十行生意，不如鬻书于毛氏”。刻书需要大量资金，毛晋就以田养书。毛晋父辈留下千亩良田，田产收入大多被毛晋拿来补贴刻书。后来刻书日多，经济越来越紧张，只好卖田刻书，把数千亩良田全部卖光。刻印《十三经》时，因为连年灾荒，债台高筑，一次就卖掉良田300亩。此后，还将毛家开设的几个当铺全部卖掉。

毛晋有较完整的一套收购、校订、刻印、销售图书的机构。所刻书校勘认真，技术精良。版心下方都印有“汲古阁”或“绿君亭”的标记。世称“毛刻本”。由于毛氏刻书价格便宜，因而流传极广，影响甚大。数百年之后的嘉庆年间，仍有人利用遗存的汲古阁书版印刷书籍。直到今日，许多图书馆的藏书中都可以找到汲古阁的刻本。

虞山毛晋汲古阁图

明代私刻主要分布在江、浙两省。这是因为这两个地区是私人藏书家聚居之地，藏书家有精良的版本作为底本，刻书方便，质量也高，发展较快。当时，无锡华氏、安氏，吴兴闵氏、凌氏，南京的胡正言等，都刻了很多书。他们在铜活字、套印和饾版、拱花等方面为我国古代印刷业做出了突出贡献。

明代私刻的内容，以历代文集所占比重最大。另外，也刻了一些平话小说，如《清平山堂话本》及《雨窗集》等，对文

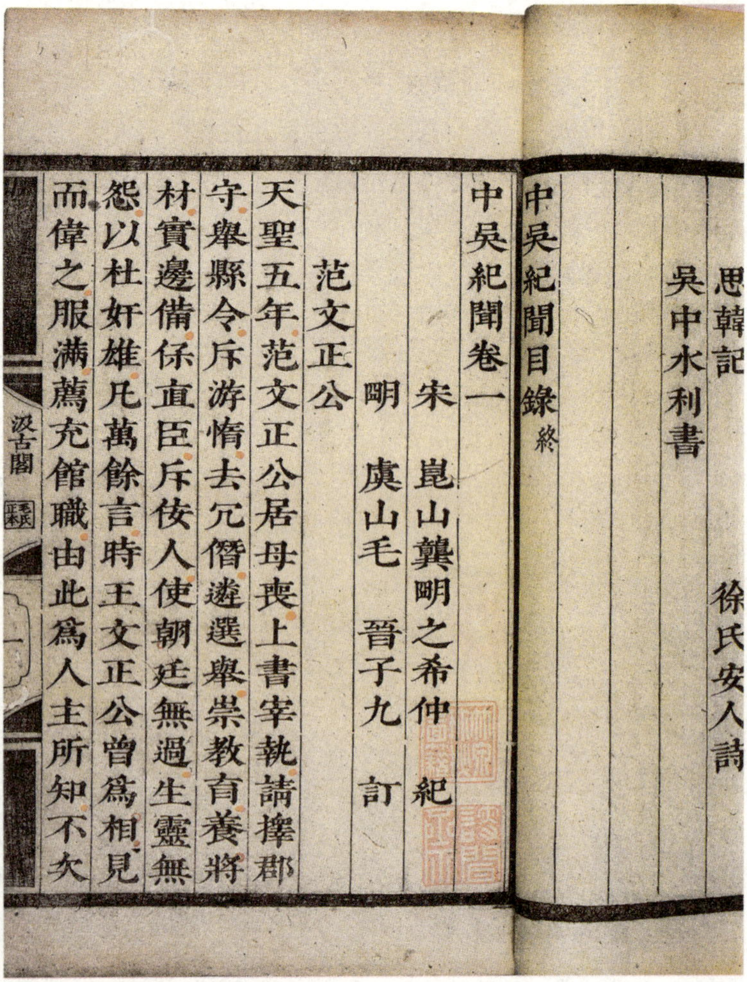

明末毛氏汲古阁刻本《中吴纪闻》

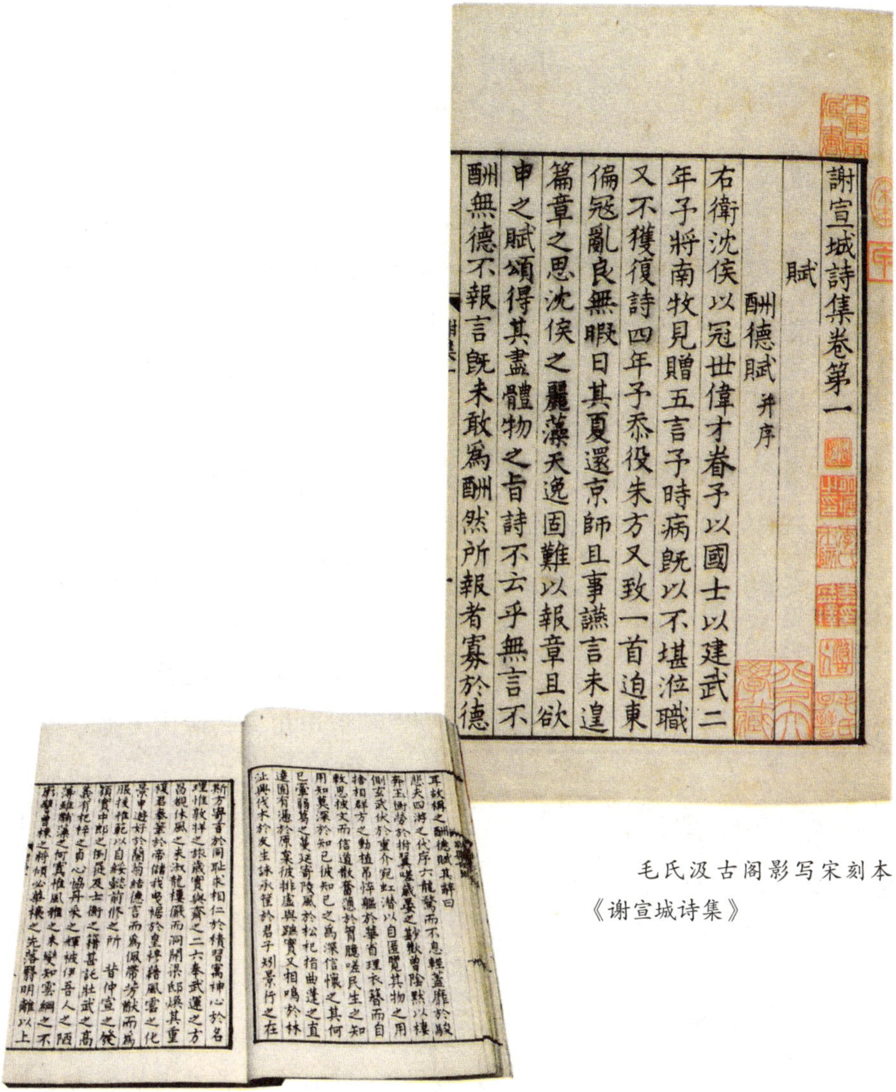
謝宣城詩集卷第一

賦

酬德賦 并序

右衛沈侯以冠世偉才眷予以國士以建武二
年予將南牧見贈五言予時病既以不堪涖職
又不獲復詩四年予忝役朱方又致一首迫東
偏冠亂良無暇日其夏還京師且事讌言未遑
篇章之思沈侯之麗藻天逸固難以報章且欲
申之賦頌得其盡體物之旨詩不云乎無言不
酬無德不報言既未敢爲酬然所報者寡於德

毛氏汲古阁影写宋刻本《谢宣城诗集》

学的发展具有重要意义。

（四）清代的私家刻书

清代的私家刻书，大体上可分为两类：一类是著名文人所刻自己的著作和前贤诗文。这类书大都是手写上版，即所谓

“写刻”，选用纸墨都比较考究，是刻本中的精品，世称“精刻本”。另一类则是考据、辑佚、校勘学兴起之后，藏书家和校勘学家辑刻的丛书、逸书，或影摹校勘付印的旧版书。

清代的写刻精本，始于康熙，盛于乾嘉。当时的私刻，受殿本的影响，也兴起了精写上版的风气，出现了许多由名家精心缮写付梓的著作。如侯官名书家林佶，曾手写汪琬撰《尧峰文钞》、陈廷敬撰《午亭文编》、王士祯撰《古夫于亭稿》和《渔洋山人精华录》，被文坛和藏书家誉为“林氏四写”。嘉庆十五年（1810）松江沈慈、沈恕的古倪园所刻唐、宋、元代妇人的集子，有唐《鱼玄机诗》《薛涛诗》、宋《杨大后宫词》及元傅若金妻孙惠兰的《绿窗遗稿》，世称“四妇人集”，也都是著名的写刻本。

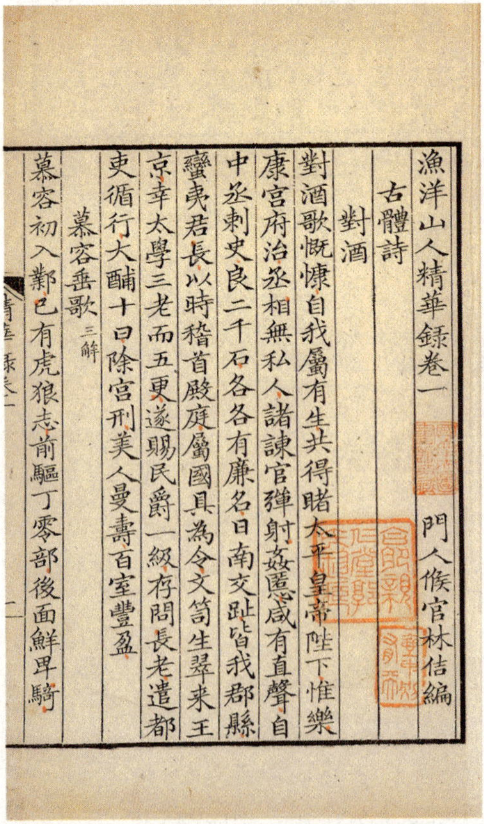
漁洋山人精華錄卷一
門人侯官林佶編
古體詩
對酒
對酒歌慨慷自我屬有生共得睹太平皇帝陛下惟樂
康宮府治丞相無私人諸諫官彈射姦慝咸有直聲自
中丞刺史良二千石各各有廉名日南交趾皆我郡縣
蠻夷君長以時稽首殿庭屬國具為令文笥生犀來王
京幸太學三老而五更遂賜民爵一級存問長老遣都
吏循行大酺十日除宮刑美人晏壽百室豐盈
慕容垂歌 三解
慕容初入鄴已有虎狼志前驅丁零部後面鮮卑騎

清康熙年侯官林佶写刊本《渔洋山人精华录》

私刻第二类著作则与当时的社会情况及学术研究风气密切相关。清代考据、校勘和辑佚学兴起之后，为适应其需要，私人开始刻印大批丛书、逸书和旧版书。正如张之洞在《书目答问》附录《国朝著述诸家姓名略》中所说：“前代经史子集，苟其书流传自古，确有实用者，国朝必为表章疏释，精校重刻。”其时著名的刻书家有顾千里、黄丕烈、卢文弨、孙星衍、毕沅等，他们大多是乾嘉学派的代表学者。

乾嘉时期一些官僚地主和藏书家延聘著名校勘学者从事校书刻书蔚然成风，当时最负

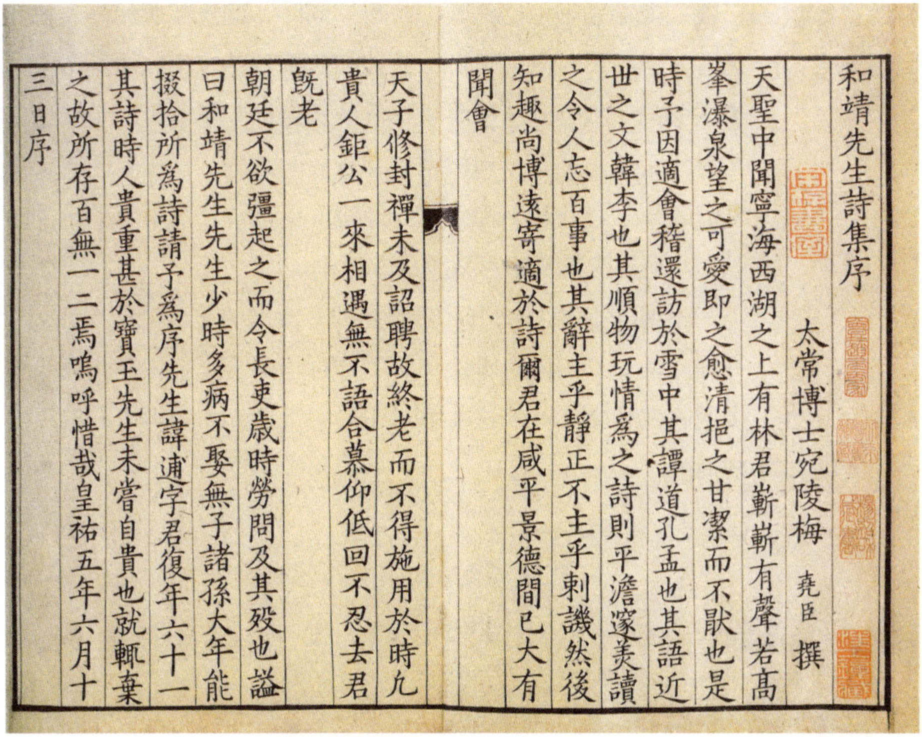
和靖先生詩集序
太常博士宛陵梅　堯臣　撰
天聖中聞寧海西湖之上有林君嶄嶄有聲若高峯瀑泉望之可愛即之愈清挹之甘潔而不猒也是時予因適會稽還訪於雪中其譚道孔孟也其語近世之文韓李也其順物玩情爲之詩則平澹邃美讀之令人忘百事也其辭主乎靜正不主乎刺譏然後知趣尚博遠寄適於詩爾君在咸平景德間已大有聞會
天子修封禪未及詔聘故終老而不得施用於時凡貴人鉅公一來相遇無不語合慕仰低回不忍去君既老
朝廷不欲彊起之而令長吏歲時勞問及其殁也謚曰和靖先生先生少時多病不娶無子諸孫大年能掇拾所爲詩請予爲序先生諱逋字君復年六十一其詩時人貴重甚於寶玉先生未嘗自貴也就輒棄之故所存百無一二焉嗚呼惜哉皇祐五年六月十三日序

清嘉庆年顾广圻影宋抄本《和靖先生诗集》，有黄丕烈跋

盛名的当数顾千里。顾氏原名广圻，千里是他的字，自号“思适居士”。他反对妄改古书，坚持以审慎的态度来校书。顾氏家贫，一生都为官僚地主和藏书家教书、校书、刻书。经他手校刻印的宋元本书，多且精。其中有给黄丕烈校刻的宋本《国语》《战国策》《隶释》《易林》，给孙星衍校刻的宋本《古文苑》、元本《唐诗疏议》，给汪士钟校刻的宋本《仪礼疏》，给张敦仁校刻的宋本《仪礼注疏》，等等，都极为有名。每书刻毕，顾又综合书中校订语，写成“考异”和“校勘记”附于卷后，这就为后人研读提供了极大方便。

清代私刻书籍中有不少为丛书，而且多刻印精良。如鲍廷博的《知不足斋丛书》就被人称有二善：凡收一书必首尾具足，其善一也；必校雠精审后再镂版，其取材之精密，刊刻之谨慎，尤非它书可比，其善二也。同时，鲍氏雕版的书，以罕见者为主，不与时人争奇。其他如黄丕烈的《士礼居丛书》、卢文弨的《抱经堂丛书》、毕沅的《经训堂丛书》、孙星衍的《平津馆丛书》等，均极精善，皆一时之选。嘉庆年间阮元所刻的《十三经注疏》和《皇清经解》更是清代汉学家的重要贡献，是研究汉学所不可缺少的参考书。

由辑佚而编成的书，最著名的有黄奭的《汉学堂丛书》、马国翰的《玉函山房辑佚书》、严可均的《全上古三代两汉三国两晋六朝文》等。这些书对于研究汉魏六朝的历史是有很大帮助的。

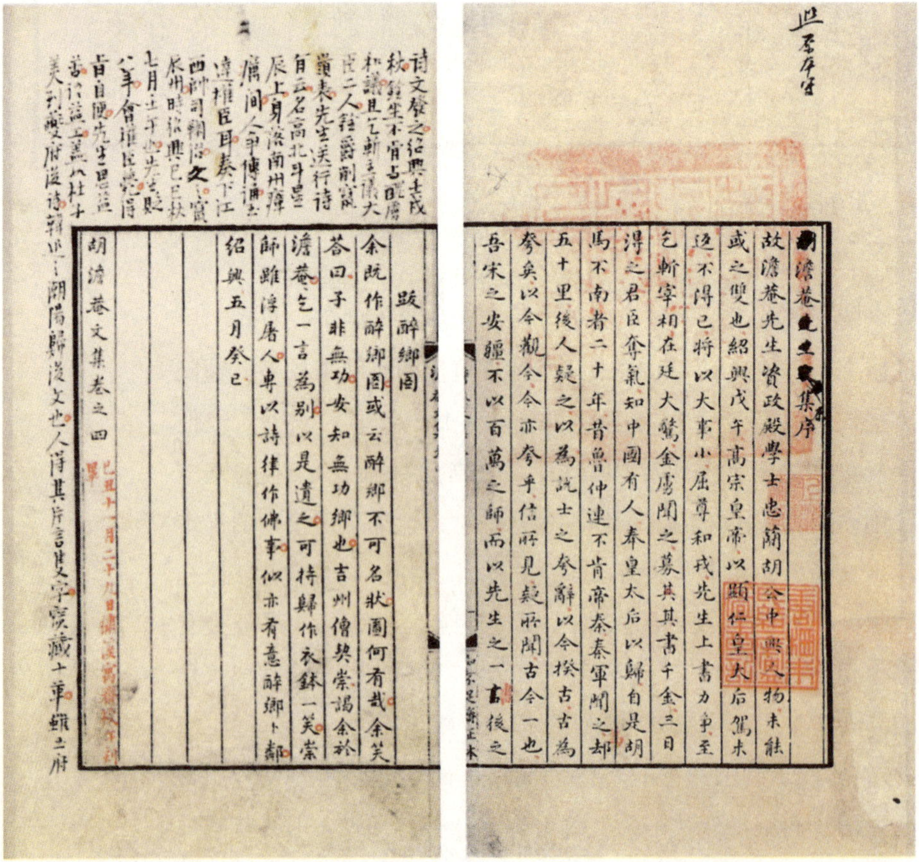
胡澹菴先生文集序
故澹菴先生資政殿學士忠簡胡公中興人物未能
或之雙也紹興戊午高宗皇帝以顯仁皇太后駕未
返不得已將以大事小屈尊和戎先生上書力爭至
乞斬宰相在廷大驚金虜聞之募其書千金三日
得之君臣奪氣知中國有人奉皇太后以歸自是胡
馬不南者二十年昔魯仲連不肯帝秦秦軍聞之却
五十里後人疑之以爲說士之夸辭以今揆古古爲
夸矣以今觀今今亦夸乎信所見疑所聞古今一也
吾宋之安疆不以百萬之師而以先生之一言後之

跋醉鄉圖
余既作醉鄉圖或云醉鄉不可名狀圖何有哉余笑
荅曰子非無功安知無功鄉也吉州僧契崇謁余於
澹菴乞一言爲別以是遺之可持歸作衣鉢一笑崇
師雖浮屠人專以詩律作佛事似亦有意醉鄉卜鄰
紹興五月癸巳
胡澹菴文集卷之四

清鲍廷博校本《胡澹庵先生文集》

从整体上看，古代私人刻书家为名而刻的特点十分鲜明。他们以刻书为荣，有的刊刻家集宣扬祖德，以示门第之高贵；有的刊刻乡邦文献，以示地望之不凡；有的搜罗佚典秘本，以示学问之博雅；有的代官场名流刻书，抬高自身，也利名人荐举。另外，私人刻书家的刻书活动大多是与他们的学术研究结合在一起的。私人刻书家在搜集、整理、编辑、刻印古代典籍的过程中，同时开展了辑佚、校勘、辨伪、训诂、考据、研究版本、编纂目录以及著述和编辑丛书等一系列学术活动，建立并丰富了这些治书之学。有的私人刻书家利用自己的财力，大胆创新，勇于探索，发展了活字、套版、饾版、拱花等印刷技术，还有的采用影刻、复刻、影抄等方式，保持古书善本的原貌。所以，中国古代图书尽管屡遭厄运，历经劫难，仍然能较为完整和系统地保存和流传下来，历代私人刻书家的功绩是不可磨灭的。

三、书坊刻书

书坊，古代又称书肆、书林、书铺、书堂、书棚、经典铺等。它是从两汉时期的书肆发展而来的。其前身是在街头闹市以图书作为商品交换的坐贾书摊和沿街叫卖而为市井服务的书贩，其主体还是有固定作坊和刻工，以刻书、卖书为业的家庭手工业者。其业务范围远比今日的书店宽泛，不单贩书、售书，还要编书、刻书和印书，也就是说还有今日出版社和印刷厂的性质，甚至某些书坊主人本身就是著作者，再加上著书，其作用不容小看。

在政府刻书、私人刻书和书坊刻书三大系统中，坊刻不仅兴起最早，分布最广，数量最多，而且影响最大。最先采用雕版来印刷图书的也是民间书坊。官刻和私刻就是在坊刻的基础上产生发展起来的。在由唐至清长达千年的历史中，全国各地出现了不少刻书世家，子承父业，世代相沿，苦心经营，历久不衰。他们不仅在刻书内容和版刻形式上形成了特有的风格，而且为保存古代文化遗产，传播文化，满足广大民众文化需求等方面做出了重要的贡献。所以，我们说坊刻是古代书籍生产的基本力量，是商品书籍流通的主体。

（一）书坊刻书始于唐代

书坊刻书始于唐代。根据早期印刷品实物和文献记载，我们可以勾勒出唐代早期刻书事业的概貌，除有寺院所刻的佛经流传之外，基本上是由民间书坊刻书构成。从刻书地区看，既有长江上游的“剑南两川”，又有“淮南道”，还有长江下游的“江东”“扬越间”，其中尤以四川成都地区的印刷品为最多。从刻书者来看，在唐代印刷品实物上有名可考的刻家就有“成都府樊赏家”“龙池坊卞家”“西川过家”“京中李家”等。他们是一批以印售历书、诗文集、字书、阴阳杂著为业的手工业者，也是我国最早的出版、印刷、发行家。从刻书内容看，除佛经外，最多的是历书，此外，字书、小学、诗文集、阴阳杂记、占梦相宅、九宫五纬等书籍也不少。唐代的印本书还处在新兴的成长发育阶段。到了五代，我国的图书事业才完成由写本书到印本书时期的历史转变。

（二）宋元时期的书坊刻书

到了宋代，我国的刻书事业进入黄金时代。继四川之后，又出现了汴梁、浙江和福建三个刻书中心。坊肆书商的规模又有了发展。有些书坊专门接受委托雕印业务，刻印和售卖书籍。有的书坊拥有自己的刻工和印刷工匠，并聘人编辑新书，所以当时的坊刻之书具有名目新、刻印快、行销广的特点。

两宋书坊刻书中出现了很多刻书世家。很多书坊以家族命名为“经坊”“书籍铺”。其中以建安余氏和临安陈氏最为

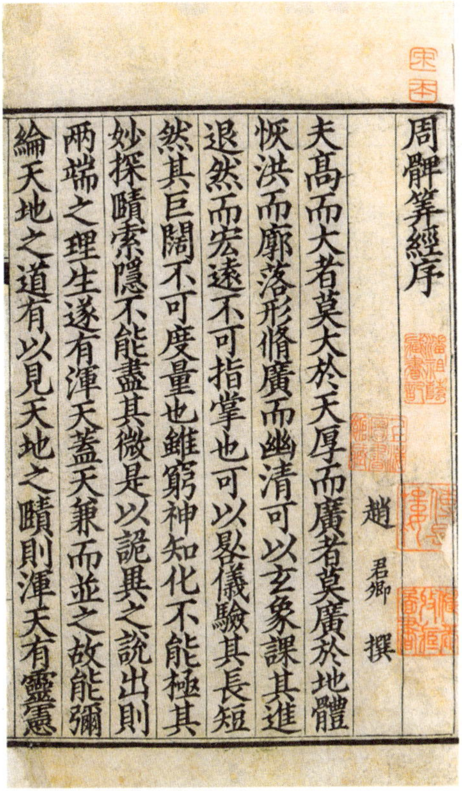

周髀筭經序

趙　君卿　撰

夫高而大者莫大於天厚而廣者莫廣於地體恢洪而廓落形脩廣而幽清可以玄象課其進退然而宏遠不可指掌也可以晷儀驗其長短然其巨闊不可度量也雖窮神知化不能極其妙探賾索隱不能盡其微是以詭異之説出則兩端之理生遂有渾天蓋天兼而並之故能彌綸天地之道有以見天地之賾則渾天有靈憲

宋建刻本《周髀算经》

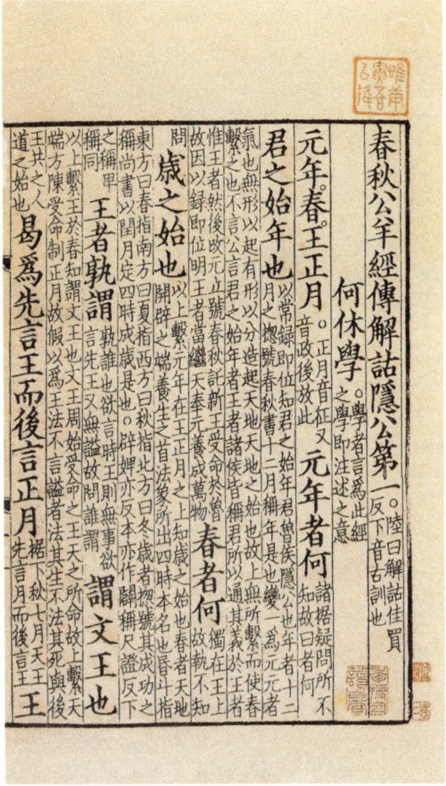

春秋公羊經傳解詁隱公第一　○陸曰解詁佳買反下音古訓也

何休學　○學者言爲此經之學即注述之意

元年春王正月　○正月音征又音政後放此　元年者何　諸據疑問所不知故曰者何

君之始年也　以常錄即位知君之始年君魯侯隱公也年者十二月之摠號春秋書十二月稱年是也變一爲元元者氣也無形以起有形以分造起天地天地之始也故上無所繫而使春繫之也不言公言君之始年者王者諸侯皆稱君所以通其義於王者惟王者然後改元立號春秋託新王受命於魯故因以錄即位明王者當繼天奉元養成萬物　春者何　獨在王上故執不知問

歲之始也　以上繫元年在王正月之上知歲之始也春者天地開辟之端養生之首法象所出四時本名也昏斗指東方曰春指南方曰夏指西方曰秋指北方曰冬歲者摠號其成功之稱尚書以閏月定四時成歲是也○辟婢亦反本亦作闢稱尺證反下之稱甲稱同

王者孰謂　孰誰也欲言時王則無事欲言先王又無謚故問誰謂　謂文王也　以上繫王於春知謂文王也文王周始受命之王天之所命故上繫天端方陳受命制正月故假以爲王法不言謚者法其生不法其死與後王共之人道之始也

曷爲先言王而後言正月　據下秋七月天王先言月而後言王　王

宋绍熙二年（1191）建阳余仁仲万卷堂刻本《春秋公羊经传解诂》

著名。这两家书坊历史悠久，刻书很多。叶德辉《书林清话》说："宋刻书之盛，首推闽中，而闽中尤以建安为最，建安尤以余氏为最"。建安余氏，世居书坊镇，号称"图书之府"。余氏是我国古代经营时间最长、名声最著的民间书坊世家，从事书业活动自南宋至清初，绵延近600年。宋代余氏刻书家，可考者有余仁仲、余恭礼、余唐卿、余腾夫、余彦国等多人。早在12世纪，余仁仲万卷堂所刻的经书就为余氏赢得声誉。他所刻的经书，"点划完好，纸色极佳"。余仁仲所刻至今仍能见到六七种之多，由此可以想见其刻书数量之大。

临安陈氏以陈起父子最为有名。陈起，字宗之，号芸居，

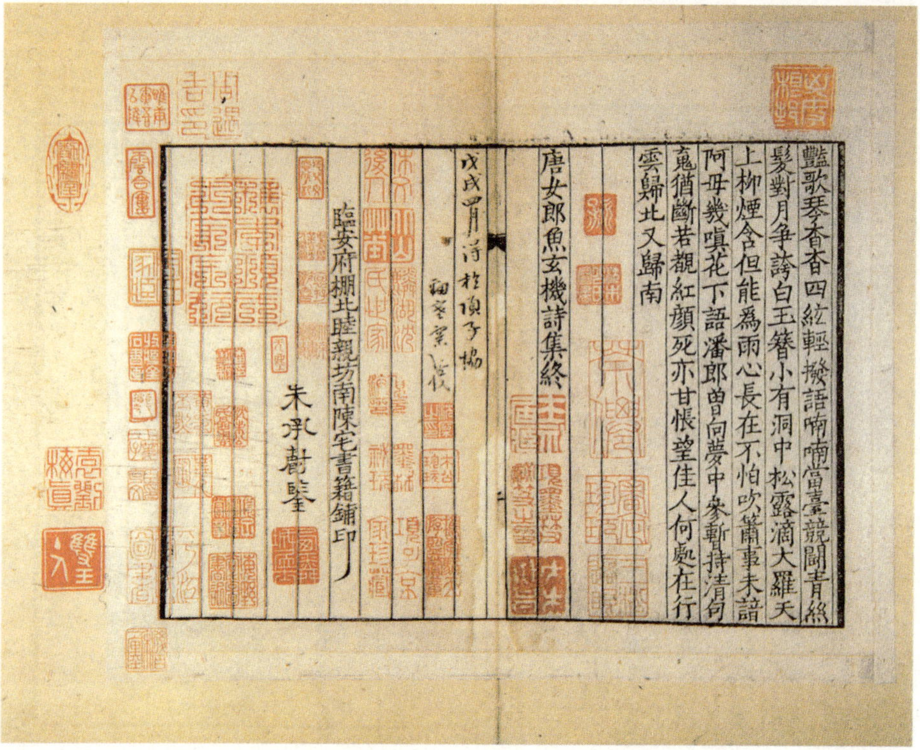

南宋临安陈宅书籍铺刻本《唐女郎鱼玄机诗集》

称陈道人，又称武林陈学士。他在文学艺术上有较深的造诣，好刻唐人诗集，有“字画堪追晋，诗刊欲遍唐”之誉。陈氏编辑出版的唐宋文集和笔记小说有近百种之多。书后大都刻有“临安府棚北睦亲坊南陈宅书籍铺印”牌记。他还编印了《江湖集》《江湖后集》65种，收集的是当时被称为“江湖诗人”的著作，致使当时许多无名诗人的作品，得以保存留传。陈起对一些怀才不遇、贫而好学、无力买书的文士，既可以赊账，还可以借阅，这样开明的经营方式自然使陈起“江湖名姓香”。陈宅书籍铺所刻的书，雕印精良，为历代藏书家所重。

当时的杭州，除陈氏外，还有尹氏、郭宅、荣六郎家、贾官人、张官人等多家书坊。其中，瓦子街张家书铺出版的《大唐三藏取经讲话》是现存宋人平话小说中最早的刻本。

宋代坊刻在版刻艺术方面，发明了许多为广大读者喜闻乐见的刻印艺术形式，如：纂图互注、加书耳、黑口，以及上图下文等都是坊间首先发明的。

元代的坊刻主要集中在平水、建阳，刻书之盛，较之南宋有过之而无不及。元代福建建阳县沿袭宋代刻书风气，仍为书坊聚居之地，刻书最多。其中建安崇化坊余氏勤有堂、麻沙镇刘氏南涧书堂，以及刘锦文日新堂、虞平斋务本堂、郑天泽宗文堂、叶日增和叶景逵的广勤堂，均历史悠久。现存元代坊刻书籍多半是这几家的刻本。

从内容上看，元代的书坊所刻医书开始增多，仅建阳余氏勤有堂就刻了《太平惠民和济局方》《新编妇人大全良方》《普济本事方》等多种医书。燕山窦氏活济堂乃是专门刻卖医书的书籍铺。

（三）明代的书坊刻书

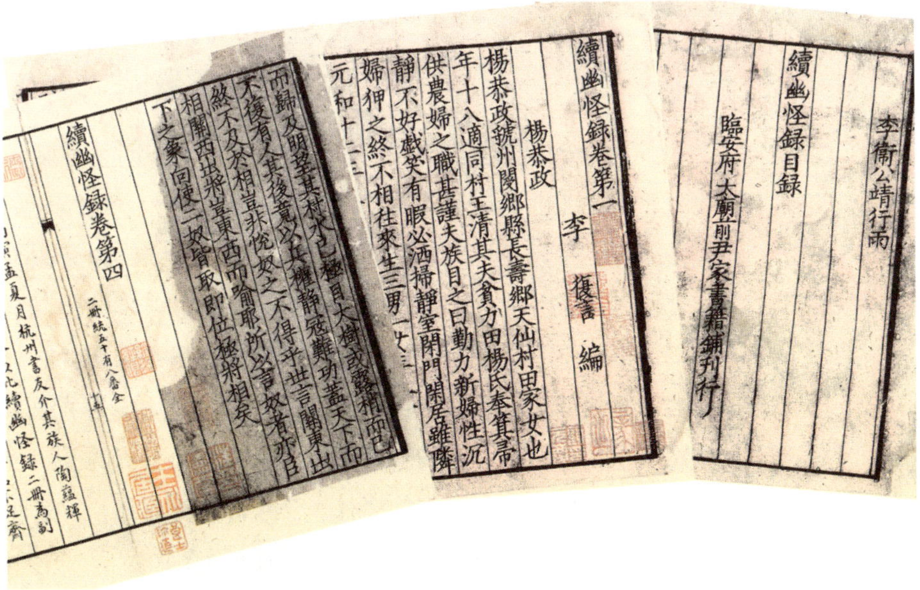

宋临安府太庙前尹家书籍铺刻本《续幽怪录》

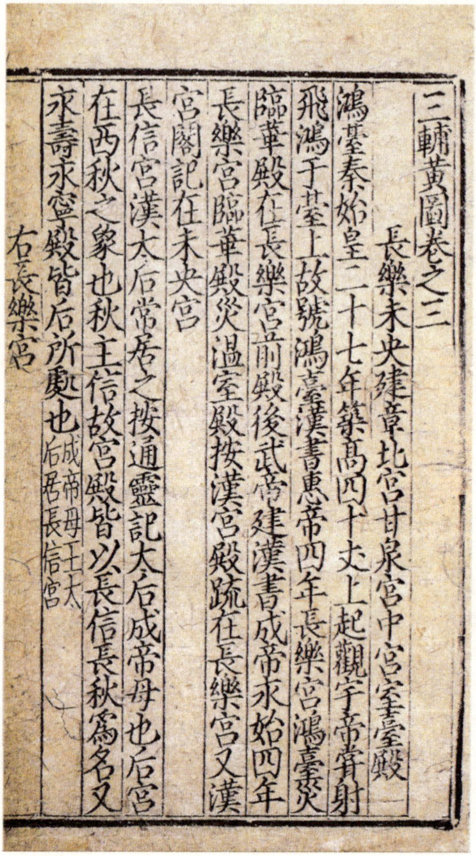
三輔黃圖卷之三
長樂未央建章北宮甘泉宮中宮室臺殿
鴻臺秦始皇二十七年築高四十丈上起觀宇帝嘗射
飛鴻于臺上故號鴻臺漢書惠帝四年長樂宮鴻臺災
臨華殿在長樂宮前殿後武帝建漢書成帝永始四年
長樂宮臨華殿災溫室殿按漢宮殿疏在長樂宮又漢
宮闕記在未央宮
長信宮漢太后常居之按通靈記太后成帝母也后宮
在西秋之象也秋主信故宮殿皆以長信長秋為名又
永壽永寧殿皆后所處也成帝母王太后居長信宮
右長樂宮

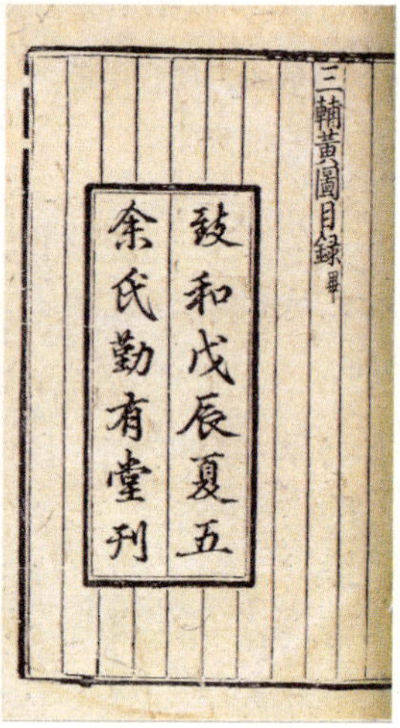
三輔黃圖目録畢
致和戊辰夏五
余氏勤有堂刊

元致和元年（1328）余氏勤有堂刻本《三辅黄图》

明代的坊刻颇有特色。一是规模空前。由于明初取消了书籍税，对手工业者采取了宽松的政策，因而建阳、南京、苏州等地不少老字号刻坊得以发展并长期延续下来。仅以建阳为例，郑氏崇文堂开业近300年，刘氏日新堂近200年，叶氏广勤堂和杨氏清江书堂也都有一百数十年的历史。早在宋代就以刻书而名扬海内的余氏，到了明代又有数十人同时从事刻书业，其中又以余象斗的三台馆和双峰堂为最著名，他编刻的《四游记》《列国志传》《三国志传评林》《水浒志传评林》《东西晋演义》《西汉志传》等书行销甚广，刻本至今犹存。

二是刻坊分布广，刻书数量大。除建阳外，南京、苏州、湖州、徽州、杭州、北京都是书坊的集中之地。如：南京的书坊大多在三山街和太学前，可考者有50多家。其中以唐姓书坊为最多。仅万历期间唐姓各家所刻经书、医书、文集、尺牍、琴谱及戏曲小说等就有数百种。

三是刻书内容丰富，面向民间。书坊所刻的书以供应大众百姓日常所需为主。坊肆不但刻有医书和科举用书，还刻有状元策、童蒙读物和八股文等。有的书肆专刻小说、戏曲。不少流传至今的古典小说、元曲、明人杂剧等刻本均为他们所刻。

四是质量较差，旨在牟利。明代的坊刻是历代坊刻中最差的，不少书商为了牟利，使用多种手段，以假乱真，为坊刻本

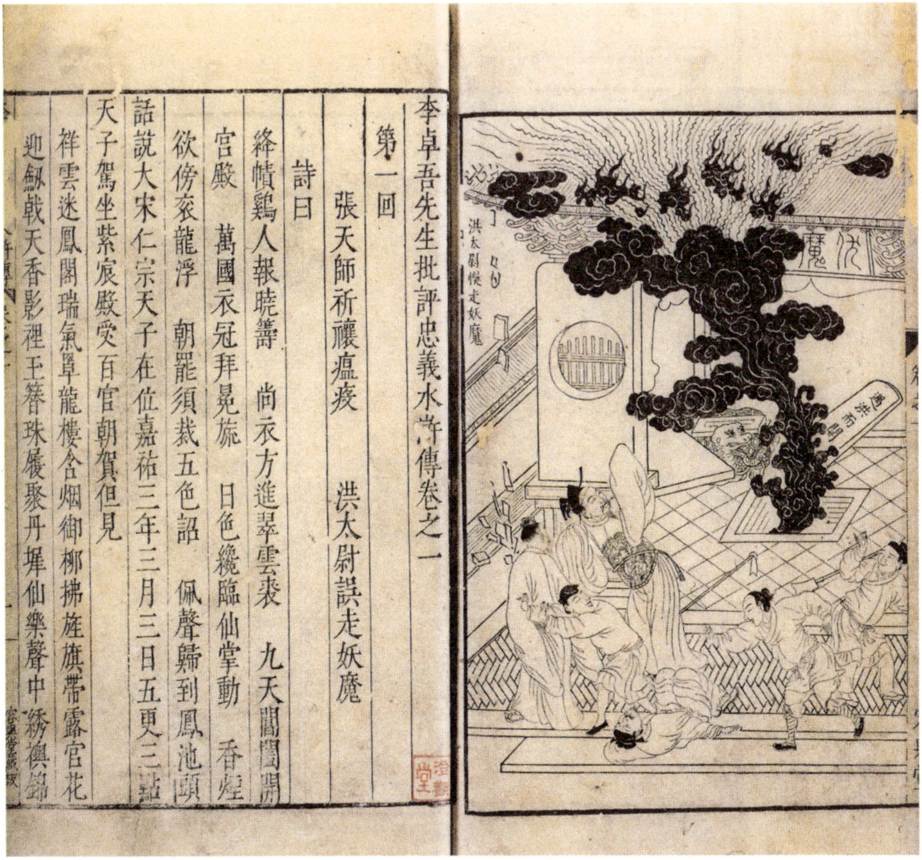

明万历年间杭州容与堂刻本《李卓吾先生批评忠义水浒传》

带来了不良的声誉。

五是编、刻、售合一，发展较快。书坊刻书发展到明代中后期，已不单是刻书匠户，而是集编辑、出版、发行为一体的书业专行。这种形式使书坊主人更能了解社会的需要，从而编刻图书更加有的放矢。这样不仅增强了书坊本身的竞争力，而且也促进了刻书事业的发展。除上面所讲的余象斗三台馆、双峰堂和金陵唐氏富春堂外，如建阳书坊的熊宗立、熊冲宇的种德堂，都自撰、自编、自校、自刊了许多医书。熊宗立编印的《名方类证医书大全》被日本人称为医家至宝，在日本翻刻，

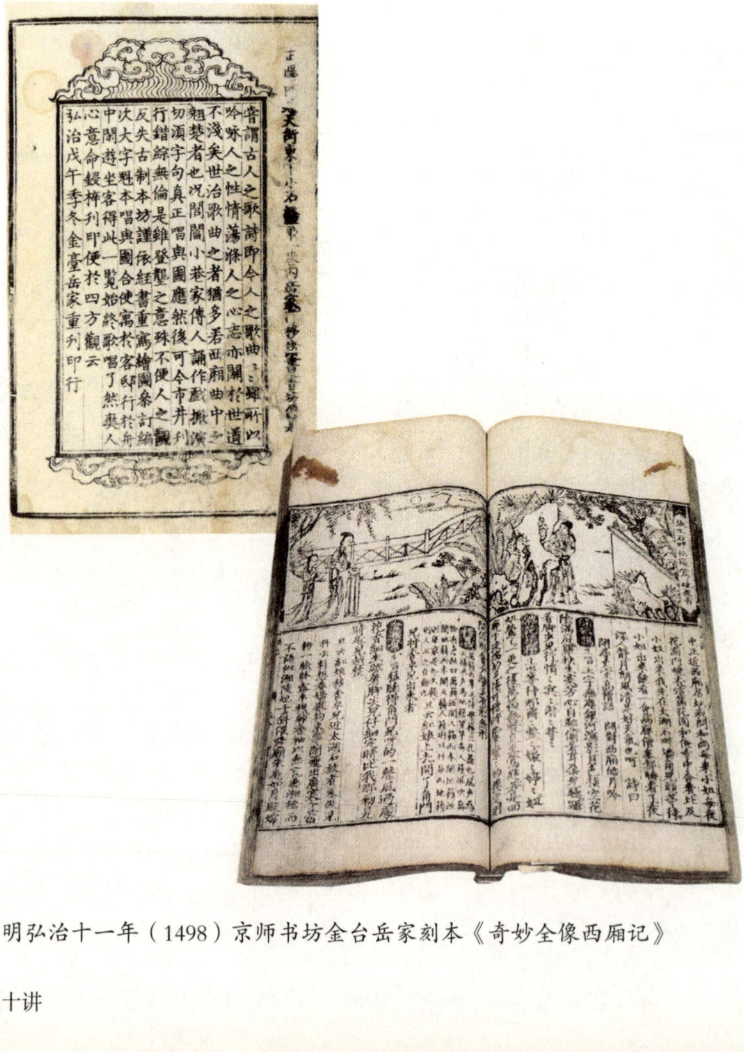
嘗謂古人之歌詩即今人之歌曲〻〻雖所以
吟咏人之性情蕩滌人之心志亦關於世道
不淺矣世治歌曲之者猶多若西廂曲中之
翹楚者也況閭閻小巷家傳人誦作戲搬演
切須字句真正唱與圖應然後可令市井刊
行錯綜無倫是雖登壟之意殊不便人之觀
反失古制本坊謹依經書重寫繪圖參訂編
次大字魁本唱與圖合使寓於客邸行於舟
中閑遊坐客得此一覽始終歌唱了然爽人
心意命鋟梓刊印便於四方觀云
弘治戊午季冬金臺岳家重刊印行

明弘治十一年（1498）京师书坊金台岳家刻本《奇妙全像西厢记》

成为日本刊行最早的医书。其后人熊龙峄、熊大林的忠正堂又编印了许多话本、小说，其中《北宋志传》和《大宋中兴英烈传》就是后世《杨家将演义》和《说岳全传》两部长篇小说的雏形。

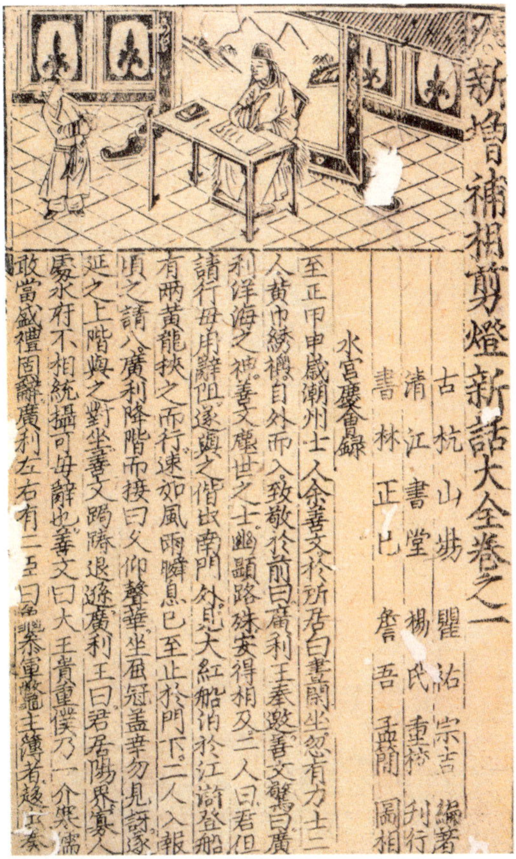
新增補相剪燈新話大全卷之一

古杭山陽瞿佑宗吉編著
清江書堂楊氏重梓刊行
書林正巳詹吾孟簡圖相

水宮慶會錄

至正甲申歲潮州士人余善文於所居白晝閒坐忽有力士二人黃巾繡襖自外而入致敬於前曰廣利王奉邀善文驚曰廣利洋海之神善文塵世之士幽顯路殊安得相及二人曰君但請行毋用辭阻遂與之偕出南門外見大紅船泊於江滸登船有兩黃龍挾之而行速如風雨瞬息已至止於門下二人入報頃之請入廣利降階而接曰久仰聲華坐屈冠蓋幸勿見訝遂延之上階與之對坐善文踧踖退遜廣利王曰君居陽界寡人處水府不相統攝可毋辭也善文曰大王貴重僕乃一介寒儒敢當盛禮固辭廣利左右有二臣曰黿參軍鼈主簿者趨立奏

明正德六年（1511）建阳杨氏清江书堂刻本《新增补相剪灯新话大全》

（四）清代的书坊刻书

清代的坊刻业更为兴盛，坊刻数量甚大。其中最著名的要数席氏扫叶山房。该书肆从明代后期一直经营到1955年，刻印过经、史、子、集、笔记小说及通俗读本等各类书籍达数百种。清末到民国初年，扫叶山房不但在上海、汉口开设了分号，还采用了铅印、石印等先进技术，继续印书，行销全国，流传至今。

北京为清政府所在地，是政治文化中心。琉璃厂、隆福寺等地书坊林立。京师的书坊，有的以贩卖为主，有的兼作雕版印行。其中的老二酉堂是由明至清末历经数百年的老店。

清代书坊所刻之书大部分是村塾采用的四书五经和启蒙读物，还有的专门刻医、卜、星相、佛经、农书、类书、小说等类的书，如北京“琉璃厂西门外南柳巷，向有聚魁堂等店，以刻印小唱本为业，用极粗糙之毛边纸印刷，每本亦只三五页，取材多就时事编成唱曲”。而老二酉堂、宝文堂“专印小唱本、历书及供私塾用之旧式启蒙书本，自印自销，分销于华北各省市及乡村”。[1]这些刻本，大量行销民间，然而不为藏书家和士大夫所重视，所以保存下来的很少。

综上所述，我们可以看出坊刻作为古代书籍生产的形式之一，不仅有其鲜明的特点，而且在推进我国图书事业的发展、传播和保存古代文化遗产方面有着重要的贡献。从保存文化典籍方面看，宋元时代的图书保存下来是很不容易的，经过历史上的天灾人祸，多次焚劫，我们今天仍可看到六七百年前杭州陈氏、建阳余氏等工艺精美的产品，由此也可以想见这些刻书家在当时印书数量之大。

从传播文化方面看，由于这些刻书世家从他们诞生时起就生存于民间，并以大众百姓的需要为动力，所刻的书逐渐形成了雅俗共赏、重在实用、不断创新以及品种多、印量大等特点，所以就更有利于书籍的销售与流通。

从发展文化方面看，尽管书坊家的某些刻本存在着诸如纸墨粗劣、校勘不精等缺点，但从总体上看，他们在普及文化、满足百姓需要以及促进印刷术发展等方面的功绩是主要的。他们的刻书活动繁荣了当时的文艺创作，活跃了书籍贸易，推动了造纸、制墨等有关手工业的发展，对后世和世界文化的发展有着深远的意义和影响。

---

① 转引自肖东发主编：《中国编辑出版史》，第339页，辽宁教育出版社1996年版。

第六讲
中国古代图书的特有类型
——类型丰富　源流不断

夫仁义礼智，所以治国也，方技数术，所以治身也；诸子为经籍之鼓吹，文章乃政化之黼黻，皆为治之具也。

——唐·魏徵：《隋书·经籍志》

圣朝编录遗文，以阐圣学明王道者为主，不以百氏杂学为重也。

——清·纪昀：《四库全书总目》

中国文化之完备，世界各国，殆莫之京，此为中国文明之特色，即典籍之完美是也……我国史学发生之早，典籍之博，学者之注重，实可谓世界各国中首屈一指。

——郑鹤声、郑鹤春：《中国文献学概要》

中国史籍在体裁的发展上往往一种体裁一经产生，便能延续不断；而又时有创新变革，不断出现新的题材，因而形成了各种体裁延绵不断、共存互竞、优劣互补的特点。

——程焕文：《中国图书文化导论》

中国古代图书在内容上的突出特点是类型丰富。有人曾把中国的学术比作一棵大树：有主干、有细枝、有花叶，经历了风雨的冲袭，偶有叶落枝折，但随即抽芽更新，枝繁叶盛，至今仍屹立于世界学术之林。中国的学术，总的说来，比较注重人文科学和社会科学的发展，天文、历算、医药、农学等自然科学虽然也取得不少成就，但相比之下，较受忽视。其原因在于儒家重“道” 轻“艺”的观念影响了整个学术发展的方向。就是在人文和社会科学里，我国的哲学、史学、文学、语言文字学、地理学、目录学等学科成熟较早，而政治、军事、经济、法律等学科，则不甚清晰。

中国图书另一特点是学术上的继承性，讲究师承关系，在先人的愿础上后人又推出新成果。故每一门学科，都有一连串的几十部乃至上百部相关的著作。如最有中国特色的四类图书——儒经、政书、地方志和谱牒。

一、经典注疏

当我们深入图书的内容，从学术上来看中国典籍特点的时候，就不难发现：在中国2000多年来的封建社会中，儒家著作一直占有至尊至高的地位。研究解释儒经的著作也连篇累牍，汗牛充栋，形成了独特的“经学”。据周予同先生的解释：“经与经学，既有联系，也有区别。所谓经，是指中国封建专制政府法定的以孔子为代表的儒家所编书籍的通称；所谓经学，一般说来，就是历代封建地主阶级知识分子和官僚对上述

孔子行教图拓片

经典著述的阐发和议论。”[1]经学为尊，众学为从，经学为纲，众学为目，这也是中国文化史和中国图书史的特有现象。

“五经”之说，始于汉代。汉武帝“罢黜百家，独尊儒术”，设太学，置五经博士教育弟子。这时的五经是《周易》《尚书》《诗经》《仪礼》《春秋》。后来不断发展变化，东汉“熹平石经”是以上五经加上《公羊传》和《论语》为七经。唐代科举取士在“明经”科中规定三礼（《周礼》《仪记》《礼记》），三传（《左传》《公羊传》《谷梁传》），加上《诗经》《尚书》《周易》，合称“九经”，后又加上《论语》《孝经》《尔雅》为“十二经”。太和七年（837），唐文宗下令将十二部经书都刊刻于石碑之上，这就是保存至今的“开成石经”。北宋仁宗时镌刻“嘉祐石经”，又加入《孟子》一书，从此儒学经典形成“十三经”。南宋光宗时，有人将十三经及当时认为较好的注、疏、正义合刻在一起，成为《十三经注疏》。如下表所示：

①周予同：《经、经学、经学史》，见《周予同经学史论著选集》，第656页，上海人民出版社1996年版。

表4：《十三经注疏》简表

序号	书名	卷数	传、注	疏、正义
1	《周易正义》	10卷	（魏）王弼、（晋）韩康伯注	（唐）孔颖达等正义
2	《尚书正义》	20卷	（汉）孔安国传	（唐）孔颖达等正义
3	《毛诗正义》	70卷	（汉）毛亨传，郑玄笺	（唐）孔颖达等正义
4	《周礼注疏》	42卷	（汉）郑玄注	（唐）贾公彦疏
5	《仪礼注疏》	50卷	（汉）郑玄注	（唐）贾公彦疏
6	《礼记正义》	63卷	（汉）郑玄注	（唐）孔颖达等正义
7	《春秋左传正义》	60卷	（晋）杜预集解	（唐）孔颖达等正义
8	《春秋公羊传注疏》	28卷	（汉）何休解诂	（唐）徐彦疏
9	《春秋穀梁传注疏》	20卷	（晋）范宁集解	（唐）杨士勋疏
10	《论语注疏》	20卷	（魏）何晏等集解	（宋）邢昺疏
11	《孝经注疏》	9卷	（唐）玄宗御注	（宋）邢昺疏
12	《尔雅注疏》	10卷	（晋）郭璞注	（宋）邢昺疏
13	《孟子注疏》	14卷	（汉）赵岐注	（宋）孙奭疏

《十三经注疏》共416卷，汇集了全部儒家经典，保存了一批有代表性的汉晋古注和唐宋义疏，因而自形成以后便受到重视。明清两代，皆由皇帝敕版刻于太学，民间也有多种刻本流传，清代阮元的校刻本可谓各本中的善本。

按照《说文解字》的解释，“经，织纵丝也”，“纬，织横丝也”。也就是说，古人织布时，上下纵向垂直不动的线叫作“经”，左右来回穿梭的横线叫作“纬”。经有静止不变的意义，后人把孔子奉为圣人。《四库全书总目·经部序》云：“经秉圣裁，垂型万世。删定之旨，如日中天”。这几句话的意思是经书都是经过圣人亲手编订的，像中天的太阳一样，删定经书的指导思想教育万世，永远不变。于是经书被看

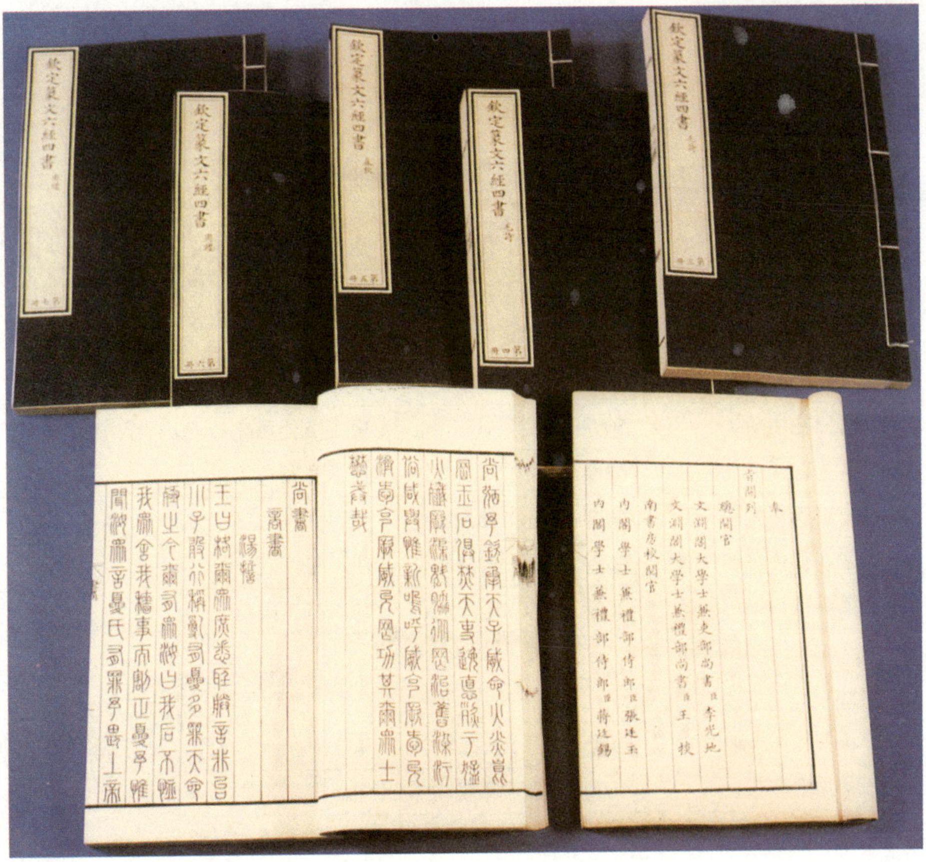

清康熙刻本《钦定篆文六经四书》

作是古圣先哲们留给后世的经典，是读书人为学行事的金科玉律。汉武帝以后的2000多年里，历代统治者施政治国靠经书，知识分子安身立命靠经书。就这十几部经书，不知耗费了多少读书人毕生的精力。他们就在这些书中兜圈子打转转，不敢越雷池一步，翻来覆去地注释，阐发圣人的微言大义。经学中的正经仅有13部，总字数不过65万。一部《十三经注疏》才416卷，而历代解经典籍的数量则要超出数百倍。据《四库全书总目》和《贩书偶记》正续编收载的经部典籍就有3900余部，近50000卷，这是大致留存且经著录的经部书籍，未见著录者肯定不止此数，历代散失的解经之作更无法统计。这些繁多的解经之作，有的称“传”“故”“训”“解”“证”“笺”；有的称“章句”“索引”“集解”“正义”，这些名称有的名异实同，有的意义微殊，有的互相结合，成为新的名称，如“训诂”“校注”“疏证”等，把这几部书视为信条至理，不容怀疑和变革，隋唐以后的科举制更加深了这一弊病，致使学术风气愈加沉闷，背负的传统惰性愈发沉重，探索和创新的精神受到压抑，疑古惑经、标新立异之作有如凤毛麟角。这样的文化带有极大的保守性、排他性和禁锢性，应该加以分析批判。

早在汉代的经学研究中，就有今文学派和古文学派之争。所谓今文，即当时通行的隶书所传写的经书，大都是学者凭记忆背诵讲授。他们的特点是治章句，遵师法，专守一家之说。所谓古文，是指汉代以前使用的文字，多为篆字。古文经书传说是汉景帝时，人们从孔子故宅的夹壁墙中发现的，还有一部分是汉武帝的哥哥刘德从民间访得的。两者不但字句上有所不同，甚至连篇章、内容及叙史时对古人古事的评价也时有出入。这样就使研究者们各有所依，互不相让，纷争不止。西汉时重今文经，其大师是董仲舒。西汉末王莽托古改制，古文派抬头，代表人物是刘歆。到东汉初至汉灵帝刻石经，还

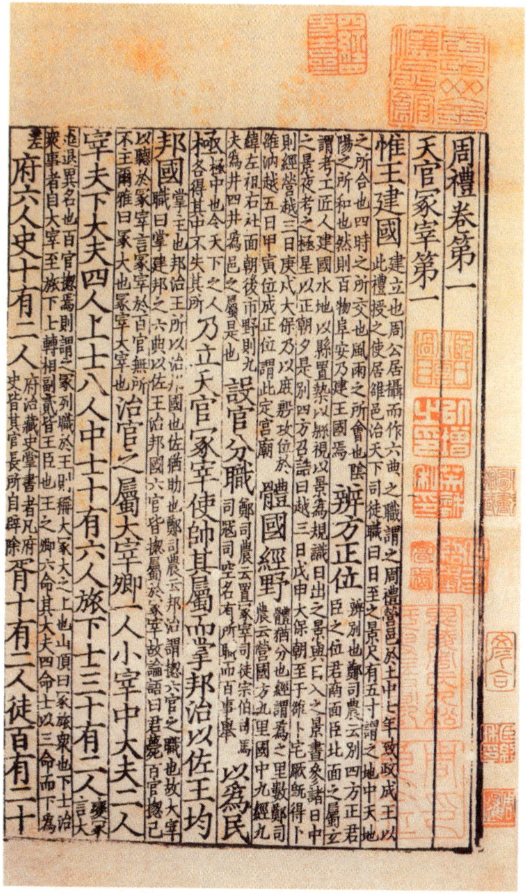

宋婺州市门巷唐宅刻本《周礼注》

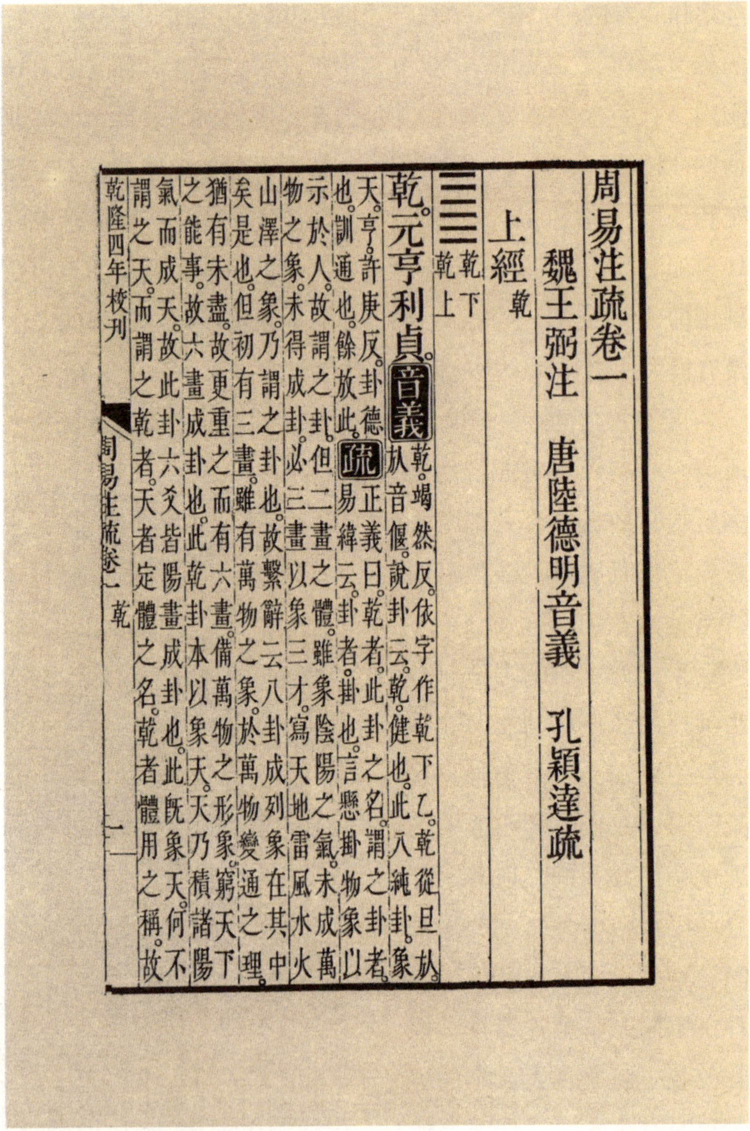
周易注疏卷一
魏王弼注　唐陸德明音義　孔穎達疏
上經　乾
☰☰ 乾下 乾上
乾元亨利貞[音義]乾竭然反依字作乾下乙乾從旦㫃㫃音偃說卦云乾健也此八純卦象天亨許庚反卦德也訓通也餘放此[疏]正義曰乾者此卦之名謂之卦者易緯云卦者掛也言懸掛物象以示於人故謂之卦但二畫之體雖象陰陽之氣未成萬物之象未得成卦必三畫以象三才寫天地雷風水火山澤之象乃謂之卦也故繫辭云八卦成列象在其中矣是也但初有三畫雖有萬物之象於萬物變通之理猶有未盡故更重之而有六畫備萬物之形象窮天下之能事故六畫成卦也此乾卦本以象天天乃積諸陽氣而成天故此卦六爻皆陽畫成卦也此既象天何不謂之天而謂之乾者天者定體之名乾者體用之稱故
乾隆四年校刊
周易注疏卷一　乾　一

清乾隆间武英殿刻本《钦定周易注疏》

是今文经占上风，其后由于马融、郑玄等大师的推崇，古文经的地位又胜今文经，这种争斗时断时续，一直延续到辛亥革命时期。

汉代的一些经学大师都写过大量为经书作注解的书，

仅郑玄一人就为《易》《书》《诗》《三礼》《论语》《孟子》《孝经》等一一作注。南北朝时，学者致力于经书的笺疏工作，不遗余力。据徐崇《补南北史艺文志》统计，当时为经学注疏《易经》类25种，《尚书》类14种，《诗经》类24类，《三礼》类66种，《春秋》类35种，《孝经》类27种，《论语》类17种。这些成绩，在唐贞观年间，孔颖达、颜师古等人编纂《五经正义》时做了一次总结，加上贾公彦的《周礼疏》《仪礼疏》，以及徐彦的《春秋公羊传疏》、杨士勋的《春秋谷梁传疏》，诸经的疏释，在唐代算是有了定本。

时隔不久，啖助、陆淳等人又写出一批《春秋集传》《春秋集传纂例》《春秋集传辨疑》《春秋微旨》等书，对旧有的传注提出怀疑。宋代刘敬撰《七经小传》、王安石作《三经新义》等，发挥己见，不再墨守注疏，形成一种横生议论的风气，甚至删改经史以迁就己说，这种风气一直延续到明末清初。宋代大儒由于下功夫研究注疏，学有根底，虽摒弃古议，犹能自成一家，如朱熹撰《易本义》《书说》《诗集传》《仪礼经传通解》等书，成绩卓

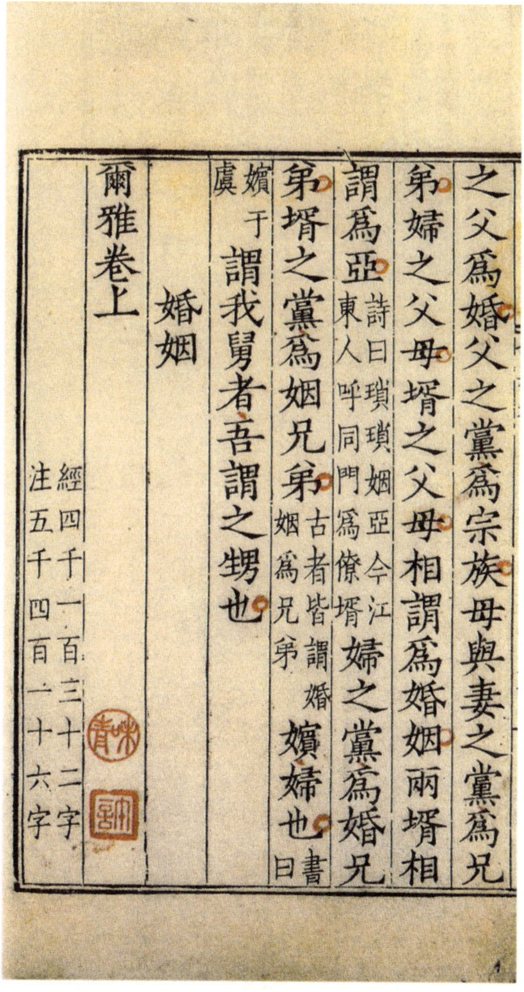
之父爲婚父之黨爲宗族母與妻之黨爲兄
弟婦之父母壻之父母相謂爲婚姻兩壻相
謂爲亞詩曰瑣瑣姻亞今江東人呼同門爲僚壻婦之黨爲婚兄
弟壻之黨爲姻兄弟古者皆謂婚姻爲兄弟嬪婦也書曰
嬪于虞謂我舅者吾謂之甥也

婚姻

爾雅卷上

經四千一百三十二字
注五千四百一十六字

明吴元恭私人仿宋刻本《尔雅》

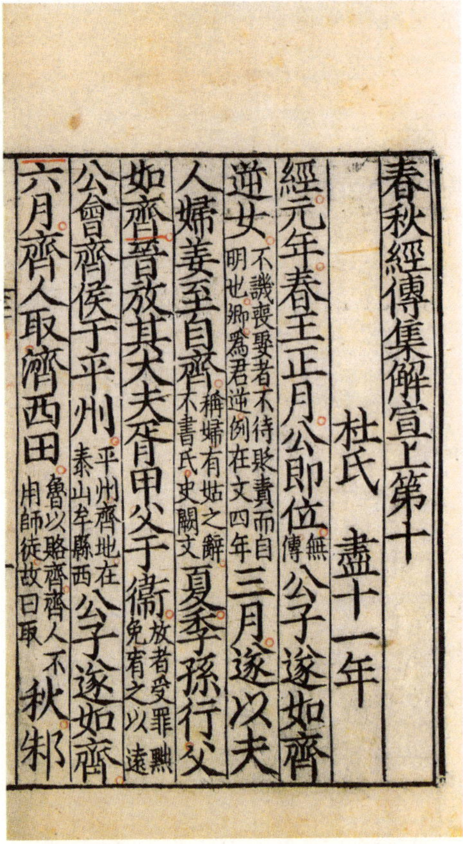
春秋經傳集解宣上第十

杜氏 盡十一年

經元年春王正月公即位無傳公子遂如齊逆女不譏喪娶者不待貶責而自明也卿為君逆例在文四年三月遂以夫人婦姜至自齊稱婦有姑之辭不書氏史闕文夏季孫行父如齊晉放其大夫胥甲父于衛放者受罪黜免宥之以遠公會齊侯于平州平州齊地在泰山牟縣西公子遂如齊六月齊人取濟西田魯以賂齊齊人不用師徒故曰取秋邾

宋蜀刻大字本《春秋经传集解》

理学的集大成者朱熹

著。元明二代，士子束书不观，功底较浅，统治者还编修《五经大全》《四书大全》《性理大全》颁行天下，定为科举考试的标准本，影响所及，遂使经学衰微。为此，顾炎武曾发出“《大全》出而经说亡”的感叹。

明末清初，经学中兴，顾炎武、黄宗羲、王夫之、颜元等提倡经世致用之说，学风为之一变。他们提倡朴实的学风，推崇郑玄、许慎所代表的汉学，反对专讲理性的宋学，直接推动了清代考据学的繁荣。乾嘉以后，经学名家辈出，有惠栋领导的“吴派”和戴震领导的“皖派”，成果显著。阮元主编的《皇清经解》中收清代考据学解经之书180种，王先谦主编的《皇清经解续编》收219种。这还只是古文派的成果。今文派也很活跃，如庄存与、刘逢禄、宋翔凤、龚自珍、魏源、戴望、皮锡瑞、王闿运等人都有成果推出。清末廖平著《尚书今文新义》《四益诗说》《何氏公羊解诂十论》《今古学考》等，颇有功力。康有为接着写出《新学伪经考》，大胆指出古文经书都是伪经，都是刘

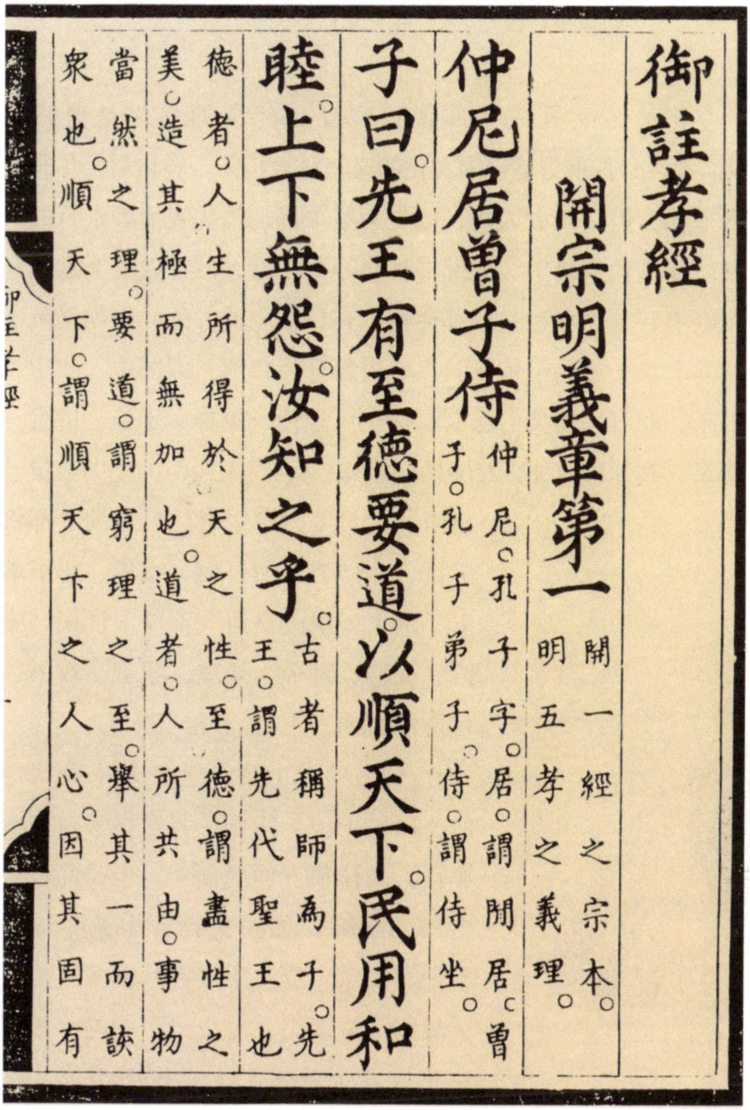
御註孝經

開宗明義章第一 開一經之宗本。明五孝之義理。

仲尼居曾子侍 仲尼。孔子字。居。謂閒居。曾子。孔子弟子。侍。謂侍坐。

子曰。先王有至德要道。以順天下。民用和睦。上下無怨。汝知之乎。 古者稱師爲子。先王。謂先代聖王也。德者。人生所得於天之性。至德。謂盡性之美。造其極而無加也。道者。人所共由。事物當然之理。要道。謂窮理之至。舉其一而該衆也。順天下。謂順天下之人心。因其固有

清顺治内府刻本《御注孝经》

歆伪造的，这就从根本上动摇了儒家谈书论学的立足点，对当时的正统思想传统观念进行怀疑和否定，为维新变法作舆论先导。当然这部书存在许多武断强辩的缺点，受到后来学者们的批评，但它的影响是不能抹杀的。

二、典制政书

正如范文澜先生所说："汉族传统的文化是史官文化。"①崇古重史是中国文化的又一显著特征。春秋后，尽管学术下移，但"以古为镜，以史为鉴"仍是历代统治者奉行的信条。在古代典籍中，史部书排在经书之后，但在数量上远远超过经书，其类型也是四部典籍中类目最多的一种。南朝梁阮孝绪《七录》中的纪传录就已将史籍分为12部，即国史、注历、旧事、职官、仪典、法制、伪史、杂传、鬼神、土地、谱状、簿录，共计1017种，2260帙，14881卷，可见当时的史书数量已相当可观。《四库全书总目》的史部将史籍分为15类，即正史、编年、纪事本末、别史、杂史、诏令奏议、传记、史钞、载记、时令、地理、职官、政书、目录、史评。门类已经相当繁复。

《史记》的作者司马迁

史书的承上启下地位是十分明显的，以《史记》为例，其素材来自先秦典籍，其体裁方面的创新，也受前代各史书的影响，如《史记》中编年体的本纪和世家，取法于《春秋》《左传》《战国策》诸书。《史记》中的十表取法于《五帝系牒》《春秋历谱牒》诸书；《史记》中的八书，是受《周礼》等书的影响。而《史记》所创造的纪传体，又开了后世几十部纪传体正史修撰的先河。《隋书·经籍志》史部中首类是正史，有67部，3083卷，通计亡书，合80部，4030卷，所收自《史记》至唐初的纪传体史书及史注，此外还有古史、杂史、霸史、起居注、旧事、职

①范文澜：《中国通史简编》第二编，第255页，人民出版社1964年版。

官、仪注、刑法、杂传、地理、谱系、籍录等，共13类。它反映的是魏晋南北朝时期史书的发展概况。隋唐以后史书又有新的开拓，从唐以后出现的典制政书可以看出中国古书的发展源流体系。

政书是记载古代典章制度及史实的史书，它是由纪传体史书中“志”发展而成的一种独立的体裁类型。它对研究古代文化史中历代制度史和器物史有着重要的参考价值。国内外学术界常把政书和类书一起称为中国古代的百科全书。

（一）“十通”：通纪历代典章制度的政书

通纪历代典章制度及史实的政书最早出现于唐代。唐代开元（713—741）末年，著名史学家刘知幾之子刘秩成《政典》35卷，广采经史百家资料，分门别类地记述自黄帝至唐代开元、天宝（742—756）年间典章制度的兴废沿革，评论其得失，据现有资料看，这是最早的一部典志体政书。但此书在内容、体例上均欠完备，且已亡佚。

唐德宗贞元十七年（801），著名史学家杜佑在刘秩《政典》的基础上，进一步充实内容，完备体例，撰成《通典》一书，这是我国第一部系统而完备地论述历代典章制度沿革变化的政书，也是现存最早的一部政书。杜佑历仕肃宗、代宗、德宗、顺宗、宪宗五朝，三朝为相，长期理财，有丰富的经验。大历元年（766）开始编撰《通典》，直到贞元十七年（801）才完成，历时36年。该书上自远古，下讫唐肃宗，记叙各代典章制度，全书200卷，分为食货、选举、职官、礼、乐、兵、刑、州郡、边防等9门，以事类为中心，按朝代先后编次，材料翔实，多有评论，《四库全书总目》评其：“凡历代沿革，悉为记载，详而不烦，简而有要，原原本本，皆为有用之实学，非徒资记问者可比。”更可贵的是《通典》创造了典制政书的编撰体例，全书结构以“分门别类”的形式出现，记述方法

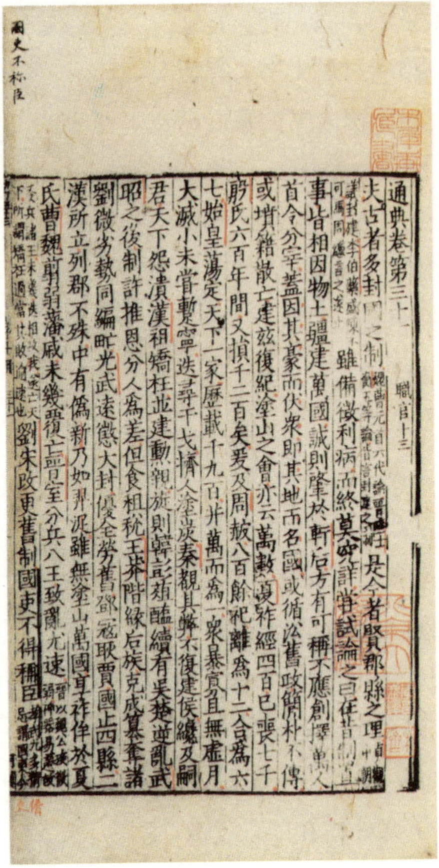

宋刊元刻《通典》

依时代为序，叙、说、评、论、注相结合，系统展示各类典制的沿革史实。这种编撰方法，既可以使各类典制“以类相从”，又全面反映了其演变发展，因而能给人们提供系统、完整的知识。因此，自《通典》以后，历代编撰的政书大都没有脱离《通典》确立的基本格局，政书在历史著作中的地位也因此而得以确立。

继《通典》之后，宋代郑樵又撰成《通志》一书。《通志》是一部综合历代史料而编成的纪传体通史。全书可分为纪传和“略”两大部分。其纪传部分价值不大，而“二十略”部分多有创新，价值极高，是全书的精华所在。所谓“略”，按郑樵自己的解释是：“总天下之大学术，而条其纲目，名之曰略。”即对天下各方面的典制史事进行综合概括，分类叙述，是大纲、概略的意思，相当于正史中的“书”或“志”。《通志》的二十略分别为：氏族略、六书略、七音略、天文略、地理略、都邑略、礼略、谥略、器服略、乐略、职官略、选举略、刑法略、食货略、艺文略、校雠略、图谱略、金石略、灾祥略、昆虫草木略。在这二十略中，除礼、职官、选举、刑法、食货五略节录于《通典》外，其余十五略都是作者多年搜求，别出心裁之作。如六书、七音、艺文、校雠、图谱、金石等六略都是属于文化方面的，《通典》没有述及，十分难得。特别是艺文、校雠二略，在中国文化史上占有重要地位。此外，氏族、都邑、谥、昆虫草木等略，也是郑樵新增的，为其他史书所无。可以说，《通志》的精华在二十略，二十略的精华又在十五略。

元代马端临的《文献通考》是第三部重要政书。《文献通考》成书于元大德十一年（1307），编撰历时20余载。全书348卷，上自远古，下讫宋宁宗。分类更加详细，为二十四考。包括政治、经济、军事、文化等各个方面。每一考都按时代排比，前有小序说明考订的新意；后附按语，阐发自己的见解。给后来的研究者以极大的方便。从政书本身的发展来看，《文献通考》最突出的贡献在于使政书的编撰方法进一步系统化、规范化。全书对每一专题的考述，都彻底贯彻了“叙事”“论事”“自注”三结合的原则，而且三部分内容条理分明。马端临在《文献通考·自序》中说：

凡叙事，则本之经史，而参以历代会要及百家传记之书，信而有征者从之，乖异传疑者不录，所谓文也。凡论事，则先取当时臣僚之奏疏，次

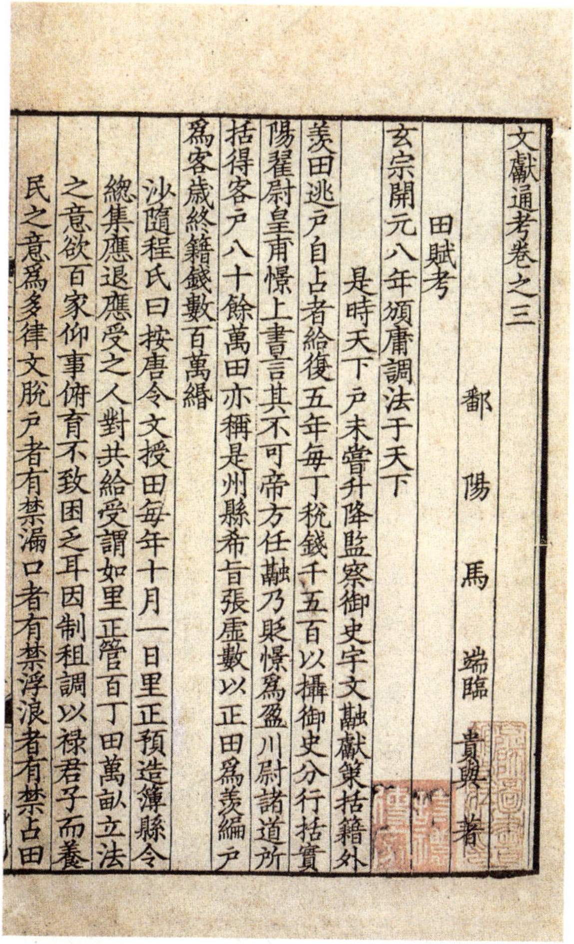
文獻通考卷之三
鄱陽馬端臨貴與著
田賦考
玄宗開元八年頒庸調法于天下
是時天下戶未嘗升降監察御史宇文融獻策括籍外
羨田逃戶自占者給復五年每丁稅錢千五百以攝御史分行括實
陽翟尉皇甫憬上書言其不可帝方任融乃貶憬爲盈川尉諸道所
括得客戶八十餘萬田亦稱是州縣希旨張虛數以正田爲羨編戶
爲客歲終籍錢數百萬緡
沙隨程氏曰按唐令文授田每年十月一日里正預造簿縣令
總集應退應受之人對共給受謂如里正管百丁田萬畝立法
之意欲百家仰事俯育不致困乏耳因制租調以祿君子而養
民之意爲多律文脫戶者有禁漏口者有禁浮浪者有禁占田

元泰定年间杭州西湖书院刻本《文献通考》

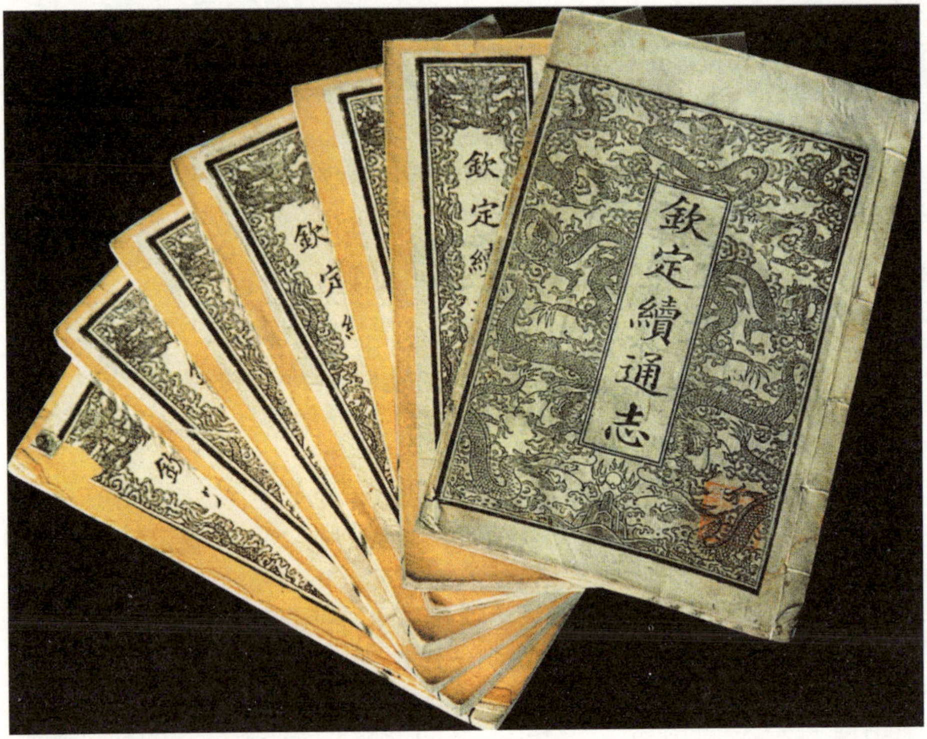

清代编修的《续通志》

及近代诸儒之评论，以至名流之燕谈、稗官之纪录，凡一话一言，可以订典故之得失，证史传之是非者，则采而录之，所谓“献”也。其载诸史传之纪录而可疑，稽诸先儒之论辨而未当者，研精覃思，悠然有得，则窃著己意，附其后焉。

在形式上“叙事”部分，顶格排行；“论事”部分，低一格排行；“自注”部分，低二格排行。《文献通考》在《通典》的基础上，最终严格而划一地确立了政书“文”“献”“注”三结合的编撰方法，这标志着政书发展的成熟，在中国史书编纂史上具有创造性的意义。

后人将以上三部政书合称为“三通”。“三通”问世后，便陆续有人为其编撰后续之作。清乾隆年间，政府特开

“三通馆”，组织学者大规模续修“三通”。至乾隆五十二年（1787）共完成六部。其中《续通典》《续通志》《续文献通考》，各仿前书体例，内容衔接后下讫明末，合称“续三通”。另三部《清朝通典》《清朝通志》《清朝文献通考》，体例分别仿照前三书，内容是清初至乾隆五十年（1785）的资料，合称“清三通”。“三通”“续三通”和“清三通”被称为“九通”。

“续三通”和“清三通”在记载内容上弥补了“三通”未及的时代，保存了一定的史料。但从整体上看，“三通”的后续制作与“三通”相比，更多的是形式上的比附，至于质量、作用和影响，则远不及“三通”。清末民初，浙江刘锦藻以个

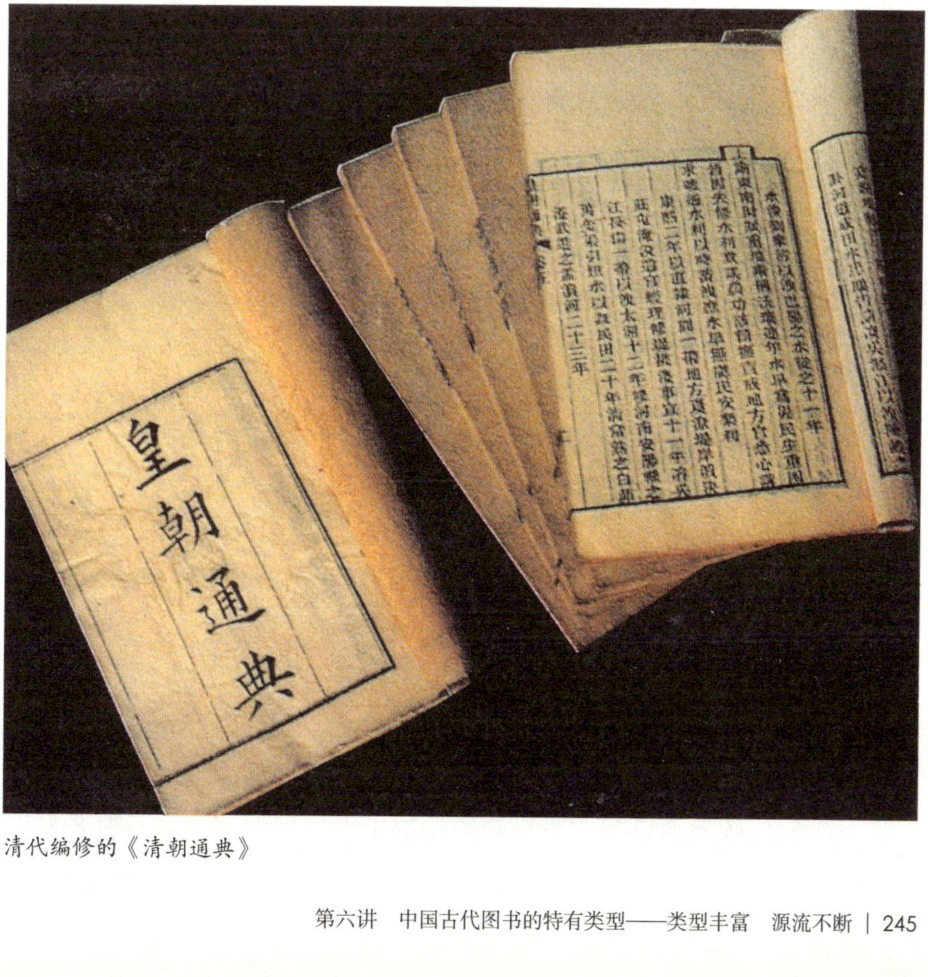

清代编修的《清朝通典》

人之力撰修了一部《清朝续文献通考》，上接“清三通”，下讫清末，体例仿《文献通考》。这是“三通”的后续之作中质量最高的一种。二十四考外，新增外交、邮传、实业、宪政四考，以适应晚清以后的新形势。

上述10本政书，合称“十通”，可提供从上古至清末上下5000年的典章制度。其基本情况如下表所示：

表5：“十通” 简表

书名	卷数	成书时代	著者	所记典制史实起讫时间
《通典》	200卷	唐	杜佑	上古至唐玄宗天宝末年
《通志》	200卷	宋	郑樵	上古至隋（“略”至唐）
《文献通考》	348卷	元	马端临	上古至南宋宁宗嘉定末年
《续通典》	150卷	清	乾隆年间官修	唐肃宗至德元年（756）至明崇祯十七年（1644）
《续通志》	640卷	同上	同上	“略”自五代至明末，其余自唐初至元末
《续文献通考》	250卷	同上	同上	宋宁宗嘉定年间至明神宗万历初年
《清朝通典》	100卷	同上	同上	清太祖天命元年（1616）至清乾隆五十年（1785）
《清朝通志》	126卷	同上	同上	清初至清乾隆末年
《清朝文献通考》	300卷	同上	同上	清初至清乾隆五十年（1785）
《清朝续文献通考》	400卷	清末民初	刘锦藻	清乾隆五十一年（1786）至清宣统三年（1911）

（二）会要、会典：专记一代典章制度的政书

政书的另一个系统是专记一代典章制度的会要、会典。这类书也始于唐代。会典最早可以溯源到唐玄宗时官修的

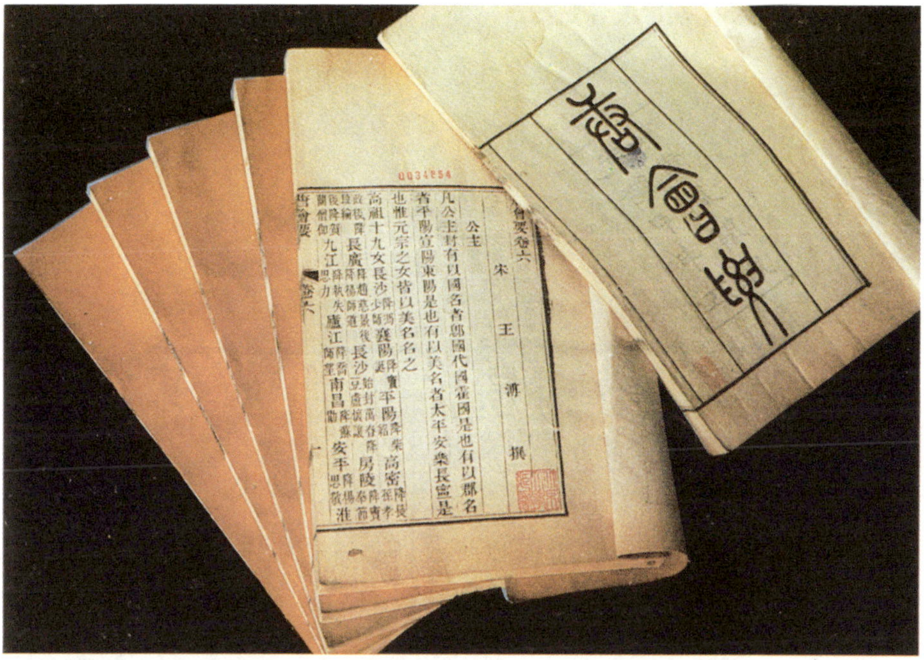

《唐会要》

《唐六典》。唐德宗贞元年间，苏冕首作《会要》40卷，记叙唐高祖至德宗九朝史实，这是成书最早的一部会要。唐宣宗大中十七年（853），杨绍复等人撰成《续会要》40卷，记德宗以后史实。宋初王溥在上述两部会要的基础上增补唐末史实，编成《新编唐会要》（后世简称《唐会要》），共100卷、14类，这是我国现存最早的一部会要。《唐会要》的出现，使会要这种史书新体裁的地位最终确立。之后，王溥又作《五代会要》。

宋代政府十分重视会要的撰修，特设会要所，曾编修会要11次，共计2200卷。由于卷帙浩大，未加刊行，大约在明宣德年间就已亡佚了。现存《宋会要辑稿》是清代徐松在编《全唐文》时从《永乐大典》中辑出的。元代官修了《元典章》及其续编《新集》，体例按吏、户、礼、兵、刑、工分类，详于《元史》，可补其不足。明清时期，经过一些学者的努力，从各种史书杂记中辑录有关典章制度内容，仿唐、五代会要体例，编出多种会要，加上官修的会典，形成了一套较完整的断代典制政书系列。其概况如下表所示：

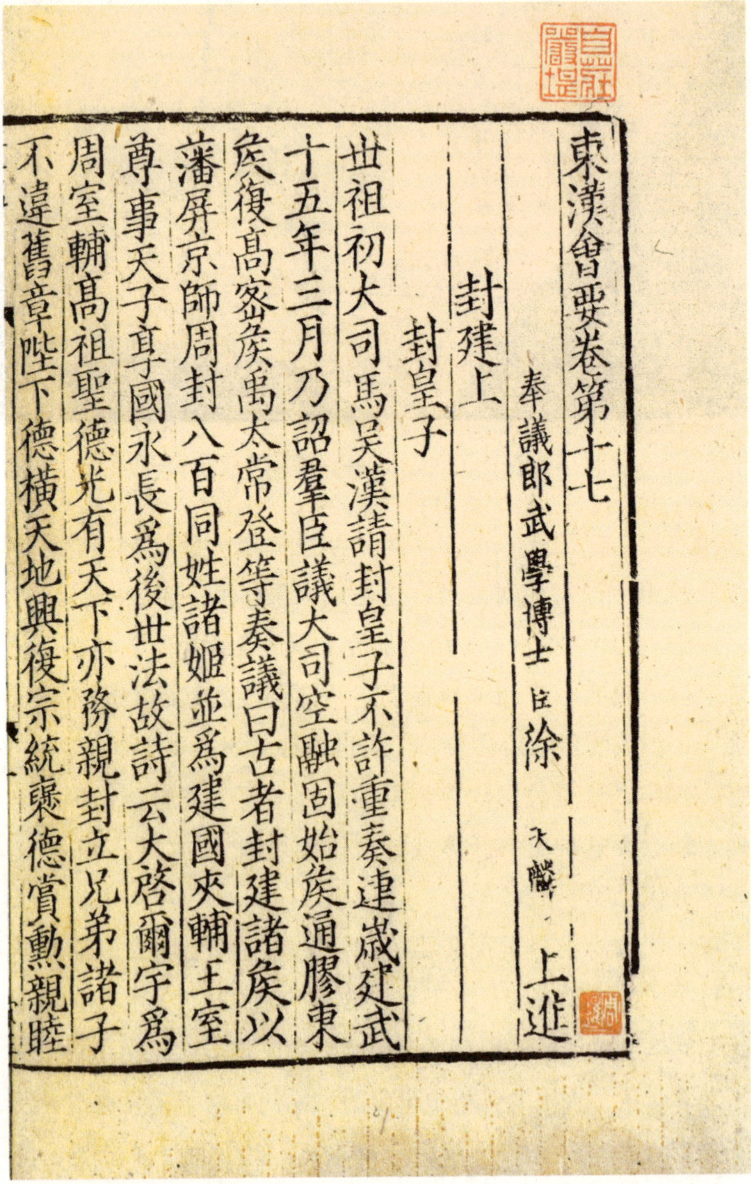
東漢會要卷第十七
奉議郎武學博士臣徐天麟上進
封建上
封皇子
世祖初大司馬吳漢請封皇子不許重奏連歲建武
十五年三月乃詔羣臣議大司空融固始侯通膠東
侯復高密侯禹太常登等奏議曰古者封建諸侯以
藩屏京師周封八百同姓諸姬並爲建國夾輔王室
尊事天子享國永長爲後世法故詩云大啓爾宇爲
周室輔高祖聖德光有天下亦務親封立兄弟諸子
不違舊章陛下德橫天地興復宗統褒德賞勳親睦

宋建宁郡斋刻本《东汉会要》

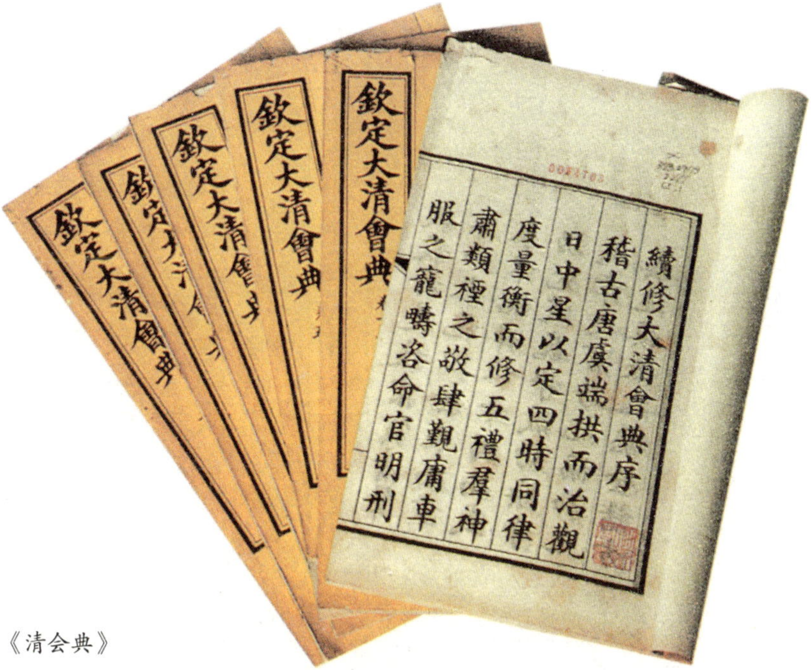

《清会典》

表6：历代会要、会典简表

体裁	书名	卷数	成书时代	著者	备注
会要	《春秋会要》	4卷	清	姚彦渠	
	《七国考》	14卷	明	董说	书名为“考”，体例却与会要略同。
	《秦会要》	26卷	清	孙楷	近人徐复订补《秦会要订补》。
	《西汉会要》	70卷	宋	徐天麟	与《东汉会要》合称“两汉会要”。
	《东汉会要》	40卷	宋	徐天麟	与《西汉会要》合称“两汉会要”。
	《三国会要》	22卷	清	杨晨	由于《三国志》无志，此书能起“补志”作用。

会要	《唐会要》	100卷	宋	王溥	全书未做大分类。
	《五代会要》	30卷	宋	王溥	全书未做大分类。
	《宋会要辑稿》	366卷	宋、清	宋代官修，清徐松辑	虽非宋代会要全部，但仍为历代会要中规模最大的一部。
	《明会要》	80卷	清	龙文彬	
会典	《唐六典》	30卷	唐	官修	唐玄宗划定理、教、礼、政、刑、事六大内容，故名“六典”。
	《元典章》	前编60卷，续编不分卷。	元	官修	全名《大元圣政国朝典章》
	《明会典》	228卷	明	官修	曾重修。
	《清会典》	会典100卷	清	官修	历五朝皇帝五次重修，又称《五朝会典》

三、图经方志

方志即地方志，是对一个地区自然、社会、人文诸事的历史与现状的全面系统的综合记录。中国地方志是颇具中国文化特色的典籍。其历史之悠久，内容之丰富，数量之巨大，作用之广泛，世界各国，无与伦比，是中华民族优秀的文化遗产。

（一）方志的发展源流

编修方志是中国悠久的文化传统。我国的地方志源远流长，其内容由简单到复杂，体例由不完备到比较完备有一个逐渐定型化的过程。

方志起源的问题，历来众说纷纭，但主要有两种意见：一是方志起源于史，它是从古代史官的记述发展而来的，像《周礼》中所提到的外史掌“四方之志”，可能就是方志的源头。二是方志脱胎于地理学，是由我国古代最早的地理著作《尚书·禹贡》和《山海经》演变而成的。《尚书·禹贡》记载了战国前的方域、物产、贡赋等。《山海经》记载远古时的山川、形势、物怪等。被认为是方志的雏形。东汉初期，会稽人袁康撰《越绝书》，记吴越二国史地。这是一部具有方志性质的史学著作，在方志编撰史上有开创之功，被后世的很多学者视为中国方志的鼻祖，所谓“一方之志，始于《越绝》”。现代学者傅振伦在《中国方志学通论》中提出：“《越绝书》先记山川、城郭、冢墓；次及记传，独传于今，后世方志，实仿此。”可以说，《越绝书》是国内现存的最早的地方志。

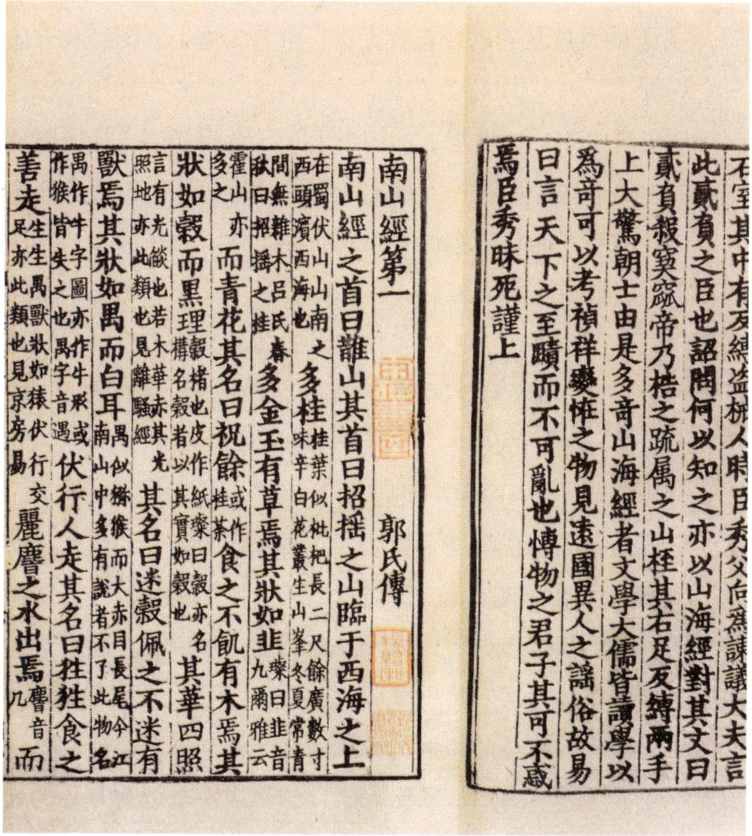

石室其中有反縛盜械人時臣秀父向爲諫議大夫言此貳負之臣也詔問何以知之亦以山海經對其文曰貳負殺窫窳帝乃梏之疏屬之山桎其右足反縛兩手上大驚朝士由是多奇山海經者文學大儒皆讀學以爲奇可以考禎祥變怪之物見遠國異人之謠俗故易曰言天下之至賾而不可亂也博物之君子其可不惑焉臣秀昧死謹上

南山經第一　郭氏傳

南山經之首曰䧿山其首曰招搖之山臨于西海之上（在蜀伏山山南之西頭濱西海也）多桂（桂葉似枇杷長二尺餘廣數寸味辛白花叢生山峯冬夏常青間無雜木呂氏春秋曰招搖之桂）多金玉有草焉其狀如韭（璨曰韭音九爾雅云霍山亦多之）而青花其名曰祝餘（或作桂荼）食之不飢有木焉其狀如穀而黑理（穀楮也皮作紙璨曰穀亦名構名穀者以其實如穀也）其華四照（言有光燄也若木華赤其光照地亦此類也見離騷經）其名曰迷穀佩之不迷有獸焉其狀如禺而白耳（禺似獼猴而大赤目長尾今江南山中多有說者不了此物名禺作牛字圖亦作牛形或作猴皆失之也禺字音遇）伏行人走其名曰狌狌食之善走（生生禺獸狀如猴伏行交足亦此類也見京房易）麗麐之水出焉（麐音几）而

宋淳熙年间刻本《山海经》

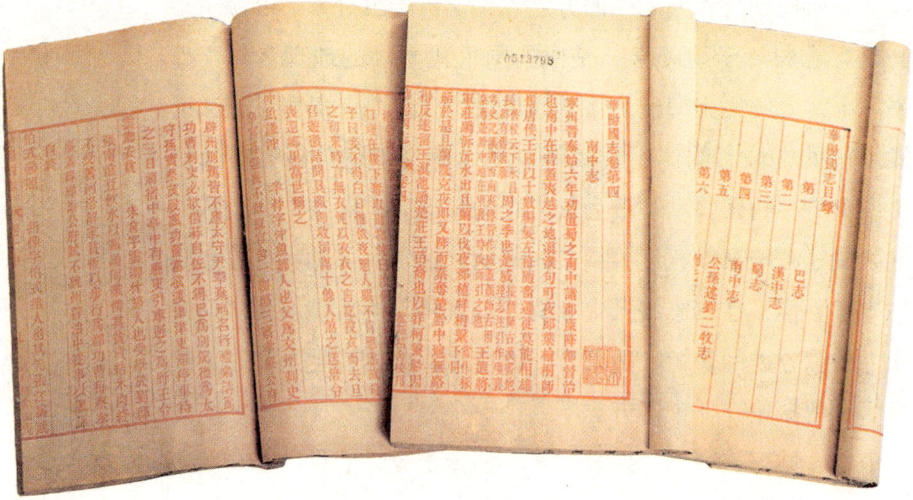

《华阳国志》

方志的发展从它的形态特点看，可分为地记、图经和方志三个阶段：

地记阶段（1—6世纪），相当于东汉至南北朝。这一时期方志的主要形式是反映一方风土人物的“地记”，内容和文字大都比较简略，而且体例也多因人而异。代表著作除上述《越绝书》外，还有东晋常璩的《华阳国志》。《华阳国志》是我国现存的一部最早的、比较完整的以志命名的地方志。它记载了公元4世纪中叶以前今四川、云南、贵州三省以及甘肃、陕西、湖北部分地区的历史、地理、人物。

图经阶段（6—12世纪），相当于隋、唐至北宋。志书的主要形式是舆图和说明文字相结合的图经或图记。“图”指的是一个行政区的疆域图。宋王应麟在《玉海》中称；“图则作绘之名，经则载言之训”，即图经是图加文字说明，图经开始以图为主，以经为辅。从现存唐代《沙州图经》《西川图经》残卷来看，唐代图经的体例、类目已有区划、官署、河流、驿道、学校、寺庙、古迹、歌谣等项，已形成一个较为完善的地方志体例。隋唐时天下一统，朝廷诏令编写地方志。隋有《诸郡物产土俗记》《区宇国记》《诸州图经集》，唐代有《括地志》《元和郡县图志》，后因图亡，改名为《元和郡县志》，都是由中央编纂全国性总志。唐建中元年（780）规定各州郡每三年编选一次图经报中央，后又改五年一次。这种制度为以后的朝代所仿效。

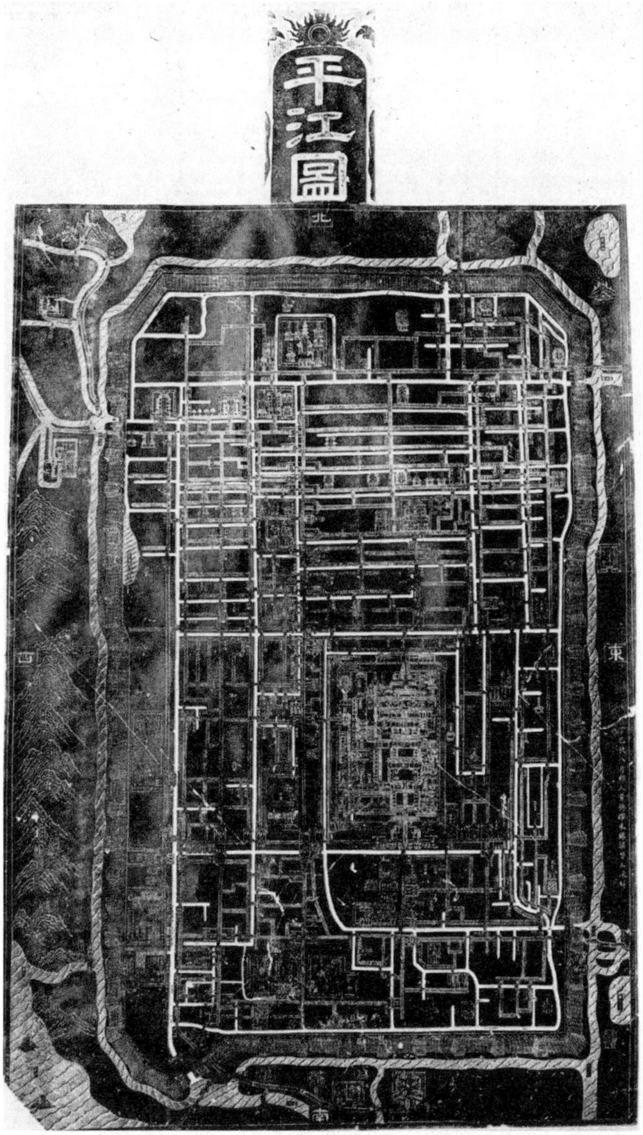

南宋刻石《平江（今江苏省苏州市）图》墨拓本

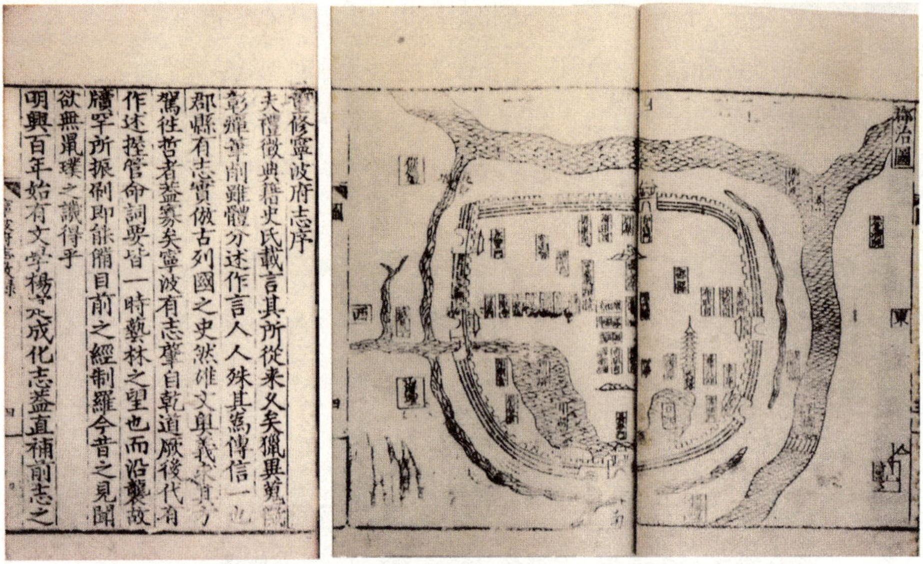

天一阁所藏明嘉靖三十九年（1560）刻《宁波府志》

方志阶段（12—20世纪），相当于南宋至今。此时期的志书几乎都称方志，是方志体的成熟时期。中国地方志体例基本定型、内容趋于完备是在宋代。这时，“地记”“图经”等已经基本上被“志”所取代，方志记述的重点也开始从地理情况到社会的众多方面，“人物”和“艺文”在方志中占据了比较重要的地位，形成了后来方志的一般格局。像《太平寰宇记》《元丰九域志》，以及被称为“临安三志”的《乾道临安志》《咸淳临安志》《淳祐临安志》，都是当时具有代表性的地方志。元大德七年（1303），修成《大元一统志》1300卷，是我国历史上第一部规模巨大的全国一统志，为明清两代修大一统志提供了范例和模式。明代志书约有1500余种，现存400余种。清代是修志极盛时期，乾嘉之际三修《大清一统志》，形成举国上下修辑方志的高潮。政府还明确规定各省、府、州、县每60年修一次。各地都设有专门的修志机构，许多文人学者也竞相编纂、辑录方志，出现了一大批方志学家和高质量的方志，保存至今的达5500种之多。

中国的地方志，经过几千年的发展，体例、内容逐渐完备，积累的数量也极多。可惜的是，许多方志在流传过程中都已亡佚了，特别是宋代以前的方志。目前国内收藏的地方志，据《中国地方志联合目录》的统计有8500多种。这个数字，几乎相当于现存全部古籍的十分之一。其中以国家图书馆最多，约6000部，上海图书馆次之，约5000部，南京图书馆居三，约4000部。大学图书馆的收藏也不少，北京大学第一，南京大学第二，北京师范大学第三；宁波天一阁收藏明代地方志最有特色，1961年以来已影印出版《天一阁藏明代地方志选刊》107种。

我国方志不少流散到国外。美国人从1869年起就有意搜集我国珍贵图书，其中有方志5500多种，仅哈佛大学就藏有宋明珍贵方志上百种。日本所藏比美国还多。此外，英、法、德、意、荷、比、瑞典等国也都有收藏。

（二）方志的类型和特征

中国方志的类型有主体与支流之分。主体类型主要是按行政区划而定，全国性的叫“一统志”，如《大明一统志》《大

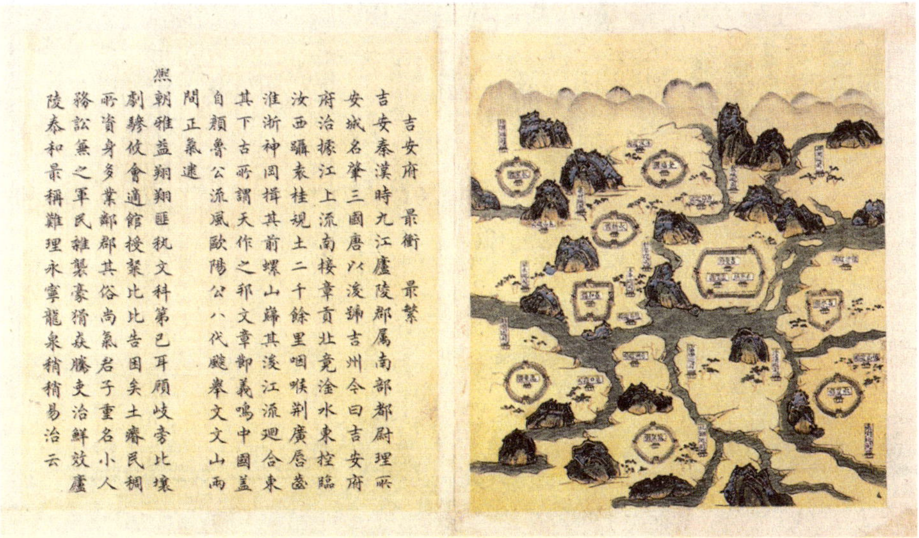

明万历年间彩绘《江西全省图说》局部

清一统志》；省的叫“通志”，如《河南通志》等；州、府、县、乡、镇也各有州志、府志、县志、乡志和里镇志；此外还有卫志、关志、盐井志、土司志等。支流类型就自然对象分则有山志、水志、湖志、塘志、河闸志等，就人文对象而分，则有书院志、古迹志、寺观志、游览志、路桥志等，另外记一方之琐闻、轶事，也兼及政治、经济、文化的杂志也属此类。

地方志的性质决定了它具有地方性、广泛性、资料性、时代性和连续性等特征：

1.地方性

无论是省、市、县综合志，还是专业志，都有一定的明确

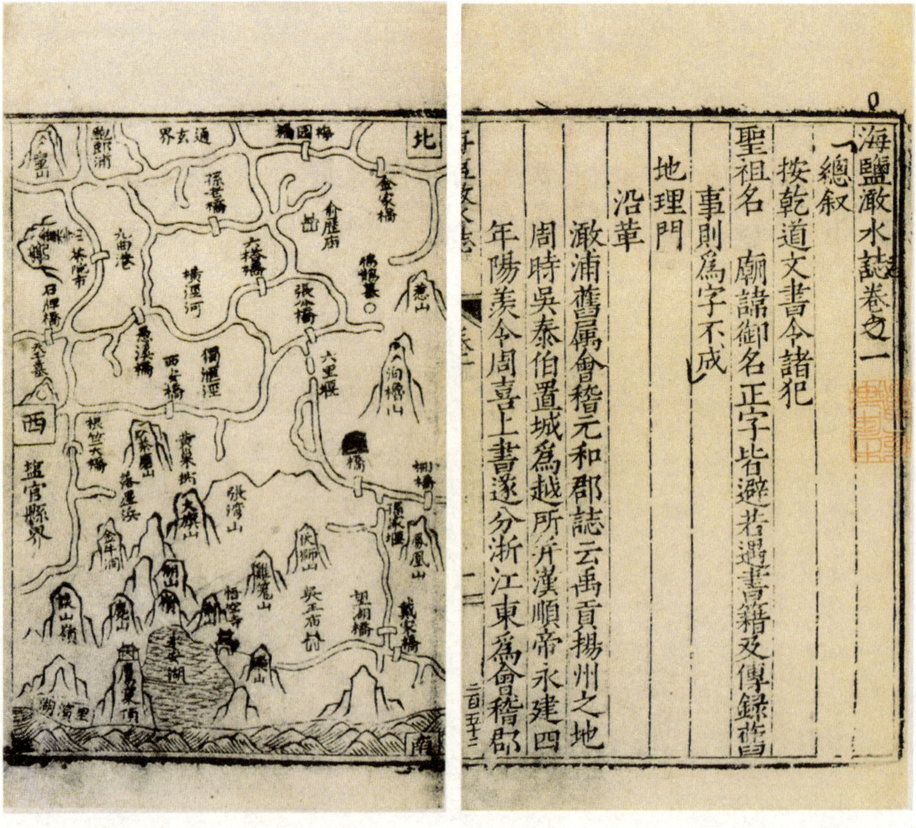

明刻《海盐澉水志》

的地域范围。地方志记述一个地域范围内的事物，地方性是其特征之一。所谓地方性有两层含义：一是有特定的空间范围；二是有鲜明的地方色彩。方志是地方性的文献，所以，无论记人、记事、记物都不能脱离本乡本土，事事紧扣地方，“审名以纪地”，“据地以书人”，反映“一方之情”。方志之所以必要，是因为“风俗以南北而异”，各地情况互不相同，不能没有记载各地情况的书。方志的能事就在于反映地方特色。范成大《吴郡志》写出了苏州古城“池馆林泉号称吴中第一”的特点；清乾隆《永清县志》详载了女真族贾氏汉化的过程；清乾隆《丰润县志》着重介绍了当地的桃花针、丰胰、麦笠和缏酒；《黔书》着力于记载贵州的少数民族人物；《遵义府志》则记载了山东柞蚕传入后遵义府绸发展的盛况。这些方志都注目于当地有标志性的事物，写出了与众不同的地方。

2. 广泛性

地方志记载的范围虽限于一个区域单位，即所谓一邑之小，但其内容却极为广泛。从纵的角度看，既记古又记今；从横的角度看，既记自然、地理，又述政治、经济、军事、文化，还记社会风土人情、人物，不仅是有关自然科学的“博物之书”，而且是一地社会科学的“一方之全书”。在现代，地方志被誉为“地方百科全书”。诚如著名学者顾颉刚在《中国地方志综录》一书的序言中所说：

> 纪地理则有沿革、疆域、面积、分野，纪政治则有建置、职官、兵备、大事记，纪经济则有户口、田赋、物产、关税，纪社会则有风俗、方言、寺观、祥异，纪文献则有人物、艺文、金石、古迹。

3. 资料性

地方志从某种意义上说是一部资料书、工具书，没有大量的资料是写不成的。重视资料工作是历代修志的传统，志书是以历史的客观实际来反映其兴衰起伏的因果关系，所以资料性是志书的基本特征。方志不直接探索自然和历史的发展规律，只提供资料，为科研或需要者使用。因此，在编纂形式上，采用记叙文体，述而不论，把是非褒贬寓于记述之中；而且对采集的资料，注意科学排比，如实记述；反对宣传色彩，反对空话套话和文艺色彩。旧时许多志书的“凡例”，差不多都有要求纪实的条文。例如嘉靖《永丰县志》就有“三不书”的规定：凡无考者不书，物无用之泛者不书，仙释无稽不书。所以，方志有着十分强烈的资料性特征。也正因为这样，使方志成为史家的取材，并给地方官提供资政辅治的参考材料，使各朝代各种人都乐于接受。相反，如果志书的资料不足，且直接褒贬，宣传色彩浓厚，其价值就会大打折扣。历史上当权者焚书不少，但对方志却不愿意烧或不敢烧，其原因就在于此。

4.时代性

方志以记当代为主，故有“隔代修史，当代修志”之说。方志既然着眼于当代，那么，时代变了，方志的内容、形式、风格也要随之改变。所以，每部方志都不可避免地要打上时代的烙印，标明其时代特征。以贵州的几部志书为例，道光《贵阳府志》反映的是清代贵阳城的情景，民国《续安顺府志》反映的是新旧时代更迭时期安顺的情景，而《遵义新志》则反映了抗日时期遵义的景观。可见，志书产生的时代不同，它的时代特征也不一样。借助方志的时代性，可连续考察一个地区的历史和现状，总结经验，以利于各方面事业的发展。

5.连续性

方志的连续性主要表现在两方面：一方面是指志书部部相承不断修。一部方志在首次编成刊印后，间隔一段时间，一般就要进行续修。首次编纂的方志，往往追根溯源，续修之作则要记载当地新近发生的情况，以补首次志书之未及。第二方面是指志书记述事物的连续性。志书在记述事物时，要按时间顺序记清其起源，发展变化，特别注意转折性的变化和现状，做到记述不断线。

（三）方志的作用

正因为方志具有如上一些特点，所以它的功用也是多方面的。依照传统的说法，地方志具有“资治、教化、存史”三大功能。所谓资治是指，对于地方行政官吏来说，志书是施政必备之书。正所谓“治天下者以史为鉴，治郡国者以志为鉴”。所谓教化，是指志书不仅是“官书”，也是“百姓”生活必备之书。能够起到“扬善惩恶，表彰风化”的作用。所谓存史，是指志书具有“补史之缺、参史之错、详史之略、续史之无”的存史价值。

近代还有人把地方志的功能进一步细化为六条：一是社会制度之委曲隐微不见于正史者，往往于方志中得其梗概；二是

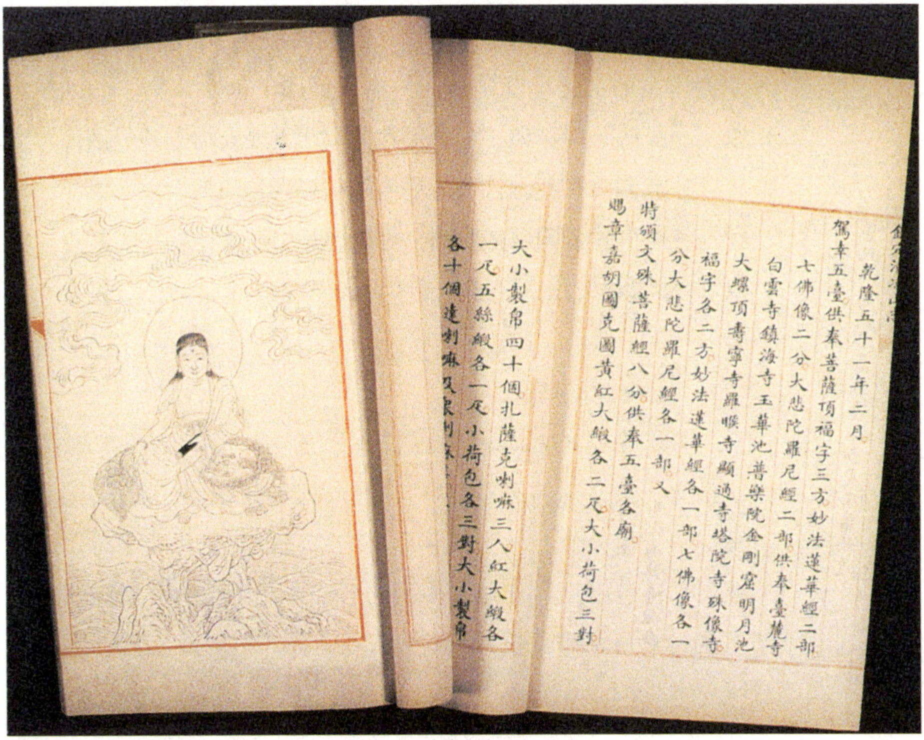

清乾隆写本《钦定清凉山志》

前代人物不能登名于正史者，往往于方志中得其姓氏；三是遗文佚文散在某部者，赖方志然后能以地为纲有所统摄；四是方志多详物产税额、物价等事实，可以窥见经济状态之变迁；五是方志多详建置兴废，可以窥见文化升降之迹；六是方志多详族姓之分合、门第之隆衰，往往可与其他史实互证。

随着时代的变迁，地方志的价值也在发生着一些变化。当代学者黎锦熙在《方志今议》中认为方志作用有四：一、科学资源；二、地方年鉴；三、乡土教材；四、旅行指导。在今天看来，一部好的方志不仅具有保存地方文献、帮助政府决策的功能，而且还具有充当乡土教材、提供科研资料的重要作用。其重要性越来越明显，所以至今各地仍很重视修志工作。

四、谱牒家乘

谱牒，又名家乘，包括族谱、宗谱、家谱，是记录氏族或宗族世系的书，也就是将同一血缘集团的世系人物一一列举出来，《辞海》解释为“记载一姓世系和重要人物事迹的谱簿”。

宗族制度在我国社会生活中的重要性、长期性以及影响的深远性，与世界各国迥然不同，可以说是中国文化的一大特点。宗族和宗族制度的长期存在，产生了记录和认识它的族谱和家谱。

（一）家谱源流

关于家谱的起源，可以说相当久远。有的学者根根商代甲骨文、金文中的谱系资料，结合民族调查中大量的民族学、民俗学资料分析，认为文字形式的家谱自文明开端之时就已存在。它还曾以结绳和口头传诵的形式存在于文明时代以前，甚至认为家谱是母系氏族的产物[①]。还有的学者认为家谱起源于

---

①参见杨冬基：《中国家谱起源的研究》，载《谱谋学研究》第一辑，书目文献 出版社1989年版。

上海图书馆所藏部分家谱

周代。《世本》是中国谱牒的开山之作，因为它记录了自黄帝至春秋时帝王、诸侯及卿大夫的世系。

第一部纪传体史书的作者司马迁十分重视谱牒资料的搜集与研究。他在《史记·三代世表》中说：“余读牒记，黄帝以来皆有年数”。谱牒在商周时代为配合宗法分封制的推行，两汉时代为形成和巩固强宗与豪族而服务，魏晋南北朝隋唐时期为政府的选举、世族的出仕与门第婚姻服务。政府组织专门人员纂辑族谱，有些职业谱家并非为本族，而是为其他家族而作。此时私修族谱虽不算少，但没成为主流。等级制、分封制、选举制、门第婚姻，都需要宗族资料作依据，所以官修谱牒盛行，不仅兴修频繁、规模大、成果多，而且以天下通谱、地方家谱为主要形式。单一家谱则是辅助和补充形式。宋代以后，随着科举制改革及中央集权的加强，世家大族渐趋衰落，家谱的作用发生变化，进入了私修阶段。官修家谱几乎只有皇家玉牒，私家大量自修家谱，且不需政府承认，其作用已变化

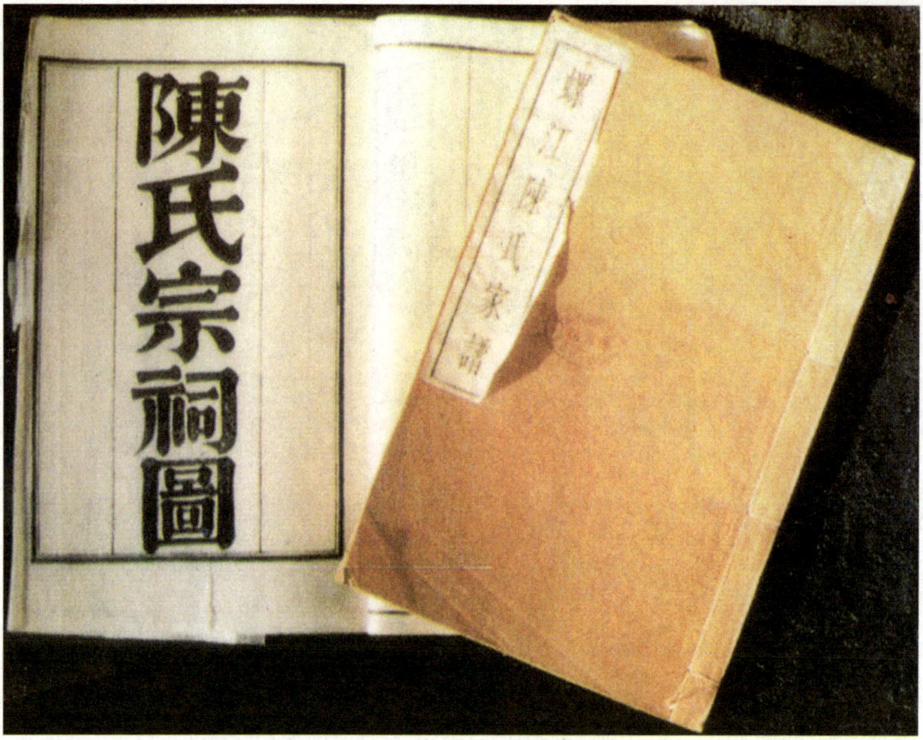

陈宝琛修纂的《螺江陈氏家谱》

为家族控制族人，以宗族伦理道德教育族人，维系宗族以利其壮大发展的工具。所以单一家族则成为主要形式，多为本宗族自修，聘请外姓写作的极少，职业谱家已极为罕见了。

现在存世的家谱和族谱，至少有20000种以上，仅《中国族谱综合目录》一书就著录了12000余种，尚未包括台湾省所藏。另外现存族谱相当一部分藏在民间，没有搜集上来。还有一些藏书单位限于场地和人力，未加整理。上海图书馆的族谱就没有全部编目，估计有10000种。美国人编的《美国家谱学会中国族谱目录》收录中国族谱2811部，另收补遗298部，共收3109部。日本学者多贺秋五郎在《中国家谱研究》中说在日本的中国族谱也有1491部以上。

（二）家谱作用

史学大师梁启超在《中国近三百年学术史》中指出："欲考族制组织法，欲考各时代各地方婚姻平均年龄，平均寿数，欲考父母两系遗传，欲考男女产生两性比例，欲考出生率与死亡率比较……等无数问题，恐除于族谱家谱外，更无他途可以得资料。"艾秀柏在《蕴藏丰富的资料宝库——论族谱的史料价值》一文中，认为族谱可以弥补正史、地方志的不足，辅助考订历史事件和历史人物的生平事迹，提供有关各种自然灾害的资料，提供某一宗族繁衍、变迁情况，了解封建国家基本结构、宗族私法、俚俗教育和家族教育情况，同时对研究中国书史、古籍流传、版刻图书也有价值。邓绍兴在《简谈家谱档案及其收集》一文中，指出家谱是进行微观历史与考证史实的宝贵史料，是编史修志的可靠素材，是台湾同胞、海外华侨、华

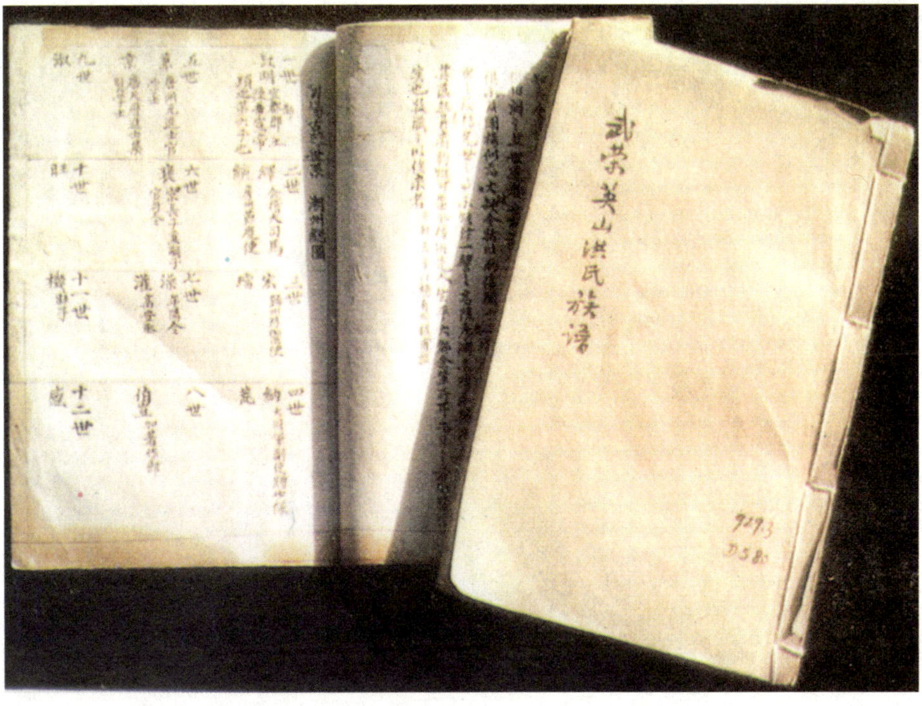

《武荣英山洪氏族谱》（洪承畴家谱，旧抄本）

裔人士寻根问祖的重要依据，是进行文艺创作的参考材料，也有助于开展国际交流。

从研究的角度，家谱确实是一个内容极为丰富的资料库，它对我们研究历史学、社会学、政治学、经济学、人才学、人口学、民俗学、遗传学、宗教学、华侨史、法律史及地方史，提供了取之不尽用之不竭的材料。

第七讲
中国古代图书中的鸿篇巨帙
——官修私撰　巨帙鸿篇

惟有大混一之时，必有一统之制作，所以齐政治而同风俗，序百王之传，总历代之典。

——明·成祖朱棣：《永乐大典·序》

我国在18世纪中叶编成的《四库全书》，就其内容之广博和篇幅之宏巨来说，当时不仅在中国而且在全世界都是史无前例的。古代中国修筑了万里长城，开凿了大运河，又编出了空前未有的一部大型丛书——《四库全书》，这都是中华民族值得引以为豪的。《四库全书》如果摊开逐页相接，它的长度会比地球的直径还多出1/3，它的内涵证明了中国古代文化极其灿烂辉煌，它是我们的祖先为后世留下的宝贵遗产，也是我国为世界文化宝库做出的贡献。

——戚志芬：《中国的类书、政书和丛书》

编纂卷帙浩繁的巨型类书、丛书，是古代中国博大文化事业的又一特点，直观形象地显示了中国古代图书典籍的宏富壮观与图书事业的兴旺发展。类书中的《永乐大典》，丛书中的《四库全书》更是中国古代图书中的鸿篇巨帙，是我国古代图书辉煌成就的典型代表。

一、类书与丛书

（一）类书

所谓类书，是指辑录文献中的史实典故、名物制度、诗赋文章、丽词骈语等，按类或按韵编排，以便寻检和征引的工具书。类书起源于我国的百科全书式的资料汇编，其内容之广泛，材料之丰富，列古代各类工具书之首。《四库全书总目》称其为“类事之书，兼收四部。而非经非史，非子非集。四部之内，乃无类可归。”它因博采群书，随类相从，资料丰富而被称为古代的“百科全书”。

中国古代的类书具备三个特点：广集群书、述而不作、随类相从。广集群书，就是要尽可能地网罗各种文献资料，征引文献要尽量繁复庞博；述而不作，就是在征引文献时，应保持文献的本来面貌，尽量不改动文献的字句，尤其不能加入编者的观点；随类相从，就是文献的编排要按照一定的分类体系来安排，同类的文献资料按照时间顺序编排在同一类目下。

我国古代的第一部类书是由曹魏时期王象等人编纂的《皇览》一书。公元220年，曹丕诏命儒臣王象、刘劭等人纂集经

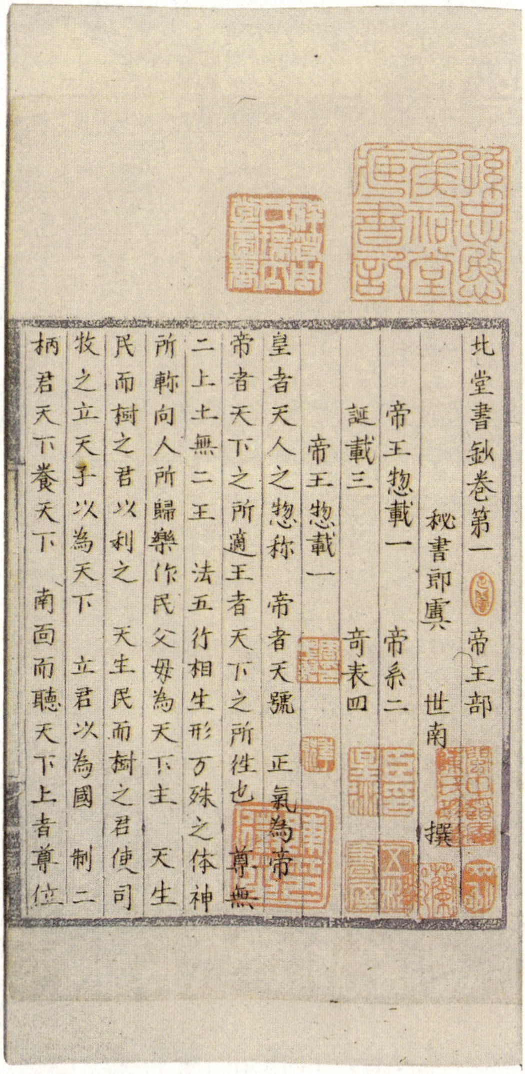

北堂書鈔卷第一 帝王部
秘書郎虞世南撰
帝王惣載一 帝系二
誕載三 竒表四
帝王惣載一
皇者天人之惣稱 帝者天號 正氣為帝
帝者天下之所適王者天下之所往也 尊無
二上土無二王 法五行相生形万殊之体神
所斬向人所歸樂作民父母為天下主 天生
民而樹之君以利之 天生民而樹之君使司
牧之立天子以為天下 立君以為國 制二
柄君天下養天下 南面而聽天下上者尊位

明代抄本《北堂书钞》

传，摘录典籍，随类相从，编纂一本记载有关治乱兴衰之事迹以为施政借鉴，或为赋诗撰文采取典故辞藻之用的“大书”。三年之后，一本有40多个部类、1000余篇文章、共800多万字的巨著问世，这就是中国第一部类书——《皇览》。自《皇览》以后，类书在1500余年的沧桑历史中起着中国“百科全书”的作用。我国古代出现的类书大约有700余种，现存200余种，是我国文化遗产的瑰宝。

魏晋南北朝时编有不少类书，除《皇览》以外，较著名的有《华林遍略》和《修文殿御览》。前者700卷，后者360卷。可惜均已亡佚不存，只在敦煌发现少量残卷。现存最早的私撰类书是虞世南在隋朝任秘书郎时，在秘书监（也称北堂）摘辑的《北堂书钞》，原书173卷。

唐代是中国类书发展史上的一个重要时期，这时出现的类书，不仅数量较前代大为增加，更重要的是内容进一步扩展，体例逐渐定型，对后世类书的编撰影响很大。现存最早的官修类书就是在唐代编定的《艺文类聚》。武德七年（624），唐高祖李渊令欧阳询等人编成《艺文类聚》，全书100卷，740余类。在编排形式上，它首创了“事文合编”的体例，奠定了后来类书采辑资料的基本格局。此后，唐玄宗李隆基为便于其儿子作文时查找事类辞藻，命徐坚、张说等人编了一部《初学记》，全书30卷，分为23部，313子目。每一子目内所汇集的资料，均分为“叙事”“事对”“诗文”三类。“叙事”纂辑群书资料；“事对”汇集有关对语词汇并列实例；“诗文”辑录有关诗文歌赋。在编排体例上，略似《艺文类聚》。唐代还有一部白居易私人编撰的《白氏六帖》30卷，以上为唐代著名的三部类书。

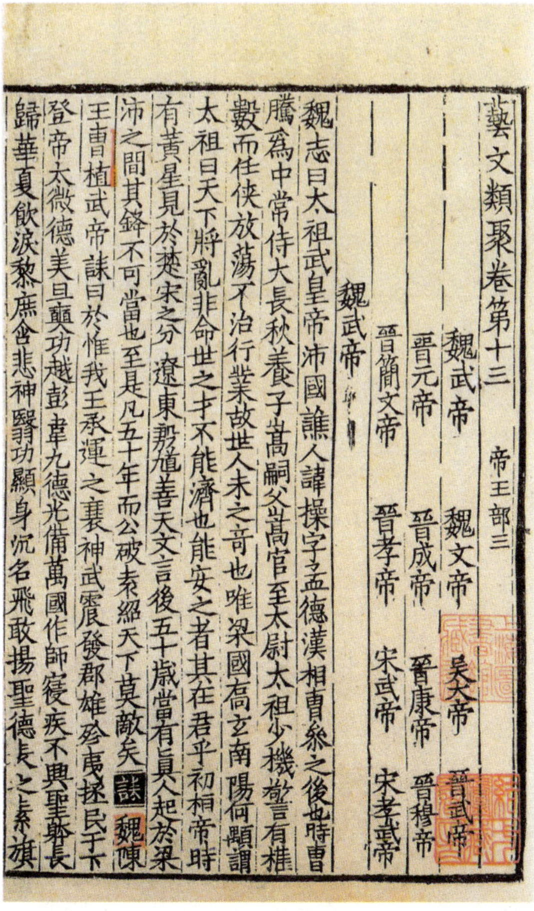
藝文類聚卷第十三
帝王部三
魏武帝 魏文帝 吴大帝 晉武帝
晉元帝 晉成帝 晉康帝 晉穆帝
晉簡文帝 晉孝帝 宋武帝 宋孝武帝
魏武帝
魏志曰太祖武皇帝沛國譙人諱操字孟德漢相曹參之後也時曹騰爲中常侍大長秋養子嵩嗣父嵩官至太尉太祖少機警有權數而任俠放蕩不治行業故世人未之奇也唯梁國喬玄南陽何顒謂太祖曰天下將亂非命世之才不能濟也能安之者其在君乎初桓帝時有黄星見於楚宋之分遼東殷馗善天文言後五十歳當有眞人起於梁沛之間其鋒不可當也至是凡五十年而公破袁紹天下莫敵矣
誄 魏陳王曹植武帝誄曰於惟我王承運之衰神武震發郡雄殄夷拯民于下登帝太微德美旦奭功越彭韋九德光備萬國作師寢疾不興聖軀長歸華夏飲淚黎庶含悲神翳功顯身沉名飛敢揚聖德長之表旗

宋浙刻《艺文类聚》

宋代类书的编撰出现了新的高潮。官修了四部大类书，分别为：以百科知识为范围的《太平御览》1000卷；以小说故事为范围的《太平广记》；以辞章为范围的《文苑英华》500卷；以政事历史为范围的《册府元龟》1000卷，合称宋初四大书。宋朝士大夫自编的类书，有王应麟的《玉海》200卷，吴淑的《事类赋》30卷，高承的《事物纪原》10卷，祝穆的《事文类聚》前集60卷、后集50卷、续集28卷、别集32卷，在编排体例上大致仿《艺文类聚》。但总体上看，宋代类书在数量、种类和部头上均超过唐代，金元两朝官修类书很少。

明清的类书，有更大发展。明代官修类书，最杰出的当数《永乐大典》，其余无可称道。私修的不胜枚举。清代是我国类书编纂史上又一个发达时期。官修类书规模最大、体例最完备的当数《古今图书集成》。此外官修的还有《佩文韵府》《骈字类编》《数理精蕴》《渊鉴类函》《子史精华》等，大都为康熙朝编撰。私修的有陈元龙的《格致镜原》、魏崧的《壹是记始》、潘永因的《宋稗类钞》等。下面重点介绍《古今图书集成》。

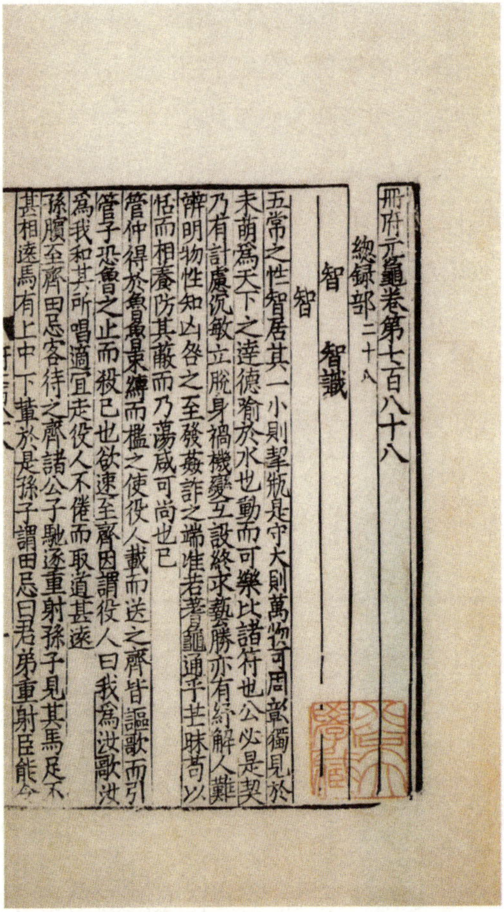

宋代成都眉山刻本《册府元龟》

《古今图书集成》全书10040卷，525函，5020册，约计字数1.6亿，是我国现存最大的一部类书。此书是清代康熙、雍正时由陈梦雷、蒋廷锡等先后主持编纂的，其中以陈梦雷用力最多。

陈梦雷（1650—1741年），字则震，福建侯官人。康熙九年（1670）进士，授翰林院编修。后请假回乡，适逢耿精忠起兵助吴三桂叛乱，他被胁迫参加。在叛兵营中，陈梦雷与同乡进士李光地密谋献策平叛，并由李光地密达北京。三藩之乱削平后，李光地未能为其及时洗脱罪名，结果陈梦雷被谪戍到辽东尚阳堡。十余年后，康熙东巡盛京，陈梦雷献诗并得到赏识，乃被召还北京，作诚亲王胤祉的侍读。《古今图书集成》（当时名《古今图书汇编》）就是在这时由陈梦雷倡议，并由诚亲王拨给图书资料、经费和抄手开始编纂的。全书编成后，在修订时康熙去世，诚亲王的政敌雍正即位，陈梦雷因此受到迫害，再次被谪于辽阳，最后死于戍所。雍正遣谪陈梦雷后，即将《古今图书汇编》交由蒋廷锡重编。蒋廷锡在原有基础上对此书作了一些校理和补充，至雍正四年（1726）重编完毕，雍正赐名《古今图书集成》，并让用铜活字进行排印，到雍正六年（1728）年印成，共印了65部。

康熙皇帝读书像

雍正皇帝朝服像

《古今古书集成》在编排方法上彻底地贯彻了类书“以类聚事”的原则。全书的整体结构，是一个依据“天、地、人、事、物”这种传统的认识方法而具体设计出来的分类系统。这个分类系统，由“汇编”“典”“部”三级类目构成。全书分为6个汇编，分别为历象、方舆、明伦、博物、理学、经学。历象，指推历观象，是有关“天”的内容；方舆，是有关“地”的内容；明伦，意为彰明人与人之间的伦理规范，是有关“人”的内容；博物，指各种技艺、方术、动物、植物；理学，指古代学术思想与著作；经济，指经世济民，概括与此有关的制度、礼仪、事、物。这三类是有关“事”与“物”的内容。6个汇编是对全书内容最为概括的类分，汇编之下又分32典，32典下又分为6109部。每部之下，收录与之相关的事物，每一被收录的事物即为一基本小主题，其下依汇考、总论、列传、艺文、选句、记事、杂录、外编等项，罗列有关资料。其格式为，先书引用书名，再换行书引文。不少小主题还附有绘图以便说明。

《古今古书集成》分类细致，条理明晰，在组织体系和编排体例上远胜过以前的类书。它把类书“以类聚事”的特点进一步推向深入，这是中国古代类书发展成熟的体现。《古今图书集成》作为中国古代类书最为典型的代表，在国外享有很高的声誉，外国人将它称为《康熙百科全书》或《中国百科全书》。

《古今图书集成》铜活字印本只作朝廷赏赐贵胄显宦之

《古今图书集成》装帧外观

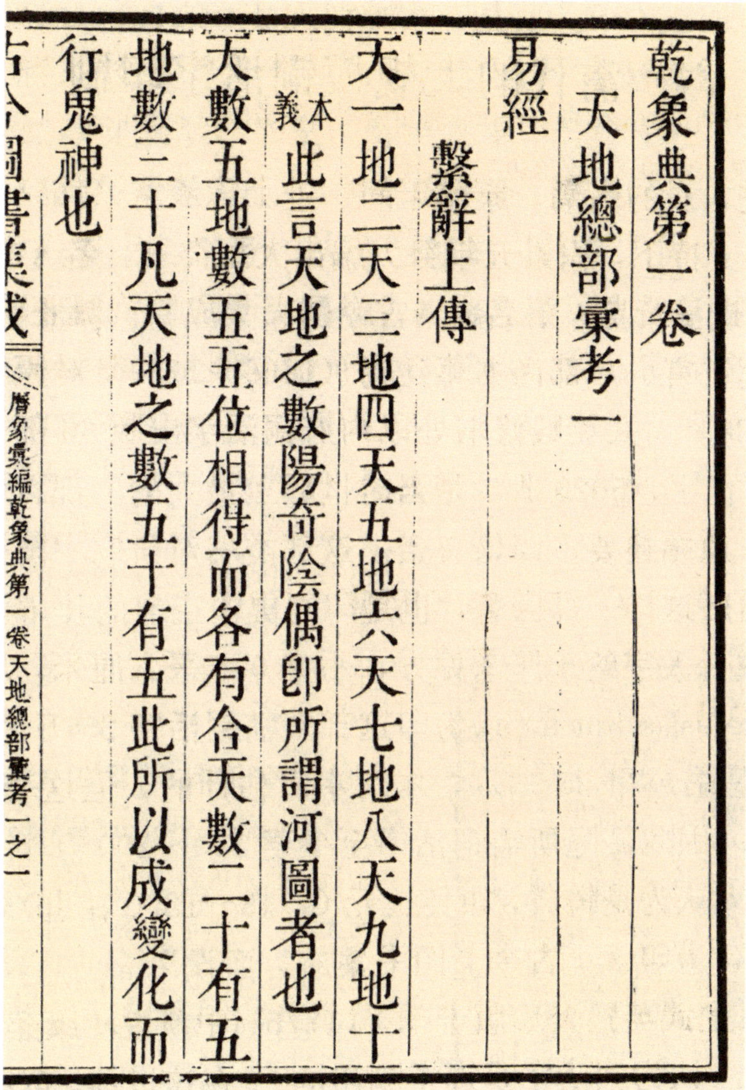

乾象典第一卷

天地總部彙考一

易經

繫辭上傳

天一地二天三地四天五地六天七地八天九地十

本義 此言天地之數陽奇陰偶卽所謂河圖者也

天數五地數五五位相得而各有合天數二十有五

地數三十凡天地之數五十有五此所以成變化而

行鬼神也

古今圖書集成 曆象彙編乾象典第一卷天地總部彙考一之一

清雍正铜活字排印本《古今图书集成》

用，在世间流行不广。光绪十年（1884），上海图书集成局曾用铅活字印成1500部，但其脱页错字较多，且排印紧密，阅读起来十分吃力。光绪十六年（1890），清内务府又委托上海同文书局按原书尺寸版式影印100部，作为总理各国事务衙门赠送各国之用。1934年，中华书局又用康有为旧藏殿本缩印，在当时较为通行。1986年，中华书局与巴蜀书社联合重印1934年本，书后并附索引，这是目前应用最广的版本。2006年，齐鲁书社与国家图书馆合作，将馆藏雍正铜版原大小影印，手工线装出版50套，售价49万元人民币。

（二）丛书

我国古代还将多种著作整部地编在一起，加上一个总书名，即为丛书，亦称丛刻。这种“荟蕞古人之书，并为一部”的编纂方法，对于保存文化遗产有重要意义。有些古书没有单刻本或单印本，只能见之于丛书之中。仅据《中国丛书综录》一书的统计，就收录了丛书2797种，著作38891部，这还是不完整的。丛书所收古书大约占古代全部图书典籍的1/4。

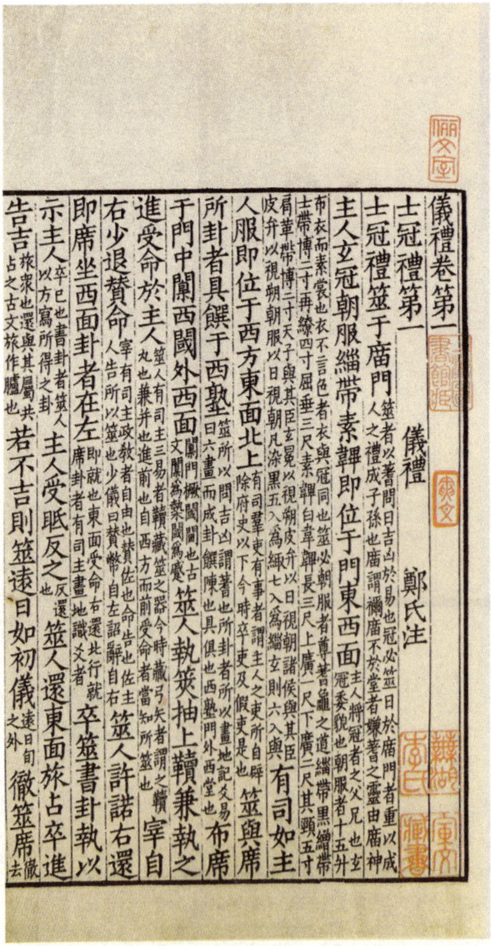
儀禮卷第一
士冠禮第一　儀禮　鄭氏注
士冠禮筮于廟門 筮者以蓍問日吉凶於易也冠必筮日於廟門者重以成人之禮成子孫也廟謂禰廟不於堂者嫌蓍之靈由廟神
主人玄冠朝服緇帶素韠即位于門東西面 主人將冠者之父兄也玄冠委貌也朝服者十五升布衣而素裳也衣不言色者衣與冠同也筮必朝服者尊蓍龜之道緇帶黑繒帶士帶博二寸再繚四寸屈垂三尺素韠白韋韠長三尺上廣一尺下廣二尺其頸五寸肩革帶博二寸天子與其臣玄冕以視朔皮弁以日視朝諸侯與其臣皮弁以視朔朝服以日視朝凡染黑五入為緅七入為緇玄則六入與 有司如主人服即位于西方東面北上 有司羣吏有事者謂主人之吏所自辟除府史以下今時卒吏及假吏是也 筮與席所卦者具饌于西塾 筮所以問吉凶謂蓍也所卦者所以畫地記爻易曰六畫而成卦饌陳也具俱也西塾門外西堂也 布席于門中闑西閾外西面 闑門橛閾閫也古文闑為槷閾為蹙 筮人執筴抽上韇兼執之進受命於主人 筮人有司主三易者韇藏筮之器今時藏弓矢者謂之韇丸也兼并也進前也自西方而前受命者當知所筮也 宰自右少退贊命 宰有司主政教者自由也贊佐也命告也佐主人告所以筮也少儀曰贊幣自左詔辭自右 筮人許諾右還即席坐西面卦者在左 即就也東面受命右還北行就席卦者有司主畫地識爻者 卒筮書卦執以示主人 卒已也書卦者筮人以方寫所得之卦 主人受眂反之 反還也 筮人還東面旅占卒進告吉 旅衆也還與其屬共占之古文旅作臚也 若不吉則筮遠日如初儀 遠日旬之外 徹筮席 徹去

清黄丕烈刻本《士礼居丛书》之一《仪礼》

中国古代丛书因编纂的主旨和收录内容不同，可分为两大类：一类是综合性丛书。凡是汇集各类性质的图书或者至少收有四大部类（经、史、子、集）中两类以上的书集，都属于综合性丛书。二是专门性丛书。指汇集某一部类、某一学科、某一地域的所有著作而成的丛书。

我国最早的丛书是南宋俞鼎孙、俞经合作编辑的《儒学警悟》，包括6种书，41卷。书成于南宋宁宗嘉泰二年（1202），流传很少。随后是宋代左圭所辑的《百川学海》、元代陶宗仪辑的《说郛》。最初的丛书往往是各类兼收，具有综合性的特点。明代此种丛书进一步发展，如《汉魏丛书》、《唐宋丛书》等相继刊行。与此同时，出现了专门丛书，如郡邑丛书、一姓一人著作合刊的丛书。

清代是我国古籍丛书发展的黄金时期。尤其是乾隆纂修《四库全书》之后，刊刻丛书之风大炽，种类多，内容精。有搜辑群书，着重广博的，如鲍廷博辑、鲍志祖续辑的《知不足斋丛书》207种781卷；有仿刻宋元旧刊，着重版本的，如黄丕烈辑的《士礼居丛书》19种194卷；有比较版本异同，着重校勘的，如卢文弨辑刻的《抱经堂丛书》20种263卷；有广搜古书，着重辑佚的，如马国翰的《玉函山房辑佚书》600余种；有专辑清人著述，着重亡阙的，如赵之谦辑刊的《仰视千七百二十九鹤斋丛书》38种74卷，以及辑刻专著，着重实用的，如张炳翔辑刊的《许学丛书》14种57卷。此外尚有记载地方人士遗文逸事的，有关方舆地志、中西交通来往以及辑刻诗文词曲的丛书。丛书发展到这个阶段，凡是学术研究所需之文献，大都可从中找到。

在历代所编的丛书中，规模最大、影响最广的是清代官修的《四库全书》，它和《永乐大典》为我国图书事业史上最有代表性的两部大书。下面分别介绍。

一、《永乐大典》

《永乐大典》是我国最大的类书，也是举世共誉最早最大的“百科全书”。它是在我国雕版文化全盛时期编纂成的我国历史上最著名的写本书之一。全书22937卷，其中仅凡例和目录就有60卷，约3.7亿字，共装成11095册。它是从明成祖永乐元年（1403）到永乐五年（1407）编成的。

《永乐大典》装帧外观

（一）《永乐大典》的编纂经过

燕王朱棣以“靖难”为名，夺取了建文帝的帝位，改元永乐。因为他是借故篡取帝位的，故而自有一班旧臣怀念故主而心中不平。对此，朱棣采取了恩威并用的两手策略：一方面对拒不从命者大开杀戒；另一方面采用了宋太宗诏修《太平御览》的故智，以文治来笼络天下文士。编修《永乐大典》即其修文拢士的手段之一。正如孙承泽《春明梦余录》所说：“至靖难之举，不平之气，遍于海宇，文皇借文墨以销块垒，此系当日本意。”

此外，《永乐大典》的编修，又是整个社会政治文化发展的需要。明王朝取代蒙古贵族建立的元朝，一个重要的任务就是复兴在元代不甚发达的文教事业。通过《大典》这样一部博采古今的大类书，对汉民族的传统文化，包括工技、农艺等杂家之言进行系统整理与总结，这同征集图书、广开学校等政策一样，都是这一任务的组成部分。

基于以上原因，朱棣于永乐元年（1403年）正式下达了编纂的命令，他在给翰林侍读学士解缙的圣谕中交代了编纂的宗旨和要求：

> 天下古今事物，散载诸书，篇帙浩穰，不易检阅，朕欲悉采各书所载事物，类聚之而统之以韵，庶几考索之便，如探囊取物耳。尝观《韵府》《回溪》二书，事虽有统，而采摘不广，记载太略。尔等其如朕意，凡书契以来，经史子集百家之书，至于天文、地志、阴阳、医卜、僧道、技艺之言，备辑为一书，毋厌浩繁。

根据明成祖的指示，解缙汇集学者百余人，博采众书，分门别类，依韵纂辑了一部大类书，于次年冬呈上，成祖赐名《文献大成》。但是，由于编纂匆促，内容简略，“上览所进之书，尚多未备”，更重要的是，它也不能满足朱棣敕修这部大书的政治目的。因此，永乐遂命重修，并令太子少保姚广孝、刑部侍郎刘季篪与解缙同为监修，开馆于南京文渊阁。永乐五年（1407），重修《文献大成》毕，书上，改赐名《永乐大典》。

永乐皇帝朱棣

（二）《永乐大典》的内容与体例

就知识门类之齐全，收录范围之广泛而言，《永乐大典》可以说是包罗万象，不但把书契以来的经史子集、百家之书全部收录，甚至连天文、地志、阴阳、医卜、僧道、技艺、戏曲小说等图书也要收录，这是其他类书所不能比拟的。全书辑录古籍七八千种，几乎将明朝皇家图书馆——文渊阁的藏书囊括殆尽。真正做到了永乐皇帝在《永乐大典·序》中所说的“上自古初，迄于当世……包括宇宙之广大，统会古今之异同”。

在编排上，《永乐大典》按照“用韵以统字，用字以系事”的方法来编排。首先按明初官修韵书《洪武正韵》的韵部编排，韵部之内各字亦按《洪武正韵》原书顺序排列。每字之后，先叙各字书、韵书对此字的解释，再列此字篆、真、隶、楷、章草等各种字体的写法，其后则为总叙、典故、诗文等部分，将与此相关的资料分别罗列起来。其引文处用朱笔抄写，

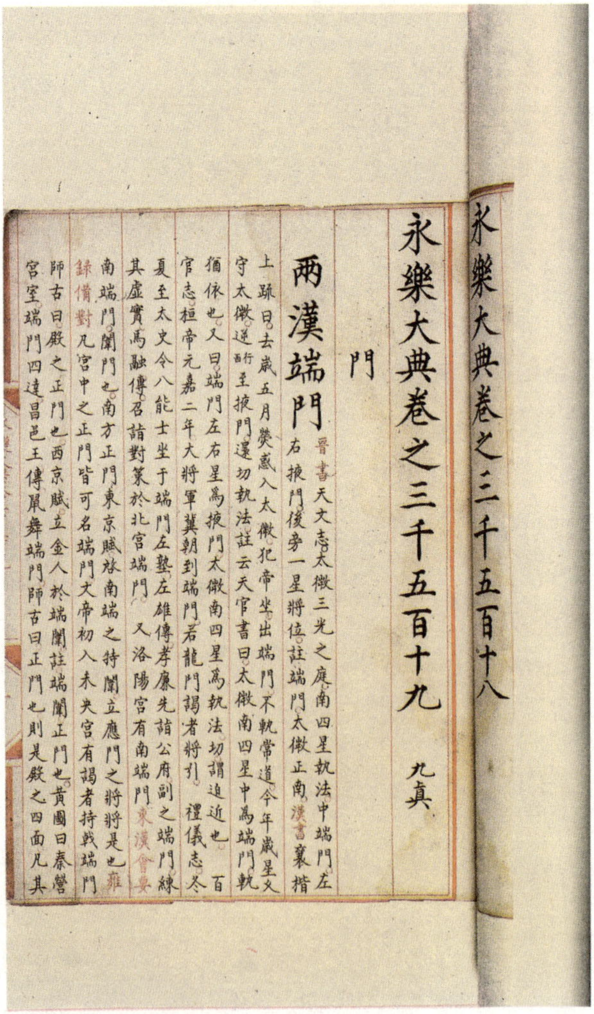
永樂大典卷之三千五百十八
永樂大典卷之三千五百十九 九真
門
兩漢端門 晉書天文志太微三光之庭南四星執法中端門左右掖門後旁一星將位註端門太微正南 漢書襃揩上疏曰去歲五月熒惑入太微犯帝坐出端門不軌常道今年歲星久守太微逆西行至掖門還切執法註云天官書曰太微南四星中爲端門執猶依也又曰端門左右星爲掖門太微南四星爲執法切謂迫近也 百官志桓帝元嘉二年大將軍冀朝到端門若龍門謁者將引 禮儀志冬夏至太史令八能士坐于端門左塾左雄傳孝廉先詣公府副之端門練其虛實馬融傳召詣對策於北宮端門 又洛陽宮有南端門 東漢會要南端門闌門也南方正門東京賦啓南端之特闈立應門之將將是也 雍錄儀對凡宫中之正門皆可名端門文帝初入未央宮有謁者持戟端門師古曰殿之正門也西京賦立金人於端闈註端闈正門也黃圖曰秦營宮室端門四達昌邑王傳鼠舞端門師古曰正門也則是殿之四面凡其

《永乐大典》之门部

其他文字则用墨笔抄写。全书结构清晰，栏目清朗，在编排技巧上，达到了很高的水平。

（三）《永乐大典》的价值

《永乐大典》的价值主要表现在两方面：首先，在类书编纂史上，它把传统类书的编纂形式发展成为具有完整性的百科全书的形式。其次，它内容异常丰富，收集了许多后世无传本的图书，构成15世纪初年的一个大藏书库，成为后来辑佚工作的资料渊海。后来清代乾隆年间在修《四库全书》时，曾在《永乐大典》中辑出古代佚书385种，4926卷。此后，又有些学者从中辑出许多其他的书，先后总计辑出的书约达500余种。其中如北宋薛居正所撰《旧五代史》和《宋会要辑稿》，具有极高的文献价值。其他如《建炎以来系年要录》《东观汉记》《大元海运记》《农桑辑要》《水经注》《永徽法经》《续资治通鉴长编》等脍炙人口的名著，也多是由《永乐大典》辑出

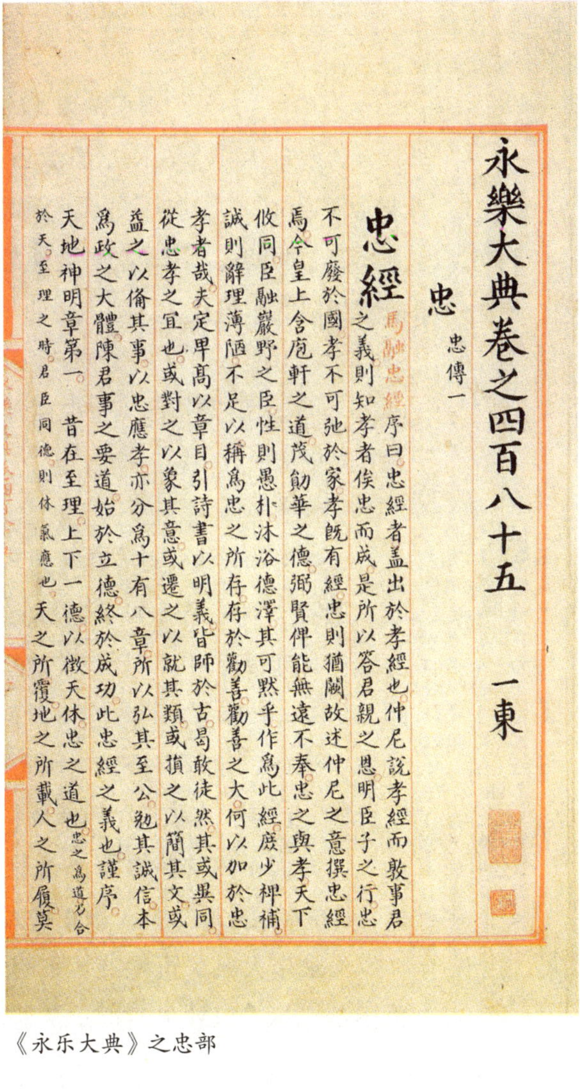

《永乐大典》之忠部

或经《永乐大典》校补的。《永乐大典》保存了不少农学、科技、手工业、民俗文学、释藏道经等作品，而这些又是后来的《四库全书》不以为重的著作。仅以“戏文”为例，《四库全书》以为有乖雅正，全部摒弃。《永乐大典》则收罗甚多，仅卷13965至13991就收有戏文33种；卷20736至20757又收杂剧90种。由此可见，《永乐大典》对于历史典籍的整理和保存，是具有巨大价值和功绩的。另外，还应指出的是，《永乐大典》所辑之书，皆一字不改，都照原著整部、整篇或整段分别编入，这也是《四库全书》所不可比及的。

（四）《永乐大典》的收藏

《永乐大典》在南京编成后，因卷帙浩繁，工费太大，未能刻版付印，只抄了一部，收藏在南京文渊阁。永乐十九年（1421）明朝迁都北京后，将它搬到北京，藏于文楼（即现在故宫午门的东角楼）。到嘉靖四十一年（1562），明世宗又派徐阶、程道南、高拱、张居正等100人，监督书手108人，经过6年，抄成了副本一部（一说两部）。正本藏在文渊阁，副本藏在皇史宬。

（五）《永乐大典》的散佚

据明代刘若愚《酌中志》记载，《永乐大典》修成后曾考虑将其刻版行印，广泛流传，终因卷帙浩繁而作罢。弘治年间（1488—1505）又计划对外开放，“推之以福海内”，后亦作罢。因此，这部“搜罗尽天下之书，纂校尽廷臣之力”的“奥典”，就一直被统治阶级所垄断，仅仅成为他们炫耀“文治”、御而不用的装饰品。正是这种“藏而不流”的保存方式，造成了《永乐大典》散亡的大悲剧。

《永乐大典》正本被焚于明亡之际。副本在明、清两代也屡遭厄运，以致最后严重散佚。早在《永乐大典》录成之初，即由于贪官污吏的监守自盗而开始流散。清修《四库全书》时，《永乐大典》已佚去近2000册。《永乐大典》在清代移藏翰林院后，接触它的人多了，但也增加了它被盗的机会。刘声木《苌楚斋随笔》记录了他们的盗书之法：“早间入院，带一包袱，包一棉马褂，约如《永乐大典》二本大小，晚间出院，将马褂加穿于身，偷《水乐大典》二本……包于包袱内而出也”。1860年之后，利欲熏心的封建官僚们更厚颜无耻地同洋人勾结，偷卖国宝。他们偷到《水乐大典》后，往往“密迩各使馆”，以一册10两银子的价格售于洋人。经过这样盗卖，《永乐大典》亡佚速度极快。据缪荃孙的调查，光绪元年（1875）重修翰林院时，《永乐大典》已从乾隆时的9000余册降到不及5000册。仅一年后，又被盗出近2000册，至1893年又有2400册不翼而飞，只剩下600多册了。1900年八国联军侵入北京，仅存的600多册《水乐大典》又惨遭厄运，其中大部被焚毁了，另有一部分被抢劫而去，剩下的可以说是寥寥无几。据雷震《新燕语·斯文扫地》载；“洋兵入城时，曾取该书之厚二寸长尺许者以代砖，支垫军用等物。武进刘葆真太史拾得数册，阅之则《永乐大典》也”。乱后，《大典》继续散出，《庚辛记事》上说，当时崇文门、琉璃厂一带古董店、旧货摊“收买此类书物，不知凡几，萃文书坊买《大典》8巨册，只京钱一吊而已。”到宣统元年（1909）筹建京师图书馆时，则只有64册了。

（六）《永乐大典》的现状

从清朝末年以来，人们就开始对《永乐大典》的搜集。新中国成立以后，党和政府对《永乐大典》的搜集、整理、利用极为重视。50年代初期，北京图书馆仅藏有《永乐大典》原本110册。1949年以后，苏联及东欧一些国家陆续归还了一批，再加上从国内陆续搜集到的，到1959年已增加到215册。同

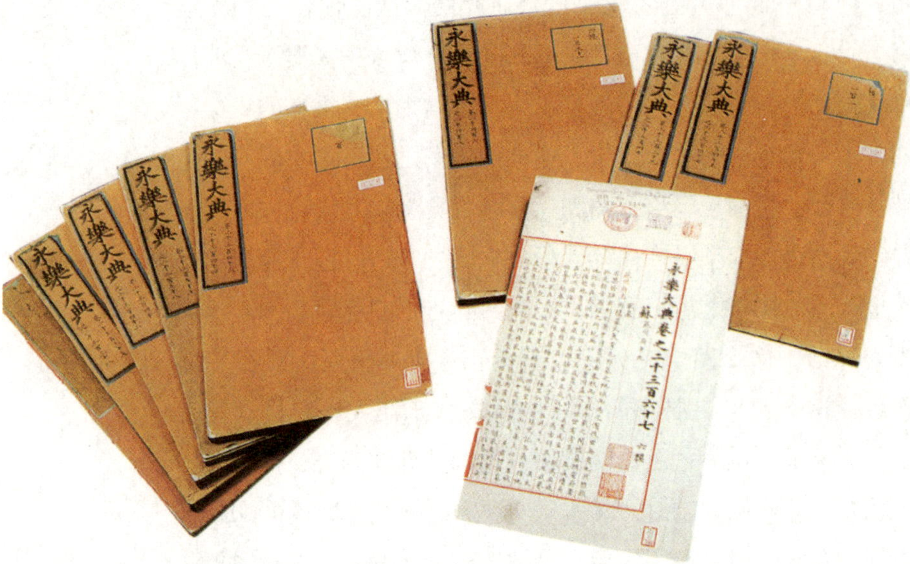

《永乐大典》

年，中华书局将北京图书馆所藏的原本、仿抄本和从国外拍摄的摄影本、缩微胶卷本、旧影印复制本共730卷，影印出版。影印本缩小了尺寸，分装202册。虽然不是原来的面貌，但使500年来的孤本有了部分的复制本，为学术界提供了珍贵的古籍资料。

近年来，又征集到67卷，都已影印出版。据估计，目前国内各类图书馆和私人收藏的《永乐大典》约有800余卷，400余册，其中存于大陆的200余册，存于台湾的70余卷。这些存书还不到全书的4%。

《永乐大典》原装书型很大，黄绫面，硬包背装，版框界行红色，字画工整，有红色句读，装帧壮观。中华书局曾于1959年建国10周年之际将卷2345至2347“乌字目”一册，照原书影印，备各大图书馆收藏。2014年，国家图书馆出版社将国家图书馆、上海图书馆、四川大学博物馆、南京图书馆所收藏的《永乐大典》残卷共163册，仿真影印出版，售价47万元人民币，既保证了其文献价值，又保证了其文物价值，十分难得。

二、《四库全书》

《四库全书》是我国古代最大的一部丛书。从清代乾隆三十七年（1772）到乾隆四十六年十二月（1782年1月）编成。乾隆五十二年（1787）以后陆续抄成7部。这部大书收集了我国从古代到当时的著作3470种、79018卷，分装36078册。是一部内容浩博，篇幅宏巨，影响巨大的鸿篇巨帙。至今，世界上尚无一部书籍的规模可与之相比。

（一）《四库全书》的编纂情况及其内容

清代为何要编纂《四库全书》？就表面来看，有三大原因：一是乾隆初年，学者周永年提倡“儒藏说”，仿照藏、道藏之例，提倡集合儒家典籍。得到学者的广泛响应。这是编撰《四库全书》的社会基础。二是乾隆年间已不断下诏征求天下遗书，

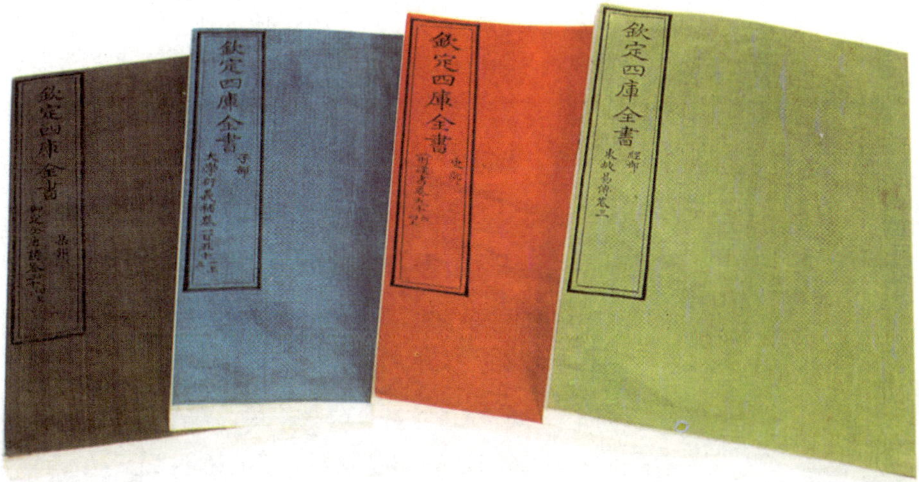

《四库全书》装帧外观

乾隆皇帝朝服像

令各省督抚学政搜集名著，汇送京师，已开修撰《四库全书》之先绪。三是安徽学政朱筠趁清廷下诏访书之机，提出访校图书的四条建议。其中第二条特别指出应从《永乐大典》中辑佚图书。这一建议得到了乾隆皇帝的认可。这就由《永乐大典》的辑佚引出了编撰《四库全书》的浩大工程，成为编撰《四库全书》的直接原因。当然，除了上述三条原因以外，乾隆皇帝的“私意”在其中起到了决定性的作用。从根本上讲，乾隆皇帝乃是借“稽古佑文”之名，来行“寓禁于征”之实。正如姚福申所分析：

> 编辑《四库全书》的目的十分清楚：（1）乾隆之所以编这样一部史无前例的大丛书，为了夸耀于当代和后世，博取“文治休明”“嘉惠艺林”的美名，犹如为自己在文化史上营造一块纪念碑；（2）统治者深深懂得，宣传封建道德文化，是禁锢民众思想、麻痹人民反抗情绪、巩固专制统治的有效办法，康熙已经做了这方面的大量工作，编《四库全书》是它的继续和发展；（3）康熙、雍正两朝的文字狱，已使汉族士人谈虎变色，为了缓和这种对立情绪，通过编书来征集天下遗书，对不利于清朝统治的著作加以篡改和销毁，打着提倡文化的旗号来消灭异己文化，无疑是一种最聪明的办法。[1]

①姚福申：《中国编辑史》，第219页，复旦大学出版社1990年版。

编纂《四库全书》初期的一项规模浩大的重要活动就是在全国范围访求征集图书。乾隆三十七年（1772）正月，开始下诏各省征集图书。次年二月，成立了《四库全书》编纂馆，当时领导这项工作的是乾隆特派的三位皇子和几位军机大臣。实际上负责这项工作的是总编纂官纪昀和总校官陆费墀。乾隆四十六年十二月（1782），第一部《四库全书》修成，直至乾隆五十二年（1787）陆续抄成7部，分藏南北七阁，前后长达15年之久。先后任命正副总裁以下官员360人，参加抄写、装订的有3841人，总数不下4200人。

《四库全书》的总编纂官纪昀（1724—1805），字晓岚，一字春帆，晚号石云。乾隆间进士。官至协办大学士，加太子太保。其学旁通百家，于学术之是非、诗文之流派颇能辨析。《四库全书总目》及《四库全书简明目录》多由其撰写。

《四库全书》收录的图书（含收录书与存目书），大体可分为6个方面：第一是内府本，是原来储藏在宫内的旧刻本和抄本，计326部、存目367部；第二是大典本，是从《永乐大典》中辑出的逸书，计存书385种，存目400余种；第三是采进本，是从各省征集搜求的书，达

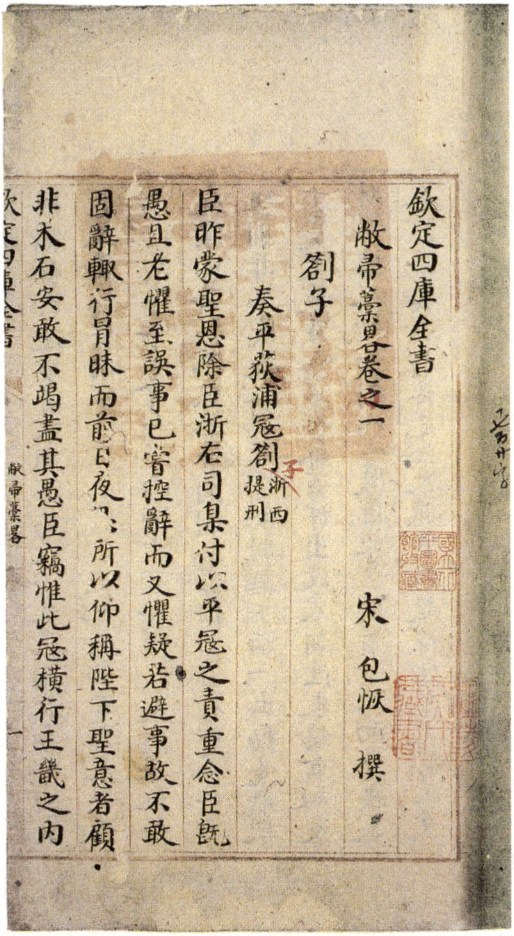
欽定四庫全書
敝帚藁畧卷之一　　宋　包恢　撰
劄子
奏平荻浦寇劄子 浙西提刑
臣昨蒙聖恩除臣浙右司臬付以平寇之責重念臣既
愚且老懼至誤事已嘗控辭而又懼疑若避事故不敢
固辭輒行冒昧而前日夜[illegible]所以仰稱陛下聖意者顧
非木石安敢不竭盡其愚臣竊惟此寇横行王畿之内
欽定四庫全書　敝帚藁畧

《四库全书》翰林院抄本《敝帚稿略》

12054种；第四是敕撰本，包括清代皇帝著述和奉皇帝之命纂修的图书，计147种；第五是进献本，是当时藏书家应乾隆之令进献的书；第六是通行本，是采购来的社会上流行的书。

对收集来的图书，编辑者分为5种来区别对待：凡清朝皇帝著作、皇帝命写的图书和他们认为是最好的图书，列为“应刻图书”，除了收进《四库全书》外，还要刻印发行；凡有利于清廷统治的君主专制的图书，列为“应抄图书”，收进《四库全书》；凡不符合上述两条标准的图书，又不在禁止之列的，列为“存目图书”，只在《四库全书总目》里保存书名，不收入《四库全书》；凡是不利于清廷统治的图书，都被列为禁止流传和销毁图书，并编制“禁毁书目”；凡戏曲、小说皆不收录。

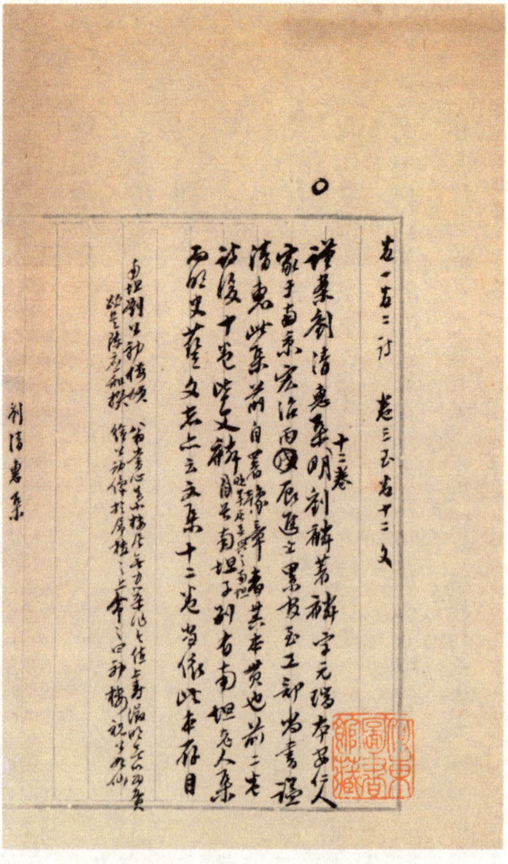

清代翁方纲纂《四库全书总目提要》稿本

《四库全书》收书3470种、79018卷，分装36078册（各部《四库全书》的种数和卷数有所出入）。列入存目仅记目录的则有6819部，94341卷。每部分装36000余册，7部则有252000余册。以全书页数计，文津阁全书2291100页，七部合计约1603万余页。《四库全书》所包括的知识范围，在当时确实达到了相当广泛的程度。这部书收录自古以来的各种重要著作。在经、史、子、集下面又分为若干类，如经部10类、史部15类、子部14类、集部5类，共44类。其中有15类又划分了若干细目，叫做“属”，分了64属。从收录图书的著者情况看，它收录了我国有文字记载以来各代人的著作。就其内容之广博和篇幅之宏巨来说，当时不仅在中国而且在全世界都是史无前例的，堪称中国古代的“文化长城”。

在编纂《四库全书》过程中，还产生了下列各书：

（1）《四库全书总目提要》（127册，200卷）。又称《四库全书总目》，是编纂官根据准备辑录图书的内容、著作朝代、作者简历、版本源流等写出的提要，并由总纂官纪昀修改定稿，呈皇帝审过的书目。《四库全书总目》提要的修撰前后历时20年，是我国古代书目的集大成之作。

（2）《四库全书简明目录》（ 17册，20卷）。是《四库全书总目提要》的缩写本。《四库全书总目提要》编纂过程中，乾隆认为《总目》汇辑各书提要多至万余种，卷帙甚繁，将来成书后翻阅不易，因此，又下令纪昀等于提要之外，另刊简明书目一编。于是就产生了《四库全书总目》的缩略版《四库全书简明目录》20卷。

（3）《四库全书考证》（72册，100卷），是乾隆命令汇编

清乾隆写本《四库全书简明目录》及其书盒

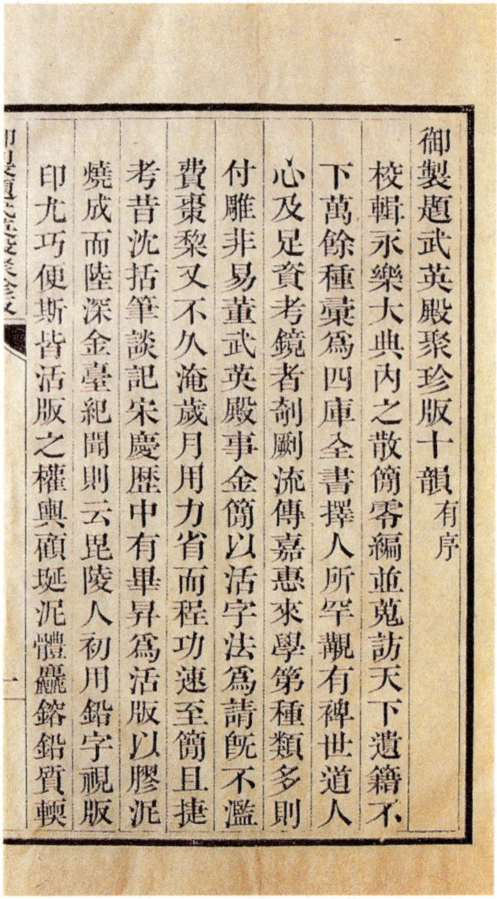
御製題武英殿聚珍版十韻 有序
校輯永樂大典內之散簡零編並蒐訪天下遺籍不
下萬餘種彙爲四庫全書擇人所罕覯有裨世道人
心及足資考鏡者剞劂流傳嘉惠來學第種類多則
付雕非易董武英殿事金簡以活字法爲請旣不濫
費棗梨又不久淹歲月用力省而程功速至簡且捷
考昔沈括筆談記宋慶歷中有畢昇爲活版以膠泥
燒成而陸深金臺紀聞則云毘陵人初用鉛字視版
印尤巧便斯皆活版之權輿顧埏泥體麤鎔鉛質軟

清乾隆木活字本《武英殿聚珍版丛书》

的校勘图书的记录。四库馆校理图书时，附粘考订各书签子。乾隆四十一年，命书馆总裁，将所有诸书校订各签，汇集编次，与《四库全书总目提要》一体付聚珍版排版流传。编次之书，即为《四库全书考证》。

（4）《四库全书荟要》。是乾隆为了便于阅览群书，命令四库全书馆正、副总裁选择《四库全书》中精华而编纂的精选本。于乾隆四十三年（1778）编成，收书473种，19931卷，分装12000册，共有两部，分别藏在北京皇宫摛藻堂和京郊长春园味腴书屋。另与《四库全书荟要》相配的还有《四库全书荟要总目》。

（5）《武英殿聚珍版丛书》。是乾隆亲自命名的一部丛书，收录了“应刻图书”中的138种，2300多卷，印发各省广泛流传。刊印之初，因图书数量大，刊版耗费财力、人力、时间太多，主办人金简建议用木活字排印，得乾隆批准，并把活字版名称改称“聚珍版”。金简雇工刻成大小枣木活字253500个，在武英殿先后排印20余年，遂成《武英殿聚珍版丛书》。这是清朝最大的一次采用木活字印书的活动。

（二）《四库全书》的收藏及存毁

为了收藏《四库全书》，乾隆仿照宁波“天一阁”式样，先后建造了南北七阁。他在北京皇宫建造文渊阁，在圆明园建造文源阁，在热河避暑山庄建造文津阁，在盛京（沈阳）建造文溯阁，这就是所谓的“北四阁”。北四阁为皇家藏书楼，不对外开放。后来，乾隆认为江浙一带为人文渊薮之地，又下令在江苏镇江金山寺建造文宗阁，扬州大观堂建造文汇阁，浙江杭州西湖行宫建造文澜阁，这就是所谓的“南三阁”。南三阁对当地士子开放，“愿读中秘书者，许其呈明到阁抄阅”，在传播古代文化方面起到了积极作用。除藏有《四库全书》外，南北七阁还都典藏《古今图书集成》。

《四库全书》所抄各书都有一定的格式，其字迹工整，画图清晰，装订整齐。经、史、子、集各部均用不同色绢作书皮。经部的书皮用绿色绢，史部是红色，子部是蓝色，集部是灰色，分别象征着春、夏、秋、冬四色。每若干册书用一个精致的楠木匣贮藏。框界都是红色，版心上栏写“《四库全

故宫文渊阁

书》”，中写所抄书的书名、卷次及页码。每部书卷首有本书提要。北方四阁藏的都用开化榜纸，洁白坚韧；南方三阁所藏改用白太史连纸，质量次于开化纸。南三阁的书型较小，封面颜色也和北方四阁略有不同，抄写得比较粗率，缺卷、缺页的现象多有。

南北七阁保存的《四库全书》，现在仅存四部（严格来说，应是三部半）。文渊阁藏《四库全书》是最先完成的一部，抗日战争前后曾运到上海、重庆，1948年被国民党政府带到了台湾省。现有影印本行世。文源阁藏本咸丰十年（1860）被英法联军火烧圆明园时焚毁。文津阁藏本于1915年从避暑山庄运到北京，交北京图书馆（今国家图书馆）收藏。北京图书馆外之大街亦因此而命名为“文津街”。文溯阁藏本原归辽宁省图书馆收藏，1966年经文化部批准，调归甘肃省图书馆代管。文宗阁和文汇阁藏本咸丰三年（1853）毁于战火。文澜阁

辽宁沈阳清故宫文溯阁外景

浙江文澜阁

藏本于咸丰十一年（1861）一月太平军第二次攻进杭州时，有些人趁火打劫，散失很多。后经杭州著名藏书家丁丙、丁申兄弟冒险抢救，又组织人员三次补抄，大体恢复原样。以后又屡经补抄校正，使它复于齐全。现藏浙江省图书馆。

（三）《四库全书》与禁书

从一定意义上讲，编纂《四库全书》实际上成了清代统治者推行文化专制政策的重要活动。他们利用编书之机，竭力剪除各种“异端”，对蕴含民族思想的文化典籍，展开了一场空前规模的清剿。

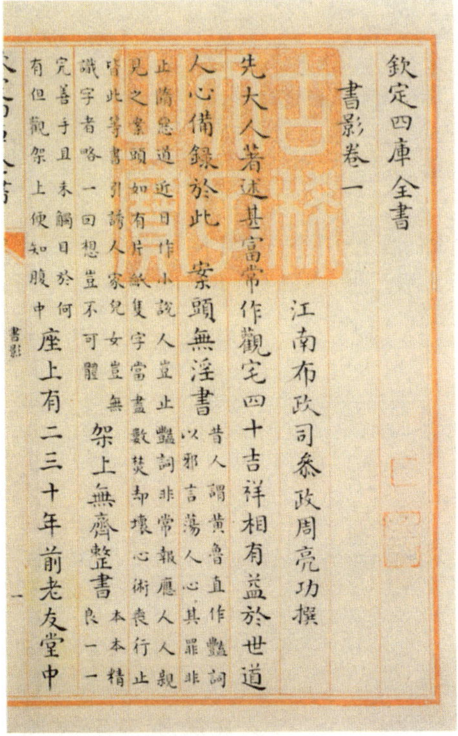

欽定四庫全書

書影卷一

江南布政司叅政周亮功撰

先大人著述甚富常作觀宅四十吉祥相有益於世道

人心備錄於此 案頭無淫書 昔人謂黃魯直作豔詞以邪言蕩人心其罪非止淪惡道近日作小說人豈止豔詞非常報應人人親見之案頭如有片紙隻字當盡數焚却壞心術喪行止皆此等書引誘人家兒女豈無識字者略一回想豈不可懼 架上無齋整書 本本精良一一完善手且未觸目於何有但觀架上便知腹中 座上有二三十年前老友堂中

書影 一

文澜阁四库全书写本《书影》

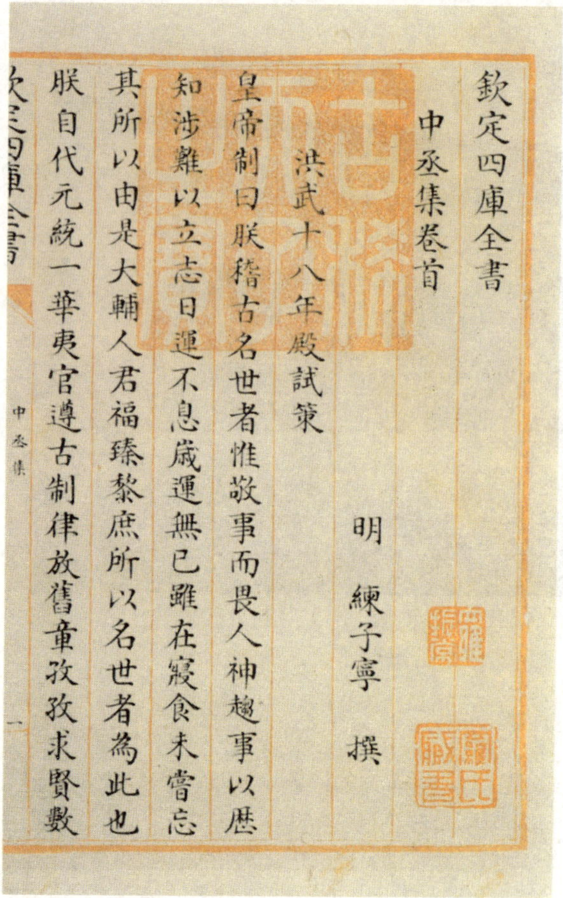

欽定四庫全書

中丞集卷首

明 練子寧 撰

洪武十八年殿試策

皇帝制曰朕稽古名世者惟敬事而畏人神趨事以歴

知涉難以立志曰運不息歳運無已雖在寝食未嘗忘

其所以由是大輔人君福臻黎庶所以名世者為此也

朕自代元統一華夷官遵古制律放舊章孜孜求賢數

中丞集 一

欽定四庫全書

文澜阁《四库全书》写本《中丞集》

乾隆的“寓禁于征”政策就是假借求书之名，行其禁书、改书、毁书之实，在“违碍”“悖逆”的名义之下，将不利于清朝统治的书籍销毁甚至毁版，致使许多珍贵的著作失去了本来面目或绝迹于人间，造成了无可补救的损失。乾隆本人，真可谓《四库全书》的“功魁祸首”。对此，鲁迅先生曾一针见血地指出：

> 现在不说别的，单看雍正乾隆两朝的对于中国人著作的手段，就足够令人惊心动魄。全毁，抽毁，剜去之类也且不说，最阴险的是删改了古书的内容。乾隆朝的纂修《四库全书》，是许多人颂为一代之盛业的，但他们却不但捣乱了古书的格式，还修改了古人的文章；不但藏之内廷，还颁之文风较盛之处，使天下士子阅读，永不会觉得我们中国的作者里面，也曾经有过很有些骨气的人。①

由于清朝忌讳甚多，因而禁书的牵涉范围很广，统治者不得不将其按三种方法分类处理，即全毁、抽毁和改窜。

---

①鲁迅：《且介亭杂文·病后杂谈之余》，见《鲁迅全集》第6卷，第182页，人民文学出版社1981年版。

全毁即将某书全部销毁。当时需全毁的书，据曾与纪昀同任《四库全书》总纂官的陆锡熊在《进销毁违碍书籍札子》中讲：“凡明季狂吠之词，肆意罔悖，俱为臣子者所当发竖眦裂。其有身入国朝，为食毛践土之人，而敢逞弄笔端，意含愤激者，尤天理所不容。自当凛遵训谕，务令净绝根株，不使有只字流传，以贻人心风俗之害。”

抽毁即将某书中涉及清朝忌讳的部分抽出毁掉，剩下的部分仍予保留。陆锡熊《进销毁违碍书籍札子》：“至若明初著作，于金元每多偏谬之词。虽议论乖僻，究非指斥可比。又如明人时代，在嘉、隆而上，则尚属本朝龙兴以前。或其书偶述边事，大抵系指鞑靼、瓦剌、朵颜、三卫等部，《明史》可证，并非干碍。即措辞太觉荒唐，原不妨量予删节，似不必概行全毁……又如类书之分隶事，丛书之分部标目，志传之分人记载，及各选本之胪列诸家，俱与专系一人一事必须全毁者有异。此等遇有违碍，亦只须酌量抽毁，似毋庸因此概废其书。”

改窜，当时称“酌量改易”，即将某书中触及清朝忌讳

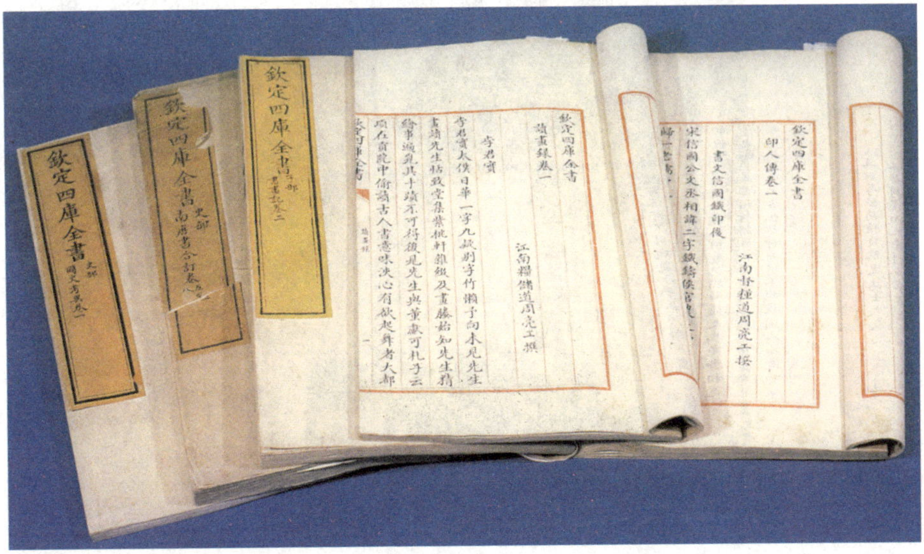

《四库全书》撤出本《读书录》（清周亮工撰）

的字句改换成其他字句。乾隆在四十一年（1776）十一月所发谕旨中说：“若刘宗周、黄道周，立朝守正，风节凛然……又如熊廷弼受任疆场，材干优济……以上诸人所言，若当时能采而用之，败亡未必若彼其速！是其书为明季丧乱所关，足资考镜；惟当改易违碍字句，毋庸销毁。”此外，凡对历代君王（秦始皇、隋炀帝等暴君除外）不够尊重的言论，以及对北方少数民族的华夷之见，均在需要改窜的范围之内。

为在全国范围内展开禁书运动，军机处及地方政府先后颁发了各类《全毁书目》《抽毁书目》《禁书总目》和《违碍书目》等，强令藏书家将列入书目中的书籍上缴、销毁。据统计，仅浙江一省，到乾隆四十五年（1780）十月止，共缴禁书24次，计538种，13862部。至于全国，据陈乃乾《禁书总录》综合各家记载而得到的统计数字为：全毁书2453种，抽毁书402种，销毁书版50种，销毁石刻24种。禁毁书籍将近3000种，在

文溯阁内景

10万部以上，烧毁或铲毁的书版六七万种。可见毁书之甚。不仅如此，《四库全书》还与文字狱紧密联系在一起，据不完全统计，在清代乾隆朝60年间发生的75起文字狱中，四库开馆后10年内发生的文字狱就有48起之多。据乾隆时人王芑孙《惕甫未定稿·洴澼百金方序》记载，在这种高压政策之下，民间“告讦频起，士民葸慎，凡天文、地理、言兵、言数之书，有一于家，唯恐招祸，无问禁与不禁，往往拉杂摧烧之”。这类被文人学士乃至一般民众自行毁掉的图书，数量也不在少数。禁书活动给中国古代尤其是宋元以后的典籍带来的损失，对当时整个社会思想文化造成的危害，则是无法用区区数字来衡量计算的。对此，鲁迅先生曾沉痛地指出：“清人纂修《四库全书》而古书亡，因为他们变乱旧式，删改原文。”①

（三）《四库全书》的价值及影响

尽管清代修撰《四库全书》给古代典籍和文化造成了一定的戕害。但我们还是应该看到编纂《四库全书》又有整理和保存古代文化遗产的一面。

《四库全书》是近3000人经过10余年共同努力的成果，但起决定作用的还是乾隆本人。清代以前的君主们大都置身于典籍制作之外，对丛书、类书的编纂、目录的编制不大过问。乾隆对《四库全书》编修工作则管得十分具体。他不仅下了几十道诏谕，而且经常亲自检查进度和质量，发现问题，及时处理，有奖有惩，赏罚分明。这就有力地保证了《四库全书》修撰质量。编纂人如纪昀、陆锡熊、邵晋涵、周永年、戴震、朱筠等，确是尽职尽责。他们从《永乐大典》中辑出了500多种非常珍贵的书。并对征集来的图书一一辨别真伪，考究版本，叙述书旨大意，撰成《四库全书总目提要》，对历代学术进行

①鲁迅：《且介亭杂文·病后杂谈之余》，见《鲁迅全集》第6卷，第185页，人民文学出版社1981年版。

戴震像

了比较全面的总结，使读者得以了解各书的内容及版本源流。直到今天，对于有志趣研究中国古代文化的读者来说，《四库全书总目提要》仍是能起较好引导效用的重要工具书。由于《武英殿聚珍版丛书》的广泛流传和南三阁《四库全书》的对外开放，为再编新书创造了条件，使新的丛书频频出现，又进一步促进了我国图书编纂和出版事业的发展。

这部巨作的完成，显示了中华民族的伟大气魄，体现了我国古代知识分子的智慧和毅力，其功绩是不可磨灭的。正如戚志芬所评价的：

我国在18世纪中叶编成的《四库全书》，就其内容之广博和篇幅之宏巨来说，当时不仅在中国而且在全世界都是史无前例的。古代中国修筑了万里长城，开凿了大运河，又编出了空前未有的一部大型丛书——《四库全书》，这都是中华民族值得引以为豪的。《四库全书》如果摊开逐页相接，它的长度会比地球的直径还多出1/3，它的内涵证明了中国古代文化极其灿烂辉煌，它是我们的祖先为后世留下的宝贵遗产，也是我国为世界文化宝库做出的贡献。[①]

①戚志芬：《中国的类书、政书和丛书》，第177—178页，商务印书馆1996年版。

第八讲
中国古代图书的厄运与典藏
——屡遭厄运　有聚有散

夫天地间物，以余观之，难聚而易散者，莫书若也。

——明·叶盛：《菉竹堂书目·自序》

图籍废兴，大概关系国家气运，岂小小哉！

——明·胡应麟：《少室山房笔丛》

中国的藏书事业似一条滔滔大河，聚汇条条支流，波涛渐宽，声势渐壮，由官府藏书而私人藏书而寺观藏书而书院藏书，随历史的进程而不断壮大发展。黄河九曲，中国的藏书事业同样历经种种磨难曲折、天灾人祸，终以百折不回、万劫不灭之气势，顽强走完了自己漫长而光荣的路程，并功德圆满地完成了向现代图书馆的嬗变。

——任继愈：《中国藏书楼》

一、图书之厄

中国是一个有着5000年文明史的国家。随着社会的进步，文化的发展，图书的品种与数量也在不断增长，日益增多。从政府到私人都重视对图书典籍的收藏和利用。但在图书数量增多、藏书事业发展的同时，由于人为破坏和自然灾害等因素的影响，图书散失、消亡的现象也十分严重，可谓坎坷劫难不断。明朝的叶盛就说："夫天地间物，以余观之，难聚而易散者，莫书若也。""聚散转相寻"几乎成了中国古代图书典籍发展的一条规律。

古代的学者将图书在较短时间内遭到大规模毁坏的现象称为"书厄"。早在隋代，学者牛弘就提出了图书的"五厄"之说：一为秦始皇焚书，二为西汉末年的赤眉入关，三为东汉末年的董卓移都，四为西晋末年的"刘石乱华"，五为南朝梁时魏师入郢，梁元帝自焚。明代胡应麟又在牛弘图书"五厄"的基础上，总结了六朝至元代时的图书"五厄"，即：隋炀帝被杀，一时大乱，图书被焚，为第一厄；安史之乱，明皇奔蜀，书籍损失殆尽，为第二厄；唐末黄巢攻入长安，僖宗出走，书籍亦遭焚毁，为第三厄；北宋靖康二年，金人攻入汴梁，徽、钦二帝被掳，图书尽遭劫掠，为第四厄；南宋德祐二年，伯颜南下，军入临安，图书礼器，掠走一空，为第五厄。明代以后，近人祝文白又续上"五厄"：一为李自成之陷北京，二为钱谦益绛云楼之烈焰，三为清高宗之焚书，四为咸丰朝之内忧外患，五为民国中日之战役。

事实上，中国古代图书的劫难远不止上述“十五厄”，我们还可以再补上五厄、十厄……图书事业的兴衰与历史环境息息相关。我国古代社会始终处在分裂、统一，再分裂、再统一的过程中，每次战乱都给当时的图书事业带来沉重的打击，历代图书遭受的劫难与损失也至为惨重，世所罕见。按照前人总结“书厄”的思路，我们可以将自古及今的“书厄”大致总结为20次。

（一）始皇焚书

秦始皇焚书坑儒是第一次全国性的官方禁书事件，对中国文化的发展产生了深远的影响。公元前213年，秦始皇在咸阳宫大宴群臣，席间博士淳于越主张学古法，行王道，施仁政，分封诸侯，遭到丞相李斯的反对。李斯指斥儒生以古非今，各尊私学，诽谤朝廷，惑乱人心，不利于政令贯彻执行。他主张禁私学，焚诗书。据《史记·秦始皇本纪》记载，李斯建议“史官非秦记皆烧之。非博士官所职，天下敢有藏《诗》《书》、百家语者，悉诣守尉杂烧之。有敢偶语《诗》《书》者弃市。以古非今者族，吏见知不举者与同罪。令下三十日不烧，黥为城旦。所不去者，医药、卜筮、种树之书。若欲有学法令，以吏为师”。秦始皇接受了这一建议，下令全国焚烧秦史、医药、卜筮、种树以外的一切书

秦始皇像

陕西秦“坑儒谷”遗址

籍。一时间，焚书之火燃遍大江南北。次年，又将御史指控犯有“为妖言以乱黔首”的460余名儒生坑死。这两起惨案，史家称之为“焚书坑儒”。焚书坑儒对中国古代图书文化典籍带来了不可低估的损失，造成了先秦历史的模糊和后代学术分歧，并严重阻碍了中国文化朝多元化方向发展。秦火一炬，不仅把自战国以来形成的百家争鸣、自由民主的学术空气扫荡一空，而且把自夏至秦两千年文化、思想的结晶焚毁殆尽。

（二）项羽入关

秦代所焚毁的图书，只限于民间私人所藏，政府和博士官的藏书都还保存在秦宫室，其中包括《诗》《书》及他诸子百家书籍。公元前207年，项羽为争王位，率大军攻入关中，杀秦王子婴，火烧秦宫室，大火三月不灭。秦代宫室所藏图书被付之一炬。唐虞三代之法制，古先圣人之微言，最终荡为灰烬，先秦的许多书籍至此而失传。致使西汉初年，天下除了用于占卜用的《周易》而外，很难找到别的图书。故后代有“秦

项羽画像

虽焚书，其焚未尽”，“书亡于项羽”之说。中国先秦时期的众多图书典籍，先受秦代之禁，后遭项羽之焚，劫后所余，寥若晨星。项羽入关，实为中国古代书史上的一次旷世浩劫。

（三）更始战乱

西汉自汉惠帝废除挟书律以后，统治者都非常重视图书的编撰和征集活动。汉武帝时，开始大规模征集天下图书，并设立专门的藏书机构。经过广泛征集，民间藏书开始以百川归海之势纳入政府藏书的体系。以后，汉成帝又派专人访求天下图书，并命学者刘向等人整理国家藏书，致使西汉政府的藏书数量大增，“百年之间，书积如丘山”。据《汉书·艺文志》记载，当时皇家藏书有13000余卷，可谓极一时之盛。王莽政权覆亡后，战乱频起，由更始帝刘玄占据着原来的国都长安。公元25年，赤眉军在樊崇的带领下攻入长安，杀死了更始帝，并将长安的宫殿、街市、民房全部烧毁。史称“更始之乱”，就是在这次战乱中，西汉政府100多年所搜集、整理的13000余卷皇家藏书也随之被焚。

（四）董卓移都

光武帝刘秀建立东汉政权后，定都洛阳。东汉初年，将长安遗存的部分藏书迁往洛阳，藏于兰台、石室，并在全国征集图书。四方儒生无不抱负典籍，云集京师。以后的几代皇帝也都雅好典籍，继续征集民间藏书。使东汉自光武帝聚书以后，书增三倍，可装6000余辆车，颇见规模。东汉末年，董卓专权，逼汉献帝从洛阳迁都长安。临行前，恣纵士兵大肆劫掠，结果朝廷在兰台、石室、东观及仁寿阁所藏图书尽遭洗劫，损失极大。书写图书的缣帛，或用来做帷盖、车篷，或用来制縢囊。等到王允收集西运时，只剩下70余车。由于路途遥远，又被扔弃一半，后来长安发生战乱，这部分幸存的图书也最终被焚毁。

（五）永嘉之乱

曹魏政权建立后，即着手搜集图书，政府典藏又渐丰富，并派秘书郎郑默进行整理 。西晋时再加搜集，晋武帝令秘书监荀勖负责整理国家藏书，编出《中经新簿》，著录图书多达29945卷。晋怀帝永嘉五年（311），寄居在中国北部的匈奴部族首领刘聪攻陷了西晋都城洛阳，在洛阳城内大肆烧掠。史称“永嘉之乱”，又称“刘石乱华”。在这次战乱中，西晋政府已聚集并编排妥善的近3万卷图书，因此遭到焚毁。后来，东晋著作郎李充以《中经新簿》检校政府藏书，已十去其九，见存者不过3014卷。

（六）元帝焚书

南北朝时期，南朝文化持续发展。梁元帝萧绎酷好读书、藏书。元帝平“侯景之乱”后，将幸存的文德殿藏书及公私典藏共7万余卷载运江陵。他还特地派人到洛阳书肆购书，据说他在江陵的藏书多达14万卷。公元554年，西魏兵攻破江陵。在投降前夕，萧绎认为自己“读书万卷，犹有今日”，因此将亡国的怨恨发泄到图书上，命舍人高善宝将14余万卷图书付之一炬，南朝历年收藏的图书至此消亡殆尽。江陵城破后，魏军于余烬中收拾残遗，所得仅4000卷。

（七）炀帝焚书

隋代统一中国后，一直致力于图书的征集和整理活动。

隋炀帝即位后，派使者四出，搜求天下书籍。在搜集图书的同时，又将搜集到的与谶纬有关的图书全部焚毁。谶纬图书出于汉哀、平之世。王莽好符命，光武帝刘秀以图谶兴起，故东汉以后，谶纬之学盛行于世。宋、梁之际，屡屡禁之。谶纬图书虽然宣扬迷信，但其中也有不少有用的资料，特别是一些早期的科技知识，因为隋炀帝的焚纬而失传。焚纬后剩下的隋政府藏书，有37万余卷被隋炀帝带到江都。隋末，天下大乱，37万卷图书在战乱中竟悉被焚毁，经兵火后“其目中并无一页传于后代”。

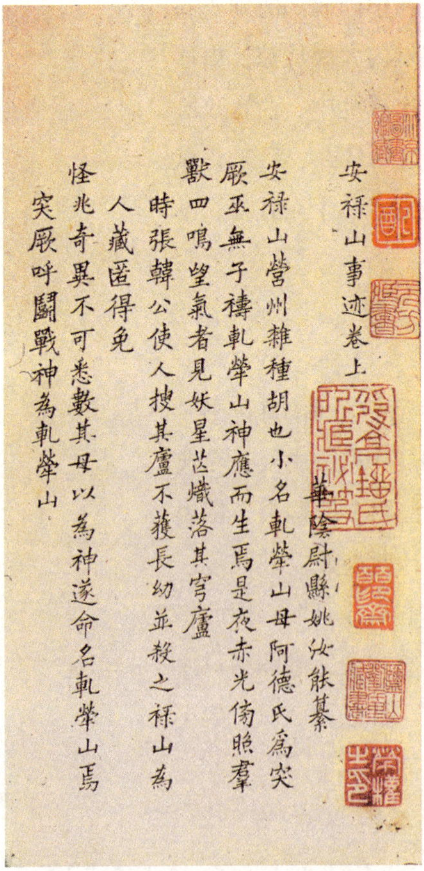
安祿山事迹卷上
華陰尉縣姚汝能纂
安祿山營州雜種胡也小名軋犖山母阿德氏爲突
厥巫無子禱軋犖山神應而生焉是夜赤光傍照羣
獸四鳴望氣者見妖星芒熾落其穹廬
時張韓公使人搜其廬不獲長幼並殺之祿山爲
人藏匿得免
怪兆奇異不可悉數其母以爲神遂命名軋犖山焉
突厥呼鬬戰神爲軋犖山

清道光间劳权抄本唐姚汝能撰《安禄山事迹》

（八）砥柱漂没

隋政府藏书，一厄于兵，一厄于水。江都之外，洛阳观文殿、修文殿等处尚有图书副本8万卷。公元622年，唐高祖李渊平定王世充后，得到了这批图书。当年，高祖命司农少卿宋尊贵把这批图书装到木船上，溯黄河西上，欲送归长安。经过砥柱时，不幸船被撞翻。书籍大多湮没，只抢救出很少一部分，“其所存者，十不一二”。

（九）安史之乱

唐代聚书，自高祖时即已开始。以后太宗、高宗，继续征集遗书。到唐玄宗开元时期，唐政府典藏，达于极盛。唐玄宗天宝十四年（755），安禄山、史思明发动叛乱，不久便攻陷了洛阳、长安，唐王朝在这两处收藏的图书约8万余卷被焚毁殆尽。当时图书损失情况相当严重，史称“安禄山之乱，尺简不藏”。以致后来朝廷修史时连参考资料也找不到，只得重加赏赐，征集图书，而数日之内，仅得一两卷，可见损毁之惨重。

（十）广明之乱

安史之乱以后，唐政府极力重建政府典藏。唐代宗时，不惜以千钱购书一卷，并设立拾遗使到江南寻访图书。唐文宗时，“搜访遗文，日令添写”，使得国家藏书量得到一定的增长。唐僖宗广明元年（880），黄巢率军攻入长安，把长安的宫殿、官署等全部焚毁。兵火之中，典籍尽皆残损。唐政府在安史之乱后所搜集的12库5万多卷图书也随之荡然无存。

（十一）后主焚书

五代南唐后主李煜淫侈无度，却好文雅之事，重视图书典藏。公元975年，北宋军队围攻南唐都城金陵。李煜事先嘱咐掌管宫中图书的黄氏，如果金陵失陷，就把宫廷藏书全部烧掉，因为他自己很喜爱这些图书，不愿它们散落到别人手中。金陵被攻陷后，南唐历朝所收藏的1万多卷图书便被烧掉了。

（十二）靖康之变

宋王朝对于民间图书的征集，也很重视。公元966年，宋太祖下诏征集遗书。以后，北宋每一个皇帝，都倾全力搜集图书。凡献书者，不仅能得到优厚的赏赐，而且有可能被授以官职。因此，当时民间献书十分踊跃，政府藏书增长极为迅速。至宋末徽宗、钦宗时期，国家藏书已经超过7万余卷，可称一时之盛。北宋钦宗靖康元年（1126），金军攻克东京（今河南开封）。第二年四月，金兵于大肆勒索搜刮后，俘虏徽、钦二宗和宗室、后妃数千人，以及教坊乐工、技艺工匠，携法驾、仪仗、冠服、礼器、天文仪器、珍宝玩物、皇家藏书、天下州府地图等北去，东京城中公私蓄积为之一空。结果所掳掠的图书、书版在北运途中多半丧失。北宋历朝藏书共达7万余卷，至此荡然无存。靖康之变中图书所遭厄运，比前朝更为惨烈。《靖康要录》称：“秘阁图书，狼藉泥中。有史以来，安禄山陷长安以后破京师者，未有如今日甚。二百年来蓄积，自是一旦扫地！”私家藏书也由于兵乱而损失惨重。譬如晁公武家藏在经兵戈之后，“尺素不存”，以致“无书可读”。叶梦得藏书3万余卷，遭丧乱后，“所亡几半”。以藏书独富著称的江浙，由于兵乱，“曩时藏书之家，百不存一，纵有存者，又皆零落不全”。

（十三）绍定之灾

宋高宗建立南宋后，命令秘书省负责重建政府典藏，并“屡下搜访之诏”，给献书者定下优厚的赏格，“自是多来献者”。至宋宁宗时，已有6万余卷。南宋理宗绍定四年（1231），都城临安发生火灾。大火将收藏图书的秘书省、玉牒所等处全部烧毁。南宋历朝搜集的图书6万余卷在这次火灾中损失大半，百余年的累积毁于一旦。南宋末年，与元军攻战频繁。南宋端宗景炎元年（1276），元军攻陷南宋都城临安。战乱中，南宋图书尽皆遗散。

（十四）甲申之变

公元1644年，李自成率农民军攻入北京，明朝灭亡，史称“甲申之变”。不久，关外的清兵在吴三桂的引导下直扑中原，攻占北京。这一连串的战争使中国历史发生了变化，也使明代所聚积的典籍遭到严重破坏。战火所及之处，所藏典籍无不被焚，北京大火、“扬州十日”、“嘉定三屠”，使珍贵的文化典籍皆化为灰尘，成为古今典籍的一大浩劫。

（十五）绛云楼灾

绛云楼是明末清初著名学者、藏书家钱谦益精心建造的藏书楼。钱谦益喜欢藏书，将平生珍藏之所有书籍，区分类别，分为73大柜藏于绛云楼。绛云楼藏书总卷数在10万以上，其中有极为珍贵的3900部宋元版图籍。藏书的数量、质量都与当时皇朝内府的藏书相差无几。康熙九年（1670），绛云楼不幸遭到火灾，宋元精刻皆成劫灰，只有放在楼外的数百本明臣志传得以幸免。论者谓："绛云一炬，为江南图书一厄。"

（十六）清代禁书

在我国古代，图书典籍发展之盛莫过于清，而政府对典籍的损毁之烈也无过于清。清朝历代政府对典籍的践踏，先是残酷的文字狱，其后是借编修《四库全书》而大肆焚毁、抽毁。清王朝为维护其统治，实行文化专制主义，累兴文字狱，禁毁违碍书籍。康熙、雍正、乾隆三代就有几十起大小文字狱。成千上万人遭迫害，许多著作被焚毁。统治者还往往假借征集、审查、编纂书籍之机，推行"寓禁于征"的政策，查禁销毁违碍书籍。乾隆三十七年（1772），乾隆皇帝下诏征求天下书籍，为编修《四库全书》作准备。此后，一方面进行征书，另一方面又进行禁书。把不利于清朝统治的书籍分为全毁和抽毁两类加以处理。据记载，从乾隆三十八年（1773）到四十七年（1782）年间，就销毁

乾隆皇帝大阅铠甲骑马像

图书13000余卷，书版68000余片。其他未焚而经抽毁及改易字句者不计其数。从民间征集的大量图书，仅有一半收入《四库全书》，另一半均被销毁，损失极为严重，许多书籍竟因而亡佚，实为中国古代文化典籍的一场大浩劫。因此，鲁迅先生曾沉痛地指出："清人纂修《四库全书》而古书亡。"

（十七）癸丑战乱

清咸丰三年（1853），太平天国定都金陵，也进行过禁书毁书活动。太平天国革命历时15年，战火波及江南16省，江浙一带的公藏典籍和丰富的私家藏书深受其祸。《四库全书》编成后，有三部藏于江南三阁（扬州文汇阁、镇江文宗阁、杭州文澜阁）。经过战乱后，南三阁的《四库全书》仅余文澜阁半部。当时中国的私人藏书以东南地区最盛，如常熟毛氏汲古阁、鄞县范氏天一阁、昆山徐氏传是楼等，大多历经数百年，藏书的数量、质量都相当可观。这些私藏在太平军禁书毁书及战乱中大都受损。许多当时人的著作因而失传。致使"江南文明大省，士子竟无书可读"。

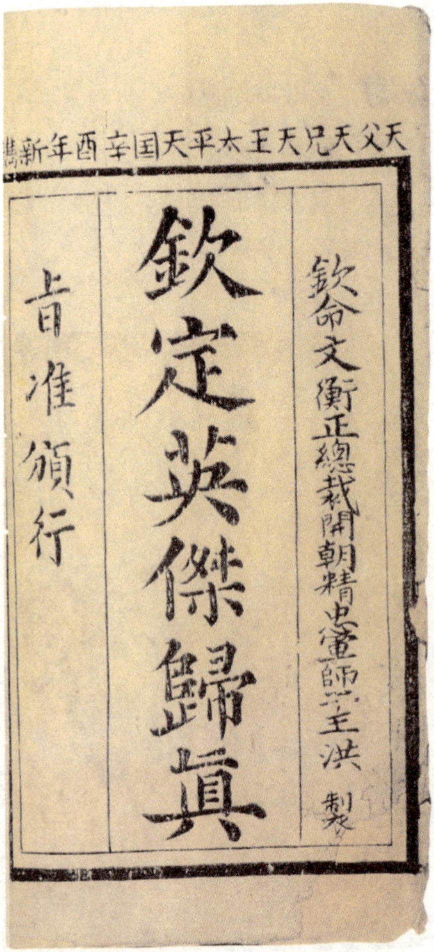

太平天国刊印的《钦定英杰归真》

（十八）晚清外患

我国的图书典籍，不仅因内乱招致重大损失，外患也给它们造成了巨大的灾难。晚清时期，外侮频至，道光时的鸦片战争、咸丰时的英法联军、光绪时的八国联军，都给我国古代典籍造成了极大的破坏。咸丰十年（1860），英法联军烧毁圆明园，进入北京。圆明园文源阁连同阁中所藏《四库全书》被烧成灰烬。藏于翰林院的《永乐大典》或被掠或被盗，丧失其半。北京内府书籍、士大夫藏书及琉璃厂各书铺也有不同程度的损失。光绪二十六年（1900），八国联军攻入北京，又一次劫掠财物，屠杀人民，大量的文物典籍或遭焚毁，或被抢劫，历经磨难。《永乐大典》副本，经八国联军焚毁、掠夺，散亡殆尽。

（十九）上海事变

上海商务印书馆自清末开始，搜集南北藏书家散出的珍贵书籍，建涵芬楼专门贮藏。1932年日本发动上海事变，焚烧了东方图书馆。除事先转移的574种珍贵古籍外，其余518000余册图书全被焚毁。商务所印新书也大部被焚。上海事变对中国古代图书的焚毁仅仅是民国中日战争时期的一个缩影。八年抗战中，在战争中被焚毁、劫掠的中国典籍不计其数，损害程度难以估量。

商务印书馆东方图书馆原貌

商务印书馆被炸画面

（二十）“文化大革命”

新中国成立后，我国古代的图书典籍得到了应有的重视和保护。但是，1966年“文化大革命”开始后，在“破四旧”的口号下，不少图书馆及私人的藏书或被焚或被毁，损失巨大。特别是流传于社会上的大量古籍，在“文革”期间，在公开场合，几乎绝迹。这又是我国古代图书典籍的一大悲惨遭遇。

中国古代图书的多舛命运，由以上20次较大的“书厄”可见一斑。中国古代图书的遭遇远远不止于此。在这20次“书厄”之外，还存在着无数次规模或大或小的图书被焚、被毁及丢失现象，它们加起来的总量是相当惊人的。难以数计的珍贵典籍的散失与被毁，给中国古代的文化事业造成了不可估量的损失。

可以看出，古代图书之厄大多是由政府禁止、朝代变革、战争频繁或自然灾害引起的。可以将引起书厄的原因归结为以下几点：（1）政治劫难。统治者为了维护其统治，统一学术思想和意识形态，往往会禁毁图书。自秦始皇焚书坑儒以来，中国历代封建王朝几乎都开展过规模不等的禁书活动。（2）战争劫难。上述“书厄”大多发生于大规模的战乱之中，战乱往往会给图书典籍带来毁灭性的灾难。（3）自然灾害。主要指水、火、虫等自然因素对图书造成的毁坏。水火无情，中国古代的很多珍贵的公私典藏就是毁灭于无情的水火之灾的。（4）人为的破坏。如偷窃、转卖等行为。这类破坏多发生在私家藏书中。陈登原先生将这四方面的原因总结为“艺林四劫”，书籍之厄，大致皆因缘于此。

从对历代图书之厄的叙述中，我们可以看出，图书的命运与整个社会的政治、经济和文化的关系甚为密切。一般来说，当社会稳定、政治清明、经济繁荣、文化发达时，典籍就生就聚，呈现一派繁荣景象；相反，当社会动荡、政治混乱、经济

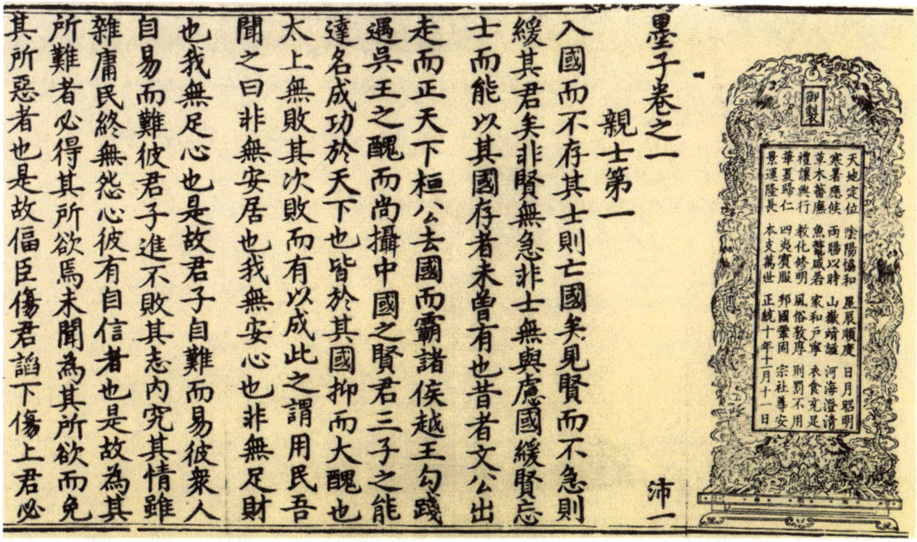
御製
天地定位 陰陽協和 星辰順度 日月昭明
寒暑應候 雨暘以時 山嶽奠謐 河海澄清
草木蕃廡 魚鱉咸若 家和戶寧 衣食充足
禮讓興行 教化修明 風俗敦厚 刑罰不用
華夏歸仁 四夷賓服 邦國雍睦 宗社尊安
景運隆長 本支萬世 正統十年十一月十一日

墨子卷之一
親士第一
入國而不存其士則亡國矣見賢而不急則緩其君矣非賢無急非士無與慮國緩賢忘士而能以其國存者未曾有也昔者文公出走而正天下桓公去國而霸諸侯越王勾踐遇吳王之醜而尚攝中國之賢君三子之能達名成功於天下也皆於其國抑而大醜也太上無敗其次敗而有以成此之謂用民吾聞之曰非無安居也我無安心也非無足財也我無足心也是故君子自難而易彼衆人自易而難彼君子進不敗其志內究其情雖雜庸民終無怨心彼有自信者也是故為其所難者必得其所欲焉未聞為其所欲而免其所惡者也是故偪臣傷君諂下傷上君必
沛一

明刻本《墨子》

衰败、文化萎顿时，典籍就流散消亡，厄运就会随之而来。书籍的命运几乎成为时代变迁的晴雨表。所以，明代的胡应麟感慨说："图籍废兴，大概关系国家气运，岂小小哉！"

需要指出的是，上述图书之厄都是可以被人直接看到的，它是一种有形的损失和消亡。除此而外，图书在流传的过程中，还存在着无形的消亡。无形的消亡就人的主观来说，有以下三个原因：

一是因人们的喜恶而造成的。比如人们都喜欢文辞优美的，而不喜欢文辞质拙的。因而文辞优美的图书流传较广，保存下来的可能性也大。如《庄子》文辞优美、流传很广；而《墨子》文辞质拙，险些散佚。

二是因古今价值取舍观的差异造成的。古人注重经史，看不起科技，称之为旁枝末道。因而古代科技书散失的现象比较严重。秦始皇烧书时，烧的是医药、卜筮、种树以外的书籍。结果被烧的儒家经典及诸子书，经过几十代人的发掘整理保存下来不少，而这些没被烧的医药、种树等科技书籍反而一本也没保存下来。在今天看来，这又非常令人惋惜。

三是统治者对图书"无形的摧毁"。这种"摧毁"往往是无意识的，大多体现于历代统治阶级官修图书的工作中。例如唐太宗李世民平定天下后，设馆修书，笼络前朝遗臣。其中有两大重要工程：一是

唐太宗像

整理五经义疏，一是改变前代史书。结果是180卷的《五经正义》一出，其他数十百家经学书籍皆废，废弃经书的数量远远超出编出的疏义。唐以前写晋书的有18家之多。唐太宗认为他们的书都不够好，于是命房玄龄等改编一部。自重修的130卷本《晋书》一出，其他诸家之书均遭废弃，这自然也是图书发展过程中的一大损失。也许唐太宗在当初并没有废绝其他经书和《晋史》的意图，但客观效果却是如此，这类实事很多，统归于“无意识的摧毁”，而图书也就在无形中渐趋消亡。

当然，无形的消亡中还有一个图书“优胜劣汰”自然淘汰的规律，但并不能因此而说现在保存下来的图书都是最优秀的，而没有流传下来的图书都是毫无价值的。对于具体的每部图书来说，都各自有它的幸与不幸。

二、 石室金匮

为了保护和利用人类文明的结晶——图书，古人早有藏书之举，而且百折不挠，一代又一代延续不断，形成了一部源远流长、生生不息、多姿多彩的中国藏书史。中国古代藏书的历史，如果从殷商周三代设有专人管理收藏甲骨文献的“藏室”算起，至20世纪初我国近代图书馆的产生，这一历史阶段前后经历了3000多年。“建藏书之策，置写书之官”，是我国古代的一个特有的优良传统。与世界上任何一种古代和中世纪文明的藏书事业相比，我国的古代藏书均毫不逊色，并独放异彩。

我国古代的藏书系统可分为四类，即：官府藏书、私家藏书、寺观藏书、书院藏书。作为保护和传承中国传统文化典籍的主渠道，又以前两个系统的业绩更为辉煌。历史上所称的藏书家，多指私人藏书者而言。而人们常说的“藏书楼”，系指用以藏书的建筑，包括历代官方机构、民间团体及私人收集典籍图书文献之处所。也就是说，只要是藏书之所，不论其

老子画像

是否以“某某楼”命名，均可称为“藏书楼”。在中国古代，承担图书收藏，乃至于图书管理、研究、校勘、刊行事业主体的是历代官私藏书楼。中国古代的藏书楼和与藏书楼共生存的历代藏书家们，既保存和传播了丰富的图书典籍，也保存和传播了博大精深的中国历史文化。对于中国历史文化有着非同寻常的贡献。

我国古代的藏书事业滥觞于夏商时期。从河南安阳多处甲骨文出土的情况来看，殷商时期的史官、巫师就有最初的对文献材料保管整理的意识。所以我们可以把甲骨文收藏看作是古代藏书的萌芽。

我国正式的藏书事业始于周代。这一时期的藏书机构先后有天府、盟府、策府、周府、公府、府库、藏室、密室等名称。掌管藏书的史官也细分为大史、小史、内史、外史、左史、右史等不同职务，反映了周代官府藏书管理机构的规模和分工的细化。著名的思想家老子就曾担任过负责周朝藏室的史官，相当于现在的国家图书馆馆长。当时也涌现出一些早期的私人藏书家。《庄子·天下篇》记载，著名学者惠施，个人拥有五车图书，这在当时是一个很大的文献量。后世“学富五车”一说即源于此。

秦始皇统一中国后，虽有焚书之举，但官府藏书的传统仍未中断。秦始皇曾在咸阳阿房宫设立“明堂”“石室”等藏书机构，并设御史负责管理。当秦焚书之时，很多人抵制焚书令，想尽办法把书籍隐藏起来。在这种历史背景下，就产生了“书藏二酉”的故事：秦代末年，有位读书人为避战乱，将其书迁移至湖南沅陵境内的大酉、小酉山中。两山各有石洞，分别称为大酉洞和小酉洞，读书人将其书分藏于两洞之中。历经数代，人们发现了两洞中的藏书，便称这批藏书为两酉石室藏书。明代胡应麟有感于古人的嗜书好学的精神，于是为自己的藏书楼取名为“二酉山房”。后人多用“二酉”表示藏书丰富。

西汉初年，相国萧何主持修建了三座皇家藏书楼，名为石渠阁、天禄阁、麒麟阁，专门收藏图书和档案。后来“石渠”“天禄”就成了皇家藏书的别称，如清代乾隆时著录内府所

石渠寶笈卷之二

貯重華宮

列朝人書畫目録

書冊上等

宋四家集冊 天一

宋元寶翰 地一

元人法書 元一

清内府写本《石渠宝笈》

藏书画，为《石渠宝笈》。乾清宫东昭仁殿专藏宫中珍本、善本，赐名“天禄琳琅”，所编书目称《天禄琳琅书目》。为了防潮防火，汉代藏书室是用石头砌成的，称“石室”，书柜用铜皮包成，称“金匮”。以后“石室金匮”就专门用来指皇家藏书的建筑。汉武帝时开始征集图书，收藏在太常、太史、博士、延阁、广内等处。后经刘向、刘歆父子整理，删去重复，共得3万多卷。汉代还出现了像河间献王刘德、淮南王刘安这样的私人藏书家。

东汉建立后，又开始聚集图书，收藏在东观、兰台等处。图书最多时，能装满6000余辆车。东汉先后设置有7处藏书所，即辟雍、宣明殿、兰台、石室、鸿都、东观、仁寿阁等。其中最为著名的是兰台和东观，除了典藏图书功能外，还有编校、著述之功能，故有“著作东观”之说。桓帝延熹二年（159），东汉政府创置了我国封建中央政府中第一个主持图书典藏和校著活动的专门机构——秘书监。秘书监“掌典图书

北齐佚名《校书图卷》（宋摹本）

古今文字，考核异同，以其掌图书秘记，故曰秘书”。此后，秘书监（省）专掌国家藏书与编校工作成为历代定制，各个朝代都依例设立执掌图书的官员，唐、宋以后，虽然官职名称代有更迭，但秘书监之名一直未废，明、清时期才去其名，并入翰林院，历时长达1500余年。

三国魏晋南北朝是中国的动乱时期。图书旋聚旋失，但当时的统治者对藏书的意义和价值都有一定认识，战乱一过，便开始聚书。这时的藏书机构主要为秘书监。两晋掌管图书的机构，基本上沿袭汉魏旧制，以兰台为外台，以秘阁为内阁，藏书处有秘阁、兰台、崇文院。南朝基本承袭这一体制。北朝的藏书处，北魏有秘阁、东观，北齐有仁寿殿、文林殿、麟趾殿，北周有虎门殿、麟趾殿等，其机构设置与南朝相仿，由秘书省管理。

隋朝文帝、炀帝广征图书，并将每种图书都抄写50本副本，藏在东都洛阳的观文殿。隋代官府藏书主要集中于京师（今西安）和东都（今洛阳）。嘉则殿位于京师，是隋初著名的皇室藏书楼，建于开皇二年（582），其中藏书37万卷。观文殿在东都。隋代官府藏书亦由秘书省掌管。

唐朝管理图书的机构和官职已相当完善，藏书机构同时也兼校书职能。当时图书主要收藏在秘书省，由秘书监负责管理。此外还有弘文馆、史馆、集贤馆（这三者被称为“三馆”）、崇文院、司经局、翰林院等，这些官府藏书机构既相对独立，又紧密联系。“弘文馆学士掌详正图籍”，“馆中有四部书及图籍”，收藏图书是其基本职能。史馆是贞观年间设立的修书和藏书的机构。集贤院是唐中期最大的国家藏书机构，它是唐代组织最完备的图书事业机构。集贤院藏书最盛，超过了其他所有的官府藏书，秘书省藏书也“不能处其半”，人们称“开元文籍最备”，开元“书籍之盛事，自古未有”，主要指集贤院的藏书。崇文院是太宗贞观年间为皇太子设置的

清吴友如绘唐藏书家李泌藏书图景

学馆，也有藏书、校书和抄书的职能。司经局是东宫专掌经籍图书之事的机构，是东宫藏书之总荟，其服务对象是皇太子。翰林院是专为皇帝起草诏书和备顾问的机构，藏书也是其工作的需要。唐代的这种藏书体系对后代国家藏书影响非常深远。唐代私人藏书家和藏书量均有增加，有的私藏可与官府藏书相媲美。唐代私家藏书的数量超过以前各代的总和。著名的藏书家有李泌、杜暹、吴兢、柳仲郢等。

雕版印刷术的推广，促进了宋代官私藏书事业的发展。宋代国家藏书机构有三馆：史馆、昭文馆、集贤院，后来又用三馆的藏书建立了崇文馆。此外，还有秘阁、太清楼及六阁等藏书机构。其中，秘阁收藏的图书是从三馆藏书中挑选出来的“真善秘本”，共万余卷，它代表了宋代国家图书馆藏书的精华。南宋的藏书机关为秘书省。宋代书院及私人藏书事业也很发达。如北宋江正、李昉、李绶、王钦臣、叶梦得及南宋晁公武、郑樵、陈振孙等人的收藏都超过万卷。宋代私家藏书目录的编制也取得了一系列突破性的进展，增加了私家藏书的学术含量。

金、辽时期的官私藏书亦有所发展。元代设秘书监掌管图书，并在秘书监下设兴文署负责雕印书籍。元代的国家藏书沿

始建于宋代的山东曲阜孔庙藏书楼——奎文阁

皇史宬

皇史宬内贮藏档案的金匮

袭南宋的做法，除手抄本外，也收集一些刻本入藏。

明代学术文化繁荣，印刷业更发达，宫廷和私家藏书远胜前代。明代的国家藏书机构是文渊阁。明代专门掌握国家图书的独立机构开始是秘书监，于洪武三年（1370）设立，以后又罢秘书监，所藏古今图籍改归翰林院典籍掌之。因翰林院典籍只有二员，官卑品下，致使明中叶以后国家藏书状况日趋败坏。此外，明朝于嘉靖十三年（1534）建成了一座专藏皇家档案和重要典籍的档案库——皇史宬，这是现今保存最完整的一座典型的“金匮石室”式建筑。

明代的私家藏书极为兴盛，藏书楼规模普遍扩大，藏书大户群雄并起，且多分布于经济和文化繁盛的东南一带。其中最负盛名的有宁波范氏天一阁、常熟毛氏汲古阁、山阴祁氏澹生堂、江阴李氏得月楼等。其中的天一阁，建于明嘉靖四十年（1561），藏书7万卷，历时400余年，至今犹存，是我国现存最早的私人藏书楼。

天一阁的创始人范钦像

清朝国家书籍主要藏于内府：皇史宬收藏本朝实录、玉牒与《大清会典》；内阁专收过去明朝的文献、档案及历朝实录；昭仁殿专收宋、金、辽、元、明的善本；武英殿设有修书处，所刻之书皆在此保存，这类书叫武英殿本，简称殿本，是国家殿本书库。

天一阁匾额

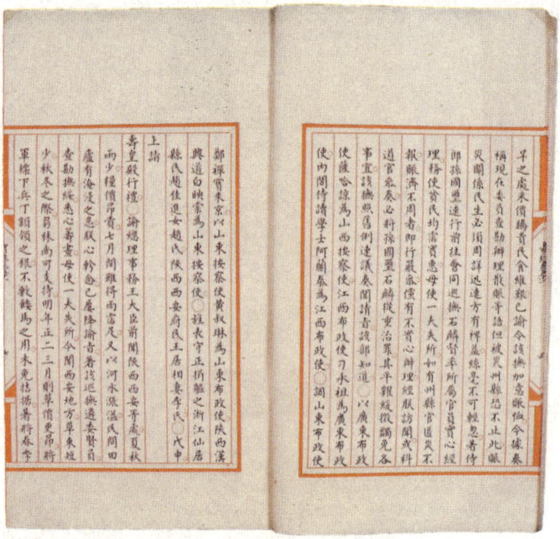

清写本《清实录》

另外，在坤宁宫后的摛藻堂藏《四库全书荟要》，这是从《四库全书》中精选出的善本书。此外，养心殿、南薰殿、紫光阁、南书房等处均有藏书。清朝乾隆时纂修的《四库全书》一共缮写了7部，分别收藏在北京紫禁城内的文渊阁、圆明园内的文源阁、承德避暑山庄的文津阁、盛京（今沈阳）故宫的文溯阁、镇江金山寺的文宗阁、扬州大观堂的文汇阁和杭州西湖圣因寺的文澜阁中，总称“四库七阁”。七阁均仿照天一阁建成。前四阁位于北方，故称“北四阁”，后三阁位于南方，称为“南三阁”。

山东海源阁主杨以增像

清代的私人藏书空前兴

海源阁匾额

盛，叶昌炽《藏书纪事诗》共收录历代藏书家1175人，清代就占了497人。清代中叶以后，出现了著名的四大藏书家：聊城杨以增的海源阁，常熟瞿绍基的铁琴铜剑楼，归安陆心源的皕宋楼，杭州丁申、丁丙的八千卷楼。四家都收藏了许多宋、元版珍贵书籍，而且藏书的总量也很大。如海源阁，在遭兵燹后，还有21.9万多卷藏书。

江苏常熟瞿氏铁琴铜剑楼

中国近代史上的第一座公共图书馆——古越藏书楼

辛亥革命以后，由于现代图书馆的传入，传统的藏书楼渐趋衰败，完成了由藏书楼向图书馆的转变，为中国古代的藏书事业画上了一个完满的句号。

三、典藏保护

中国历代皇家藏书机构和私人藏书家，特别注重对所藏图书典籍的保护，并在长期的实践中积累了丰富的经验，形成了一整套技术与方法，为我们保存了浩如烟海的图书典籍。我国古代藏书家总结的“图书保护十法”：辟蠹药、防蠹纸、防蠹墨、改字方、防霉糊、杀鼠剂、粘胶剂、防潮法、加封术、收藏室，至今仍有一定的参考价值和实用价值。

正如上文所提到的，危害藏书安全的，有人为毁坏和自然侵害两方面原因。人为毁坏主要有战乱、盗卖、焚书、偷窃、污损等。这里面有许多因素是藏书机构或藏书家本身不能解决的，因而他们只能对盗卖、偷窃、污损等采取一些措施。一般来说，藏书者会采取两种方法：

（1）对图书进行分类排放和管理

有的是按照图书内容进行区分，如隋代藏书机构观文殿就分为东、西两厢，东厢藏甲、乙两部（经、史图书），西厢存丙、丁两部（子、集图书）。又如唐代私人藏书家李泌用不同颜色的牙签对3万卷家藏实行分类管理，经部用红色、史部用绿色、子部用青色、集部用白色。上述管理方法，犹如现代图书馆的按类分库管理，很有实用价值。有的是按照图书的质量加以区别。如隋代藏书机构就将图书分为三品，上品用红琉璃轴，中品用黑红琉璃轴，下品为黑漆轴。这种区别就如今天图书馆将图书分为善本书及普通本书。还有的则按藏书的不同用途对图书实行分等管理，如唐人柳公绰家藏图书万卷，每一本书都会有三种不同的版本，其“上者贮库，其副常所阅，下者

古越藏书楼书柜

幼学焉”，分类方法可谓独到。这种措施，既便于读者按类求书，又利于对图书的保护。

（2）对读者有严格的限制

由于对典籍过于珍视，中国古代的官私藏书楼都具有很强的封闭性，一般都不对外开放。外人很难进入其中阅读书籍，其中所藏图书也很少外借。如皇家图书一般是不让外人看的，大臣要看也有极严格的规定。私人藏书对读者也有极严的规定。很多私人藏书都是束之高阁，秘不示人。如唐代的杜暹在每本藏书后面，都要亲题“清俸买来手自校，子孙读之知圣道，鬻及借人为不孝”的警示性诫言。明代范钦亲自为天一阁定下了“书不借人，书不出阁”的家法，规定：天一阁书库门上的钥匙，每房子孙各掌一把，要开库门，必须是各房子孙全到方可；阁中之书不借外人；子孙有读书之志者，就阁读之；读者不许夜登，不嗜烟草。有的藏书家虽然允许图书外借或外人进入藏书楼，但也有极为严格的限制。如明代叶盛就警戒后世子孙，如果将藏书“借非其人”，就是不孝之举。近代叶德辉在《观古堂藏书约》中也讲，如果有人想进藏书楼，必须有主人和书童相随，而来人带的仆从不许进入。同时进藏书楼的人不许穿冬天的棉衣，不许穿宽松的衣服。如果要长时间谈话，就到藏书楼外谈。在今天看来，上述各种要求是相当苛刻的，甚至让人难以理解。但仔细分析一番，就会看出，藏书者的这种行为虽然具有一定的局限性，但在客观上的确能对图书起到一定的保护作用，从而避免了图书的散失之患。如著名的天一阁之所以能历400多年而巍然独存，与其严格的管理制度是有很大关系的。

图书的自然侵害主要有火、水、虫等。在这方面，古代的保护技术也比较发达，它表现在以下四个方面：

（1）建筑保护技术

古人在藏书建筑方面是非常讲究的，很多藏书楼就集艺术性与实用性为一体，充分体现了古人高超的智慧和深厚的文化修养。如汉代的“石室”“金匮”就是为了防止火患而专门设计的。明代的天一阁从建筑保护技术来看就相当科学。“天一”名称取自“天一生水”与“地六成之”之说。天一阁分上下两层，上层喻天，“天一生水”，不分间，通为一厅；下层喻地，“地六成之”，所以下层分为六间。为了防潮，图书全部置于上层。楼上前后都有窗户，书柜相隔适中，书橱前后有门，两面贮书，便于通风。书橱中还放有防虫芸草。为了防止书楼遭火，楼前挖有一池塘，用以贮水，并定名“天一池”。这样，“天一阁”就把防水、防火、防虫都考虑到了，从而避免了很多的自然灾害。

天一阁内景

从天一阁藏书楼窗中看池南假山

浙江湖州嘉业堂藏书楼园林建筑

（2）染纸避蠹技术

早在竹木简牍时代，我国古人为了延长竹简的寿命，就已经掌握了“杀青”的技术。造纸术发明以后，为了能使纸张防虫避蠹，人们就发明了染潢的技术。早在汉魏时期，人们就知道了用黄檗染纸的方法。黄檗，又称黄柏，其汁色黄，有防虫蛀的特效。用黄檗汁染纸叫“入黄”或“潢染”。以此汁染过的纸略呈黄色。敦煌石室保存的唐代经卷，多数是经过潢染后而呈黄色的。这种经过入潢处理的纸卷，保存了1000多年后，尽管有破损，但纸张完好，并无虫蛀现象。到宋代时，又出现了一种“以椒染纸”的染纸防蠹法，即将纸张浸渍在花椒溶液中，晒干后使用。由于花椒中所含的化学成分以及椒中散发出来的强烈辛辣气味都对蠹虫有驱避作用，使得椒纸具有较好的防蛀避蠹效果。明清两代，为解决南方潮湿，蠹鱼泛滥的问题，人们又创制了一种万年红纸，即用红丹为涂料将纸刷红，便有杀虫功效。古人常用此纸作书籍的前后内封页，或书页衬纸。看上去红白相衬，既鲜艳美观又防虫避蠹。

（3）药物防虫技术

在书库中放置防虫药剂或杀虫药剂，以防止虫蠹图书，古人也久有良方。《齐民要术·杂说》中就讲到，书橱中若能安放麝香、木瓜两种药物，就会不生蠹虫。以后人们又在书库中放置芸草以防虫。由于其效果甚好，所以直到今天，有些藏书机构还在用芸草避蠹。古人还在书橱下放置雄黄、石灰以避虫蚁，书橱内放置烟叶、肉桂等，防止虫蠹。

（4）装帧保护技术

古书除用线装外，还用纸捻把图书

清内府精抄本《圣训》明黄金龙夹袱

清精写本《万寿无疆赋》如意云锦书套

聚牢，即使线断了，书也不散。用檀木、楠木做成函套、函盒或木匣盛书，既可防虫，又保护图书不致破损。

清四体文对照泥金写本《文殊师利菩萨赞佛法身礼》鎏金卡丝镶嵌书盒

此外，古人还有曝书的方法。在初春及中秋天气晴朗干燥的日子里，将书放到房外用太阳晒，可防潮防虫，待晚上等晒热的图书冷透后，再放回书柜。对于曝书的时间、方法都是非常讲究的。

浙江嘉兴清代藏书家朱彝尊曝书亭

图书有聚必有散，这是一条人类无法克服的社会规律。在这个规律面前，我国古代人民一方面表现出了一种豁达的意识和情怀，一方面又兢兢业业、不屈不挠地做着自己所能做的每一件事情。正因为如此，我国古代浩如烟海的图书典籍才能在历经磨难曲折、天灾人祸后，仍能万劫不灭，留存至今，成为中华文明的重要标志之一。

第九讲
中国古代的书目之学
——辨章学术　部次条别

凡读书最紧要者，目录之学。目录明，方可读书；不明，终是乱读。

目录之学，学中第一紧要事，必从此问途，方能得其门而入。然此事非苦学精究，质之良师，未易明也。

——清·王鸣盛：《十七史商榷》

校雠之义，盖自刘向父子部次条别，将以辨章学术，考镜源流。非深明于道术精微、群言得失之故者，不足与此。后世部次甲乙，纪录经史者，代有其人，而求能推阐大义，条别学术异同，使人由委溯源，以想见于坟籍之初者，千百之中不十一焉。

——清·章学诚：《校雠通义·自序》

目录之学，由来尚矣！《诗》《书》之序，即其萌芽，及汉世刘向、刘歆奉诏校书，撰为《七略》《别录》，而其体裁遂以完备。自是以来，作者代不乏人，其著述各有相当之价值。治学之士，无不先窥目录以为津逮，较其他学术，尤为重要。

——余嘉锡：《目录学发微》

我国是世界上最早有目录和目录学的国家。目录也称书目，“目”指篇目而言，即一本图书的篇或卷的名称。“录”指叙录，即将一书的内容、作者的事迹、校勘的过程、全书的评价，写成简明扼要的文字。将二者合称，即为目录。以目录为研究对象的学问，则为目录学。目录在我国历史上曾经出现过各种不同的称谓，如“录”（刘向《别录》）、“略”（刘歆《七略》）、“志”（班固：《汉书·艺文志》）、“簿”（荀勖《晋中经簿》）、“书目”（李充《晋元帝四部书目》）、“书录”（毋煚《古今书录》）、“解题”（陈振孙《直斋书录解题》）、“考”（朱彝尊《经义考》）、“记”（钱曾《读书敏求记》）；“提要”（纪昀《四库全书总目提要》），等等。虽然名称各异，但实际上都是指图书目录。

我国的图书目录起源甚早，早在殷周时期，就有了书目的萌芽。但是，正式的、大规模的校书编目工作则始于西汉。西汉末年，著名学者刘向、刘歆父子受命整理国家藏书，二人在整理过程中，分别撰成《别录》和《七略》两种目录，这标志着中国古典目录学的正式确立。此后，目录学不断发展，涌现出了一批优秀的图书目录和目录学理论专著，逐步形成了富有特色的图书分类体系和学术传统，在中国古代文化史和学术史上占有相当重要的地位。

一、从《别录》《七略》到《汉书·艺文志》

古代的图书主要是书写在简策上的。由于简很笨重，所以当时的图书多以单篇形式流传。这就容易造成一部完整图书的散乱无序，甚至缺失散佚。据《史记》所载，秦王看到的《韩非子》是《孤愤》《五蠹》两篇；司马迁读《管子》，是《牧民》《山高》《乘马》等单篇。汉代以后，图书得到发展，社会上读书人增加，图书的数量和一书的不同本子也就日渐增多。自汉武帝“建藏书之策，置写书之官”以来，政府搜集图书数量快速增多。又经过将近100年的积累，到汉成帝河平三年（前26），国家收藏的图书已经“积如丘山”。就在这一年，汉成帝又使谒者陈农求遗书于天下，藏于天禄阁，接着又指定由光禄大夫刘向统领，组织专家学者对国家收藏的图书进行一次大规模的整理，开始了我国历史上第一次由政府组织进行的古籍整理工作。刘向等人不仅对所有的图书进行了校雠，还为每本书写了书目提要，并编创了我国古代第一部系统的综合性图书目录。

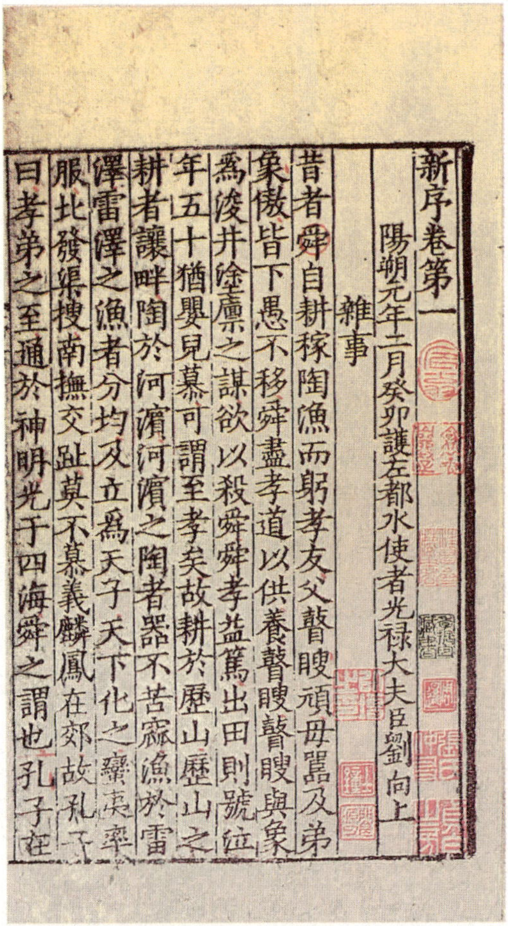
新序卷第一
陽朔元年二月癸卯護左都水使者光禄大夫臣劉向上
雜事
昔者舜自耕稼陶漁而躬孝友父瞽瞍頑母嚚及弟
象傲皆下愚不移舜盡孝道以供養瞽瞍瞽瞍與象
爲浚井塗廪之謀欲以殺舜舜孝益篤出田則號泣
年五十猶嬰兒慕可謂至孝矣故耕於歷山歷山之
耕者讓畔陶於河濵河濵之陶者器不苦窳漁於雷
澤雷澤之漁者分均及立爲天子天下化之蠻夷率
服北發渠搜南撫交趾莫不慕義麟鳳在郊故孔子
曰孝弟之至通於神明光于四海舜之謂也孔子在

宋刻本刘向撰《新序》

刘向（前77—前6），本名更生，字子政，沛（今江苏沛县）人，汉皇族楚元王刘交四世孙。通经术，能文章，为散骑谏大夫，敢于直言。成帝时为光禄大夫，终中垒校尉，是西汉后期著名的经学家、文学家和目录学家。刘向去世时，校书工作尚未完成，便由其子刘歆继任其事。刘歆（前53—前23），字子骏，后改名秀，字颖叔，是刘向的小儿子。少时通诗书，能属文。成帝时任黄门郎，刘向去世后，继任中垒校尉。王莽篡位后被封为国师。地黄四年（23），因欲劫持王莽东降南阳，事泄被杀。

刘向的校书工作是按图书的不同门类，分别由有关专家学者担任的。据《汉书·艺文志》记载，刘向等人按图书的大致内容分为几个类别，即六艺、诸子、诗赋、兵书、术数、方技等。其中，六艺、诸子、诗赋三类由刘向亲自主持，兵书类由步兵校尉任宏主持，术数类由太史令尹咸主持，方技类由侍医李柱国主持。这些人在各自专业内都是当时最好的学者专家，他们的参加是这次图书整理取得巨大成功的重要因素。

姚名达所著《中国目录学史》

刘向校书，在中国文化史和目录学史上都是一个伟大的创举。首先将政府收藏的不同本子汇集起来，广泛利用私人和政府其他部门的藏本，进行比勘选择，剔除重复，选出较好的本子作为正本，用其他本子与之校对。每一篇文字校对后，便抄写清本。正本既定，接着就撰写叙录，以说明本书撰者生平事迹、全书内容大意及编辑校对情况等等，其实就是后来的提要或内容简介，大约相当于今天书前的“目次”和“序”两部分内容。刘向的叙录写作已具一定的程式化，依次为：①定本篇目；②校定过程（包括书稿来源、总篇数及校定篇数、文字脱误情况等）；③作者简介及学术渊源；④对本书的评价。

刘向等人校书从河平三年（前26）开始，到建平二年（前6）止，前后共进行了21年之久。其间刘向于建平元年（前5）去世，由其子刘歆继承父业，主持完成此项工作。共整理了

634家13000余卷，无论就其规模之大，还是方法之完善而言，都是空前的，对后世产生了难以估量的巨大影响。

刘向、刘歆父子在编校群书的同时，又相继编撰了综合性藏书目录——《别录》和《七略》。据后世文献记载，刘向在编撰叙录时，除将其随书抄录献给皇帝外，又“别录”了一份并按类汇集起来，称之为《别录》，其后刘歆又将其简编为《七略》，它们之间的关系，颇近似于后世的《四库全书总目》及《四库全书简明目录》。这两部书现在都已亡佚了，但从后世的辑佚本及《汉书·艺文志》仍能窥其一斑。不难看出，刘向、刘歆不但为每部书写下了较为科学、权威的叙录，而且已将它们放在一套严密而完整的图书编目系统中，其分类体系大致如下：

辑　略：总序；

六艺略：分易、书、诗、礼、乐、春秋、论语、孝经、小学9种，著录图书129家，2926篇，图1卷；

诸子略：分儒、道、阴阳、法、名、墨、纵横、杂、农、小说10种，著录图书187家，4346篇；

诗赋略：分屈原赋之属、陆贾赋之属、孙卿赋之属、杂赋、歌诗5种，著录图书106家，1313篇；

兵书略：分兵权谋、兵形势、兵阴阳、兵技巧4种，著录图书 66家，1375篇，图 44卷；

数术略：分天文、历谱、五行、蓍龟、杂占、形法6种，著录图书110家，2557卷；

方技略：分医经、经方、房中、神仙4种，著录图书36家，862卷。

共著录图书6大类、38种、634家，13397篇，图45卷。

刘向、刘歆父子根据西汉国家藏书的实际情况，在总结和吸收前人有关学术分类和图书著录的成果的基础上，将整理的图书分为六大类。其中，六艺略主要是儒家的经典著作以及学习六经的基础读物，置于首位，是汉代“尊经崇儒”的体现。诸子略包括先秦以降诸子百家的著述。诗赋是汉代特别发达的一种文体，汉武帝时曾设立乐府，采歌谣，所以诗赋略单列一略。兵书略收军事著作，在战争频仍的年代，兵书对于巩固封建政权很有作用，春秋战国以来此类书也较多，所以列于数术、方技二略之前。数术和方技主要收录自然科学和应用科学方面的著述。辑略则是“六略之总要”“诸书之总要”，用来说明六略图书的意义和学术源流，阐述六略的相互关系和六略图书的用途，相当于图书的总序，故列于六略之前。《七略》之名即因此而得。

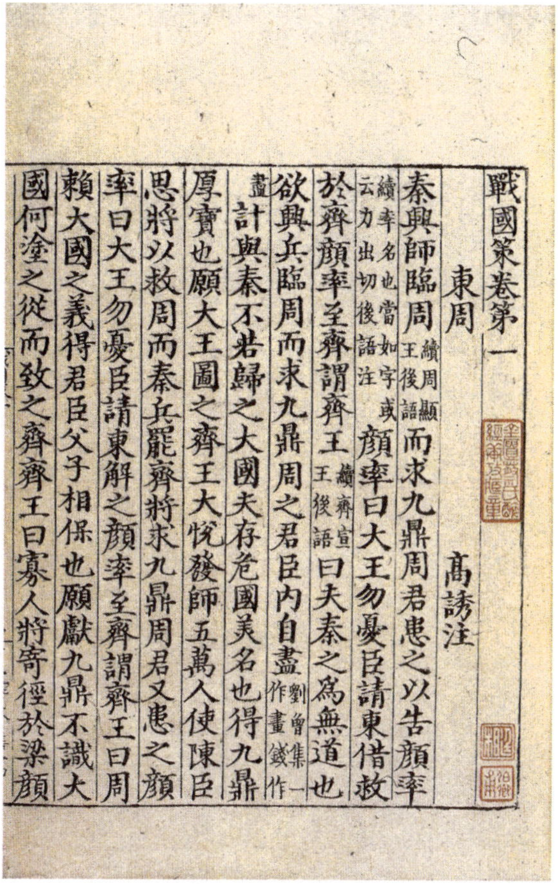

明穴研斋抄本《战国策》，《战国策》一书即由刘向等人整理和命名。

《别录》《七略》作为中国历史上最早成型的书录解题著作，它们的出现具有划时代的意义。它们开创的图书分类体系奠定了封建时期图书分类的思想理论基础，对以后近两千年封建社会图书分类和编目工作产生了极大的影响。其目录的编撰思想和方法为后世的书目编撰提供了典范，后世编辑书目的原则、体例和方法，都是在此基础上逐步发展起来的。不仅如此，《别录》和《七略》还是优秀的学术著作，是西汉以及西汉以前我国学术史的系统总结，对中国千余年来的学术研究产生了积极的作用和影响。所以范文澜先生把《七略》和《史记》并列为西汉时期有辉煌成就的两大著作。他说：

班固像

> 西汉后期，继司马迁而起的大博学家刘向、刘歆父子，做了一个对古代文化有巨大贡献的事业，就是刘向创始刘歆完成的《七略》……《七略》综合了西周以来主要是战国的文化遗产，把不值得保存的书籍都废弃了，例如经学博士的讲义，一篇也不录取。它经过选择、校勘、分类、编目、写成定本等程序，并做出学术性的总论和分论，是一部完整的巨著。它不只是目录学、校勘学的开端，更重要的还在于它是一部极可珍贵的古代文化史。西汉有《史记》《七略》两大著作，在史学史上是辉煌的成就。[①]

东汉时，班固曾将《七略》作了删节编次，编入《汉书》中，成为《汉书·艺文志》。班固取消了《七略》中辑略的名称，而保留了《七略》中六略38种的分类体系。我们可以从《汉书·艺文志》中窥见《七略》的概貌。《汉书·艺文志》亦是我国目录学史上的根本要书，是我国现存最早的一部综合性群书目录，对后世产生了重要影响。据王鸣盛《十七史商榷》记载，清代学者金榜曾评此志：“不通《汉书·艺文志》，不可以读天下书。艺文志者，学问之眉目，著述之门户也。”足见其在中国学术文化史上的重要地位。

---

①范文澜：《中国通史简编》第二编，第125—126页，人民出版社1964年版。

二、四部分类

我国是世界上最早把分类法应用于目录的国家。如上所述，汉朝刘歆的《七略》用的是六分法。这一分类体系是与校书时的分工及各书籍篇卷的多寡密切相关的。

随着我国目录事业的进一步发展，到了魏晋南北朝时期，目录事业与学术文化发展的关系日益密切。这一时期在学术上、文化上的特点是历史书籍增多，佛经大量翻译，文学受到重视，文学总集和别集的出现等。这些特点在图书目录类例上必然有所反映。于是在书目类例上开始出现了四分法。

曹魏时期，秘书郎郑默于校理皇室藏书时，编成了一部国家内部藏书目录——《中经》。及至西晋，秘书监荀勖又以郑默《中经》作依据，编制了一部综合性的国家藏书目录，即《中经新簿》，分为十有余卷，而总以四部别之，用的就是四分法的图书分类法。此书目现已亡佚，只是《隋书·经籍志·序》中还记载着它的类目：一为甲部（相当于后世的经部），纪六艺和小学等书；二为乙部（相当于后世的子部），包括古诸子家、近世子家、兵书、兵家、术数等书；三为丙部（相当于后世的史部），有史记、旧事、皇览簿、杂事等类的图书；四为丁部（相当于后世的集部），有诗赋、图赞、汲冢书等。

《中经新簿》所用的四分法与后世的经史子集四分法已十分接近，只有两点不同：一是四部名称为甲、乙、丙、丁，而非经、史、子、集；二是乙部与丙部次序不同。至于四部分类是否始自晋荀勖，尚未有准确答案。因为荀勖的《中经新籍》是根据郑默的《中经》所编，《中经》早已亡失，《中经》曾用四分法还是七分法，现在不得而知。而我们只是首次在《中经新薄》中看到四分法。四分法的出现，是对中国古代图书目录分类体制的一种适时的变革，其意义是很大的。

在荀勖编《中经新簿》后不久，东晋李充整理皇室书籍，编成《晋元帝四部书目》。由于当时书少，不分小类，只分甲、乙、丙、丁四部。表面看来，和荀勖的四分法一样，而实际上，李充却更换了乙、丙的次序，乙部改为史部，丙部改为子部。从此，经史子集四分法的体制使正式确立了，奠定了后世四分法的顺序。清代学者钱大昕在《诸史答问》中曾对这一转变有所评述，他说：

> 晋荀勖撰《中经簿》：一曰甲部，纪六艺及小学；二曰乙部，有古诸子家，近世子家，兵书、兵家、术数；三曰丙部，有史记、旧事、皇览簿、杂事；四曰丁部，有诗赋、图赞，汲冢书。四部之分，实始于此。而乙部为子，丙部为史，而子犹先于史。及李充为著作郎，以典籍混乱，删除繁重，以类相从，分为四部：五经为甲部，史部为乙部，诸子为丙部，诗赋为丁部，而经、史、子、集之次始定。

李充的这一四部分类编次方法，一直被后世所沿用，《隋书·经籍志·序》称“自尔因循，无所变革”，正说明了它在目录事业发展史上的贡献。

唐代初年，魏徵等人编撰的《隋书·经籍志》，是继《汉书·艺文志》以后的一部重要的史志目录，也是我国现存的第二部大型古代书目。在分类体系上，《隋书·经籍志》亦采用四分法。四部名称用经、史、子、集代替了原来的甲、乙、丙、丁。此外又另附道经、佛经。《隋书·经籍志》在经史子集四部之下又分40个小类：计经部10类、史部13类、子部14类、集部3类，另附道4种，佛11种。在四部中值得注意的是史部。史部不仅有了独立的部类，而且还有了部类的名称，这是史学发达、史籍增多的必然结果。

《隋书·经籍志》的具体类目为：

经部：易、书、诗、礼、乐、春秋、孝经、论语、谶纬书、小学。

史部：正史、古史、杂史、霸史、起居注、旧事、职官、仪注、刑法、杂传、地理、谱系、簿录。

子部：儒、道、法、名、墨、纵横、杂、农、小说、兵、天文、历数、五行、医方。

集部：楚辞、别集、总集。

另附：道经、佛经。

我国古代书目正式用经史子集作部的名称，是从《隋书·经籍志》开始的。它是我国现存的最早的一部用经史子集四分法的书目，因此，在我国图书分类史上占有重要的地位。它四部40类的分类体系，对后世书目类例影响很大。《隋志》以后的官修目录、史志目录及私人编撰的目录，大多也用经史子集四分法，如晁公武的《郡斋读书志》，尤袤的《遂初堂书目》，马端临的《文献通考·经籍考》，高儒的《百川书志》等。其中影响最大的当属清代官修的《四库全书总目提要》，全书按四部分类，《四库全书总目提要》是清朝最有权威的一部官修目录，清朝的很多书目都仿效它的分类体系。

总体看来，自从《隋书·经籍志》以后，在漫长的封建社会里，经史子集四分法在我国占据着统治地位，只有少数书目不用四分法。经、史、子、集四大部类的划分非常准确地反映了我国传统学术的内在结构，中国古代社会要求它的知识分子所掌握的知识技术不能超出这四大部类。纵观几千年的书目类例史，不管是四分法还是七分法，我们都可以看出，在书目分类中突出的是统治阶级的政治，因为经书始终放在首位。可以说，四部分类法是以儒家思想为指导的我国封建社会书目分类的主要方法。从四部分类法中，我们可以看出中国古代特定知识形态的鲜明特征，那就是书以经典为尊，言论以圣人为贵，经验以古人为信的“尊经”“尊圣”

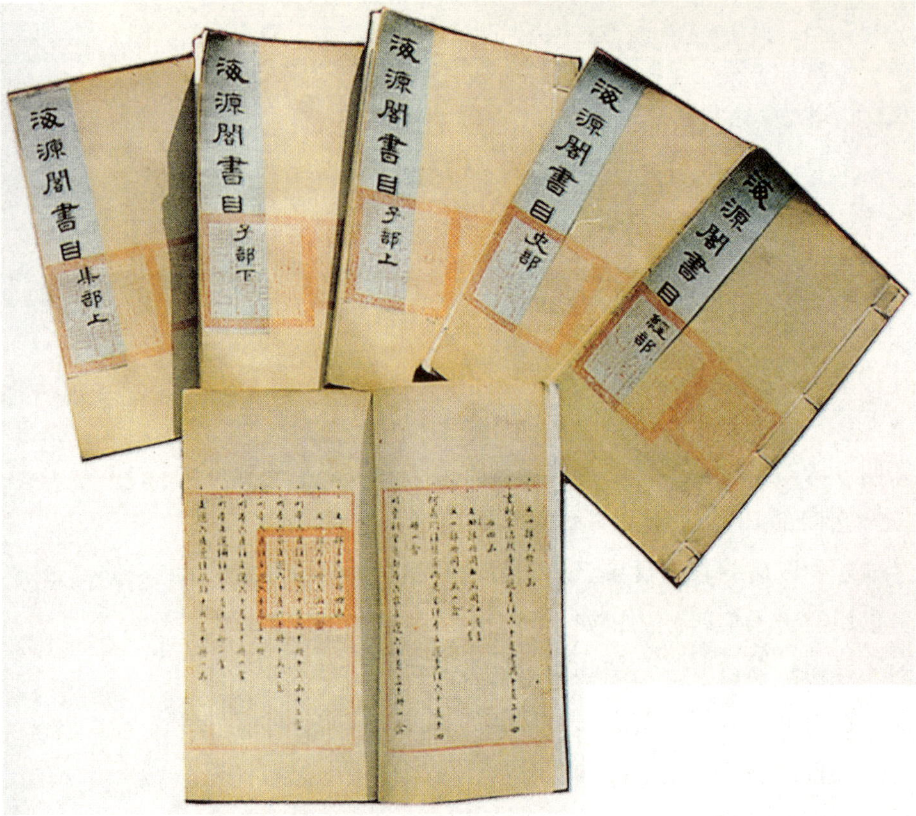

成书于清末的《海源阁书目》仍采用四分法的分类体系

“法古”的经典中心主义，这是中国传统学术的基础和出发点。

其次，我国分类目录中的类目并不是一成不变的，它是随着各个朝代的政治需要和图书数量的增减而不断变化的。类目的设置是根据当时统治阶级的政治需要和图书数量的多少来决定的。以儒家经典中的“四书”为例。在宋代以前，并无“四书”一说。在此前的目录著作中见不到“四书”的类目。到了宋代，朱熹为《礼记》里的《大学》《中庸》和《论语》《孟子》作了注释，称为《四书集注》。从此，经学中出现了“四书”的名称。显然，在以后目录著作中经部的类目下就要增加相应的类目。因此，在《明史·艺文志》《四库全书总目提要》等目录的经部中都增添了“四书”类。

在这漫长而丰富的书目类例史中，我们还可发现事物的另一面，即书目类例中的一些基本类目是相对稳定的。这是因为我国古代的书目是在封建社会中产生的，它们都是以儒家思想作为指导的学术文化的反映。虽然某些类目随着各个朝代图书的增减略有变化，但基本类目相当稳定。

三、官私书目

在我国几千年的文化史中，各种书目名目繁多，其分类的标准和角度也是多种多样的。从目录的形成及目录的体制来看，可分为官修目录、史志目录和私 家目录三类。

（一）官修书目

官修书目也称国家图书目录，即由政府主持编撰，反映一个国家全部藏书的书目。历代封建统治者，在政权趋于巩固、国家安定的情况下，往往会着手整理文化典籍。从汉代至清代，历代王朝大都搜集天下遗书、编制全国性的综合目录。这种目录由于是政府组织编修，因而无论人员的配备，还是书籍资料的搜集，都雄厚而充实，特点是书籍著录完备，包罗宏富。我国最早的官修书目可以追溯到汉代刘向父子编撰的《别录》和《七略》。汉代以后，差不多各个朝代都有自己的国家书目。现将汉代以后主要的官修书目列表如下：

表四：汉代以后主要官修书目简表

序号	朝代	目录名称	撰者	存佚情况
1	三国·魏	《中经》	郑默	佚
2	西晋	《中经新簿》	荀勖	佚
3	东晋	《晋元帝四部书目》	李充	佚
4	南朝·宋	《元嘉八年秘阁四部目录》	谢灵运	佚
5	南朝·宋	《元徽四年四部书目录》	王俭	佚
6	南朝·齐	《永明元年四部目录》	王亮、谢朏	佚
7	南朝·梁	《文德殿四部目录》	刘孝标	佚
8	隋	《开皇四年四部目录》	牛弘	佚
9	隋	《大业正御书目录》	柳䛒	佚
10	唐	《群书四录》	殷践猷	佚
11	唐	《古今书录》	毋煚	佚
12	北宋	《崇文总目》	王尧臣	佚。清钱东垣等有《辑释》5卷，《补遗》1卷。
13	南宋	《中兴馆阁书目》	陈骙	佚。现有赵士炜《中兴馆阁书目辑考》5卷。
14	南宋	《中兴馆阁续书目》	张攀	佚。现有赵士炜《中兴馆阁续书目辑考》1卷。
15	明	《文渊阁书目》	杨士奇	存
16	清	《四库全书总目》	纪昀	存
17	清	《天禄琳琅书目》正续	官修	存

汉代以后的官修书目中，影响较大的是唐代的《古今书录》，宋代的《崇文总目》和清代的《四库全书总目》。其中体例最完备，内容最丰富，影响最大的当数《四库全书总目》。

《四库全书总目》又名《四库全书总目提要》（以下简称《总目》）。《总目》是清代编修《四库全书》时的连带产物，是编纂官根据准备辑录图书的内容、著作朝代、作者简历、版本源流等写出的提要，并由总纂修官纪昀修改定稿，呈皇帝审定的书目。《总目》著录收入《四库全书》的古籍3461种、79309卷以及未收入《四库全书》的存目6793种、93550

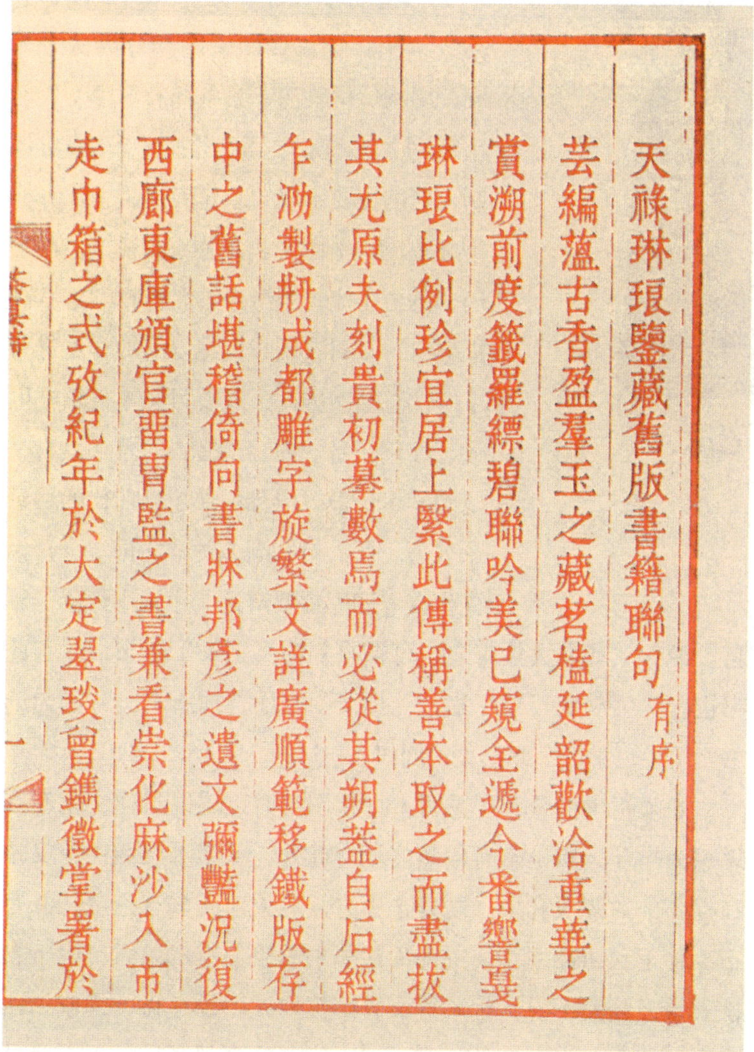
天祿琳瑯鑒藏舊版書籍聯句 有序
芸編藴古香盈羣玉之藏茗榼延韶歡洽重華之
賞溯前度籤羅縹碧聯吟美已窺全遞今番饗宴
琳瑯比例珍宜居上繄此傳稱善本取之而盡拔
其尤原夫刻貴初摹數焉而必從其朔葢自后經
乍泐製枒成都雕字旋繁文詳廣順範移鐵版存
中之舊話堪稽倚向書牀邦彥之遺文彌豔況復
西廊東庫須官轝胄監之書兼看崇化麻沙入市
走巾箱之式攷紀年於大定翠玹曾鐫徵掌署於

清代官修《天禄琳琅书目》

卷。这些书籍基本上包括了清代乾隆以前中国古代的著作。《总目》共200卷，在它之前，只有唐代的《群书四部录》是200卷，可惜此书早佚，无从两相衡量，而后世亦尚未出现篇幅如此巨大的著作。所以《总目》从篇帙上说当是独一无二的一部目录学巨著。

纪昀像

《总目》按经、史、子、集四部分类法编排，集古代图书四部分类法之大成，影响后世甚深。具备部有总序、类有小序和各书有提要等完备的传统编目体制。它的提要不仅“叙作者之爵里，详典籍之源流，别白是非，旁通曲证”，而且还“剖析条流，斟酌今古，辨章学术，高挹群言”。对我国18世纪以前的学术进行了一次总结。因此，《总目》不仅篇帙巨大、体例较备、内容丰富，而且还具有一定的学术价值，堪称一部超越前代的目录学名著。后人对其颇多赞誉之词。余嘉锡先生在《四库提要辩证》序录中评价《总目》说：“就其大体言之，可谓自刘向《别录》以来，才有此书也。”“汉唐目录尽亡，《提要》之作，前所未有，足为读书之门径，学者舍此，莫由问津。”

必须指出的是，《总目》评价图书时，均以封建文化专制思想为指导，所论常有偏颇之处。此外，从学术层面讲，反映在提要中的谬误和失当之处也不少。后人对此多有论说，并有不少补正和纠谬之作。《四库库全书总目》完成以后，由于卷帙太繁，翻阅不易，纪昀等又删节提要，不录存目，编成《四库全书简明目录》20卷。通过这一详一略两部书目，可以窥见

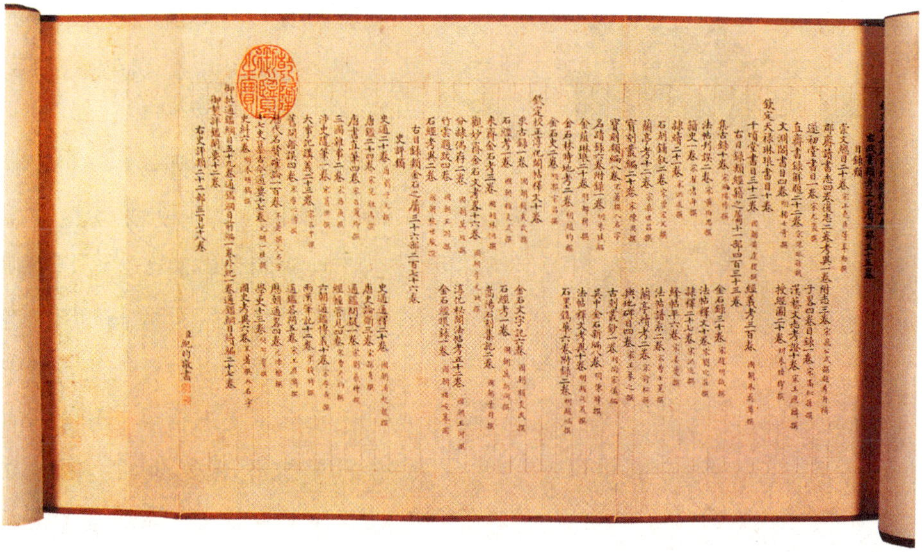

清乾隆写本《钦定四库全书简明目录》

清代学术源流和当时正统思想的状况。鲁迅先生曾经指出，《四库全书简明目录》“其实是现有的较好的书籍之批评，但须注意其批评是‘钦定’的”[①]。可谓中肯之论。

（二）史志目录

史志目录是反映某一朝代书籍情况的目录。这种目录是历代史官在修史时，根据同时期的国家藏书修成的。目的是记一代藏书之盛，把一个时代的学术文化情况作为历史的一个方面记录下来，和正史一同流传。史志目录大多依靠官修目录和私家目录而撰成。史志目录一般包括正史目录、国史目录和专史目录，正史目录是其核心。

自班固首创《汉书·艺文志》体例，开正史中记载目录的先例，历代仿效者不绝如缕。24部正史中，就有6部史志目录：《汉书·艺文志》《隋书·经籍志》《唐书·经籍志》

①鲁迅：《集外集拾遗补编·开给许世瑛的书单》，见《鲁迅全集》第8卷，第441页，人民出版社1981年版。

郑樵像

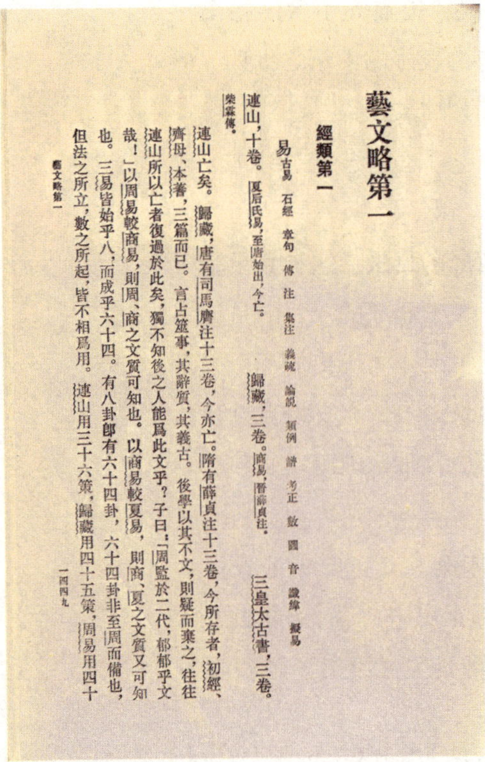

藝文略第一

經類第一

易 古易 石經 章句 傳注 集注 義疏 論說 類例 譜 考正 數 圖 音 讖緯 擬易

歸藏，三卷。商易，晉薛貞注。 三皇太古書，三卷。

連山，十卷。夏后氏易，至唐始出，今亡。

柴霖傳。

連山亡矣。歸藏，唐有司馬膺注十三卷，今亦亡。隋有薛貞注十三卷，今所存者，初經、齊母、本蓍，三篇而已。言占筮事，其辭質，其義古。後學以其不文，則疑而棄之，往往連山所以亡者復過於此矣，獨不知後之人能爲此文乎？子曰：「周監於二代，郁郁乎文哉！」以周易較商易，則周、商之文質可知也。以商易較夏易，則商、夏之文質又可知也。三易皆始乎八，而成乎六十四。有八卦郎有六十四卦，六十四卦非至周而備也，但法之所立，數之所起，皆不相爲用。連山用三十六策，歸藏用四十五策，周易用四十

藝文略第一 一四四九

中华书局排印本《通志·艺文略》

《新唐书·艺文志》《宋史·艺文志》《明史·艺文志》。史志目录几乎都是综合目录。除以上列举的几部正史目录外，对于有的正史中没有艺文志或经籍志的，后来的学者们（主要是清朝的学者）又进行了补志工作。这样一来，汉朝以后各朝的正史中几乎都有了史志目录。开明书店辑的《二十五史补编》中，共收录了32种补志。不仅补了辽、金、元三史艺文志，还把后汉、三国、晋、南北朝、五代等也都补上了。历代正史艺文志，基本上已经能够贯通，这是一个了不起的工程。成为中国古籍的总目录，既可以告诉我们一代藏书，又可告诉一代著述，通过它还可以了解古今图书存佚散亡的概况。它是中国文化发展的纪录，基本上反映出中国古代文献典籍的全貌，是我们整理古籍的可靠的依据。

国史目录是指有些朝代编修的《国史经籍志》或《国史艺文志》。如南宋时编修的《中兴国史艺文志》和明代万历年间编修的《国史经籍志》。这些国史目录是在正史目录体启发之下而又

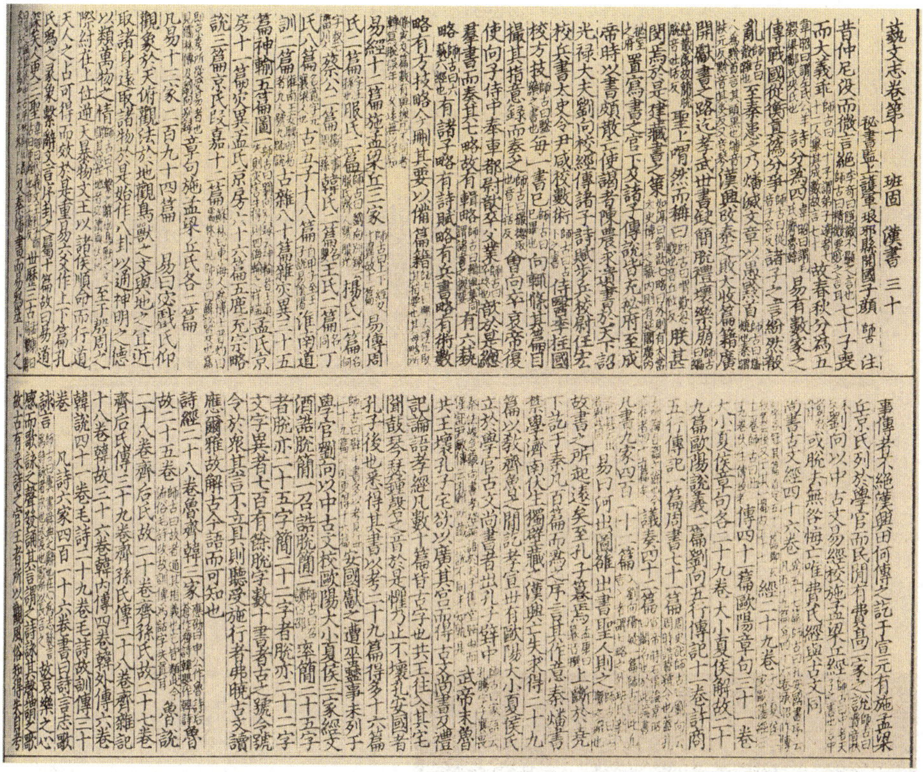

藝文志卷第十　班固　漢書三十

昔仲尼沒而微言絕，七十子喪而大義乖。故春秋分為五，詩分為四，易有數家之傳。戰國從衡，真偽分爭，諸子之言紛然殽亂。至秦患之，乃燔滅文章，以愚黔首。漢興，改秦之敗，大收篇籍，廣開獻書之路。迄孝武世，書缺簡脫，禮壞樂崩，聖上喟然而稱曰：「朕甚閔焉！」於是建藏書之策，置寫書之官，下及諸子傳說，皆充祕府。至成帝時，以書頗散亡，使謁者陳農求遺書於天下。詔光祿大夫劉向校經傳諸子詩賦，步兵校尉任宏校兵書，太史令尹咸校數術，侍醫李柱國校方技。每一書已，向輒條其篇目，撮其指意，錄而奏之。會向卒，哀帝復使向子侍中奉車都尉歆卒父業。歆於是總群書而奏其七略，故有輯略，有六藝略，有諸子略，有詩賦略，有兵書略，有術數略，有方技略。今刪其要，以備篇籍。

易經十二篇，施、孟、梁丘三家。易傳周氏二篇。服氏二篇。楊氏二篇。蔡公二篇。韓氏二篇。王氏二篇。丁氏八篇。古五子十八篇。淮南道訓二篇。古雜八十篇，雜災異三十五篇，神輸五篇，圖一。孟氏京房十一篇，災異孟氏京房六十六篇，五鹿充宗略說三篇，京氏段嘉十二篇。章句施、孟、梁丘氏各二篇。凡易十三家，二百九十四篇。易曰：「宓戲氏仰觀象於天，俯觀法於地，觀鳥獸之文，與地之宜，近取諸身，遠取諸物，於是始作八卦，以通神明之德，以類萬物之情。」至於殷、周之際，紂在上位，逆天暴物，文王以諸侯順命而行道，天人之占可得而效，於是重易六爻，作上下篇。孔氏為之彖、象、繫辭、文言、序卦之屬十篇。故曰易道深矣，人更三聖，世歷三古。

事傳者不絕。漢興，田何傳之。訖于宣、元，有施、孟、梁丘、京氏列於學官，而民間有費、高二家之說。劉向以中古文易經校施、孟、梁丘經，或脫去「無咎」「悔亡」，唯費氏經與古文同。尚書古文經四十六卷。經二十九卷。大、小夏侯章句各二十九卷。大、小夏侯解故二十九篇。歐陽章句三十一卷。歐陽說義二篇。劉向五行傳記十一卷。許商五行傳記一篇。周書七十一篇。議奏四十二篇。凡書九家，四百一十二篇。易曰：「河出圖，雒出書，聖人則之。」故書之所起遠矣，至孔子纂焉，上斷於堯，下訖于秦，凡百篇，而為之序，言其作意。秦燔書禁學，濟南伏生獨壁藏之。漢興亡失，求得二十九篇，以教齊魯之間。訖孝宣世，有歐陽、大小夏侯氏，立於學官。古文尚書者，出孔子壁中。武帝末，魯共王壞孔子宅，欲以廣其宮，而得古文尚書及禮記、論語、孝經凡數十篇，皆古字也。共王往入其宅，聞鼓琴瑟鍾磬之音，於是懼，乃止不壞。孔安國者，孔子後也，悉得其書，以考二十九篇，得多十六篇。安國獻之。遭巫蠱事，未列于學官。劉向以中古文校歐陽、大小夏侯三家經文，酒誥脫簡一，召誥脫簡二。率簡二十五字者，脫亦二十五字，簡二十二字者，脫亦二十二字，文字異者七百有餘，脫字數十。書者，古之號令，號令於眾，其言不立具，則聽受施行者弗曉。古文讀應爾雅，故解古今語而可知也。詩經二十八卷，魯、齊、韓三家。魯故二十五卷。魯說二十八卷。齊后氏故二十卷。齊孫氏故二十七卷。齊后氏傳三十九卷。齊孫氏傳二十八卷。齊雜記十八卷。韓故三十六卷。韓內傳四卷。韓外傳六卷。韓說四十一卷。毛詩二十九卷。毛詩故訓傳三十卷。凡詩六家，四百一十六卷。書曰：「詩言志，歌詠言。」故哀樂之心感，而歌詠之聲發。誦其言謂之詩，詠其聲謂之歌。故古有采詩之官，王者所以觀風俗，知得失，自考

百衲本二十五史中的《汉书·艺文志》

为正史目录提供依据所编撰的史志目录。

在一些专史中，也有目录部分，如郑樵《通志·艺文略》，马端临《文献通考·经籍考》等。这类目录被称为专史目录，也属史志目录。

从汉代到清代，史志目录一直是我国目录学发展史中一支重要的流派。在历代官修目录大部分佚失的情况下，同史书一同流传下来的历代史志目录就显得更为珍贵了。在史志目录中，以《汉书·艺文志》和《隋书·经籍志》最负盛名。

（三）私家目录

私人编纂的书目称私家目录。私家目录可分为两种：私藏

目录和私撰目录。私藏目录所著录的图书限于一家所藏，在著录方法和体例上只考虑这些典籍的范围而不及其余；私撰目录是以一人之力著录所见到的图书，而不限于一家所藏，这类目录所用方法和体例较为完备。

私家目录始于南朝宋王俭的《七志》和梁阮孝绪《七录》，隋、唐继有所作。至宋，私家目录有了显著的发展，出现了《郡斋读书志》（晁公武撰）、《直斋书录解题》（陈振孙撰）、《遂初堂书目》（尤袤撰）三部著名目录。其中，前两部目录被后人并尊为宋代私家目录的“双璧”，被认为是私家目录中不可不读的两部书。《遂初堂书目》则是我国最早的版本学目录，影响也很大。明代私家目录不仅数量多，而且收录范围也有多扩大，有些目录还收录小说、传奇、天主教图书等。明代著名的私家目录有《古今书刻》（周弘祖撰）、《宝文堂书目》（晁瑮撰）、《百川书志》（高儒撰）、《绛云楼书目》（钱谦益撰）、《千顷堂书目》（黄虞稷撰）等。直到清代，私家编目之风颇盛，私家目录的数量也最多。著名的如《也是堂藏书目》《述古堂书目》《读书敏求记》（三书均为钱曾所撰）、《传是楼书目》（徐乾学撰）、《荛圃藏书题识》（黄丕烈撰）、《孙氏祠堂书目》（孙星衍撰）、《爱日精庐藏书志》（张金吾撰）等。

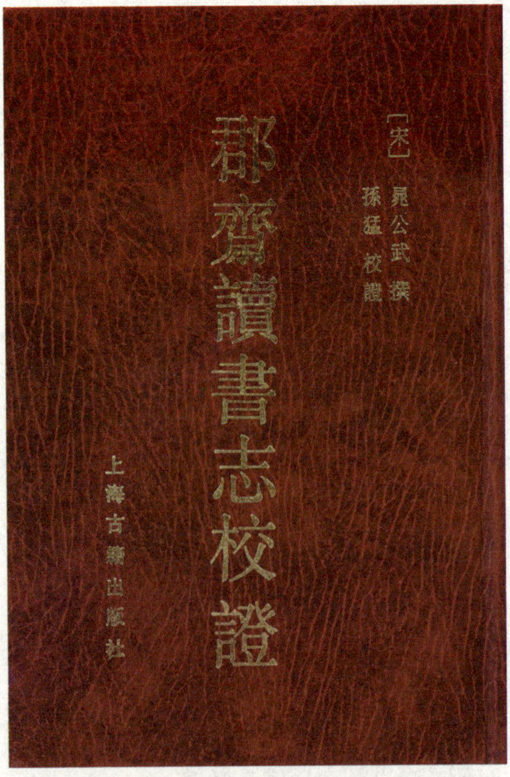

上海古籍出版社出版的《郡斋读书志校证》

私家目录的范围比较广

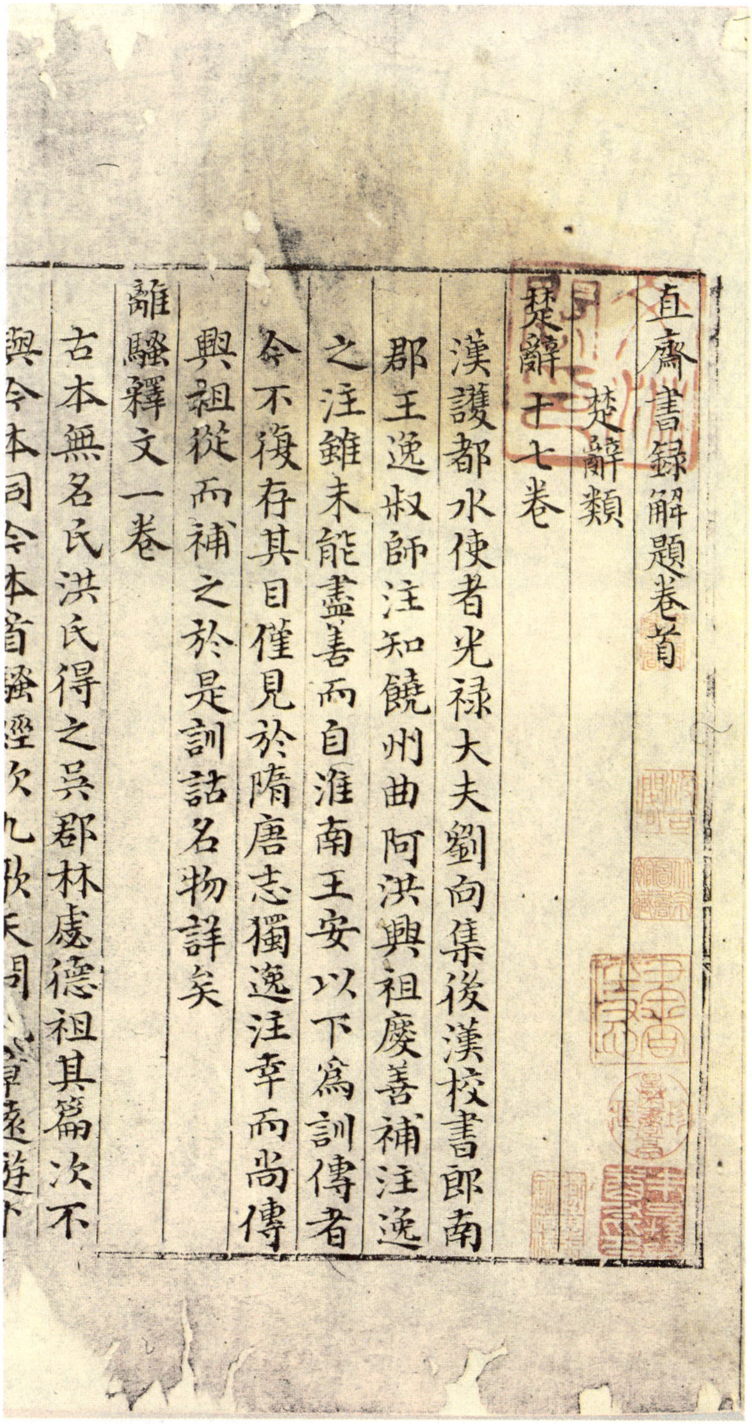
直齋書録解題卷首

楚辭類

楚辭十七卷

漢護都水使者光禄大夫劉向集後漢校書郎南郡王逸叔師注知饒州曲阿洪興祖慶善補注逸之注雖未能盡善而自淮南王安以下爲訓傳者今不復存其目僅見於隋唐志獨逸注幸而尚傳興祖從而補之於是訓詁名物詳矣

離騷釋文一卷

古本無名氏洪氏得之吴郡林虙德祖其篇次不與今本同今本首騷經次九歌天問九章遠遊卜

元抄本《直斋书录解题》

《古越藏书楼书目》

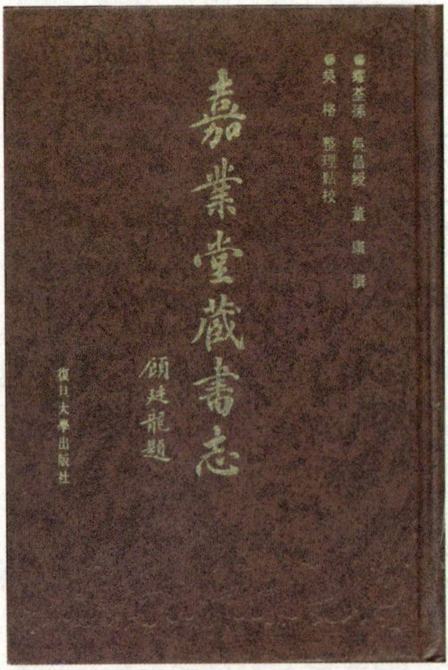

复旦大学出版社出版的《嘉业堂藏书志》

泛，按著录内容可分两大类：综合目录和专门目录。综合目录为两门以上的群书目录，与之相对的是专门目录，是为某一专门学科或专书所编的目录。在综合目录中，按其撰者和用途可分为：藏书目录，即藏书家所编家藏目录，如宋晁公武《郡斋读书志》，陈振孙《直斋书录解题》，缪荃孙等编撰的《嘉业堂藏书志》等；地方目录，即为某一地区有关图书所编的目录，如明祁承㸁《两浙著作考》、曹学佺《蜀中著作记》以及方志目录；丛书目录，即为便于使用丛书而编的书目，如顾修《江刻书目初编》、沈乾一《丛书书目汇编》；初学目录，即为初学者入门所编书目，如张之洞《书目答问》及范希曾《书目答问补正》。在专门目录中，有专科目录，如尤袤《遂初堂书目》，也有专书目录，如沈家本《三国志注引书目》。

专门目录亦可单独列为一类，因为其种类繁多。有专记古代经书的“经籍书目”，专记历代史籍的“史籍目录”，专记各家诗赋文章的“文艺目录”，专记释道典籍的“释道书目”，以及“医籍书目”“方志目录”“书画目录”“金石目录”“图书专目”。在图书专目下，还可细分有版本书目、善本书目、刻本书目、缺书目录、禁毁书目录等。

四、辨章学术、考镜源流

我国目录学的一个优良传统就是结合学术思想的源流发展来进行群书的分类排序。郑樵在《通志·校雠略》中提出目录应该“明类例”，即注意图书之分类，他指出“欲明书者，在于明类例”，“类例分则百家九流各有条理”，“类例既分，学术自明”。章学诚在《校雠通义》中明确指出目录的任务在于“辨章学术，考镜源流”。他认为图书目录就要像《七略》中的《辑略》那样，与学术思想源流相结合，才能“明道”，才能真正体现目录的学术价值。

章学诚像

古代书目在体制结构上有三要素：即书名、小序、解题（书录）。书名即书的名称、撰述者，篇卷数及不同版本，反映图书的基本特征；小序论述一部类书的学

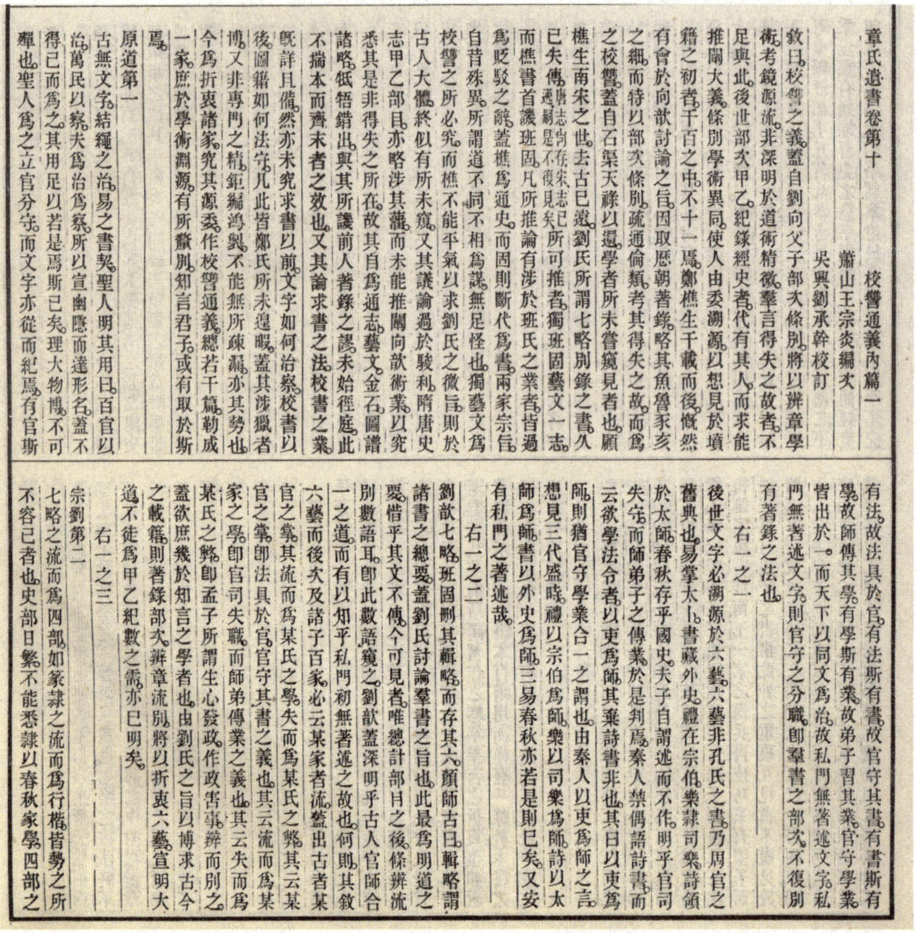

章氏遺書卷第十　　校讎通義內篇一
蕭山王宗炎編次
吳興劉承幹校訂
敘曰校讎之義蓋自劉向父子部次條別將以辨章學
術考鏡源流非深明於道術精微羣言得失之故者不
足與此後世部次甲乙紀錄經史者代有其人而求能
推闡大義條別學術異同使人由委溯源以想見於墳
籍之初者千百之中不十一焉鄭樵生千載而後慨然
有會於向歆討論之旨因取歷朝著錄略其魚魯豕亥
之細而特以部次條別疏通倫類考其得失之故而爲
之校讎蓋自石渠天祿以還學者所未嘗窺見者也顧
樵生南宋之世去古已遠劉氏所謂七略別錄之書久
已失傳唐志尚存宋志已逸嗣是不復見矣所可推者獨班固藝文一志
而樵書首譏班固凡所推論有涉於班氏之業者皆過
爲貶駁之辭蓋樵爲通史而固則斷代爲書兩家宗旨
自昔殊異所謂道不同不相爲謀無足怪也獨藝文爲
校讎之所必究而樵不能平氣以求劉氏之微旨則於
古人大體終似有所未窺又其議論過於駿利隋唐史
志甲乙部目亦略涉其藩而未能推闡向歆術業以究
悉其是非得失之所在故其自爲通志藝文金石圖譜
諸略牴牾錯出與其所議前人著錄之謬未始徑庭此
不揣本而齊末者之效也又其論求書之法校書之業
既詳且備然亦未究求書以前文字如何治察校書以
後圖籍如何法守凡此皆鄭氏所未遑暇蓋其涉獵者
博又非專門之精鉅編鴻製不能無所疎漏亦其勢也
今爲折衷諸家究其源委作校讎通義總若干篇勒成
一家庶於學術淵源有所發明知言君子或有取於斯
焉
原道第一
古無文字結繩之治易之書契聖人明其用曰百官以
治萬民以察夫爲治爲察所以宣幽隱而達形名蓋不
得已而爲之其用足以若是焉斯已矣理大物博不可
殫也聖人爲之立官分守而文字亦從而紀焉有官斯
有法故法具於官有法斯有書故官守其書有書斯有
學故師傳其學有學斯有業故弟子習其業官守學業
皆出於一而天下以同文爲治故私門無著述文字私
門無著述文字則官守之分職即羣書之部次不復別
有著錄之法也
右一之一
後世文字必溯源於六藝六藝非孔氏之書乃周官之
舊典也易掌太卜書藏外史禮在宗伯樂隸司樂詩領
於太師春秋存乎國史夫子自謂述而不作明乎官司
失守而師弟子之傳業於是判焉秦人禁偶語詩書而
云欲學法令者以吏爲師其棄詩書非也其曰以吏爲
師則猶官守學業合一之謂也由秦人以吏爲師之言
想見三代盛時禮以宗伯爲師樂以司樂爲師詩以太
師爲師書以外史爲師三易春秋亦若是則已矣又安
有私門之著述哉
右一之二
劉歆七略班固刪其輯略而存其六顏師古曰輯略謂
諸書之總要蓋劉氏討論羣書之旨也此最爲明道之
要惜乎其文不傳今可見者唯總計部目之後條辨流
別數語耳即此數語窺之劉歆蓋深明乎古人官師合
一之道而有以知乎私門初無著述之故也何則其敘
六藝而後次及諸子百家必云某家者流蓋出古者某
官之掌其流而爲某氏之學失而爲某氏之弊其云某
官之掌即法具於官官守其書之義也其云流而爲某
家之學即官司失職而師弟傳業之義也其云失而爲
某氏之弊即孟子所謂生心發政作政害事辨而別之
蓋欲庶幾於知言之學者也由劉氏之旨以博求古今
之載籍則著錄部次辨章流別將以折衷六藝宣明大
道不徒爲甲乙紀數之需亦已明矣
右一之三
宗劉第二
七略之流而爲四部如篆隸之流而爲行楷皆勢之所
不容已者也史部日繁不能悉隸以春秋家學四部之

章学诚所著《校雠通义》

术流派，演变过程及其特点，以便提纲挈领，鸟瞰全局，发挥“辨章学术”的作用；解题也称叙录、书录或提要，为目录的主要成分，用以揭示图书主旨及用途，向读者指示门径。

从以上三要素着手，余嘉锡先生在《目录学发微》中将中国古代目录书体制分为三种不同类型。他认为：

一为三要素全部具备，即部类后有小序，书名下有解题者。如晁公武《郡斋读书志》、陈振孙《直斋书录解题》、马端临《文献通考·经籍考》及《四库全书总目提要》。这类目录书的要旨为“论其指归，辨其讹谬”，对图书进行较全面的论述和评析。

一为有小序而无解题者。如《汉书·艺文志》《隋书·经籍志》等。此类目录书充分利用小序来“穷源至委，竟其流别”，以“辨章学术，考镜源流”。使读者对每类图书能先从学术上得到一个整体认识，进而了解和掌握每一种图书的情况。

一为小序、解题并无，只著书名者。如《新唐书·艺文志》《宋史·艺文志》《通志·艺文略》《书目答问》等。这类体制的目录书虽然只记书名，但如果“类例分明”，就能“使百家九流，各有条理，并究其本末，以见学术之源流沿袭”。又可以便于学者根据自己的需要去按类求书。[①]

有小序和解题，固然能发挥“辨章学术，考镜源流”的作用，没有这两个要素的《通志·艺文略》等，因编次必谨类例，采用系统的分类目录，排列有序，“类例既分，学术自明”，百家学术“绳贯珠联，无少缺逸”，读者同样能“即类求书，因书究学”，这正是我国目录工作中最杰出的成就。

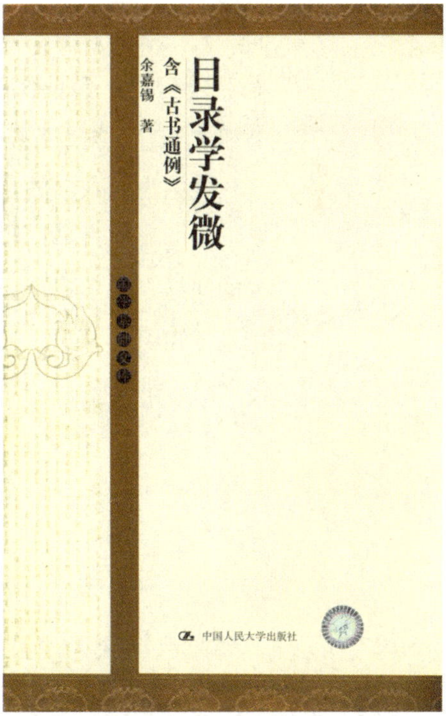

余嘉锡先生所著《目录学发微》

中国传统的目录学在学术研究中可以起到“辨章学术，考镜源流”的作用，可以使学者“即类求书、因书究学”，所以，它对于读书、治学有着重要的辅助作用。来新夏先生将古典目录学的作用归结

①余嘉锡：《目录学发微》，第3—11页，中国人民大学出版社2004年版。

为五点：1.掌握古籍总的基本情况。包括各时代的古籍概貌，古籍图书的归属、著录状况，古籍图书的考辨等。2.了解图书的本身状况。包括书名、撰者情况、卷数、版本、提要等。3.可以粗知学术源流，即可“辨章学术，考镜源流”。4.考辨古籍的信据。5.指示门径和辅导读书。即目录可以使人得到读书和治学的门径，称得上是很好的“无言之师”。[①]

正因为目录有如此重要的作用，所以历来的学者都非常强调了解目录的重要性。清朝学者江藩曾在《师郑堂集》中说：“目录者，本以定其书之优劣，开后学之先路，使人人知其书可读，则为易学而功且速矣。吾故尝语人曰：目录之学，读书入门之学也。”王鸣盛甚至在《十七史商榷》卷一首条即提出：“目录之学，学中第一紧要事，必从此问途，方能得其门而入。”余嘉锡先生也认为：“目录之学为读书引导之资。凡承学之士，皆不可不涉其藩篱。”[②]这些都反映了目录学在读书和治学方面的重要作用。

我国古代众多的目录和目录学专著，是前人留给我们的一笔宝贵的财富，是逐步了解、利用、掌握古代文化遗产不可缺少的向导。要学习和研究古代的文化知识，都应该了解一定的目录学知识。

---

①来新夏：《古典目录学（修订本）》，第40—52页，中华书局2013年版。

②余嘉锡：《目录学发微》，第17页，中国人民大学出版社2004年版。

第十讲
中国古代的治书之学
——版本辨伪　校勘辑佚

读书不知要领，劳而无功。知某书宜读而不得精校精注本，事倍功半。

——清·张之洞：《书目答问》

大抵为此学者，于己甚劳，而为人则甚忠，竭毕生之精力，皆以供后人之取携，为惠大矣！

——清·朱一新：《无邪堂答问》

中国旧学，十有九是书本上学问。

——近代·梁启超：《中国近三百年学术史》

我国古代的治书之学十分发达。早在先秦，一些明识之士就进行了一些初步的图书编辑整理活动，像孔子的删诗书、定礼乐就是典型事例。由政府组织的大规模的全面的图书整理活动则是从西汉末年的刘向开始的。由此看来，在我国古代，图书的整理校勘活动可分为两大类：一类是因学术研究或教学、编辑、出版而进行的图书整理活动，一般是由私人分散进行，多为某一领域的专家，领域较窄，工作较为专精深入，基本上是零散进行。这类专家有春秋之孔子；汉代司马迁、郑玄、高诱；唐代颜师古、陆德明；宋代王安石、朱熹；明代祁承㸁、毛晋；清代惠栋、钱大昕、戴震、段玉裁、卢文弨等。另一类则是政府组织的大规模、全面系统的图书整理活动。由于有皇家的背景，所以可以“广征天下遗书”，达到总括天下学术的规模，工作量固然很大，但可以集中一大批各有所长的专门人才，分兵把口，长期开展下去。姚名达在《中国目录学史·校雠篇》中，对我国古代皇家校书活动作了比较全面的统计，所得数字计有汉代7次，魏吴两晋6次，南北朝10余次，唐代4次，宋代5次，清代1次。这些校书活动大都与目录工作配合进行，所以伴随一次次大规模的图书校勘整理，产生了系列大型的皇家秘阁书目。这两类活动经过总结提高就是有关版本学、辨伪学、校勘学、辑佚学以及目录学等治书之学的成熟和发展，并结出累累硕果。

一、版本鉴定

版本，最初是指雕版印刷的书籍。后来又把稿本、写本、传抄本、批校本、拓印本、影印本、石印本、活字本、套印本都包容在内，进而把雕版印刷发明前的简牍、帛书和纸写本书，甚至朝鲜、日本等国早期用汉字抄写、雕印、活字排印的书都包括进来。版本可以理解为问世图书的各种形式之总称。

（一）版本学的研究对象及起源

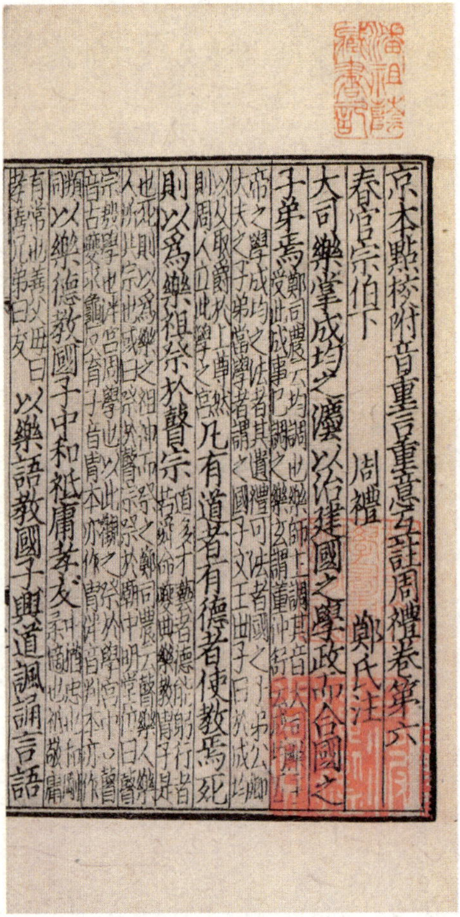

宋刻点校附音重言重意互注巾箱本《周礼》

广义版本学的研究对象为包括一切形式在内的各种图书。中国古书版本学是以中国古代图书为对象，以版本鉴定为核心，以考订为主要方法，凭借多学科知识，借助校勘学，利用目录学完成全面揭示古书任务的辅助性学科。其研究范围包括各种图书版本发生发展的历史，各种图书版本的异同比较，以判定时代，品评优劣，总结特点，概括规律。研究版刻、印刷、装帧技术的演变及成就，不仅要研究印刷墨色、字体刀法、藏书印记、版式行数、装帧样式，更应该利用不同版本间文字上的差异变化，研究作者的思想倾向、时代色彩、政治变化等，总之，版本学应该形式与内容并重，两者不可偏废。

至于版本学的起源，有人认为始于宋代，从尤袤的《遂初堂书目》谈起，这就太晚了。且不说其学滥觞于商周彝器、秦诏莽量之同文异范，就是西汉景帝时的河间献王，就已经很注意旧本、传本，从民间得到的“善书”，好好抄录一部奉还主人，并把原来的正本留作自己珍藏，这无疑是考究版本的典型事例。汉成帝时刘向整理国家藏书，也是从广罗异本开始。有了备众本这一先决条件，才能完成下面的校异同、删重复、订讹脱、谨编次、撰叙录等各项程序。南北朝时的颜之推，在其《颜氏家训》中不仅讲了

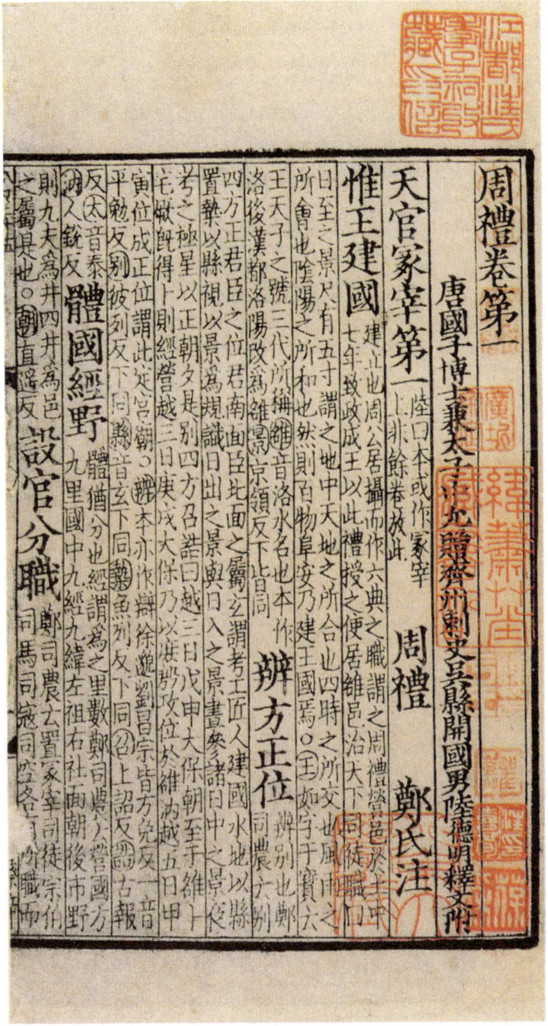

宋建阳刻重言重意本《周礼》

《蜀郡赋》中，有人把“芋”抄成“羊”字而出的笑话，而且还列举了众本之名，如江南本、河北本、俗本、江南旧本、江南书本等，即已注意到著录、区分、比勘各种版本的优劣异同。唐初，太宗李世民曾于贞观四年（630）下令：“经籍讹舛，今后并以六朝旧本为证”，这是帝王也重视版本的实例。当然，雕版印刷术发明后，版本学发展更为兴盛。著名的大家

有晁公武、陈振孙、岳珂、廖莹中等，马端临，叶盛、陈第、钱谦益、季振宜、徐乾学、黄丕烈、顾广圻、鲍廷博、瞿绍基、莫友芝、叶昌炽、傅增湘、张元济等。他们大都编纂有版本目录和版本学著作，可以称得上是才人辈出，著述如林。

（二）版本鉴定的方法

我国古书不仅品种繁多，即便是一本书，也往往会有各种各样的版本。如根据社会需要也有重刻、翻刻、官刻、私刻、坊刻、甲刻、乙刻、初刻、后刻、补刻的区别。在刻印过程中，由于具体条件不同，写、刻、印、用料、校勘精劣，各有差异。无论是从读书还是从研究的角度来看，鉴定一本书的刻印时代和真伪优劣，都是非常重要的。张之洞在《书目答问》中就从读书的角度阐明了鉴别版本的重要性，他说：“读书不知要领，劳而无功。知某书宜读而不得精校精注本，事倍功半”。对于研究者来说，明鉴版本更是理所当然之事。

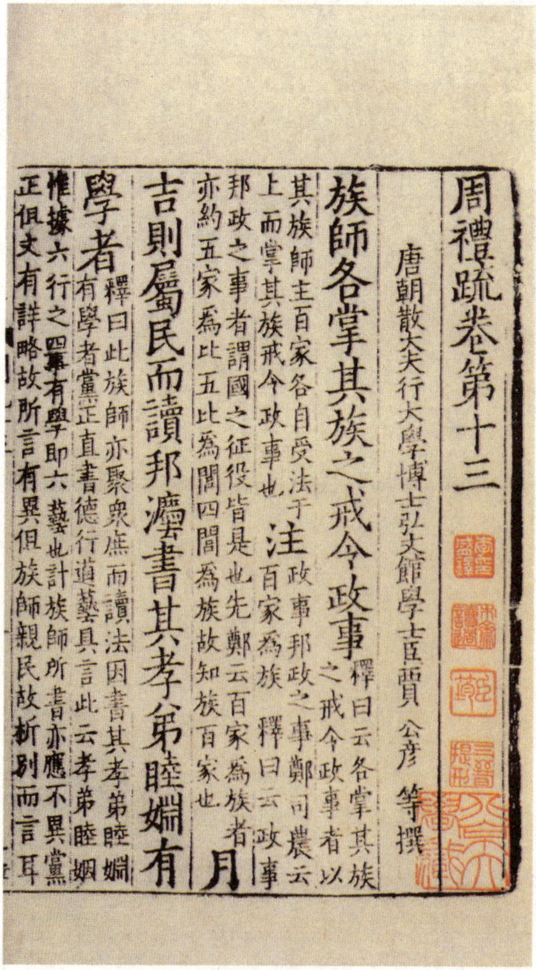
周禮疏卷第十三
唐朝散大夫行大學博士弘文館學士臣賈公彥等撰
族師各掌其族之戒令政事釋曰云各掌其族之戒令政事者以其族師主百家各自受法于上而掌其族戒令政事也注政事邦政之事鄭司農云百家為族釋曰云政事邦政之事者謂國之征役皆是也先鄭云百家為族者亦約五家為比五比為閭四閭為族故知族百家也月
吉則屬民而讀邦灋書其孝弟睦婣有學者釋曰此族師亦聚衆庶而讀法因書其孝弟睦婣有學者當黨正直書德行道藝具言此云孝弟睦姻惟據六行之四事有學即六藝也計族師所書亦應不異黨正但文有詳略故所言有異但族師親民故析別而言耳

宋绍熙两浙东路茶盐司刻《周礼疏》

人们在长期的实践研究中，总结出了很多行之有效的版本鉴别方法。一般来说，识别鉴定版本时代及真伪，基本方法有以下15条：

（1）根据原书序跋鉴别；

（2）根据书牌木记鉴别；

（3）根据后人题跋识语鉴别；

（4）根据刻工姓名鉴别；

（5）根据书中讳字鉴别；

（6）根据行款字数鉴别；

（7）根据地理沿革鉴别；

（8）根据机构、职官鉴别；

（9）根据衔名尊号谥号鉴别；

（10）根据书名冠词称谓鉴别；

（11）根据卷端上下题及卷数变迁鉴别；

毛春翔先生所著《古书版本常谈》书影

（12）根据藏书印记鉴别；

（13）根据各家著录鉴别；

（14）根据版刻或抄写的字体、墨色、用纸、装帧等鉴别；

（15）根据原书内容鉴别。

总之，鉴别古书版本所需的经验和知识是极其丰富的，前人曾有八个字的概括，叫作“眼别真赝、心识古今”。就是说，鉴定古书版本既要有丰富的识别经验，又要有渊博的古今知识，二者缺一不可。正如版本学家毛春翔先生所说：“鉴别古书版本，和鉴别古器物、古书画一样，是很难的一件事。要有丰富的经验、敏锐的眼力、很细的心、很强的记忆力，才能应付裕如；倘经验不丰，加之粗心暴气、主观误断，少有不错误的。”①

---

①毛春翔：《古书版本常谈》，第127页，上海古籍出版社2002年版。

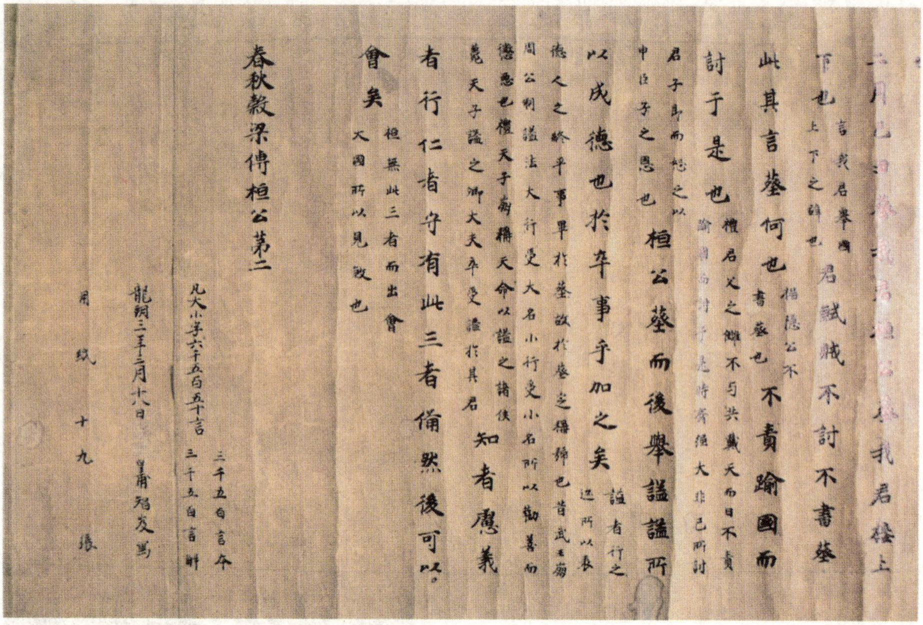

唐龙朔三年（663）三月十八日皇甫智岌写本《春秋穀梁传》

（三）古书版本类型

古书版本类型非常复杂，下面按不同标准略加叙述：

1.按照刊刻时代区分有：唐写本、唐卷子本、五代刻本、宋刻本、辽刻本、金刻本、元刻本、明刻本、清刻本、民国刻本等。

2.按照刻书单位性质区分有：官刻本、家刻本、坊刻本。官刻中又分中央机关刻本和地方机关刻本。中央机关刻本有监本、兴文署本、经厂本、殿本、内府本等。地方机关刻书有府学本、州学本、县学本、各路儒学本、郡庠本、藩府本、扬州诗局本、各地书院本、局本，等等。

3.按地区的不同区分有：浙本、闽本、蜀本、江西本、平阳本等；外国刻印的有朝鲜本（也称高丽本）、日本本（也称东洋本）、越南本等。

4.按雕版印刷情况区分有：精刻本、写刻本、单刻本、丛书本、道藏本、祖本、原刻本、翻刻本、初印本、后印本、递修本、百衲本、三朝本、旧版本、通行本、邋遢本、大花脸本、书帕本等。

5.按字体大小、订本大小的不同区分有：大字本、小字本、巾箱本、袖珍本等。

6.按印制的颜色区分有：蓝印本、红印本、朱墨本、三色本、五色本、六色本等。在版画中又有饾版、拱花本。

7.按增删、批点、评注、合刻等情况区分有：增订本、删节本、足本、不足本、批点本、评注本、配本、满汉合璧本等。

8.以活字排印的书（称活字本）有：泥活字本、木活字本、铜活字本、磁活字本、铅活字本、铁活字本、锡活字本、

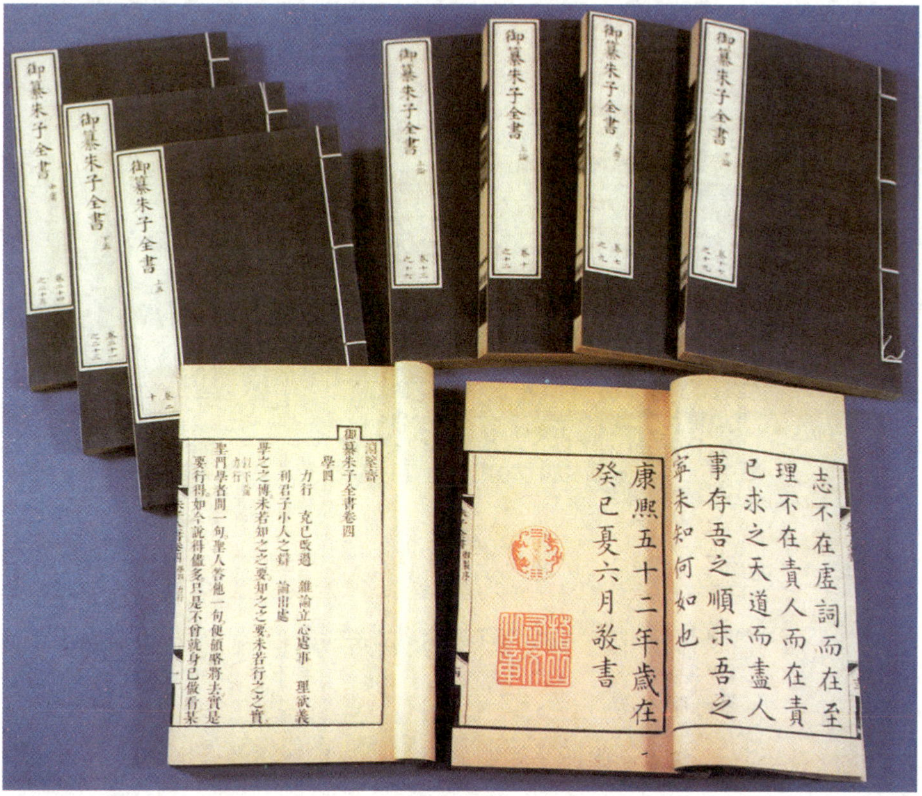

清康熙内府刻本《御纂朱子全书》

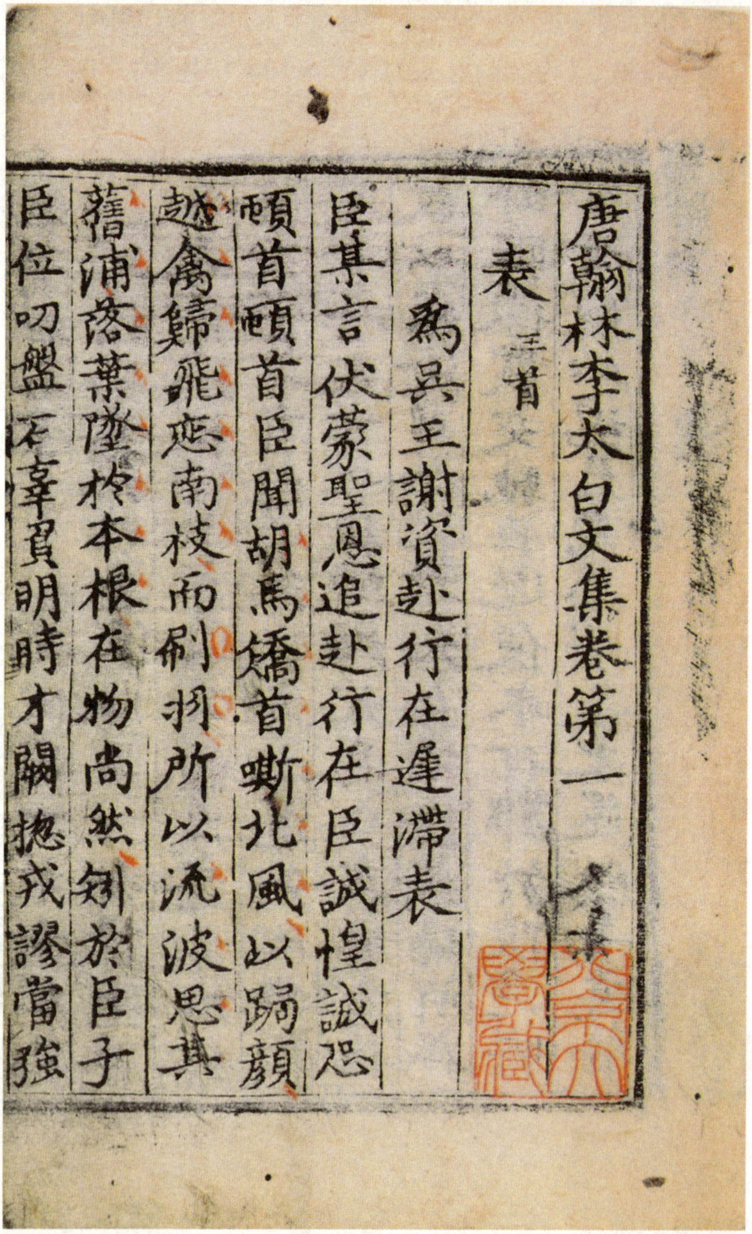
唐翰林李太白文集卷第一
表 三首
為吳王謝資赴行在遲滯表
臣某言伏蒙聖恩追赴行在臣誠惶誠恐
頓首頓首臣聞胡馬矯首嘶北風以踊顏
越禽歸飛戀南枝而刷羽所以流波思其
舊浦落葉墜於本根在物尚然矧於臣子
臣位叨盤石辜負明時才闕摠戎謬當強

明正统间朝鲜刻本《唐翰林李太白文集》

聚珍版本等。

9.非雕版活字印刷的有：唐写本、唐卷子本；抄本、元抄本、明抄本、内府抄本、旧抄本、清抄本、近抄本、新抄本、传抄本、影抄本、影宋抄本、毛抄本；稿本、手稿、清稿、底稿、上版稿本、拓本、影印本、钤印本、石印本、集字影印本等。

10.按文物价值、是否加过工来区分有：孤本、海内孤本、珍本、善本、校本、 批校题跋本、过录本等。

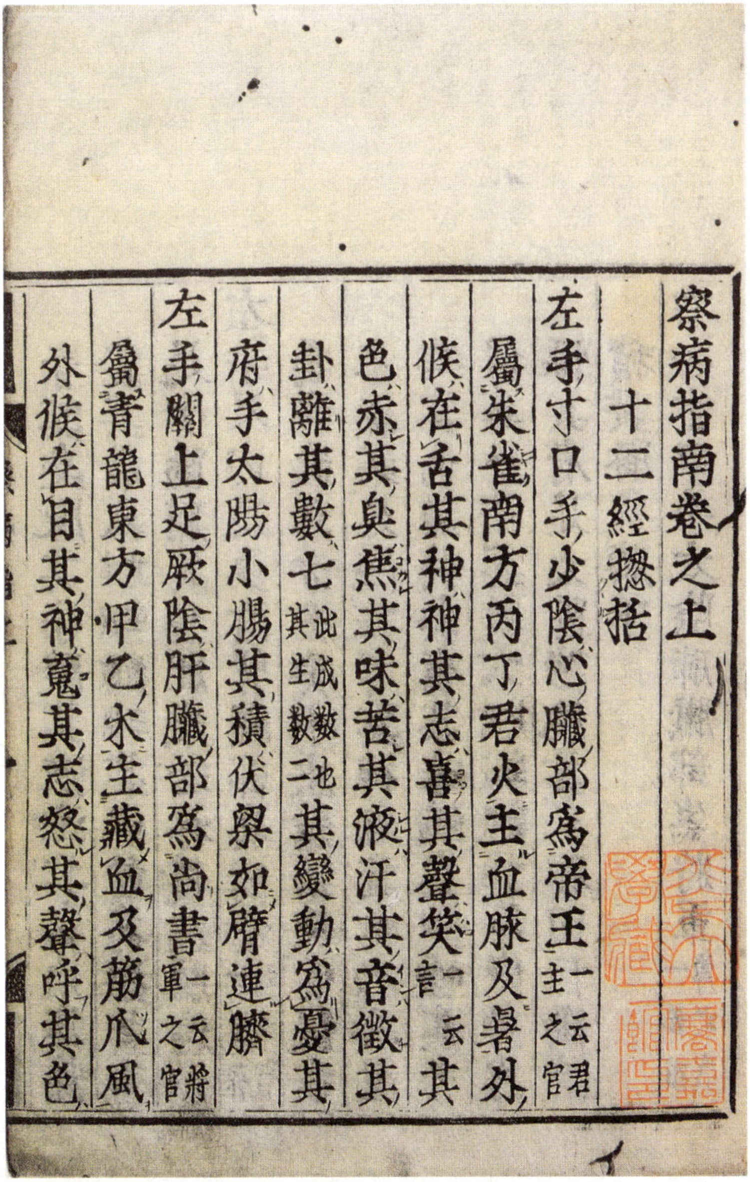
察病指南卷之上
十二經揔括
左手寸口手少陰心臟部爲帝王一云君主之官
屬朱雀南方丙丁君火主血脉及暑外
候在舌其神神其志喜其聲笑言一云其
色赤其臭焦其味苦其液汗其音徵其
卦離其數七此成数也其生数二其變動爲憂其
府手太陽小腸其積伏梁如臂連臍
左手關上足厥陰肝臟部爲尚書一云將軍之官
屬青龍東方甲乙木主藏血及筋爪風
外候在目其神魂其志怒其聲呼其色

日本庆长间（1596—1614）覆宋嘉祐刻本排印《察病指南》

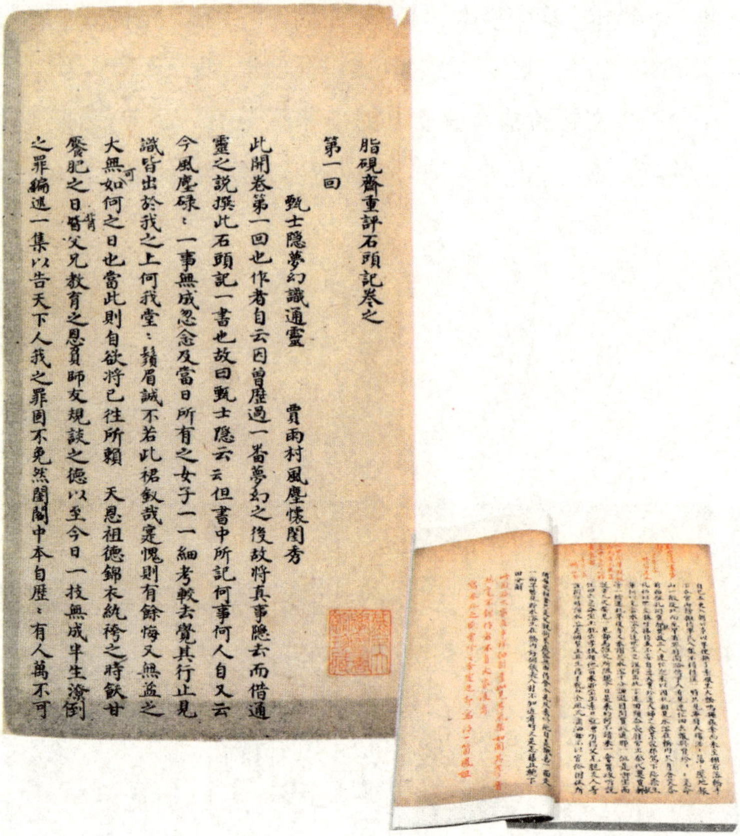

清抄本《脂砚斋重评石头记》

（四）善本书的条件

在版本鉴别的基础上，产生了“善本”的概念。所谓“善本”，就是好的版本，最早是欧阳修在《集古录·田弘正家庙碑跋尾》中提出的。他认为“屡更校正，时人共传”，在文字上没有讹错就可称善本。如果按这个标准去判断善本，就会有不少孤版珍本被淘汰，那将是非常可惜的。因此，清末张之洞在《𬨎轩语》中提出“善本三义”：一要足本，即内容没有缺漏和删节；二要精本，即经过仔细的校对和注释；三要旧本，即年代较早的本子，包括旧刻和旧钞。他把善本的时间划到明代和明代以前。可见张氏“足、精、旧”善本三义，归纳起来还是两条：一是内容好，校注精；一是时间要久，要是传世旧本。

在时间上和张之洞差不多，杭州丁丙在《善本书室藏书志·序》也提出了衡量善本书的四条标准：一曰旧刻，指的是宋元刊本；二曰精本，主要是洪武至嘉靖刻本择其最佳者，万历以后则要雕刻既精，世鲜传本者；三曰抄本，主要是名家抄本与影宋抄本；四曰旧校，主要是乾嘉学者如卢文弨、黄丕烈、孙星衍等人所校之本。丁丙是清代后期著名的几大藏书家之一，他提出的这几条标准其实也是他图书入藏的标准。这在当时颇有代表性。

时代在变，善本书的标准也在变。当今选择善本的标准是什么呢？建国后，在编纂《中国古籍善本书目》时，有关专家拟定了“三性”“九条”的标准，至今通行。所谓“三性”：一是因年代久远而具有的“历史文物性”；二是内容有重要参考价值的“学术资料性”；三是印刷考究、装帧精美的“艺

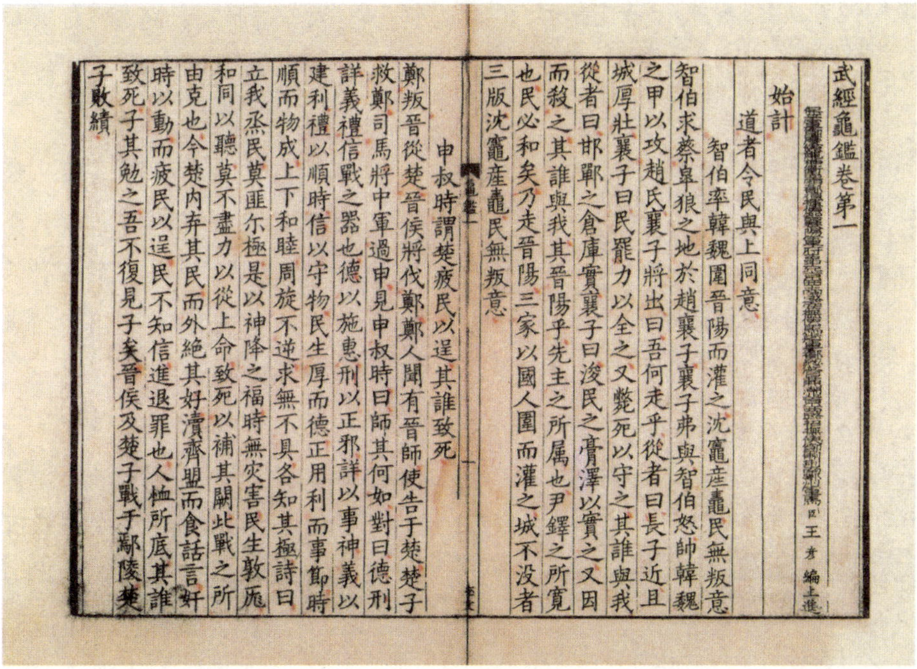
武經龜鑑卷第一
始計
道者令民與上同意
智伯率韓魏圍晉陽而灌之沈竈產鼃民無叛意
智伯求蔡皋狼之地於趙襄子襄子弗與智伯怒帥韓魏之甲以攻趙氏襄子將出曰吾何走乎從者曰長子近且城厚壯襄子曰民罷力以全之又斃死以守之其誰與我從者曰邯鄲之倉庫實襄子曰浚民之膏澤以實之又因而殺之其誰與我其晉陽乎先主之所屬也尹鐸之所寬也民必和矣乃走晉陽三家以國人圍而灌之城不沒者三版沈竈產鼃民無叛意
申叔時謂楚疲民以逞其誰致死
鄭叛晉從楚晉侯將伐鄭鄭人聞有晉師使告于楚楚子救鄭司馬將中軍過申見申叔時曰師其何如對曰德刑詳義禮信戰之器也德以施惠刑以正邪詳以事神義以建利禮以順時信以守物民生厚而德正用利而事節時順而物成上下和睦周旋不逆求無不具各知其極詩曰立我烝民莫匪爾極是以神降之福時無災害民生敦厖和同以聽莫不盡力以從上命致死以補其闕此戰之所由克也今楚內弃其民而外絕其好瀆齊盟而食話言奸時以動而疲民以逞民不知信進退罪也人恤所底其誰致死子其勉之吾不復見子矣晉侯及楚子戰于鄢陵楚子敗績

宋隆兴乾道间浙江刻本《武经龟鉴》

术代表性”。符合三性中的任何一条，即可称善本。所谓“九条”，是指：

（1）元代及元代以前刻印、抄写的图书（包括残本和零页）。

（2）明代刻印、抄写的图书（包括具有特殊价值的残本与零页），但版印模糊、流传尚多者不收。

（3）清代乾隆及乾隆以前流传较少的印本、抄本。

（4）太平天国及历代农民革命政权所印行的图书。

（5）辛亥革命前，在学术研究上有独到见解或有学派特点或集众说较有系统的稿本以及流传很少的刻本、抄本。

（6）辛亥革命前，反映某一时期、某一领域或某一事件资料方面的稿本以及流传很少的刻本、抄本。

（7）辛亥革命前的名人学者批校、题跋或过录前人批校而有参考价值的印本、抄本。

（8）在印刷上能反映我国古代印刷术发展、代表一定时期技术水平的各种活字印本、套印本或有较精版画的刻本。

（9）明代印谱全收。清代的集古印谱、各家篆刻印谱的钤印本，有特色或有亲笔题记的收，一般不收。

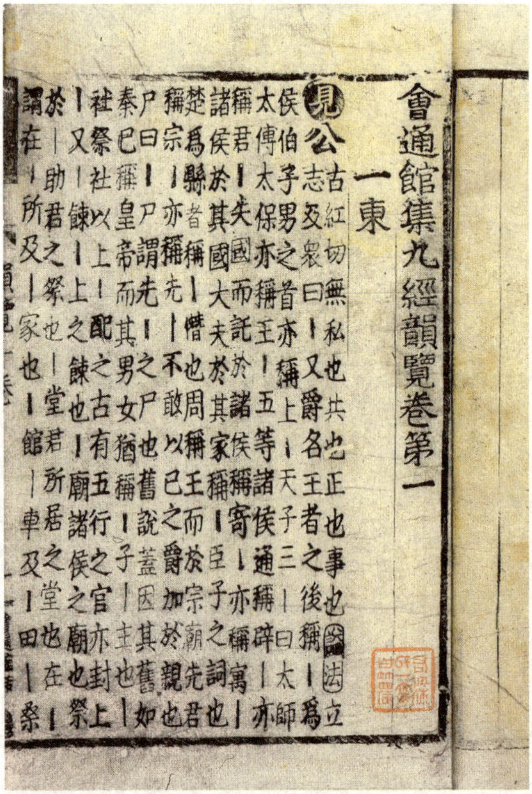
會通館集九經韻覽卷第一

一東

明弘治间华氏会通馆铜活字印本《会通馆集九经韵览》

符合九条中的任何一条，即可归入善本。“三

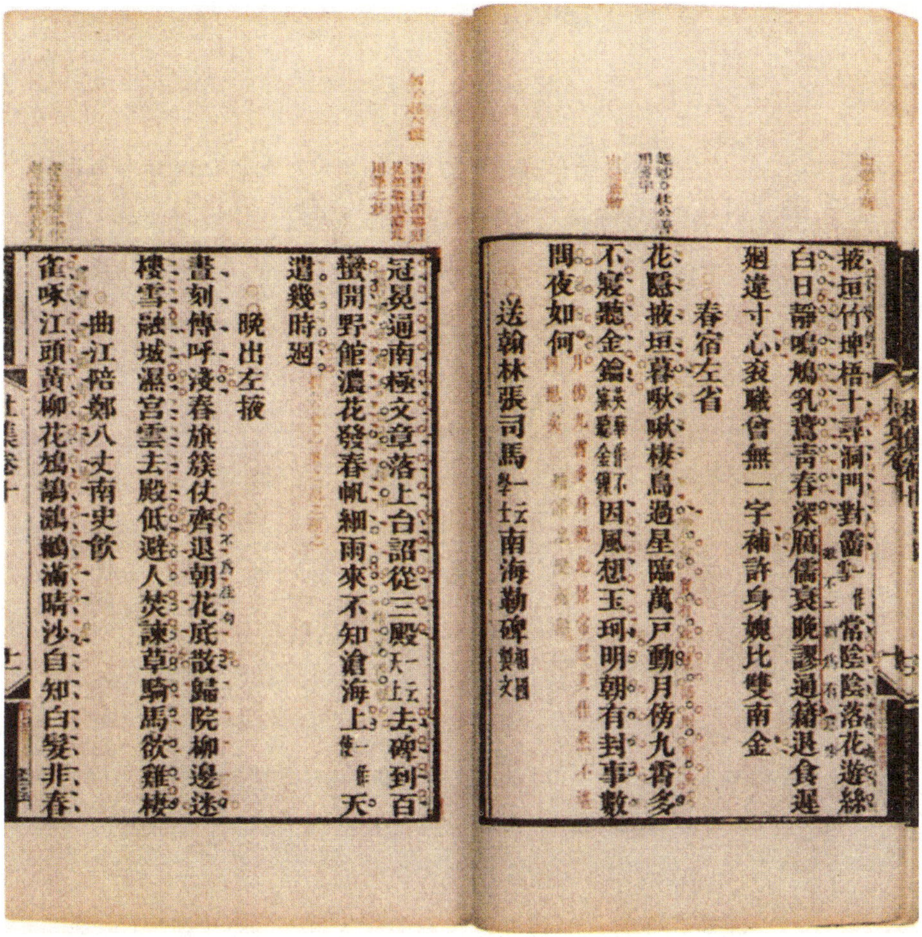

清乾隆六色套印本《杜工部集》

性”是选择善本的总则，“九条”则是“三性”的具体化，是“三性”的注解。这一标准，可以说是批判地继承了版本学研究领域的文化遗产，是前人经验和理论的科学总结。这一标准拟定后，全国各图书馆、博物馆等文化单位都按照此标准对所藏古籍进行了比较和鉴定。编印出了《中国古籍善本总目》，实现了周恩来总理的遗愿。这是新中国成立以后古籍整理的一项全国性的联合工程，对中国文化和世界文化都具有重大的影响。

二、古籍辨伪

（一）古书辨伪的重要性

伪书是指有意伪造或无意致误之图书。自有书籍以来，伪书便相伴而生。在中国古代图书史上，几乎是无伪不成书。明代胡应麟在《四部正讹》中曾感叹说："余读秦汉诸古书，核其伪十七焉"。清末张之洞在《輶轩语》中则称："一分真伪，而古书去其半"。这些说法虽有夸大之嫌，但也在一定程度上反映了中国古书真假相参，鱼目混珠的客观事实。以门类而言，经史子集四部皆有，佛道二藏，不能例外。这当中尤推经部类、子部类及道藏类伪书居多。以版本形式而言，不仅写本书有伪，北宋以后的官刻本、私刻本、坊刻本也都各有伪书，其中尤以坊刻本为甚。从时代上看，上起先秦，下迄晚清，代有伪书，其间以魏晋、两宋及明清时期的伪书为多。

中国古代伪书不仅历史长，数量大，而且种类纷繁，情况复杂，给人们了解和研究中国古代历史和文化造成了极大的困难。所以郭沫若先生在《十批判书》中不无感慨地说："研究中国古代，大家所最感受着痛苦的，是仅有的一些材料，却都是真伪难分，时代混沌，不能作为真正的科学研究的素材。"梁启超先生也说："几千年来，许多学问，都在模糊影响之中，不能得忠实的科学根据，固然旁的另有关系，而为伪书所误，实为最大原因。"[①]读书治学，应以求真为第一要务。伪书丛生，在研究中就不可能有真实的根据，所得结论也自然不能可靠。最终影响着人们对历史文化和传统学术的认知。

梁启超先生在《古书真伪及其年代》一书中从三个方面系统考察了伪书的不良影响，并因此肯定了辨伪的必要性：（1）伪书淆乱史实，导致进化系统紊乱，社会背景混淆，从

①梁启超：《古书真伪及其年代》，见梁启超：《国学要籍研读法四种》，第4页，国家图书馆出版社2008年版。

而影响对历史做出实事求是的描绘；（2）伪书不辨，将导致时代思想紊乱，学术源流混淆，个人主张矛盾，从而影响对中国思想发展史做出正确的描绘；（3）不辨伪书，必导致文学渊源混淆，作者作品难以判断，从而影响对中国文学史的科学描绘。其实，不惟历史、思想史、文学史研究如此，在其他学科门类中也一样，如果真伪不辨，都会对研究工作造成不良影响。正因为如此，辨别古书的真伪就显得十分重要。以致有学者将辨伪工作提升到“读书第一义”的高度。当然，辨识古书真伪的目的，不是将伪书清除书籍之林，而是尽最大可能恢复其本来面目，作为史料加以保存和运用。张舜徽先生就说“伪书不可尽弃”①，这是很有道理的。

我国古人很早就已认识到辨伪的重要性。早在先秦时期，随着伪书的产生，就开始了辨伪的历史。如孔子在整理六艺时，就对古文献进行了一番真伪考辨。他主张“择善而从”“多闻阙疑”“述而不作”等，都反映了孔子对待古书的态度。此后，在长期的发展过程中，涌现出了很多著名的辨伪学者和优秀的辨伪学专著。古代著名的辨伪学者有西汉的刘向、刘歆父子，东汉的班固，唐朝的颜之推、刘知几、柳宗元，宋代的欧阳修、王应麟、程颐、朱熹等，明代的宋濂、胡应麟，清代的胡渭、阎若璩、姚际恒、崔述等。近世以来，辨伪学得到蓬勃发展，又涌现出了以王国维、梁启超、胡适、顾颉刚、张心澂等为代表的一大批著名的辨伪学者。现有的辨伪专著，比较著名的有明胡应麟《四部正讹》，清姚际恒《古今伪书考》、崔述《考信录》、梁启超的《古书真伪及其年代》、顾颉刚《古史辨》（1—7册）和张心澂的《伪书通考》。对于前人的这些成果，我们应充分重视，并根据实际情况加以利用。

①张舜徽：《张舜徽集·广校雠略》，第81页，华中师范大学出版社2004年版。

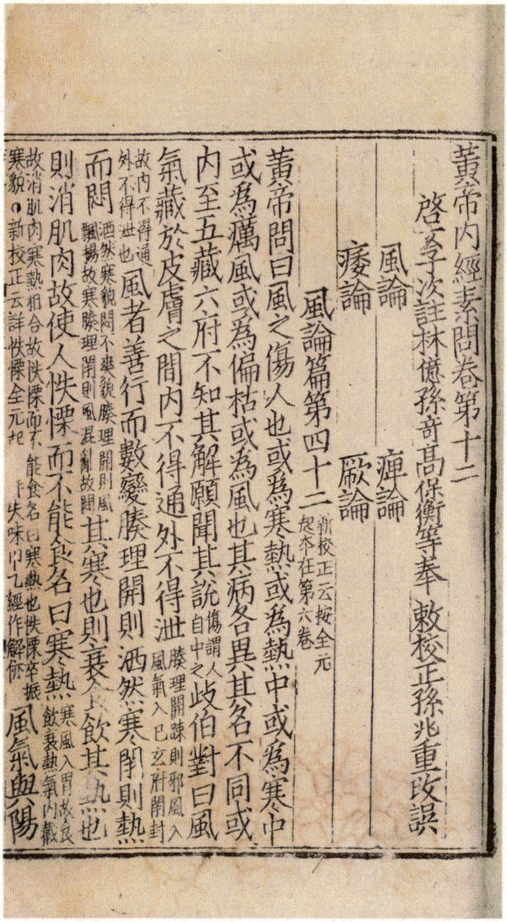
黄帝内經素問卷第十二
啓玄子次註林億孫奇高保衡等奉敕校正孫兆重改誤
風論　痺論
痿論　厥論
風論篇第四十二　新校正云按全元起本在第六卷
黄帝問曰風之傷人也或爲寒熱或爲熱中或爲寒中或爲癘風或爲偏枯或爲風也其病各異其名不同或内至五藏六府不知其解願聞其說　傷謂人自中之　岐伯對曰風氣藏於皮膚之間内不得通外不得泄　腠理開疎則邪風入風氣入已玄府閉封故内不得通外不得泄也　風者善行而數變腠理開則洒然寒閉則熱而悶　洒然寒貌悶不爽貌腠理開則風飄揚故寒腠理閉則風混亂故悶　其寒也則衰食飲其熱也則消肌肉故使人怢慄而不能食名曰寒熱　寒風入胃故食飲衰熱氣内藏故消肌肉寒熱相合故怢慄而不能食名曰寒熱也怢慄卒振寒貌 ● 新校正云詳怢慄全元起本作失味甲乙經作解㑊　風氣與陽

金代刻本《黄帝内经素问》

（二）伪书产生的原因

伪书的产生有其客观因素和主观因素。从性质上看，又分有意作伪和失误致伪二类。

有意作伪大致可分为以下五种情况：

1.托古自重

古人崇古之心甚浓，认为远古的社会是最理想的黄金时代。许多人便利用时人好古心理，把自己的主张、理想套在古代圣贤头上。在著书的过程中，或托古人之名，或掇古人之事，或挟古人之文，或蹈古书之名，借以宣传自己的见解和主张。远则托之于神农、黄帝，近则托之于尧舜、周公。正如《淮南子·修务训》中所说："世俗之人多尊古而贱今，故为道必托之于神农、黄帝而后能入说。"于是以古圣先贤为撰者的书籍便大量出现，流传于世。如《本草》托名于神农、《易卦》托名于伏羲、《医经》托名于黄帝、《周礼》托名于周公等，均属此类。

2.沽名牟利

中国古代典籍，每遭战乱，必经浩劫。历代政权建立之初，往往要广求天下遗书，甚至高价购求，厚禄赏赐。由于此前图书散佚严重，又急于补充而不能严格鉴别，于是给求名牟利之徒以可乘之机。有的改头换面，有的伪造重抄，有的割裂杂凑，几乎是各显神通。古代伪书中的很大一部分即由此而来。如隋文帝酷爱《易经》，当时的学者刘炫为了邀功取赏，编造了《连山》《归藏》两部易经，献给文帝。并说《连山》是夏朝的易经，《归藏》是商朝的易经。东晋梅赜伪造孔传《古文尚书》，历代学者皆信，并将其立于学官，直到清初方考订是伪书。还如明清之际的书贾为牟利，经常剜补古书牌记，伪造宋元图书，在在皆有。

3. 打击异己

古人在学术上有门户之争，互相轻视，彼此攻击，或在政治上党同伐异，采用伪造古书或篡改经典的方式，攻击诬陷，打击异己。前者如魏王肃伪造《孔子家语》以压倒郑玄；后者如唐代牛李党争之时，李德裕门人韦瓘用牛僧孺的名义伪造《周秦行纪》来陷害牛僧孺。

4.掠人之美

古人也常有剽窃之举。晋人郭象为了求名，曾把向秀的《庄子释义》稍加改窜，列为己注。南朝宋人何法盛，剽窃郗绍《晋中兴书》为己作。清代王鸿绪《明史稿》系盗窃万斯同稿，大加改窜后，题曰“横云山人”所著。此种手段尤为卑劣，向来为人不齿。后人研究时也颇难分辨。

5.好事续补

一部名著出现以后，好事者往往有续补之作，但又不署其名，便使原作与续作相混，生出许多疑

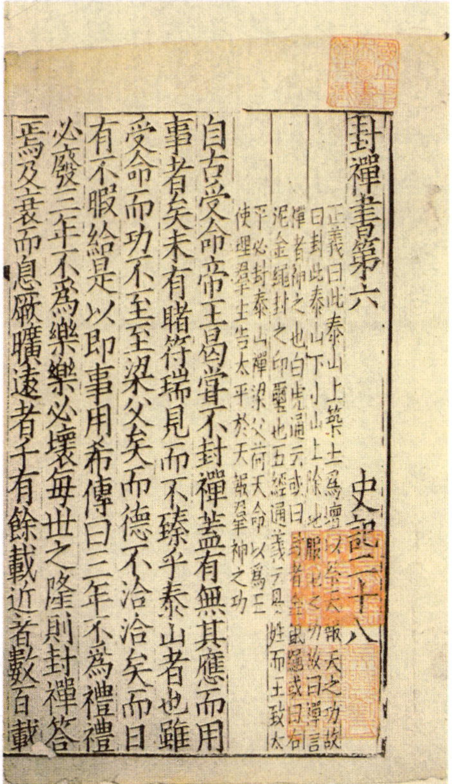
封禪書第六　史記二十八
正義曰此泰山上築土爲壇以祭天報天之功故
曰封此泰山下小山上除地報地之功故曰禪言
禪者神之也白虎通云或曰封者金泥銀繩或曰石
泥金繩封之印璽也五經通義云易姓而王致太
平必封泰山禪梁父荷天命以爲王
使理羣生告太平於天報羣神之功
自古受命帝王曷嘗不封禪蓋有無其應而用
事者矣未有睹符瑞見而不臻乎泰山者也雖
受命而功不至至梁父矣而德不洽洽矣而日
有不暇給是以即事用希傳曰三年不爲禮禮
必廢三年不爲樂樂必壞每世之隆則封禪答
焉及衰而息厥曠遠者千有餘載近者數百載

明嘉靖年间震泽王延喆覆宋刻本《史记》

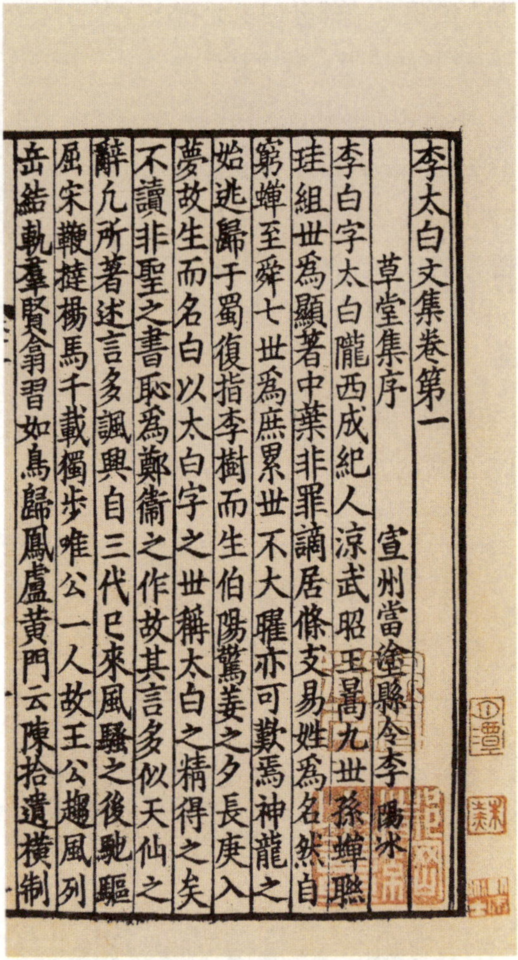

李太白文集卷第一

草堂集序　宣州當塗縣令李陽冰

李白字太白隴西成紀人涼武昭王暠九世孫蟬聯珪組世爲顯著中葉非罪謫居條支易姓爲名然自窮蟬至舜七世爲庶累世不大曜亦可歎焉神龍之始逃歸于蜀復指李樹而生伯陽驚姜之夕長庚入夢故生而名白以太白字之世稱太白之精得之矣不讀非聖之書恥爲鄭衛之作故其言多似天仙之辭凡所著述言多諷興自三代巳來風騷之後馳驅屈宋鞭撻楊馬千載獨步唯公一人故王公趨風列岳結軌羣賢翕習如鳥歸鳳盧黃門云陳拾遺橫制

宋成都眉山刻本《李太白文集》

案。最典型的例子是史学名著《史记》。今本《史记》130篇，不少篇章并非出自司马迁之手，因为书中记载了太多司马迁死后十几年乃至一百年以后的事情。这部分内容就是后人所补。据《史通》考辨，司马迁去世后的百余年间，续写《史记》者竟有18人之多。其中只有褚少孙所续之文标明“褚先生曰”，尚可识别，其余17人手笔，大都无法辨认。

伪书的产生除有意作伪外，失误致伪也是一个重要方面。此类伪书一般是由于后人张冠李戴、失考误断所致，并非有意为之。一是因为书中有某人名而误题，如《周髀算经》，误题为周公所作；二是因为书中多述某人行事和言论而得名，如《孝经》引书中讲曾子言行甚多，后人遂定其作者为曾参；三是查不出作者而臆断，如《山海经》，并不成于一人之手，后人臆断为大禹、伯益；四是编辑者一味贪多，误将他人作品编入的，如《李太白集》就收有他人之作。凡此种种，都属后人妄加臆断，虽非有意作伪，却导致了名称与内容的混乱。

伪书产生的原因很多，情况也很复杂，以上所论，仅就其大略而言。在面对具体图书时，必须细致考辨。

（三）伪书的种类

伪书因伪造情况复杂，伪的程度和方式也因而不尽相同。可将其分为以下几类：

1.全部伪。指内容、书名、作者皆伪。全伪以子部书籍为最多，如《鬼谷子》《关尹子》《孔丛子》之类。其次是经部和史部。如经部书籍《尚书孔氏传》《子贡诗传》《孔子家语》等。

2.伪中有伪。原书本来就是伪书，因亡佚，后人又胡编乱造，遂成伪书之伪书。如《乾凿度》，本是战国期间阴阳家及西汉方士所作，却假托孔子所作。而今本《乾凿度》又经后人增添而成。

3.真中有伪。就其大体而言不伪，但具体内容则有伪。如《史记》，现存130篇，其中绝大部分是司马迁所作，而一部分是后人续作。再如李白、杜甫集中，由于编校者考核不精，遂使他人作品羼入其中。

4.伪中有真。整体来看是伪书无异，而其中部分内容却不伪。如《鹖冠子》是一部伪书，但其中的《鹏赋》确是真的。又如东晋梅赜所上的孔安国注58篇《古文尚书》，也是伪中杂真。

5.真伪相杂。如《管子》一书，

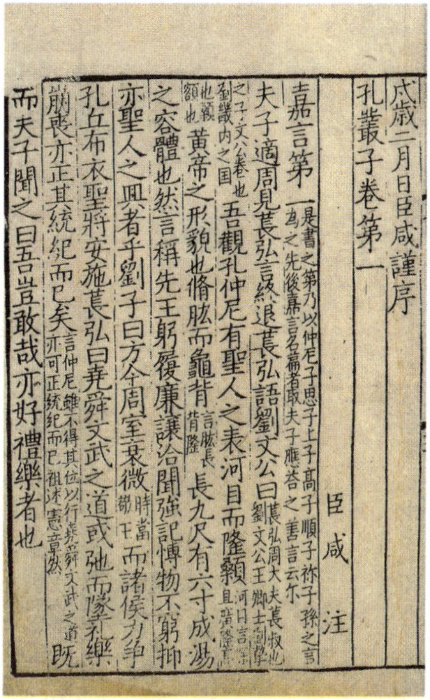
咸歲二月日臣咸謹序
孔叢子卷第一 臣咸注
嘉言第一
夫子適周見萇弘言終退萇弘語劉文公曰
吾觀孔仲尼有聖人之表河目而隆顙
黃帝之形貌也脩肱而龜背長九尺有六寸成湯
之容體也然言稱先王躬履廉讓洽聞強記博物不窮抑
亦聖人之興者乎劉子曰方今周室衰微而諸侯力爭
孔丘布衣聖將安施萇弘曰堯舜文武之道或弛而墜禮樂
崩喪亦正其統紀而已矣既
而夫子聞之曰吾豈敢哉亦好禮樂者也

宋刻本《孔丛子》

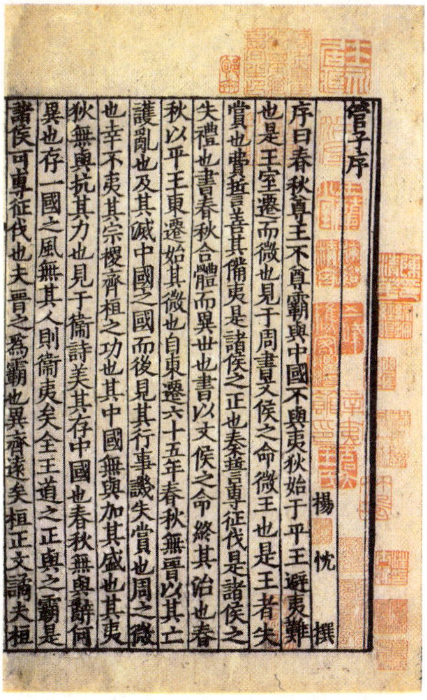
管子序
楊忱撰
序曰春秋尊王不尊霸與中國不與夷狄始于平王避夷難
也是王室遷而微也見于周書文侯之命微王也是王者失
賞也費誓善其備夷是諸侯之正也秦誓尊征伐是諸侯之
失禮也書春秋合體而異世也書以文侯之命終其治也春
秋以平王東遷始其微也自東遷六十五年春秋無晉以其亡
護亂也及其滅中國之國而後見其行事譏失賞也周之微
也幸不夷其宗禊齊桓之功也其中國無與加其盛也其夷
狄無與抗其力也見于衞詩美其存中國也春秋無與蔚何
異也存一國之風無其人則衞夷矣全王道之正與之霸是
諸侯可尊征伐也夫晉之為霸也異齊遠矣桓正文譎夫桓

宋刻本《管子》

内篇是管子本人所著，外篇则杂入后人著作，汇集而成。

（四）辨别伪书的方法

辨别伪书的方法，前人论述颇多，日趋精密。最早做系统总结的是明代的胡应麟。他在《四部正伪》中概括总结了辨伪八法：

凡核伪书之道，核之《七略》以观其源；核之群《志》以观其绪；核之并世之言，以观其称；核之异世之言，以观其述；核之文以观其体；核之事以观其时；核之撰者以观其托；核之传者以观其人。核此八法，而古今赝籍无隐情矣。

意思是说：遇着一部可疑的古书，首先检查一下最早的目录书，看著录了没有。其次翻阅历代《经籍志》或《艺文志》，研究这部古书什么时代见于著录，以考其流传的线索。第三，从作者同时人的著作中，检查有无谈到或称引这部书的地方。第四，从后世的书籍中，检查有无发挥或引申这部书的言论。第五，从文体上，检查是否与作者所处时代的笔调相合。第六，从内容上，检查是否与作者所处时代的事实相符。第七，检查所标作者姓名，是否出于托古。第八，检查首先传布这部古书的，是什么人。这是对前人和他自己辨伪经验的总结，概括的十分精要，在辨伪学史上具有划时代的意义，对后世辨伪学影响

梁启超先生所著《中国历史研究法》

甚巨。后世学者论述辨伪之法，多脱胎于胡应麟的辨伪八法。

近代以来，梁启超和胡适在总结前人辨伪理论和实践的基础上，对古书的辨伪之法进行了更为系统和全面的阐发。如梁启超先生提出了辨别伪书的12条公例：

（1）其书前代从未著录或绝无人征引而忽然出现者，什有九皆伪。

（2）其书虽前代有著录，然久经散佚，乃忽有一异本突出，篇数及内容等与旧本完全不同者，什有九皆伪。

（3）其书不问有无旧本，但今本来历不明者，即不可轻信。

（4）其书流传之绪从他方面可以考见，而因以证明今本题某人旧撰为不确者。

（5）真本原本经前人称引，确有佐证，而今本与之歧异者，则今本必伪。

（6）其书题某人撰而书中所载事迹在本人后者，则其书或全伪，或一部分伪。

（7）其书虽真，然一部分经后人窜乱之迹既确凿有据，则对于全书之全体须慎加鉴别。

（8）书中所言确与事实相反者，则其书必伪。

（9）两书同载一事绝对矛盾者，则必有一伪或两俱伪。

（10）各时代之文体盖有天然界画，多读书者自能知之。故后人伪作之书有不必从字句求枝叶之反证，但一望文体即能断其伪者。

（11）各时代之社会状态，吾侪据各方面之资料，总可以推见崖略；若某书中所言其时代之状态与情理相去悬绝者，即可断为伪。

（12）各时代之思想，其进化阶段自有一定，若某书中所表现之思想与其时代有不相衔接者，即可断为伪。①

---

①梁启超：《中国历史研究法》，第91—94页，上海古籍出版社2004年版。

胡适在《中国哲学史大纲》中将辨伪之法总结为5条：

（1）史事　书中的史事，是否与作书的人的年代相符。如不相符，即可证那一书或那一篇是假的。

（2）文字　一时代有一时代的文字，不致乱用。作伪书的人，多不懂这个道理，故往往露出作伪的行迹来。

（3）文体　一个时代有一个时代的文体，一个人也有一个人的文体。后人尽管仿古，古人绝不仿今。

（4）思想　凡能著书立说成一家言的人，他的思想学说总有一个系统可寻，决不致有大相矛盾冲突之处。故看一部书里的学说是否能联络贯串，也可帮助证明那书是否真的。

（5）旁证　还有一些证据是从别书里寻出来的，故名为旁证。

以上三种辨伪方法既有相同之处，也有不同之处，但都简明而科学，对今之辨伪学者仍有重要的借鉴意义。综合其要点，不外有四种方法：（1）从目录著录上考察源流；（2）从作品本身辨别真伪（包括思想、文体、文法、文字、字句等方面）；（3）研究版刻形式以辨真伪；（4）寻找各种旁证以辨真伪。对于今人来说，既要掌握辨伪的基本方法，同时也要充分利用前人的辨伪成果，而不必每见一书都要先事辨伪。

三、精校细勘

校勘，又称校雠，就是将不同版本的古籍加以对比，审定原文之正误真伪。张舜徽先生在《中国校雠学叙论》一文中提出，校雠学“实际上包括了版本、校勘、目录三方面内容。这三者便是校雠学的具体部分。假使缺损其一，都不能成为完整的校雠学”。实际上，这三门学问关系固然十分密切，但又各自独立成学。

我国校勘工作起源甚早，相传孔子时代就有文字比勘活动，汉代刘向、刘歆父子校书始具规模。此后代有发展，至宋代出现了校勘学专门的学术论著《通志·校雠略》（郑樵著），标志着我国校勘学的正式形成。元明清三代都有校勘学论著问世，不断地丰富校勘学内容，完善其体制，使其成为一门独立的学科。

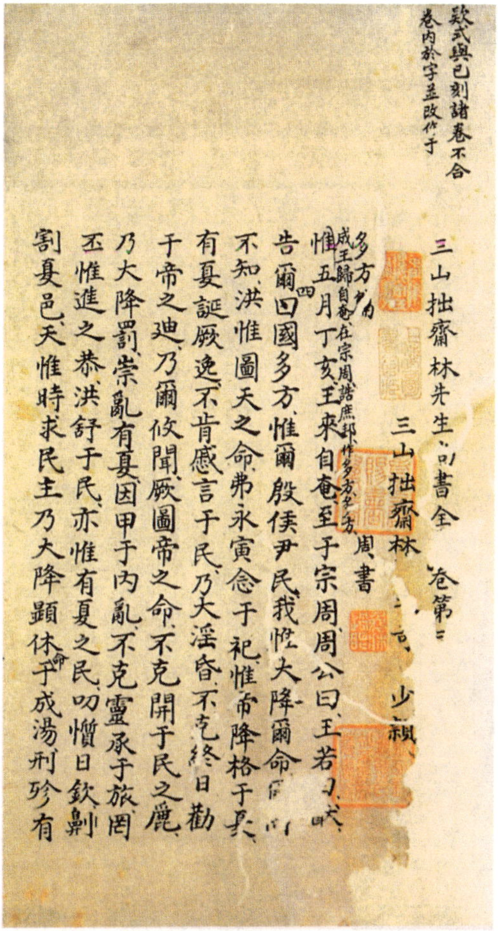

欵式與已刻諸卷不合
卷內於字並改作于

三山拙齋林先生尚書全　卷第
三山拙齋林　少穎
周書
多方
成王歸自奄在宗周誥庶邦作多方
惟五月丁亥王來自奄至于宗周周公曰王若曰猷
告爾四國多方惟爾殷侯尹民我惟大降爾命爾罔
不知洪惟圖天之命弗永寅念于祀惟帝降格于夏
有夏誕厥逸不肯感言于民乃大淫昏不克終日勸
于帝之迪乃爾攸聞厥圖帝之命不克開于民之麗
乃大降罰崇亂有夏因甲于內亂不克靈承于旅罔
丕惟進之恭洪舒于民亦惟有夏之民叨懫日欽劓
割夏邑天惟時求民主乃大降顯休命于成湯刑殄有

清丁杰校本《尚书全解多方篇》

（一）校勘的重要性

校雠一词，最早出自刘向的《别录》：“校雠：一人读书，校其上下，得谬误为校；一人持本，一人读书，若怨家相对，故曰雠也”。古书在流传中，不论是抄写还是印刷，难免会出现误字、衍文、脱文、错位等现象。要想将这些错误找出来，定其是非，并尽可能恢复古书原貌，就必须进行一番校勘工作。因此，前人都非常强调校勘工作的重要性。如清代王鸣盛就认为：“欲读书必先精校书，校之未精而遽读，恐读亦多误矣。”今人陈垣也强调：“校勘为读史先务，日读误书而不知，未为善学也。”

校勘是读书和研究的基础，通过校勘，可以正事实、通文字、惠后学。前人对校勘的作用多有论述。近人叶德辉从校勘者的角度出发，有“校勘八善”之论：

书不校勘，不如不读。校勘之功，厥善有八：习静养

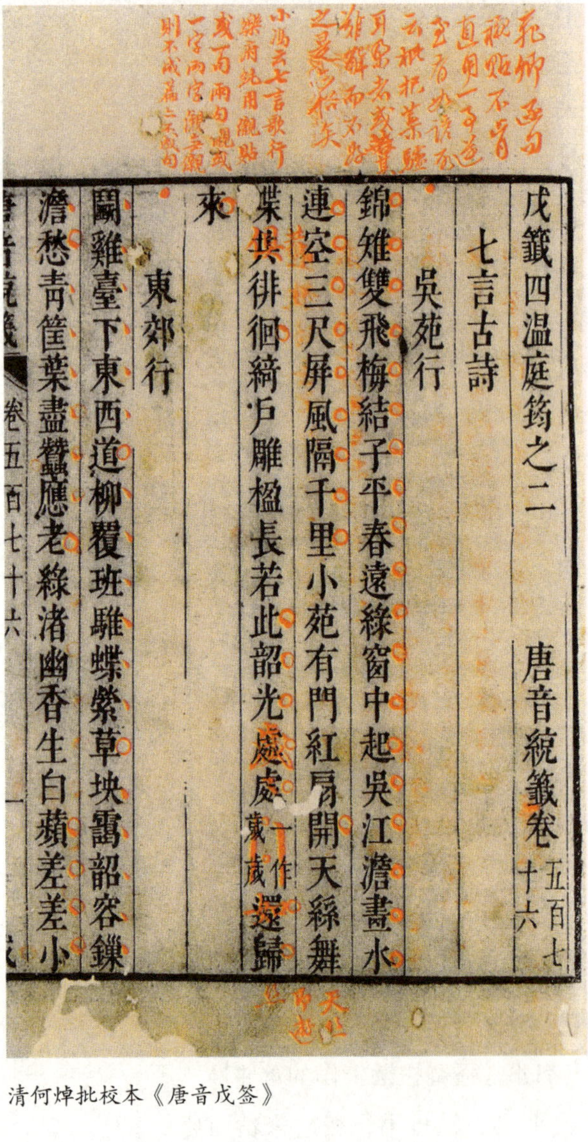

清何焯批校本《唐音戊签》

心，除烦断欲，独居无俚，万虑俱消，一善也；有功古人，津逮后学，奇文独赏，疑窦忽开，二善也；日日翻检，不生潮霉，蠹鱼蛀虫，应手拂去，三善也；校成一书，传之后世，我之名字，附骥以行，四善也；中年善忘，恒苦搜索，一经手校，可阅数年，五善也；典制名物，记问日增，类事撰文，俯拾即是，六善也；长夏破睡，严冬御寒，废寝忘食，难境易过，七善也；校书日多，源流益习，出门采访，如马识途，八善也。[1]

叶氏所论，不免处处流露传统士大夫的闲情逸致，后人多有诟病者，但他说校勘工作“有功古人，津逮后学”，“校成一书，传之后世”，则是非常有见地的。

①叶德辉：《藏书十约·校勘七》，见《书林清话》，第339页，北京燕山出版社1999年版。

今人李致忠在《古书版本学概论》一书中从学术研究的角度将校勘的作用，归纳为五条：（1）校勘可以出善本；（2）校勘可以别优劣；（3）校勘可以判源流；（4）校勘可以辨真伪；（5）校勘可以定版本。足见校勘之功甚大。他还认为版本学是从校勘学中脱胎而来的，脱胎后的版本学又反转过来利用校勘来营养、滋补、充实、完善自己，真正的版本学，从来就不能脱离校勘学。这是符合实际的。

（二）古书的讹误及致误原因

校勘的前提是书中有错。综而观之，古书在流传过程中发生的讹误情况不外误、脱、衍、错位四种。

误字，是指以形似音同代替本字的字，或因书写误将一字分为两字、两字合为一字的字。

脱文，指原文无故被舍去的字。少则脱一字、数字，多则脱一句、数句，甚者脱一页、数页。

衍文，与脱文相反，指原文以外多出的词句和字。有衍字、衍句、衍行、衍页者。

错位，指文字位置的颠倒错乱，包括常说的“错简”“倒”等。

分析古书致误原因，可分为四方面：

一是文字“形讹”。有因古文（小篆以前文字）的形近而讹

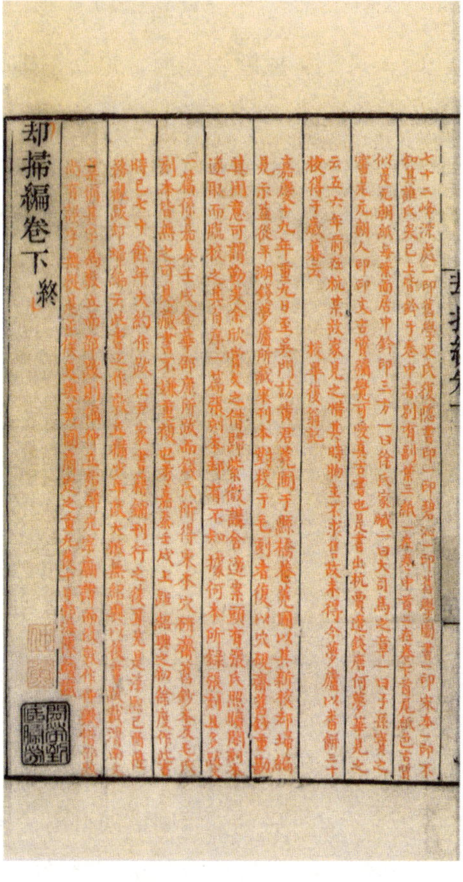

清陈鳣批校《学津讨原》之一《却扫篇》

者，有因篆、隶、楷书或草书的形近而讹者。如孔子的得意门生子夏经过卫国时，听到有人读史说“晋师三豕涉河”。子夏纠正说：“错了，是己亥，不是三豕，‘己’与‘三’形近，‘豕’与‘亥’相似”。经过核对，果然为“晋师己亥涉河”。所以古人有俗语说：“书经三写，以帝为虎，以乌为鸟；书经三刻，以鲁为鱼，以亥为豕”。

二是误写误改。有因涉注文而误者，有因涉上下文而误者，这主要是由于抄写、缮刻者粗心，又未经认真校勘之故。还有无知而妄改的，不识古字，不知古义而误断。如“壮月”本是八月的别称，李清照的《金石录·后序》题为“壮月朔”（八月初一）竟被刻印者改为“牡丹朔”。

三是简策错乱或字句错乱。早期简策绳子容易朽断，造成断编残简，重新编排十分不易，致有漏简、脱缺现象。据言《风俗通》的传本至少脱去590多条，成语“吴牛喘月”“众志成城”以及“月与星并无光，日照之乃光”这样的珍贵史料，都在佚文之中。字句错乱大半是写者粗心或校者妄改。对此，既不能不知有这种情况，一味盲从迷信；也不能轻易改动，动辄推之错简。

四是不良书贾唯利是图，或偷工减料，以残充全，或以假乱真，伪造牌记藏章，不择手段，花样翻新。致使古书错乱丛出，难以卒读。如明代刊书者往往窜乱旧本，使古书本来面貌尽失。

因此，校雠工作必不可少，致成专门之学。一部《二十一史》，明北监本、汲古阁本都有许多误漏，清代武英殿本稍好些，但与“百衲本”相比，误处仍很惊人，有一处就脱去200多字。张元济博采善本，加以合校，写出《校史随笔》，并给我们提供了较为优秀的《百衲本二十四史》。许多书都是先校后刻，否则讹误百出，殆不可读。

（三）校勘的步骤与方法

校勘工作有一定的工作程序，其步骤为：

（1）搜集各种版本和有关资料，以备比勘。

（2）比较各种版本及有关资料，选出底本，找出异同。即选一部较好的本子为底本，与其他本子或有关书籍、资料对比，查出它们之间的差异。

（3）审校舛讹，定其是非。即对比诸本之间、本书与他书之间的差异，根据文义，判断是非。

（4）撰写校记，以备读者查阅。校记又称校勘记，是校勘成果的文字表达形式。校勘记的写法有一定的格式。

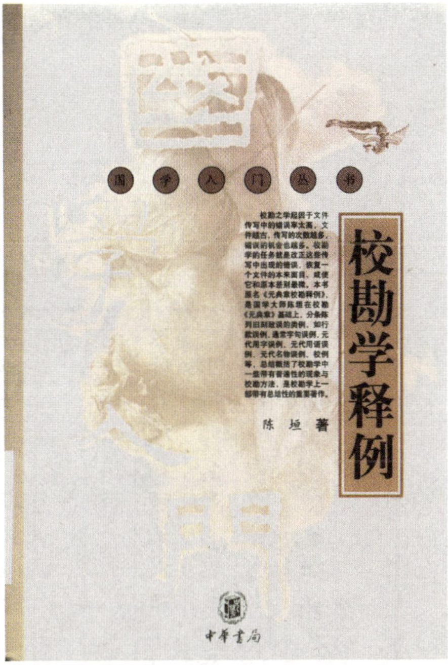

陈垣先生所著《校勘学释例》

前人论述校勘方法者甚多。其中当以陈垣先生所说最为简明、实用。他曾对《元典章》精核细勘，得谬12000余条，并于1931年写成《元典章校补释例》一书，后更名为《校勘学释例》，是对校勘方法的总结。在第六卷“校例”中，他总结了历代校勘方法，概括为四种：对校法、本校法、他校法和理校法。下面引陈氏说法分别说明：

陈垣先生在北京师范大学校门前（1962年9月20日）

（1）对校法。方法是“以同书之祖本或别本对读，遇不同之处，

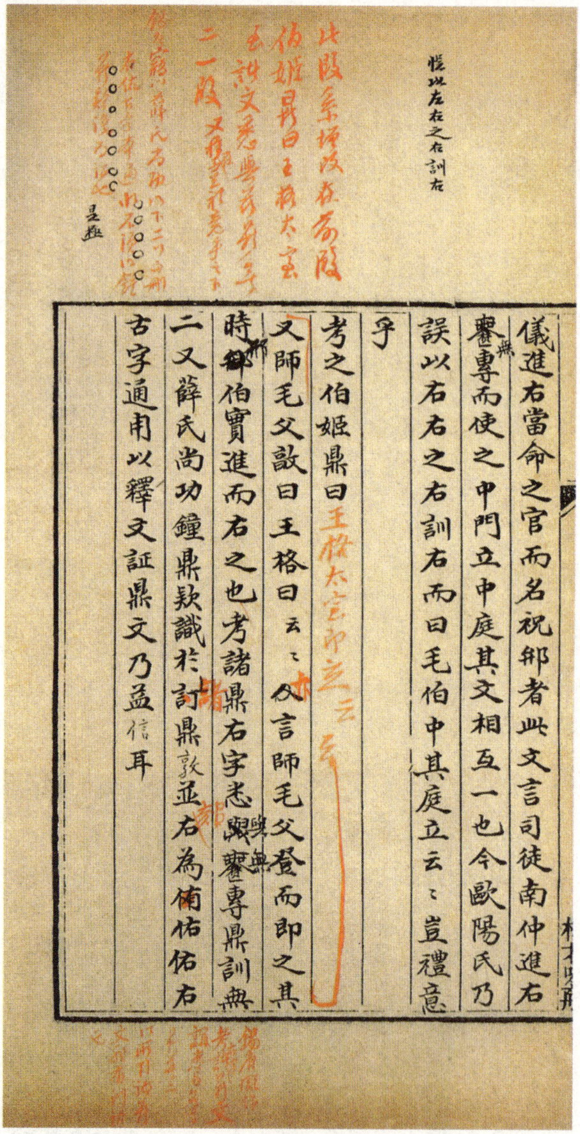

儀進右當命之官而名祝邠者此文言司徒南仲進右
饔專而使之中門立中庭其文相互一也今歐陽氏乃
誤以右右之右訓右而曰毛伯中其庭立云云豈禮意
乎
考之伯姬鼎曰
又師毛父敦曰王格曰云云又言師毛父登而即之其
時邠伯實進而右之也考諸鼎右字悉與饔專鼎訓典
二又薛氏尚功鐘鼎款識於討鼎款盂右為侑佑佑右
古字通用以釋文証鼎文乃益信耳

清朱锡庚辑校稿本《笥河文集》

则注于其旁”。在四种方法中，“此法最简便，最稳当，纯属机械法”。其主旨在于“校录异同，不校是非”。长处是“不参己见，得此校本，可知祖本或别本之本来面目”。短处是“不负责任，虽祖本或别本有讹，亦照式录之”。“凡校一书，必须先用对校法，然后再用其他校法”。对校又称版本校。主要有两个方面的功用：一是发现问题；二是解决问题。

（2）本校法。“以本书前后互证，而抉摘其异同，则知其中之谬误……此法于未得祖本或别本以前，最宜用之。”陈垣在校《元典章》时，“曾以纲目校目录，以目录校书，以书校表，以正集校新集，得其节目讹误者若干条”。“至于字句之间，则循览上下文义，近而数页，远而数卷，属词比事，牴牾自见，不必尽据异本。”可见，本校法是根据上下文来校正古书文字讹误的校勘方法。它是利用本书本篇本文的各种对应关系来进行的。

（3）他校法。即“以他书校本书”。“凡其书有采自前人者，可以前人之书校之；有为后人所引用者，可以后人之书校之；其史料有为同时之书所并载者，可以同时之书校之。”这种校对法，“范围较广，用力较劳，而有时非此不能证明其讹误”。

（4）理校法。段玉裁所谓“校书之难，非照本改字，不讹不漏之难；定其是非之难”，就是理校法。“遇无古本可据，或数本互异，而无所适从之时，则须用此法。此法须通识为之，否则鲁莽灭裂，以不误为误，而纠纷愈甚也。故最高妙者此法，最危险者亦此法。”可见，理校法是运用分析、综合等手段据理推正古书文字讹误的一种校勘方法。

除了以上四种方法以外，在具体的校勘工作中还可用参校法，即用一切可供参考的材料校本书，包括甲骨、金石、民俗、方言等各种记载，均可作为校勘的参考。《颜氏家训·书证》中记载，颜之推利用开皇二年（582）出土的铁秤权之上的铭文校正《史记·秦始皇本纪》，校出丞相“隗林”，当为“隗状”，十分令人信服，是参校法的典型事例。

在具体的校勘工作中，往往要根据实际情况综合运用以上几种方法。不论用何种校勘方法，都应该遵循“不妄改古书”的原则。历代著名校勘家都非常强调这一点。如果任意去取，又不加说明，就很容易妄改图书，不仅降低校勘的作用，而且贻误读者。清代刘文淇曾在《宋元镇江志·校勘记》序中提出校勘“改字”的原则，认为：“实属承讹，在所当改；别有依据，不可妄改；义可两存，不必遽改”。即：可以充分肯定是讹误者，可改之；本书或有讹误，但没有其他依据，不可妄自改动；诸本不同，难定是非，则应两存之。这一原则充分体现了前人在校勘中的谨慎态度，值得今人借鉴。

前人校书，已出不少成果。如经部成本有《经典释文》《十三经校勘记》《群经平议》等；史部有《十七史商榷》《二十一史考异》《校史随笔》等；子部有《诸子平议》《读诸子札记》《群书校补》等；兼包四部者有《群书拾补》《群书校补》《香草校书》等。其他散见于各家文集、札记和书目题跋的校勘成果也有很多，都可供研究参考。

四、辑录佚书

历代典籍，经水火兵燹，多有亡佚。“佚”，或作“逸”，当散失讲。佚书是指失去不传的书。辑，聚集，收集之意。辑佚，即收聚散失之意。有些佚书名亡而实不亡，在其全书佚失之前，它的一些章节、语句曾被其他古书、古注、方志类书、总集引用过，因此而保留下来。辑佚就是把各类传世古书中所征引的原佚书的某些章节、语句搜辑起来，掇拾补录，以存原书的残篇及概貌。被辑出的佚书，就是辑佚书。如鲁迅先生的《古小说钩沉》《会稽故书杂集》均为辑佚书。通过辑佚，可以“存旧学之梗概，窥古人之崖略”。一则可以使佚书复见于世，丰富古代文化典籍；二则可以为学术研究提供宝贵的资料。李一氓先生就说：“古人从许多丛书、类书中沙里淘金似的，辑出了不少佚书，对学术贡献巨大。”[①]可见辑佚之重要价值。

（一）辑佚小史

辑佚工作始于宋。王应麟辑郑玄《周易注》《尚书注》及三家诗（即《诗经》的齐、鲁、韩三家说）为辑佚之始。近人

①《李一氓同志在1982年3月于国务院古籍整理出版规划小组会议上的讲话》，见高振铎主编：《古籍知识手册》，第254页，山东教育出版社1988年版。

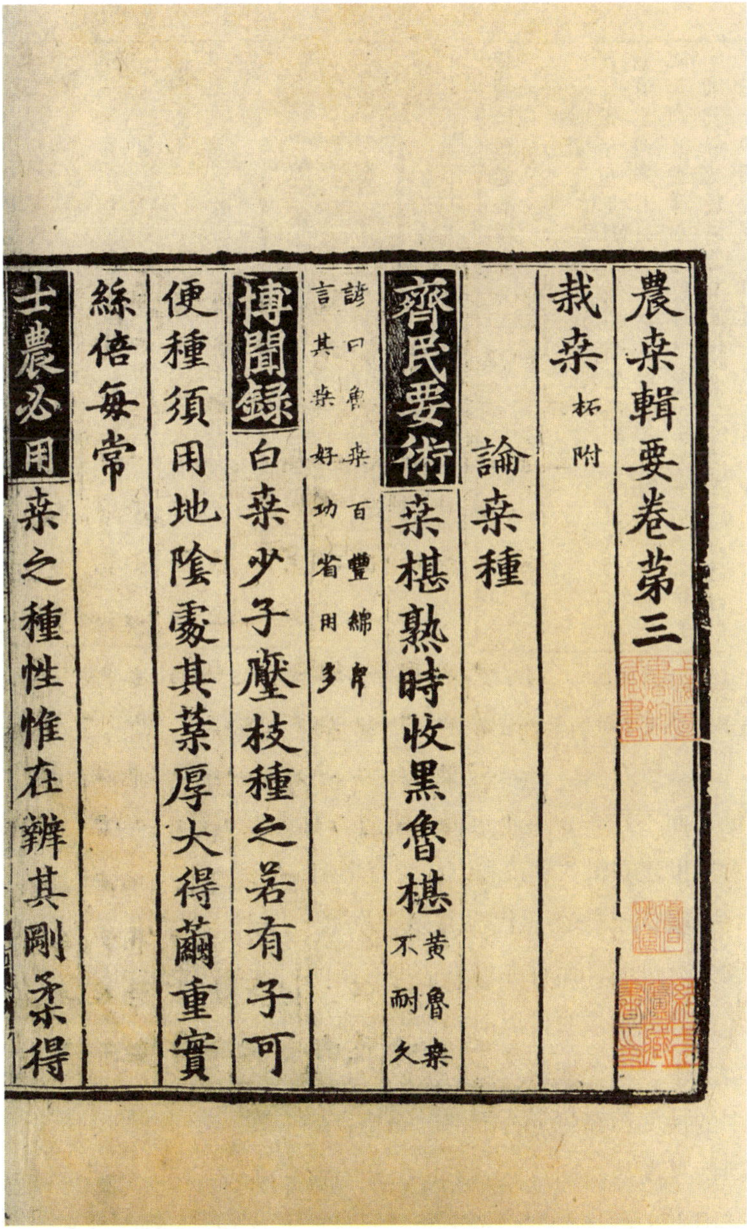
農桑輯要卷第三
栽桑柘附
論桑種
齊民要術 桑椹熟時收黑魯椹黃魯桑不耐久諺曰魯桑百豐綿帛言其桑好功省用多
博聞錄 白桑少子壓枝種之若有子可便種須用地陰處其葉厚大得繭重實絲倍每常
士農必用 桑之種性惟在辨其剛柔得

元浙江省杭州路刻本《农桑辑要》

叶德辉则提出，在此之前，已有辑《相鹤经》者。宋代学者不仅动手搜集佚书，并且还对这一工作提出了指导性的理论。郑樵就提出了“书有名亡实不亡”的观点，他说“书有亡者，有

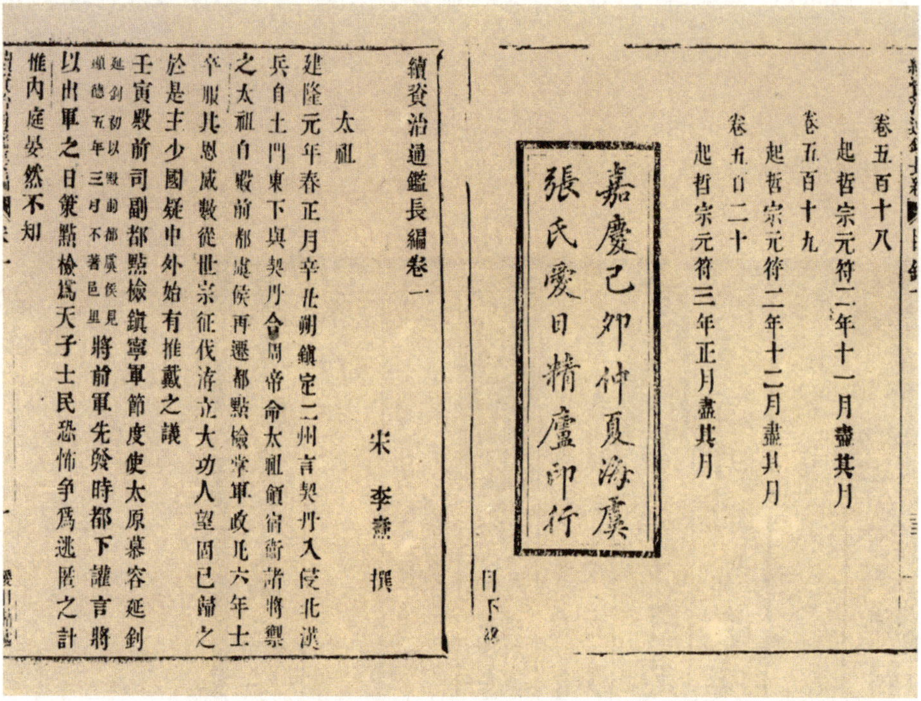
續資治通鑑長編目錄一

卷五百十八
起哲宗元符二年十一月盡其月
卷五百十九
起哲宗元符二年十二月盡其月
卷五百二十
起哲宗元符三年正月盡其月

嘉慶己卯仲夏海虞
張氏愛日精廬印行

續資治通鑑長編卷一
宋 李燾 撰
太祖
建隆元年春正月辛丑朔鎮定二州言契丹入侵北漢兵自土門東下與契丹合周帝命太祖領宿衛諸將禦之太祖自殿前都虞侯再遷都點檢掌軍政凡六年士卒服其恩威數從世宗征伐洊立大功人望固已歸之於是主少國疑中外始有推戴之議
壬寅殿前司副都點檢鎮寧軍節度使太原慕容延釗延釗初以殿前都虞侯見顯德五年三月不著邑里將前軍先發時都下讙言將以出軍之日策點檢爲天子士民恐怖爭爲逃匿之計惟內庭晏然不知

清嘉庆年间张氏爱日精庐活字印本《续资治通鉴长编》

虽亡而不亡者，有不可以不求者，有不可求者。”①这一论点对后世建立辑佚理论和方法颇有影响。

辑佚工作在元代没有多大发展。明代不仅辑佚活动较元朝大有进展，而且在理论上也有新的突破。元末明初陶宗仪之《说郛》辑录明代以前的小说史志，值得称道。孙珏从汉唐古籍之中，广泛搜辑六经、《论语》《孝经》的纬书和河图、洛书的佚文，编成《古微书》36卷。是一部专辑纬书的著作。张溥的《汉魏六朝百三名家集》开始辑录诗文。如《魏武帝集》《隋书·经籍志》记为26卷，新旧《唐书》的经籍、艺文志均为30卷，后佚，张氏辑得1卷，十分难得。明人祁承㸁在《澹生堂藏书约》中的《藏书略》内，对辑佚的理论和方法有十分

①宋·郑樵撰，王树民点校：《通志十二略》，第1807页，中华书局2012年版。

精彩的论述。如他论书之亡佚情况说：“如书有著于三代而亡于汉者，然汉人之引经多据之；书有著于汉而亡于唐者，然唐人之著述尚存之；书有著于唐而亡于宋者，然宋人之纂集多存之。” 他本人在阅读古书时，就经常注意失传的前代之书，如被引用，或者散见于注解之中，他也分别检录出来，辑到一起。如在宋代类书《大平御览》中辑出《周易坤灵图》《禹时钩命诀》《春秋考异邮》《感精符》之类，在《北堂书钞》中辑出《会稽典录》《汉纪》等。

清代考据学大兴，他们推崇汉学，而汉代经说由于时代久远，大部分散佚了，因此，这些校勘考据学家又千方百计地去搜集古经解，于是又成了辑佚学家。政府组织的有四库全书馆，周永年等人从《永乐大典》中辑出佚书448种。经史子集四部典籍都有，不少是部头可观的失传已久的名著，如《旧五代史》《建炎以来系年要录》《续资治通鉴长编》《周髀算经》《农桑辑要》《苏沈良方》《宝真斋法书赞》等。私家辑录更为可观。其中最著名的有黄奭的《黄氏逸书考》（又名《汉学堂经书》）分四类：《汉学堂经解》115种，《通讳》72种，《子史钩沉》84种，《通德堂经解》17种。马国翰的《玉函山房辑逸书》，其中：经编453种（缺21种），史编8种，子编172种（缺17种），计569种。还有严可均的《全上古三代秦汉三国晋南北朝文》共746卷。

到了现代，辑佚工作又进一步发展到小说（如《古小说钩沉》）、词（如《校辑宋金元人词》《全宋词补遗》等）、戏曲（如《永乐大典戏文三种》《元曲选外编》等）、诗话（如《宋诗话辑佚》）及其他（如《嵇康集》《会稽郡故书杂集》等）。特别是当代人著作佚文（如鲁迅的集外文）也有人从事搜集。

前人在古书辑佚方面付出了不少心血，也取得了可观的成绩，这些都值得我们去珍惜。但是有些辑佚书中也存在着一些缺点。近人刘咸炘写过一本《辑佚书纠谬》，指出过去学者在辑佚工作中容易犯的四大弊病：漏：有遗漏而未收的。滥：不应收而误收了的。其误收之故，一是臆断，二是非本书文而误当本书文收入。误：一是不审时代，二是所据是误本，故所收材料亦有讹误。陋：一是不审体制，二是不考源流，三是臆定次序，这是指书的编排而言的。所以，我们在利用前人的辑佚成果时，应该小心别择，防止误引误用。

（二）辑佚资料的来源

张舜徽先生在《中国文献学》一书中对辑佚的方法和途径作了总结，他指出取之唐宋类书，以辑群书；取之子史及汉人笺注，以辑周秦古书；取之唐人义疏，以辑汉魏经师遗说；取之诸史及总集（如《文苑英华》之类）以辑历代逸文；取之《经典释文》及《一切经音义》（以慧琳《音义》为大宗），以辑小学训诂学。今天看来，辑佚资料来源甚广，举其大者言之：

1.类书：特别是《艺文类聚》《太平御览》《玉海》《永乐大典》等大部头类书，保存佚书资料更多。《旧唐书》《旧五代史》等，即从《永乐大典》中辑出。唐宋类书编得早，保存古代佚书较多，明清类书则存前代诗文与史料，但有的类书校雠不精，每有误引，用时当注意。

2.史书：如《二十四史》等往往收入了一些奏议、诏令或其他文、赋，其"志"中亦往往征引古书，因而也是辑佚材料的一个重要来源。如《全上古三代秦汉三国六朝文》，其中有些即辑自《史记》《汉书》等史书。但史书作者征引古语，往往有所改变，不一定全系原文，所以辑录时要细心。

3.总集：如《文选》《玉台新咏》《文苑英华》等，是辑录汉魏六朝、唐人诗文一个重要来源。某些汉魏六朝、唐人诗集即是后人以辑佚方法从其中（还加上其他来源）辑出来的。后代的总集特别是一些地方总集（如《宛雅》《四明文

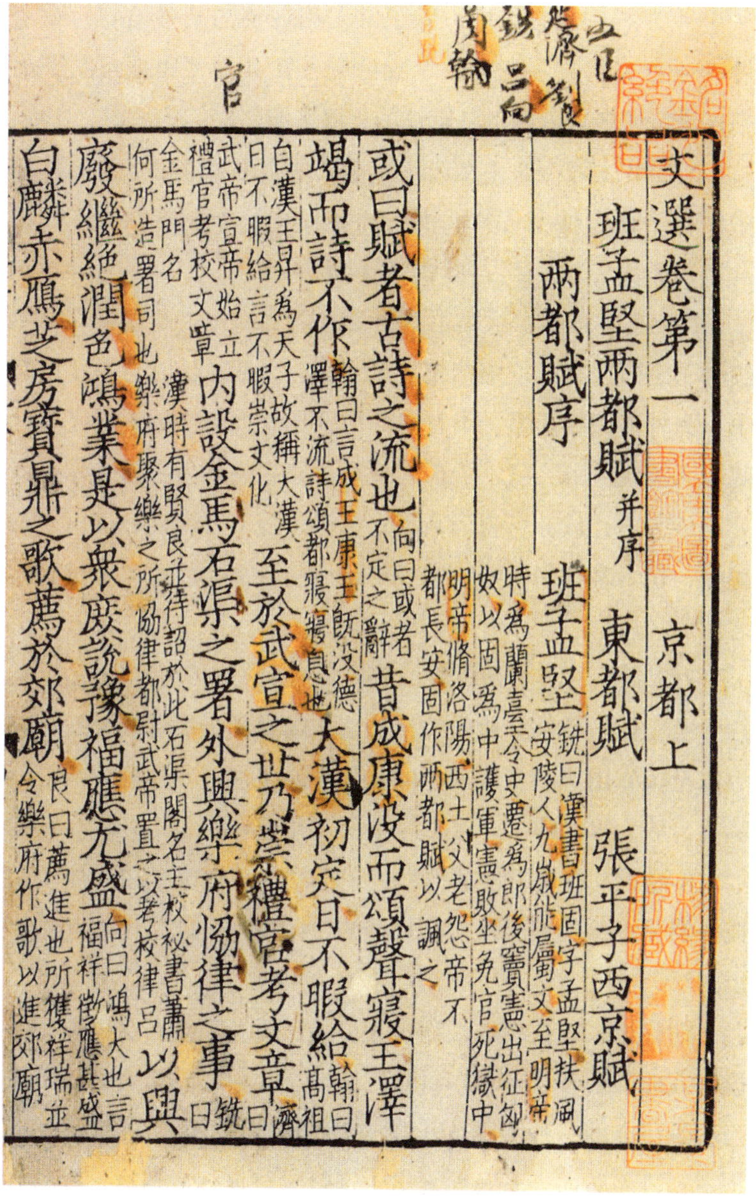

宋绍兴间建阳崇化书坊陈八郎宅刊本《文选》

献》）、专题选集（如《梅苑》）、词曲总集（如《阳春白雪》《乐府群玉》《词林摘艳》），保存诗、文、词、曲的资料亦颇多。

4.方志：地方志中，除了常引用古书的某些语句、章节外，还有“艺文”一类，专收诗文，尤其是《舆地纪胜》等书，录诗尤多。因此也是辑佚的重要来源之一。

5.古书注解：如《文选注》《三国志注》《水经注》，其中保存了许多佚书资料，而《经典释文》《玉篇》《广韵》《一切经音义》保存古训诂书资料尤多。

6.杂纂、杂钞：这类书本是摘录古书的，因此也保存着不少佚书资料，如《群书治要》《意林》，即辑佚时首先要用的书。另外专门纂集某一类材料的书，如《太平广记》《元和姓纂》《类说》等，就书的内容性质说，它们各为专门著作，但亦纂抄古书，故亦可视为杂纂、杂钞。随笔、诗话、读书杂记等类，也常常征引某些古书或记录一些诗文，因而也可供辑佚之用。

7.金石：这类更是辑佚的重要源泉。如《殷文存》《辽文存》及《金石萃编》所收的某些佚文即来源于甲骨或金石；敦煌以至银雀山、马王堆出土的文物中亦多佚书。这种史料价值颇大，故为辑佚的一个重要途径。

8.报刊：有些辑佚著作发表于报刊。报刊论文中可能引用或介绍了一些佚书、佚文。鲁迅的一些集外文就是由报刊中辑出的。

清代以来辑佚由经说而扩大至子、史、地理，又进而至小说、戏曲、语言、考古、科技，由经学的附庸发展成为从事专门科学研究的一种手段。其资料来源也由只注意古注、古史、类书，进而转向金石及地下出土资料以至报纸、刊物。其书之规模则由经说而扩大至兼包四部的大型书，再变为专科性质。这就说明辑佚是科学研究中搜集资料的一种方式，在科学研究中非常重要。但它并不神秘。

结　语
最能体现中国文化的图书

以上诸书，无论学矿学、工程学……皆须一读，若并此未读，真不能认为中国学人矣。

——梁启超：《国学入门书要目及其读法》

在中等以上的教育里，经典训练应该是一个必要的项目。经典训练的价值不在实用，而在文化。有一位外国教授说过，阅读经典的用处，就在教人见识经典一番。这是很明达的议论。再说做一个有相当教育的国民，至少对于本国的经典，也有接触的义务。

——朱自清：《经典常谈》

中华元典早已成为中华文化的标志。人们要想透视中华民族的灵魂，须藉助对这几部书提供的符号编码的破译，正如透过《吠陀》去了解印度人，透过《荷马史诗》《理想国》《形而上学》去了解希腊人，透过《圣经》去了解基督徒，透过《古兰经》去了解穆斯林一样。

——冯天瑜：《中华元典精神》

图书与文化的关系如此密切，而图书的数量又是浩如烟海，要通过图书来了解中国的传统文化，就必须择其经典来研究和阅读。事实上，古今的很多学者也都提出来，中国典籍虽然很多，但基本的要典也就几十种而已。

晚清时期的曾国藩就认为："古今书籍浩如烟海，而本根之书不过数十种。经，则《十三经》是已；史，则《廿四史》暨《通鉴》是已；子，则十子是已（五子之外，《管》《列》《韩非》《淮南》《鹖冠》）；集，则《文选》《百三名家》，暨唐宋以来专集数十家是已。自斯以外，皆剿袭前人之说以为言，编采众家之精以为书。"①

1984年1月25日，在台湾出版的《中央副刊》上登载了一封由台湾当局前任"国防部长"俞大维口述的《给女作家陈荔荔的一封信》，信中谈及：1912年，陈寅恪先生第一次从欧洲回国时，曾去拜见他父亲陈散原先生的老朋友夏曾佑先生。夏曾佑对他说："你是我老友之子，我很高兴你懂得很多种文字，有很多书可看。我只能看中国书，但可惜都看完了，现已无书可看了。"当年22岁的陈寅恪对夏曾佑的这番话很不理解，告别出来时心想，此老真是荒唐，中国书籍浩如烟海，哪能都看完了？后来，陈寅恪先生七十岁左右的时候，又见到表弟俞大维，重提当年那件往事，感慨道："现在我老了，也与夏先生同感。中国书虽多，不过基本几十种而已，其他不过翻来覆去，东抄西抄。"

---

①唐浩明：《唐浩明评点曾国藩语录》，第726页，华夏出版社2009年版。

张之洞

曾国藩、夏曾佑和陈寅恪均为一代文史大家，他们的说法具有一定的代表性。那么究竟哪些书是中国必读之书？哪些书影响了中国的历史？哪些书最能代表中国文化的精神？围绕着这三个问题，自近代以来，不同的学者给出了不同的答案。

最先对此类问题作出回答的是清末洋务运动的领袖人物张之洞。同治十三年（1874），他到四川任学政，发现不少应考的读书士子并不会读书。有些人头发都已花白，但因屡试不中，仍然只能称“童生”，读了几十年书，还没有入门。为给这些生员们指引门径，回答他们提出的“应该读哪些书”“书以何本为善”这两个问题，张之洞编撰了一部《书目答问》，一下子就列举了2200余种古籍。他还说：“诸生当知其少，勿骇其多。”他把这些书按经、史、子、集、丛五部分类编排，每部之下又分若干小类，每类当中的书大体按时间先后为序，实际上选择的是当时统治阶级认为最能代表中国文化的书籍。告诉初学者该读哪些书，选择什么版本。因为他经过一番斟酌，反映了中国学术的发展。所以，这部书受到后人的重视，被多次翻印补正。鲁迅先生说过：“我以为要弄旧的呢，倒不如姑且靠着张之洞的《书目答问》去摸门径去。”①

1923年，清华学校的一批留学生即将出国。为了在短期内得到国学常识，他们请胡适、梁启超二人各自拟定一个有关国学的书目。胡适编撰了《一个最低限度的国学书目》。工具之

①鲁迅：《而已集·读书杂谈》，见《鲁迅全集》第3卷，第411页，人民文学出版社1981年版。

部列《书目举要》等14种，思想史之部列《中国哲学史大纲》上卷等93种，文学史之部列《诗经集传》等79种。计186种。当时《清华周刊》的记者就致书胡适，提出这个书目的范围太窄了，似乎只指中国思想史及文学史而言，不能代表国学，即包括氏族史、语言文学史、经济史、政治史等在内的中国文化史。另一方面，所谈的两方面又太深了，不合于“最低限度”四字，没有顾及到清华学生的时间和程度这两种事实。因此，提出希望胡适另外拟一个书目，以求读过那书目中所列书籍以后，对于中国文化能粗知大略。对此，胡适在承认关于程度和时间方面，动机虽是为清华的同学，但动手之后就不知不觉地放高了，放宽了。于是，又在原书目上打一些圈，作为《实在的最低限度的书目》，并说：“那些有圈的，真是不可少的了。”以下是加圈的书：

《书目答问》《中国人名大辞典》《九种纪事本末》《中国哲学史大纲》《老子》《四书》《墨子间诂》《荀子集注》《韩非子》《淮南鸿烈集解》《周礼》《论衡》《佛遗教经》《法华经》《阿弥陀经》《坛经》《宋元学案》《明儒学案》《王临川集》《朱子年谱》《王文成公全书》《清代学术概论》《章实斋年谱》《崔东壁遗书》《新学伪经考》《诗集传》《左传》《文选》《乐府诗集》《全唐诗》《宋诗钞》《宋六十家词》《元曲选一百种》《宋元戏曲史》《缀白裘》《水浒传》《西游记》《儒林外史》《红楼梦》。计39种。

对于胡适的书目，比他年长18岁的梁启超直言不讳地提出批评：

胡君这个书目，我是不赞成的，因为他文不对题……胡君致误

胡适六十九岁像

之由：第一在不顾客观的事实，专凭自己主观为立脚点。胡君正在做中国哲学史、中国文学史，这个书目正是表示他自己思想的路径和所凭藉的资料。殊不知一般青年，并不是人人都要做哲学史家、文学史家。不是做哲学史家、文学史家，这里头的书十有七八可以不读，真要做哲学史、文学史家，这些书却又不够了。

胡君第二点误处，在把应读书和应备书混为一谈。结果不是个人读书最低限度，却是私人及公共机关小图书馆之最低限度（但也不对，只好说是哲学史、文学史家私人小图书馆之最低限度）。殊不知青年学生（尤其清华）正苦于跑进图书馆里头不知读什么书才好，不知如何读法，你给他一张图书馆书目，有何用处？何况私人购书，谈何容易。这张书目，如何能人人购置。结果还不是一句话吗？

我最诧异的：胡君为什么把史部书一概屏绝！一张书目名字叫做"国学最低限度"，里头有什么《三侠五义》《九命奇冤》，却没有《史记》《汉书》《资治通鉴》，岂非笑话？

…………

还有一层：胡君忘却学生没有最普通的国学常识时，有许多书是不能读的，试问连《史记》没有读过的人，读崔适《史记探源》，懂他说的什么？连《尚书》《史记》《礼记》《国语》没有读过的人，读崔述《考信录》，懂他说的是什么？连《史记·儒林传》《汉书·艺文志》没有读过的人，读康有为的《新学伪经考》，懂他说的是什么？这不过随手举几个例，其他可以类推。

总而言之，《尚书》《史记》《汉书》《资治通鉴》为国学最低限度不必要之书，《正谊堂全书》《缀白裘》《儿女英雄传》反是必要之书，真不能不算石破天惊的怪论！（思想史之部，连《易经》也没有。什么缘故，我也要求胡君答复。）

总而言之，胡君这篇书目，从一方面看，嫌他罣漏太多；从别方面看，嫌他博而寡要，我认为是不合用的。

梁启超 1900年摄于澳大利亚

梁启超用三日之力，也开列了《国学入门书要目及其读法》（见附文一：《国学入门书要目及其读法》）及《最低限度之必读书目》。前者分：

（甲）修养应用及思想史关系书籍，计39种；

（乙）政治史及其他文献学书类，计44种；

（丙）韵文书类，计36种；

（丁）小学书及文法书类，计7种；

（戊）随意涉览书籍，计30种。

总计156种。

后者包括《四书》《易经》《书经》《诗经》《礼记》《左传》《老子》《墨子》《庄子》《荀子》《韩非子》《战国策》《史记》《汉书》《后汉书》《三国志》《资治通鉴》（或《通鉴纪事本末》）、《宋元明史纪事本末》《楚辞》《文选》《李太白集》《杜工部集》《韩昌黎集》《柳河东集》《白香山集》，其他词曲集随所好选读数种。梁氏认为"以上各书，无论学矿、学工程……皆须一读。若并此未读，真不能认为中国学人矣。"①

①梁启超：《最低限度之必读书目》，见梁启超：《国学要籍研读法四种》，第152页，国家图书馆出版社2008年版。

不难看出梁氏所列比胡氏书目在范围上面宽了些，尤其是增加了不少史学著作；在部头上略微精减了一些，删去了不少卷帙浩繁的总集、全书；但仍嫌“博而寡要”，实际上，对学理工者还是不合用。

1925年新年伊始，《京报副刊》的主编孙伏园，在《副刊》上发表启事，征求“青年爱读书十部”和“青年必读书十部”的书目。启事刊登后不久。海内外众多的名流学者纷纷参与到“青年必读书”推荐书目的编写与讨论中来，副刊从2月11日开始登载各位学术名流学者开列的书目，一天一位（除2月28日刊登了22位的推荐书目），至4月9日结束，共刊出78位名流学者列出的书目。除胡适、梁启超再度亮相外，周作人、马裕藻、林语堂、沈兼士、顾颉刚、马叙伦、许寿裳、太虚等先后执笔，这些推荐书目在当时社会造成了广泛的影响，指导青年阅读之路。但也有江绍原、鲁迅、俞平伯三位给必读书目交了“白卷”，鲁迅写道：“从来没有留心过，所以现在说不出。”[①]鲁迅等三位学者的做法立刻引起了轩然大波，把“青年必读书”事件推向了高潮，展开了一场更为激烈的社会争论，鲁迅和反对者们辩论的信件也在《京报副刊》和《晨报副刊》公开刊出。

鲁迅五十岁像

时隔两年后，约在1927年前后，鲁迅先生老友许寿裳的儿子许世瑛攻读中国文学，向鲁迅请教应该从哪些方面入手，看些什么书？鲁迅随手给他开了一个书目，书不多，仅有12部，计：

计有功（宋人）《唐诗纪事》（四部丛刊本，又有单

①《京报副刊》，1925年2月21日。

行本）。

辛文房（元人）《唐才子传》（今有木活字单行本）。

严可均《全上古……隋文》（今有石印本，其中零碎不全之文甚多，可以不看）。

丁福保《全上古……隋诗》（排印本）。

吴荣光《历代名人年谱》（可知名人一生中之社会大事，因其书为表格之式也。可惜的是作者所认为历史的大事者，未必真是“大事”，最好是参考日本三省堂出版之《模范最新世界年表》）。

胡应麟（明人）《少室山房笔丛》（广雅书局本，亦有石印本）。

《四库全书简明目录》（其实是现有的较好的书籍之批评，但须注意其批评是“钦定” 的）。

《世说新语》 刘义庆（晋人清谈之状）。

《唐摭言》 五代王定保（唐文人取科名之状态）。

《抱朴子外篇》葛洪（内论及晋末社会状态），有单行本。

《论衡》 王充（内可见汉末之风俗迷信等）。

《今世说》王晫（明末清初之名士习气）。

应该指出两点：这个书目是鲁迅先生写给一个极熟的子侄辈后生的，原稿写得较随便，始无标点，书名有的也没写全，甚至有误，很像是并没有腹稿，而是想到一部开列一部，而且偏重于中国文学史，不是全面的中国文化史。但这个书目还是能给我们不小的启发和借鉴。其一是列书不多，中心突出，又照顾到各个方面，有一定的广度。既有《历代名人年谱》《四库全书简明目录》《唐诗纪事》 等工具书，又有《全上古三代秦汉三国六朝文》《全汉三国晋南北朝诗》等大部头作品集；既有《少室山房笔丛》《唐摭言》等笔记杂考之书，又有《抱朴子外篇》《论衡》等论辩之书。读这些书，确实能使初学者掌握必要的历史知识、时代背景、人物及其著作，打下坚实的基础，进而了解各家作品及产生这些作品的时代背景和社会关系，以及文人生活习惯在形成他们各自不同的作品风格之间的因缘，这正和鲁迅先生一贯主张的“倘若论文最好是顾及全篇，并顾及作者的全人，以及他所处的社会状态，这才较为确凿”相吻合，可以说是这一思想在书目上的体现。书目的另一个特点是每部书都附有简短的提示，或列出较好的版本，或点明开列此书的目的意图。言简意赅，切中要害，真正起到“提要钩玄、指导治学”的作用。

1953年，北京图书馆开列了一个《中国古代重要著作选目》选书21种，分文史和科学两方面。文史方面包括《诗经》《楚辞》、李白诗、杜甫诗、白居易诗、《水浒》《三国演义》《西厢记》《红楼梦》《史记》《大唐西域记》《徐霞客游记》；科学方面包括《论衡》《齐民要术》《梦溪笔谈》《营造法式》《农书》《本草纲目》《天工开物》。这个书目是经过郭沫若、俞平伯、何其芳等人审订过的。既然称为“古代重要著作”，那么如《周易》《论语》等哲学、思想方面的著作一本未选，应该说这也是个缺憾。

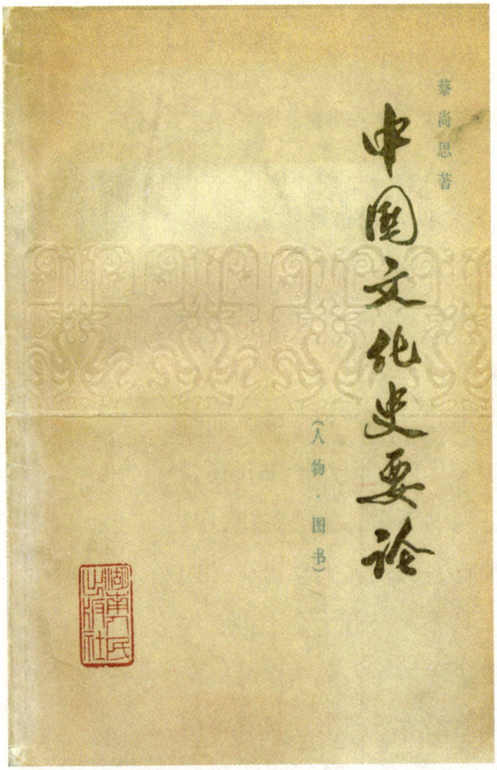

蔡尚思所著《中国文化史要论》

1981年，胡道静增补《中国古代重要著作选目》10种，使这一书目范围有所扩大。这10种书分别为：《老子》《庄子》《荀子》《孙子兵法》

《资治通鉴》《墨子》《孟子》《韩非子》《春秋左氏传》《水经注》等。

1978年，史学家钱穆在其《从中国历史来看中国民族性及中国文化》一文中认为，有7部书最能代表中国文化精神，是中国人的总纲，也是中国人必读之书。这七部书是《论语》《孟子》《老子》《庄子》《六祖坛经》《近思录》和《传习录》。

1979年，蔡尚思在他的《中国文化史要论》一书中。开列了一个《中国文化基础书目》，共收古代著作90种、近现代著作47种。后来，他又对这一书目予以精简，在《哪些书最能代表中国文化》一文中提出最能代表中国文化的40种书籍：

文学10种：（1）《诗经》，代表先秦古诗。（2）《楚辞》。（3）《李太白诗集》。（4）《杜工部诗集》。二者代表汉后古诗。（5）《白香山诗集》。（6）《韩昌黎文集》，代表古散文。（7）《宋元戏曲史》，代表古代戏曲。（8）《水浒》。（9）《红楼梦》，代表古代小说。（10）《鲁迅杂感选集》，代表近代文学思想。

史学6种：（1）《左传》。（2）《史记》，代表古代史学中的通史方面。（3）《史通》，代表古代史学中的批评方面。（4）《徐霞客游记》，代表地理游记。（5）《廿二史札记》，代表正史研究。（6）《帝王春秋》，代表历代王朝黑暗统治。

哲学思想方面20种：（1）《论语》，代表孔子思想。（2）《墨子》，代表墨家思想。（3）《孙子》，代表古代兵法。（4）《老子》。（5）《庄子》，代表道家思想。（6）《孟子》。（7）《荀子》。（8）《韩非子》，代表法家思想。（9）《论衡》，代表古代唯物论。（10）《金刚经》或《六祖坛经》，代表佛学。（11）《化书》。（12）《李氏焚书》《续焚书》。（13）《明夷待访录》，代表古代民主思想。（14）《读四书大全说》。（15）《四存编》或《习斋先生言行录》。（16）《太平天国文选》，代表农民革命思想。（17）《天演论》，代表西学。（18）《清代学术概论》，代表清代学术。（19）《孙中山选集》，代表资产阶级革命派思想。（20）《五四运动文选》，代表新文化运动。

科学4种：（1）《梦溪笔谈》，代表古代科学。（2）《农书》。（3）《本草纲目》，代表古代医药学。（4）《天工开物》。

上开书目计40种，尤以其中20种应先读：

《诗经》《李太白诗集》《杜工部诗集》《宋元戏曲史》《红楼梦》《鲁迅杂感选集》《史记》《史通》《徐霞客游记》《论语》《墨子》《孙子》《庄子》《韩非子》《明夷待访录》《太平天国文选》《孙中山选集》《五四运动文选》《梦溪笔谈》《本草纲目》。

1986年由季羡林先生主编，14位北京大学教授合作编写的《中外文学书目答问》是一本为初学者指点自学门径的普及读物。在此前后，高上秦主编的《中国历代经典宝库》（1981年）、张舜徽主编的《中国史学名著题解》（1983年）、李昭恂编的《文史书目手册》（1986年）、知识出版社编辑的《人间天书——宗教典籍举要》（1989年）、王燕均和王一平编的《国学名著200种》（1992年），郭勉愈等编的《经典品读：人生必读百部名著》（1999年）等等都具有推荐导读国学经典的意图。

21世纪以来，中国文化研究会和华夏出版社已在着手编辑出版《伟大著作·中国卷》。这是一部中国古代经典文献选集。全书30卷，字数约1200万字。内容涵盖中国哲学、历史、宗教、伦理、经济、政治、法律、文学、艺术、医学和自然科学等各文化部类。体例参照《伟大著作·西方卷》。分为范畴卷、著作收录卷、参考书目、扩展书目和索引。以范畴为纲，以扩展和细化的分概念作为目，使分散的文献在此纲目经纬下，成为可阅读学习的教科书。其意义在于它是第一套反映中国文化整体的经典选集。

我们在北京大学讲授北京市精品课“中国图书出版史”期间，也推出了一个《中华传统文化名著100种》的书目，作为一家之言，附录于本书之后。

中国图书浩如烟海，要从中准确地选择哪些最能代表中国文化特色并对中国历史产生过重大影响的书籍，是相当困难的。随着中国文化研究的深入和广泛开展，这一选择无论是对初学者，还是对研究者来说，都将是有重要意义的。

附文一：

国学入门书要目及其读法

（梁启超）

两月前《清华周刊》记者以此题相属，蹉跎久未报命。顷独居翠微山中，行箧无一书，而记者督责甚急，乃竭三日之力，专凭忆想所及草斯篇，漏略自所不免，且容有并书名篇名亦忆错误者，他日更当补正也。

中华民国十二年四月二十六日启超作于碧摩岩揽翠山房

（甲）修养应用及思想史关系书类

▲《论语》《孟子》

《论语》为二千年来国人思想之总源泉，《孟子》自宋以后势力亦与相埒，此二书可谓国人内的外的生活之支配者，故吾希望学者熟读成诵，即不能，亦须翻阅多次，务略举其辞，或摘记其身心践履之言以资修养。

《论语》《孟子》之文，并不艰深，宜专读正文，有不解处，方看注释。注释之书，朱熹《四书集注》，为其生平极矜慎之作，可读，但其中有堕入宋儒理障处，宜分别观之。清儒注本，《论语》则有戴望《论语注》，《孟子》则有焦循《孟子正义》最善。戴氏服膺颜习斋之学，最重实践，所注似近孔门真际，其训诂亦多较朱注为优，其书简洁易读。焦氏服膺戴东原之学，其《孟子正义》在清儒诸经新疏中为最佳本，但文颇繁，宜备置案头，遇不解时，或有所感时，则取供参考。

戴震《孟子字义疏证》，乃戴氏一家哲学，并非专为注释《孟子》而作，但其书极精辟，学者终需一读，最好是于读《孟子》时并读之，既知戴学纲领，亦可以助读《孟子》之兴味。

焦循《论语通释》，乃摹仿《孟子字义疏证》而作，将全部《论语》拆散，标举重要诸义，如言仁言忠恕等等，列为若干目，通观而总诠之，可称治《论语》之一良法，且可应用其法以治他书。

右两书篇页皆甚少，易读。

陈澧《东塾读书记》中读《孟子》之卷，取《孟子》学说分项爬梳，最为精切，其书不过二三十页，宜一读以观前辈治学方法，且于修养亦有益。

▲《易经》

此书为孔子以前之哲学书，孔子为之注解，虽奥衍难究，然总须一读。吾希望学者将《系辞传》《文言传》熟读成诵，其卦象传六十四条，则用别纸钞出，随时省览。

后世说《易》者言人人殊，为修养有益起见，则程颐之《程氏易传》差可读。

说《易》最近真者，吾独推焦循，其所著《雕菰楼易学》三书（《易通释》《易图略》《易章句》）皆称精诣，学者如欲深通此经，可取读之，否则可以不必。

▲《礼记》

此书为战国及西汉之“儒家言”丛编，内中有极精纯者，亦有极破碎者，吾希望学者将《中庸》《大学》《礼运》《乐记》四篇熟读成诵，《曲礼》《王制》《檀弓》《礼器》《学记》《坊记》《表记》《缁衣》《儒行》《大传》《祭义》《祭法》《乡饮酒义》诸篇，多游览数次，且摘录其精要语。

若欲看注解，可看《十三经注疏》内郑注孔疏。《孝经》之性质与《礼记》同，可当《礼记》之一篇读。

▲《老子》

道家最精要之书，希望学者将此区区五千言熟读成诵。

注释书未有极当意者，专读白文自行寻索为妙。

▲《墨子》

孔墨在先秦时，两圣并称，故此书非读不可，除《备城门》以下各篇外，余篇皆宜精读。

注释书以孙诒让《墨子间诂》为最善，读《墨子》宜照读此本。

《经》上、下，《经说》上、下四篇，有张惠言《墨子经说解》及梁启超《墨经》两书可参观，但皆有未精惬处，《小取》篇有胡适新诂可参观。

梁启超《墨子学案》属通释体裁，可参观助兴味，但其书为临时讲义，殊未精审。

▲《庄子》

内篇七篇及杂篇中之《天下篇》最当精读。

注释有郭庆藩之《庄子集释》差可。

▲《荀子》

《解蔽》《正名》《天论》《正论》《性恶》《礼论》《乐论》诸篇最当精读，余亦须全部游览。

注释书王先谦《荀子注》甚善。

▲《尹文子》《慎子》《公孙龙子》

今存者皆非完书，但三子皆为先秦大哲，虽断简亦宜一读，篇帙甚少，不费力也。《公孙龙子》之真伪，尚有问题。

三书皆无善注，《尹文子》《慎子》易解。

▲《韩非子》

法家言之精华，须全部游览(其特别应精读之诸篇，因手边无原书，胪举恐遗漏，他日补列)。

注释书王先谦《韩非子集释》差可。

▲《管子》

战国末年人所集著者，性质颇杂驳，然古代各家学说存其中者颇多，宜一游览。

注释书戴望《管子校正》甚好。

▲《吕氏春秋》

此为中国最古之类书，先秦学说存其中者颇多，宜游览。

▲《淮南子》

此为秦汉间道家言荟萃之书，宜稍精读。

注释书闻有刘文典《淮南鸿烈集解》颇好。

▲《春秋繁露》

此为西汉儒家代表的著作，宜稍精读。

注释书有苏舆《春秋繁露义证》颇好。

康有为之《春秋董氏学》，为通释体裁，宜参看。

▲《盐铁论》

此书为汉代儒家、法家对于政治问题对垒抗辩之书，宜游览。

▲《论衡》

此书为汉代怀疑派哲学，宜游览。

▲《抱朴子》

此书为晋以后道家言代表作品，宜游览。

▲《列子》

晋人伪书，可作魏、晋间玄学书读。

右（上）所列为汉、晋以前思想界之重要著作，六朝、隋、唐间思想界著光采者为佛学，其书目当别述之。以下举宋以后学术之代表书，但为一般学者节啬精力计，不愿多举也。

▲《近思录》朱熹著，江永注

读此书可见程朱一派之理学其内容何如。

▲《朱子年谱》，附朱子《论学要语》 王懋竑著

此书叙述朱学全面目最精要，有条理。

若欲研究程朱学派，宜读《二程遗书》及《朱子语类》，非专门斯业者可置之。

南宋时与朱学对峙者尚有吕东莱之文献学一派，陈龙川、叶水心之功利主义一派，及陆象山之心学一派，欲知其详，宜读各人专集；若观大略，可求诸《宋元学案》中。

▲《传习录》王守仁语，徐爱、钱洪德等记

读此可知王学梗概。欲知其详，宜读《王文成公全书》。因阳明以知行合一为教，要合观学问事功，方能看出其全部人格，而其事功之经过，具见集中各文，故阳明集之重要，过于朱、陆诸集。

▲《明儒学案》黄宗羲著

▲《宋元学案》黄宗羲初稿，全祖望、王梓材两次续成

此二书为宋、元、明三朝理学之总记录，实为创作的学术史。《明儒学案》中姚江、江右、王门、泰州、东林、戢山诸案最精善。《宋元学案》中象山案最精善；横渠、二程、东莱、龙川、水心诸案亦好；晦翁案不甚好；百源(邵雄)、涑水(司马光)诸案，失之太繁，反不见其真相；末附(王安石)《荆公新学略》最坏，因有门户之见，故为排斥。欲知荆公学术，宜看《王临川集》。

此二书卷帙虽繁，吾总望学者择要游览，因其为六百年间学术之总汇，影响于近代甚深，且汇诸家为一编，读之不甚费力也。

清代学术史，可惜尚无此等佳著。唐鉴之《国朝学案小识》，以清代最不振之程朱学派为立脚点，褊狭固陋，万不可读；江藩之《国朝汉学师承记》《国朝宋学渊源记》，亦学案体裁，较好，但江氏常识亦凡庸，殊不能叙出各家独到之处，万不得已，姑以备参考而已。启超方有事于《清儒学案》，汗青尚无期也。

▲《日知录》《亭林文集》顾炎武著

顾亭林为清学开山第一人，其精力集注于《日知录》，宜一游览。读文集中各信札，可见其立身治学大概。

▲《明夷待访录》黄宗羲著

黄梨洲为清初大师之一，其最大贡献在两学案，此小册可见其政治思想之大概。

▲《思问录》王夫之著

王船山为清初大师之一，非通观全书，不能见其精深博大，但卷帙太繁，非别为系统的整理，则学者不能读，聊举此书发凡，实不足以代表其学问之全部也。

▲《颜氏学记》戴望编

颜习斋为清初大师之一，戴氏所编学记，颇能传其真。徐世昌之《颜李学》亦可供参考，但其所集《习斋语要》《恕谷（李塨）语要》将攻击宋儒语多不录，稍失其真。

顾、黄、王、颜四先生之学术，为学者所必须知，然其著述皆浩瀚，或散佚，不易寻绎，启超行将为系统的整理记述，以饷学者。

▲《东原集》戴震著

▲《雕菰楼集》焦循著

戴东原、焦里堂为清代经师中有清深之哲学思想者，读其集可知其学，并知其治学方法。

启超所拟著之《清儒学案》，东原、里堂学两案，正在属稿中。

▲《文史通义》章学诚著

此书虽以文史标题，实多论学术流别，宜一读。

胡适著《章实斋年谱》，可供参考。

▲《大同书》康有为著

南海先生独创之思想在此书，曾刊于《不忍杂志》中。

▲《国故论衡》章炳麟著

可见章太炎思想之一斑。其详当读《章氏丛书》。

▲《东西文化及其哲学》梁漱溟著

有偏宕处，亦有独到处。

▲《中国哲学史大纲》上卷 胡适著

▲《先秦政治思想史》梁启超著

将读先秦经部、子部书，宜先读此两书，可引起兴味，并启发自己之判断力。

▲《清代学术概论》梁启超著

欲略知清代学风，宜读此书。

（乙）政治史及其他文献学书类

▲《尚书》

内中惟二十八篇是真书，宜精读，但其文佶屈聱牙，不能成诵亦无妨。余篇属晋人伪撰，一游览便足(真伪篇目，看启超所著《古书之真伪及其年代》，日内当出版)。

此书非看注释不能解，注释书以孙星衍之《尚书今古文注疏》为最好。

▲《逸周书》

此书真伪参半，宜一游览。

注释书有朱右曾《逸周书集训校释》颇好。

▲《竹书纪年》

此书现通行者为元、明人伪撰。其古本，清儒辑出者数家，王国维所辑最善。

▲《国语》《春秋左氏传》

此两书或本为一书，由西汉人析出，宜合读之。《左传》宜选出若干篇熟读成诵，于学文甚有益。

读《左传》宜参观顾栋高《春秋大事表》，可以得治学方法。

▲《战国策》

宜选出若干篇熟读，于学文有益。

▲《周礼》

此书西汉末晚出，何时代人所撰，尚难断定，惟书中制度，当有一部分为周代之旧，其余亦战国、秦汉间学者理想的产物，故总宜一读。

注释书有孙诒让《周礼正义》最善。

▲《考信录》崔述著

此书考证三代史事实最谨严，宜一游览，以为治古史之标准。

▲《资治通鉴》

此为编年政治史最有价值之作品，虽卷帙稍繁，总希望学者能全部精读一过。

若苦干燥无味，不妨仿《春秋大事表》之例，自立若干门类，标治摘记作将来著述资料（吾少时曾用此法，虽无成书，然增长兴味不少）。

王船山《读通鉴论》，批评眼光，颇异俗流，读《通鉴》时取以并读，亦助兴之一法。

▲《续资治通鉴》毕沅著

此书价值远在司马原著之下，自无待言，无视彼更优者，姑以备数耳。

或不读《资治通鉴》而读《九种纪事本末》，亦可，要之非此则彼，必须有一书经目者。

▲《文献通考》《续文献通考》《皇朝文献通考》

三书卷帙浩繁，今为学者摘其要目：《田赋考》《户口考》《职役考》《市籴考》《征榷考》《国用考》《钱币考》《兵考》《刑考》《经籍考》《四裔考》，必须读；《王礼考》《封建考》《象纬考》绝对不必读；其余或读或不读随人（手边无原书，不能具记其目，有漏略当校补）。

各人宜因其所嗜，择类读之。例如欲研究经济史、财政史者，则读前七考。余仿此。

马氏《文献通考》本依仿杜氏《通典》而作。若尊创作，应举《通典》。今舍彼取此者，取其资料较丰富耳。吾辈读旧史，所贵者惟在原料，炉锤组织，当求之在我也。

《两汉会要》《唐会要》《五代会要》，可与《通考》合读。

▲《通志·二十略》

郑渔仲史识、史才皆迈寻常。《通志》全书卷帙繁，不必读。二十略则其精神所聚，必须游览，其中与《通考》门类同者或可省。最要者，《氏族略》《六书略》《七音略》《校雠略》等篇。

▲《二十四史》

《通鉴》《通考》，已浩无涯涘，更语及庞大之《二十四史》，学者几何不望而却走？然而《二十四史》终不可不读，其故有二：（一）现在既无满意之通史，不读《二十四史》，无以知先民活动之遗迹；（二）假令虽有佳的通史出现，然其书自有别裁。《二十四史》之原料，终不能全行收入，以故《二十四史》终久仍为国民应读之书。

书既应读，而又浩繁难读，则如之何？吾今试为学者拟摘读之法数条。

一曰就书而摘。《史记》《汉书》《后汉书》《三国志》：俗称"四史"。其书皆大史学家一手著述，体例精严，且时代近古，向来学人诵习者众，在学界之势力与六经诸子埒，吾辈为常识计，非一读不可。吾常希望学者将此四史之列传，全体游览一过，仍摘出若干篇稍为熟读，以资学文之助，因四史中佳文最多也（若欲吾举其目亦可，但手边无原书，当以异日）。四史之外，则《明史》共认为官修书中之最佳者，且时代最近，亦宜稍为详读。

二曰就事分类而摘读志。例如欲研究经济史、财政史，则读《平准书》《食货志》；欲研究音乐，则读《乐书》《乐志》；欲研究兵制，则读《兵志》；欲研究学术史，则读《艺文志》《经籍志》，附以《儒林传》；欲研究宗教史，则读《北魏书·释老志》（可惜他史无之）。每研究一门，则通各史此门之志而读之，且与《文献通考》之此门合读。当其读时，必往往发现许多资料散见于各传者，随即跟踪调查其传以读之，如此引申触类，渐渐便能成为经济史、宗教史等等之长编，将来荟萃而整理之，便成著述矣。

三曰就人分类而摘读传。读名人传记，最能激发人志气，且于应事接物之智慧，增长不少，古人所以贵读史者以此。全史各传既不能遍读(且亦不必)，则宜择伟大人物之传读之，每史亦不过二三十篇耳。此外又可就其所欲研究者而择读，如欲研究学术史，则读《儒林传》及其他学者之专传；欲研究文学史，则读《文苑传》及其他文学家之专传。用此法读去，恐只患其少，不患其多矣。

又各史之《外国传》《蛮夷传》《土司传》等，包含种族史及社会学之原料最多，极有趣，吾深望学者一读之。

▲《廿二史劄记》赵翼著

学者读正史之前，吾劝其一游览此书。记称“属辞比事《春秋》之教”，此书深得“比事”之决，每一个题目之下，其资料皆从几十篇传中零零碎碎觅出，如采花成蜜。学者能用其法以读史，便可养成著述能力(内中校勘文学异同之部约占三分一，不读亦可)。

▲《圣武记》魏源著

▲《国朝先正事略》李元度著

清朝一代史迹，至今尚无一完书可读，最为遗憾，姑举此二书充数。魏默深有良史之才，《圣武记》为纪事本末体裁，叙述绥服蒙古、勘定金川、抚循西藏……诸役，于一事之原因结果及其中间进行之次序，若指诸掌，实罕见之名著也。李次青之《先正事略》，道光以前人物略具，文亦有法度，宜一游览，以知最近二三百年史迹大概。

日本人稻叶君山所著《清朝全史》尚可读(有译本)。

▲《读史方舆纪要》顾祖禹著

此为最有组织的地理书，其特长在专论形势，以地域为经，以史迹为纬，读之不感干燥。此书卷帙虽多，专读其叙论（至各府止），亦不甚费力，且可引起地理学兴味。

▲《史通》刘知几著

此书论作史方法，颇多特识，宜游览。章氏《文史通义》，性质略同，范围较广，已见前。

▲《中国历史研究法》梁启超著

读之可增史学兴味，且知治史方法。

（丙）韵文书类

▲《诗经》

希望学者能全部熟读成诵，即不尔，亦须一大部分能举其词。注释书，陈奂《诗毛氏传疏》最善。

▲《楚辞》

屈、宋作宜熟读，能成诵最佳，其余可不读。注释书，朱熹《楚辞集注》较可。

▲《文选》

择读。

▲《乐府诗集》郭茂倩编

专读其中不知作者姓名之汉古辞，以见魏六朝乐府风格，其他不必读。

魏晋六朝人诗宜读以下各家：曹子建，阮嗣宗，陶渊明，谢康乐，鲍明远，谢玄晖。无单行集者，可用张溥《汉魏百三家集本》，或王闿运《五代诗选》本。

▲《李太白集》

▲《杜工部集》

▲《王右丞集》

▲《孟襄阳集》

▲《韦苏州集》

▲《高常侍集》

▲《韩昌黎集》

▲《柳河东集》

▲《白香山集》

▲《李义山集》

▲《王临川集》(诗宜用李璧注本)

▲《苏东坡集》

▲《元遗山集》

▲《陆放翁集》

以上唐、宋人诗文集

▲《唐百家诗选》王安石选

▲《宋诗钞》吕留良钞

以上唐宋诗选本

《清真词》周美成

《醉翁琴趣》欧阳修

《东坡乐府》苏轼

《屯田集》柳永

《淮海词》秦观

《樵歌》朱敦儒

《稼轩词》辛弃疾

《后村词》刘克庄

《石道人歌曲》姜夔

《碧山词》王沂孙

《梦窗词》吴文英

以上宋人词集

▲《西厢记》

▲《琵琶记》

▲《牡丹亭》

▲《桃花扇》

▲《长生殿》

以上元明清人曲本

本门所列书，专资学者课余讽诵，陶写情趣之用，既非为文学专家说法，尤非为治文学史者说法，故不曰文学类，而曰韵文类。文学范围，最少应包含古文(骈散文)及小说。吾以为苟非欲作文学专家，则无专读小说之必要；至于古文，本不必别学，吾辈总须读周秦诸子、《左传》《国策》、四史、《通鉴》及其关于思想、关于记载之著作，苟能多读，自能属文，何必格外标举一种，名曰古文耶？故专以文鸣之文集不复录（其与学问有关系之文集，散见各门）。《文选》及韩、柳、王集聊附见耳。学者如必欲就文求文，无已，则姚鼐之《古文辞类纂》、李兆洛之《骈体文钞》、曾国藩之《经史百家杂钞》可用也。

清人不以韵文见长，故除曲本数部外，其余诗词皆不复列举，无已，则于最初期与最末期各举诗词家一人：吴伟业之《梅村诗集》与黄尊宪之《人境庐诗集》，成德之《饮水词》与文焯之《樵风乐府》也。

（丁）小学书及文法类书

▲《说文解字注》段玉裁著

▲《说文通训定声》朱骏声著

▲《说文释例》王筠著

段著为《说文》正注，朱注明音与义之关系，王著为《说文》通释，读此三书，略可通《说文》矣。

▲《经传释词》王引之著

▲《古书疑义举例》俞樾著

▲《文通》马建忠著

读此三书，可知古人语法文法。

▲《经籍纂诂》阮元著

此书汇集各字之义训，宜置备检查。

文字音韵，为清儒最擅之学，佳书林立，此仅举入门最要之数种，若非有志研究斯学者，并此诸书不读亦无妨也。

（戊）随意涉览书类

学问固贵专精，又须博览以辅之。况学者读书尚少时，不甚自知其性所近者为何。随意涉览，初时并无目的，不期而引起问题，发生兴趣，从此向某方面深造研究，遂成绝业者，往往而有也。吾故杂举有用或有趣之各书，供学者自由翻阅之娱乐。

读此者不必顺叶次，亦不必求终卷也（各书亦随忆想所及杂举，无复诠次）。

▲《四库全书总目提要》

清乾隆间四库馆，董其事者皆一时大学者，故所作提要，最称精审，读之可略见各书内容(中多偏至语，自亦不能免)。宜先读各部类之叙录，其各书条下则随意抽阅。

有所谓存目者，其书被屏，不收入四库者也，内中颇有怪书，宜稍注意读之。

▲《世说新语》

将晋人谈玄语分类纂录，语多隽妙，课余暑假之良伴侣。

▲《水经注》郦道元撰，戴震校

六朝人地理专书，但多描风景，记古迹，文辞华妙，学作小品文最适用。

▲《文心雕龙》刘勰撰

六朝人论文书，论多精到，文亦雅丽。

▲《大唐三藏慈恩法师传》慧立撰

此为玄奘法师详传。玄奘为第一位留学生，为大思想家，读之可以增长志气。

▲《徐霞客游记》

霞客晚明人，实一大探险家，其书极有趣。

▲《梦溪笔谈》沈括

宋人笔记中含有科学思想者。

▲《困学纪闻》王应麟撰，阎若璩注

宋人始为考证学者，顾亭林《日知录》颇仿其体。

▲《通艺录》程瑶田撰

清代考证家之博物书。

▲《癸巳类稿》俞正燮撰

多为经学以外之考证，如考棉花来历，考妇人缠足历史，辑李易安事迹等；又多新颖之论，如论妒非妇人恶德等。

▲《东塾读书记》陈澧撰

此书仅五册，十余年乃成，盖合数十条笔记之长编，乃成一条笔记之定稿，用力最为精苦，读之可识搜集资料及驾驭资料之方法。书中《论郑学》《论朱学》《论诸子》《论三国》诸卷最善。

▲《庸盦笔记》薛福成

多记清咸丰、同治间掌故。

▲《张太岳集》张居正

江陵为明名相，其信札益人神智，文章亦美。

▲《王心斋先生全书》王艮

吾常名心斋为平民的理学家，其人有生气。

▲《朱舜水遗集》朱之瑜

舜水为日本文化之开辟人，惟一之国学输出者，读之可见其人格。

▲《李恕谷文集》李塨

恕谷为习斋门下健将，其文劲达。

▲《鲒埼亭集》全祖望

集中记晚明掌故甚多。

▲《潜研堂集》钱大昕

竹汀为清儒中最博洽者，其对伦理问题，亦颇有新论。

▲《述学》汪中

容甫为治诸子学之先登者，其文格在汉晋间，极遒美。

▲《洪北江集》洪亮吉

北江之学，长于地理，其小品骈体文，描写景物，美不可言。

▲《定盦文集》龚自珍

吾少时心醉此集，今颇厌之。

▲《曾文正公全集》曾国藩

▲《胡文忠公集》胡林翼

右（上）二集信札最可读，读之见其治事条理及朋友风义。曾涤生文章尤美，集桐城派之大成。

▲《苕溪渔隐丛话》胡仔

丛话中资料颇丰富。

▲《词苑丛谈》徐釚

惟一之词话，颇有趣。

▲《语石》叶昌炽

以科学方法治金石学，极有价值。

▲《书林清话》叶德辉

论刻书源流及藏书掌故，甚好。

▲《广艺舟双楫》康有为

论写字，极精博，文章极美。

▲《剧说》焦循

▲《宋元戏曲史》王国维

二书论戏剧，极好。

即谓之涉览，自然无书不可涉，无书不可览，本不能胪举书目，若举之非累数十纸不可。右（上）所列不伦不类之寥寥十余种，随杂忆所及当坐谭耳，若绳以义例，则笑绝冠缨矣。

梁目附录：最低限度之必读书目

右（上）所列五项，倘能依法读之，则国学根柢略立，可以为将来大成之基矣。惟青年学生校课既繁，所治专门别有在，恐仍不能人人按表而读。今再为拟一真正之最低限度如下：

《四书》《易经》《书经》《诗经》《礼记》《左传》《老子》《墨子》《庄子》《荀子》《韩非子》《战国策》《史记》《汉书》《后汉书》《三国志》《资治通鉴》（或《通鉴纪事本末》）《宋元明史纪事本末》《楚辞》《文选》《李太白集》《杜工部集》《韩昌黎集》《柳河东集》《白香山集》，其他词曲集随所好选读数种。

以上各书，无论学矿学、学工程……皆须一读，若并此未读，真不能认为中国学人矣。

附文二：

中华传统文化名著100种

1. 《周易》
2. 《尚书》
3. 《诗经》
4. 《周礼》
5. 《仪礼》
6. 《礼记》
7. 《大戴礼记》
8. 《春秋左传》
9. 《春秋公羊传》
10. 《春秋穀梁传》
11. 《论语》
12. 《孟子》
13. 《孝经》（以上儒家经传13种）
14. 《尔雅》
15. 《说文解字》
16. 《广韵》
17. 《千字文》（以上字词蒙书4种）
18. 《近思录》
19. 《传习录》（以上宋明理学2种）
20. 《老子》
21. 《孙子兵法》
22. 《墨子》
23. 《管子》
24. 《晏子春秋》
25. 《庄子》
26. 《公孙龙子》

27. 《六韬》

28. 《鬼谷子》

29. 《荀子》

30. 《韩非子》

31. 《吕氏春秋》

32. 《淮南子》

33. 《春秋繁露》

34. 《盐铁论》

35. 《说苑》

36. 《列女传》

37. 《法言》

38.《论衡》

39. 《潜夫论》

40. 《申鉴》

41. 《中论》

42. 《人物志》

43. 《抱朴子》

44. 《颜氏家训》

45. 《容斋随笔》

46. 《日知录》

47. 《明夷待访录》

48. 《盛世危言》

49. 《大同书》（以上诸子百家30种）

50. 《战国策》

51. 《国语》

52. 《史记》

53.《汉书》

54. 《后汉书》

55. 《三国志》

56. 《资治通鉴》
57. 《通鉴纪事本末》
58. 《通典》
59. 《通志》
60. 《文献通考》
61. 《唐律疏议》
62. 《史通》
63. 《廿二史劄记》
64. 《文史通义》（以上史学要典15种）
65. 《黄帝内经》
66. 《伤寒杂病论》
67. 《本草纲目》
68. 《九章算术》
69. 《齐民要术》
70. 《梦溪笔谈》
71. 《营造法式》
72. 《王祯农书》
73. 《天工开物》
74. 《农政全书》
75. 《畴人传》（以上科学技术11种）
76. 《法书要录》
77. 《历代名画记》
78. 《茶经》（以上艺术3种）
79. 《山海经》
80. 《水经注》
81. 《洛阳伽蓝记》
82. 《大唐西域记》
83. 《徐霞客游记》
84. 《读史方舆纪要》（以上地理6种）

85.《楚辞》

86.《昭明文选》

87.《文心雕龙》

88.《太平广记》

89.《乐府诗集》

90.《全唐诗》

91.《西厢记》

92.《世说新语》

93.《水浒传》

94.《西游记》

95.《三国演义》

96.《红楼梦》

97.《聊斋志异》

98.《经史百家杂钞》（以上文学经典13种）

99.《四库全书总目提要》

100.《书目答问》（以上书目源流2种）

参考文献：

1. 来新夏：《古典目录学（修订本）》，北京：中华书局，1981年。

2. 黛南海：《校勘学概论》，西安：陕西人民出版社，1986年。

3. 郑如斯、肖东发编著：《中国书史》，北京：书目文献出版社，1987年。

4. 高振铎主编：《古籍知识手册》，济南：山东教育出版社，1988年。

5. 黄爱平：《〈四库全书〉纂修研究》，北京：中国人民大学出版社，1989年。

6. 管锡华：《校勘学》，合肥：安徽教育出版社，1991年。

7. 肖东发：《中国图书》，北京：新华出版社，1991年。

8. 朱天俊、李国新：《中文工具书教程》，北京：北京大学出版社，1991年。

9. 曹之：《中国古籍版本学》，武汉：武汉大学出版社，1992年。

10. 王余光：《中国文献史》，武汉：武汉大学出版社，1993年。

11. 李广宇编著：《书文化大观》，北京：中国广播电视出版社，1994年。

12. 程焕文：《中国图书文化导论》，广州：中山大学出版社，1995年。

13. 李致忠：《中国书籍史话》，北京：商务印书馆，1996年。

14. 梁启超：《中国近三百年学术史》，北京：东方出版社，1996年。

15. 戚志芬：《中国的类书、政书和丛书》，北京：商务印书馆，1996年。

16. 肖东发主编：《中国编辑出版史》，沈阳：辽宁教育出版社，1996年。

17. 俞兆鹏主编：《中国伪书大观》，南昌：江西教育出版社，1998年。

18. 曹之：《中国古籍撰史》，武汉：武汉大学出版社，1999年。

19. 张树栋、庞多益、郑如斯：《中华印刷通史》，北京：印刷工业出版社，1999年。

20. 裴芹：《〈古今图书集成〉研究》，北京：北京图书馆出版社，2001年。

21. 任继愈主编：《中国藏书楼》，沈阳：辽宁人民出版社，2001。

22. 肖东发：《中国图书出版印刷史论》，北京：北京大学出版社，2001年。

23. 毛春翔：《古书版本常谈》，上海：上海古籍出版社，2002年。

24. 钱存训：《书于竹帛》，上海：上海书店出版社，2002年。

25. 屈义华、荀昌荣主编：《中国书文化》，长沙：湖南大学出版社，2002年。

26. 黄玉淑、于铁丘编著：《趣谈中国藏书楼》，天津：百花文艺出版社，2003年。

27. 焦树安：《中国藏书史话》，北京：商务印书馆，

2004年。

28.余嘉锡：《目录学发微》，北京：中国人民大学出版社，2004年。

29.陈登原：《古今典籍聚散考》，上海：上海书店，2013年。

部分图片来源：

1.潘美月：《华夏之美——图书》，台北：幼狮文化事业公司，1986年。

2.朱家溍主编：《两朝御览图书》，北京：紫禁城出版社，1992年。

3.任继愈主编：《中国国家图书馆古籍珍本图录》，北京：北京图书馆出版社，1999年。

4.罗树宝主编：《印刷之光》，杭州：浙江人民美术出版社，2000年。

5.傅璇琮、谢灼华主编：《中国藏书通史》，宁波：宁波出版社，2001年。

6.肖东发：《中国图书出版印刷史论》，北京：北京大学出版社，2001年。

7.陈先行：《打开金匮石室之门：古籍善本》，上海：上海文艺出版社，2003年。